Der Entherrschungsvertrag

**Europäische Hochschulschriften**

European University Studies

Publications Universitaires Européennes

| | |
|---|---|
| Reihe II | **Rechtswissenschaft** |
| Series II | Law |
| Série II | Droit |

Band/Volume **5923**

Tobias Hamm

# Der Entherrschungsvertrag

PL ACADEMIC RESEARCH

**Bibliografische Information der Deutschen Nationalbibliothek**
Die Deutsche Nationalbibliothek verzeichnet diese Publikation in der Deutschen Nationalbibliografie; detaillierte bibliografische Daten sind im Internet über http://dnb.d-nb.de abrufbar.

Zugl.: München, Univ., Diss., 2016

D 19
ISSN 0531-7312
ISBN 978-3-631-72142-1 (Print)
E-ISBN 978-3-631-72239-8 (E-PDF)
E-ISBN 978-3-631-72240-4 (EPUB)
E-ISBN 978-3-631-72241-1 (MOBI)
DOI 10.3726/b11105


PL Academic Research ist ein Imprint der Peter Lang GmbH.
Peter Lang – Frankfurt am Main · Bern · Bruxelles · New York · Oxford · Warszawa · Wien



Diese Publikation wurde begutachtet.

www.peterlang.com

# Vorwort

Die vorliegende Arbeit wurde im Wintersemester 2015/2016 von der Juristischen Fakultät der Ludwig-Maximilians-Universität München als Dissertation angenommen. Die Arbeit berücksichtigt den Stand von Gesetzgebung, Rechtsprechung und Veröffentlichungen in der Literatur bis einschließlich November 2016.

Mein besonderer Dank gilt meinem Doktorvater Herrn Prof. Dr. Mathias Habersack für die tatkräftige Unterstützung im Zusammenhang mit der Themenfindung sowie die stets konstruktive und zielführende Kritik bei einzelnen Teilaspekten der Arbeit.

Dank gebührt auch Herrn Prof. Dr. Dr. h. c. Wolfgang Schön für die zügige Erstellung des Zweitgutachtens.

Mein besonderer und von Herzen kommender Dank gilt meiner lieben Lebensgefährtin Sarah, die mich stets verständnisvoll und motivierend unterstützte und nicht zuletzt ganz entscheidend zur erfolgreichen Fertigstellung der Arbeit beitrug. Weiterer Dank gilt Dir Navid für die tolle Unterstützung während der gesamten Entstehungsphase dieser Dissertation.

Ein ganz besonderer Dank gilt schließlich meinen Eltern Günther und Gudrun Hamm, ohne die die vorliegende Arbeit nicht möglich gewesen wäre und die mir stets zur Seite gestanden sind.

# Inhaltsübersicht

# Inhaltsverzeichnis

# Abkürzungsverzeichnis

| | |
|---|---|
| a.A. | andere Ansicht |
| Abs. | Absatz |
| AG | Aktiengesellschaft |
| AG | Die Aktiengesellschaft |
| AktG | Aktiengesetz |
| Alt. | Alternative |
| Anh. | Anhang |
| Art. | Artikel |
| BAG | Bundesarbeitsgericht |
| BB | Betriebsberater |
| begr. | begründet |
| BGB | Bürgerliches Gesetzbuch |
| BGBl. | Bundesgesetzblatt |
| BGH | Bundesgerichtshof |
| BiRiLiG | Bilanzrichtliniengesetz |
| BT-Drucks | Drucksachen des Deutschen Bundestages |
| Darst. | Darstellung |
| DB | Der Betrieb |
| ders. | derselbe |
| dies. | dieselbe / dieselben |
| DrittelbG | Gesetz über die Drittelbeteiligung der Arbeitnehmer im Aufsichtsrat |
| DStR | Deutsches Steuerrecht |
| EGL | Ergänzungslieferung |
| Einl. | Einleitung |
| f. | folgende |
| ff. | fortfolgende |
| Fn | Fußnote |
| FS | Festschrift |
| GbR | Gesellschaft bürgerlichen Rechts |
| GG | Grundgesetz |
| GmbH | Gesellschaft mit beschränkter Haftung |
| GmbHG | Gesetz betreffend die Gesellschaften mit beschränkter Haftung |
| GmbHR | Die GmbH-Rundschau |
| GroßKomm | Großkommentar |

| | |
|---|---|
| GVG | Gerichtsverfassungsgesetz |
| GWB | Gesetz gegen Wettbewerbsbeschränkungen |
| h.A. | herrschende Ansicht |
| h.M. | herrschende Meinung |
| Hdb. | Handbuch |
| HGB | Handelsgesetzbuch |
| hrsg. | Herausgeber |
| idF | in der Fassung |
| insb. | insbesondere |
| i.V.m. | in Verbindung mit |
| KAGB | Kapitalanlagegesetzbuch |
| KG | Kommanditgesellschaft |
| KGaA | Kommanditgesellschaft auf Aktien |
| KölnKomm | Kölner Kommentar |
| KonTraG | Gesetz zur Kontrolle und Transparenz im Unternehmensbereich |
| KonzernR | Konzernrecht |
| LG | Landgericht |
| m.w.N. | mit weiteren Nachweisen |
| MitbestErgG | Gesetz zur Ergänzung des Gesetzes über die Mitbestimmung der Arbeitnehmer in den Aufsichtsräten und Vorständen der Unternehmen des Bergbaus und der Eisen und Stahl |
| MitbestG | Gesetz über die Mitbestimmung der Arbeitnehmer |
| MontanMitbestG | Gesetz über die Mitbestimmung der Arbeitnehmer in den Aufsichtsräten und Vorständen der Unternehmen des Bergbaus und der Eisen und Stahl erzeugenden Industrie |
| MünchHdb. | Münchener Handbuch |
| MünchKomm | Münchener Kommentar |
| NB | Neue Betriebswirtschaft |
| NJW | Neue Juristische Wochenschrift |
| NZG | Neue Zeitschrift für Gesellschaftsrecht |
| OLG | Oberlandesgericht |
| Rdnr. | Randnummer |
| Rdnrn. | Randnummern |
| RefE-AktG | Referentenentwurf eines Aktiengesetzes von 1958 |
| RegE-AktG | Regierungsentwurf eines Aktiengesetzes von 1965 |
| RG | Reichsgericht |
| RGZ | Entscheidungen des Reichsgerichts in Zivilsachen |

| | |
|---|---|
| S. | Satz |
| S.A. | Sociedad Anónima (spanische Kapitalgesellschaft) |
| SE | Societas Europaea |
| SEAG | Gesetz zur Ausführung der Verordnung (EG) Nr. 2157/2001 des Rates vom 8. Oktober 2001 über das Statut der Europäischen Gesellschaft (SE) |
| SE-VO | Verordnung (EG) Nr. 2157/2001 des Rates vom 8. Oktober 2001 über das Statut der Europäischen Gesellschaft (SE) |
| sog. | sogenannte/sogenannter |
| S.p.A. | società per azioni (italienische Kapitalgesellschaft) |
| SPE | Societas Privata Europaea |
| Syst. | Systematische |
| UmwG | Umwandlungsgesetz |
| Vgl. | vergleiche |
| Vorb. | Vorbemerkung |
| WpG | Die Wirtschaftsprüfung |
| WM | Zeitschrift für Wirtschafts- und Bankrecht |
| ZGR | Zeitschrift für Unternehmens- und Gesellschaftsrecht |
| ZHR | Zeitschrift für das gesamte Handels- und Wirtschaftsrecht |
| ZIP | Zeitschrift für Wirtschaftsrecht |
| zit. | zitiert |

# A. Einführung

Die Frage der Beherrschung eines Unternehmens als Ausgangspunkt jeder konzernrechtlichen Betrachtung hat vielfache und bereits frühe Beachtung im juristischen Schrifttum gefunden, wobei insbesondere der Frage nach (Gewinnabführungs- und) Beherrschungsverträgen weitreichende Erörterung zuteil wurde[1]. Im Verhältnis zur immensen Bedeutung sowie den weitreichenden, an den Abhängigkeitsbegriff anknüpfenden Rechtsfolgen[2] kam der Auseinandersetzung mit einer vertraglichen Regelung zur Widerlegung der in § 17 Abs. 2 AktG vorgesehenen Abhängigkeitsvermutung oder des Nachweises nicht vorhandener Beherrschung (§ 17 Abs. 1 AktG) bis dato nur eine sehr untergeordnete Bedeutung zu. Die letzten tiefgreifenden Überlegungen zur vertraglichen Entherrschung liegen bereits über zwanzig Jahre zurück[3].

Insbesondere das Aktienrecht, aber auch andere Rechtsquellen knüpfen an die Abhängigkeit umfangreiche Folgen, sodass die Frage, ob eine Abhängigkeit gegeben ist, eine der zentralen Fragestellungen des Konzernrechts schlechthin darstellt[4].

## I. Problemaufriss

„Wes' Brot ich ess, des' Lied ich sing."

Diese altertümliche Redensart[5] bringt den Grundgedanken des gesellschaftsrechtlichen Abhängigkeitsverhältnisses aus § 17 AktG zum Ausdruck. Dem Mehrheitsgesellschafter eines Unternehmens kommt die Machtposition zu, über die personelle Zusammensetzung der Unternehmensleitung – je

1 Vgl. nur *Veil*, Unternehmensverträge; *Kienzle*, Verdeckte Beherrschungsverträge im Aktienrecht; *Ederle*, Verdeckte Beherrschungsverträge; *Emmerich*, in: FS Hüffer, S. 179 ff.; *Grüner*, Die Beendigung von Gewinnabführungs- und Beherrschungsverträgen; *Gattineau*, Der Beherrschungsvertrag in der Verschmelzung von Aktiengesellschaften; *Exner*, Beherrschungsvertrag und Vertragsfreiheit; *Windbichler*, Unternehmensverträge und Zusammenschlusskontrolle; *Wilhelm*, Die Beendigung des Beherrschungs- und Gewinnabführungsvertrags.

2 Vgl. hierzu B.III.

3 *Götz*, Der Entherrschungsvertrag im Aktienrecht; *Hüttemann*, ZHR 156 (1992), 314 ff.

4 Siehe hierzu auch B., dort insbesondere Fn 12 bis 15.

5 Der heute als Redewendung geläufige Ausspruch ist vermutlich auf den Ende des zwölften und Anfang des dreizehnten Jahrhunderts lebenden Dichter und Minnesänger Walther von der Vogelweide zurückzuführen (vgl. *Wapnewski*, Gedichte, S. 35).

nach Gesellschaftsform jedenfalls mittelbar – bestimmen zu können. Zur Abwendung personeller Konsequenzen führt dies zu einer an den Interessen des Mehrheitsgesellschafters ausgerichteten Geschäftspolitik seitens der Mitglieder des Leitungsorgans des beherrschten Unternehmens.

Das Aktienrecht begründet in § 17 Abs. 2 AktG eine widerlegbare Vermutung der Abhängigkeit des in Mehrbesitz stehenden Unternehmens. Hierunter versteht das Aktienrecht gemäß § 16 Abs. 1 AktG die Stimmrechts- und/oder Anteilsmehrheit eines Unternehmens über ein anderes Unternehmen (Mehrheitsbeteiligung).

Zu den inhaltlichen Anforderungen, die an eine Widerlegung der Vermutung zu stellen sind, nimmt das geltende Recht jedoch ganz bewusst[6] keine Stellung. Ebenso wenig finden sich enumerative Aufzählungen oder Regelbeispiele, die einen geeigneten rechtlichen Rahmen darstellen, um die eingetretene Vermutung zu widerlegen.

## II. Ziel und Gang der Untersuchung

Zielsetzung der Arbeit ist es, Entherrschungsverträge als eines der Instrumente zur Widerlegung der Abhängigkeitsvermutung bzw. zur Beseitigung vorhandener Abhängigkeit auf ihre Zulässigkeit hin zu untersuchen sowie die Anforderungen herauszuarbeiten, die für eine Widerlegung der (vermuteten) Abhängigkeit unabdingbar erfüllt sein müssen. Dabei sollen neben allgemeingültigen Überlegungen auch einzelne, in der Praxis vermehrt vorzufindende Sonderkonstellationen herausgegriffen werden.

Zunächst soll der Abhängigkeitsbegriff als die für das Konzernrecht grundlegende Weichenstellung beleuchtet werden. Ohne eine Einordnung des Abhängigkeitsbegriffes und einer Festlegung der Reichweite der im Aktienrecht geregelten Abhängigkeit lassen sich die Anforderungen nicht ableiten, die an eine vertragliche Entherrschung als Widerlegung der Abhängigkeit zu stellen sind. Hieran schließen sich Ausführungen an, die aufzeigen, welche Mittel zur Widerlegung der Abhängigkeitsvermutung neben dem Entherrschungsvertrag noch anerkannt sind. Es folgen allgemeine Ausführungen zum Entherrschungsvertrag, die den typischen Inhalt dieses Vertrages, die Parteien, die Rechtsnatur und die Durchsetzbarkeit des Vertragsinhalts beleuchten. Letztlich werden die zwingenden inhaltlichen Anforderungen herausgearbeitet, die an einen Entherrschungsvertrag

6 Vgl. *Kropff*, Aktiengesetz 1965, S. 28.

– sei es zur Widerlegung der Abhängigkeitsvermutung oder zur Beseitigung einer Abhängigkeit – zu stellen sind.

Die Ausführungen beschränken sich vorerst auf die Rechtsform der Aktiengesellschaft als beherrschte Gesellschaft. Zwar sind die Vorschriften des Konzernrechts trotz ihrer systematischen Stellung im Aktiengesetz rechtsformunabhängig ausgestaltet[7]. Dennoch muss die Frage der Widerlegung der Abhängigkeit rechtsformspezifisch beleuchtet werden, da die unterschiedlichen Ausgestaltungen der jeweiligen Gesellschaftsformen im Rahmen der Abhängigkeit eine Einzelfallbetrachtung erforderlich machen. Je nach – gesetzlicher oder statutarischer – Ausgestaltung der jeweiligen Gesellschaftsverfassung kommen dem Mehrheitsgesellschafter unterschiedliche Einflussnahmemöglichkeiten und -mittel zu. Dies strahlt ebenso auf die Frage der Widerlegung der (vermuteten) Abhängigkeit aus.

Schwerpunkte werden dabei insbesondere auf die an einen Entherrschungsvertrag zu stellenden inhaltlichen Anforderungen sowie auf die Pflicht der Unternehmensleitung, die Gesellschafter an der Entscheidung über den Abschluss eines entsprechenden Vertrages teilhaben zu lassen, gelegt. Ein weiteres Kapitel widmet sich der Frage, für welche Dauer dem Entherrschungsvertrag die widerlegende Wirkung zukommt und welche Auswirkungen dem Umstand zukommen, dass exemplarisch dargelegte Umstände hinzutreten oder entfallen.

Das vorletzte Kapitel behandelt ausführlich die Frage, in welchem Umfang Erkenntnisse, die im Anwendungsbereich der beherrschten Aktiengesellschaft gewonnen werden, auf andere Gesellschaftsformen übertragen werden können oder hierfür einer Modifikation bedürfen. Im letzten Kapitel wird schließlich nach einer zusammenfassenden Darstellung der Untersuchungsergebnisse ein Formulierungsvorschlag für einen Entherrschungsvertrag unterbreitet, der den zuvor gewonnenen Ergebnissen Rechnung trägt.

---

7 *Schall*, in: Spindler/Stilz AktG, § 17 Rdnr. 3; *Kropff*, Aktiengesetz 1965, S. 27; *Koch*, in: Hüffer/Koch AktG, § 15 Rdnr. 6; *Emmerich*, in: Emmerich/Habersack KonzernR, § 15 Rdnr. 5; *Koppensteiner*, in: KölnKomm AktG, § 15 Rdnr. 11; *Fett*, in: Heidelberger Kommentar AktG, § 15 Rdnr. 3; *Peres/Oschütz*, in: NomosKomm AktG, Vor §§ 15–18 Rdnr. 2; dies ergibt sich bereits aus der rechtsformunabhängigen Wahl der Gesetzessprache, die von „Unternehmen" anstelle von „Aktiengesellschaft" und von „Anteilen" anstatt von „Aktien" spricht.

# B. Grundlagen der Abhängigkeit

Der Rechtsbegriff des abhängigen Unternehmens ist in § 17 Abs. 1 AktG legaldefiniert und ist systematisch zwischen der Regelung über Mehrheitsbeteiligungen in § 16 AktG und derjenigen über Konzerne in § 18 AktG verortet. Nach § 17 Abs. 1 AktG sind abhängige Unternehmen rechtlich selbstständige Unternehmen, auf die ein anderes Unternehmen (herrschendes Unternehmen) unmittelbar oder mittelbar einen beherrschenden Einfluss ausüben kann.

Die Regelungen der §§ 291 ff. AktG als besonderer Teil des Konzernrechts[8] könnten den Eindruck entstehen lassen, dass dem Konzernbegriff aus § 18 AktG im Recht der verbundenen Unternehmen die entscheidende Bedeutung zukommt. Dem steht jedoch entgegen, dass zahlreiche Regelungen tatbestandlich bereits an den Begriff der Abhängigkeit als potentielle Konzernierung[9], nicht erst an den Konzernbegriff anknüpfen[10].

Für die besondere Bedeutung des Abhängigkeitsbegriffs im Konzernrecht[11] seien nur die weitreichenden Schutzregelungen im faktischen Konzern aus § 311 ff. AktG, das Verbot der Zeichnung von Aktien des jeweils anderen Unternehmens aus § 56 Abs. 2 AktG sowie das Verbot der Besetzung des Aufsichtsrates mit einem gesetzlichen Vertreter eines von der Gesellschaft abhängigen Unternehmens aus § 100 Abs. 2 Nr. 2 AktG genannt. Diese Regelungen setzen auf Tatbestandsseite allesamt ein Abhängigkeitsverhältnis voraus.

Nicht zuletzt aus der Konzernvermutung des § 18 Abs. 1 S. 3 AktG, die bei Vorliegen eines abhängigen Unternehmens eingreift und demzufolge auf § 17

---

8 Die Vorschriften über verbundene Unternehmen werden einheitlich als sog. Konzernrecht bezeichnet (vgl. hierzu *Emmerich*, in: Emmerich/Habersack KonzernR, § 15 Rdnr. 1; *Bayer*, in: MünchKomm AktG, § 15 Rdnr. 6; *Koch*, in: Hüffer/Koch AktG, § 15 Rdnr. 2.).

9 Die Abhängigkeit als potentielle Konzernierung anerkennend: *Emmerich*, in: Emmerich/Habersack KonzernR, § 17 Rdnr. 5; *Koppensteiner*, in: KölnKomm AktG, § 17 Rdnr. 18; *Windbichler*, in: GroßKomm AktG, § 17 Rdnr. 14; ablehnend dagegen insbesondere *Koch*, in: Hüffer/Koch AktG, § 17 Rdnr. 4.

10 *Bayer*, in: MünchKomm AktG, § 17 Rdnr. 2; *Emmerich*, in: Emmerich/Habersack KonzernR, § 17 Rdnr. 2.

11 Ausführlich hierzu unter B.III.

AktG aufbaut, stellt der Abhängigkeitsbegriff den „Zentralbegriff des Konzernrechts[12]“ dar. Als „zentraler Tatbestand[13]“ kommt ihm damit eine „herausragende Bedeutung[14]“ zu[15].

# I. Historische Kodifikation des Abhängigkeitsbegriffes

## 1. Erste Kodifikation in § 226 Abs. 4 HGB 1897

Der Abhängigkeitsbegriff hat erstmals durch die Aktienrechtsverordnung vom 19.09.1931 in § 226 Abs. 4 und § 240a HGB 1897 Eingang in das kodifizierte Recht gefunden[16]. § 226 Abs. 4 HGH idF von 1931 definierte dabei eine abhängige Gesellschaft als eine „Handelsgesellschaft [...] die aufgrund von Beteiligungen oder in sonstiger Weise unmittelbar oder mittelbar unter dem beherrschenden Einfluss einer Aktiengesellschaft [...] steht[17]“.

Weitergehende Erläuterungen zur Auslegung des Abhängigkeitsbegriffs enthielten weder die Gesetzesmaterialien zu § 226 Abs. 4 HGB idF von 1931[18] noch die Gesetzesmaterialien zu § 56 Abs. 3 des Entwurfs eines Aktiengesetzes von 1930. Die erläuternden Bemerkungen zu § 56 Abs. 3 des Entwurfs von 1930 beschränken sich auf das Problem der Umgehung des Ankaufverbots eigener Aktien im Falle von Mutter- und Tochtergesellschaft[19].

---

12 *Emmerich*, in: Emmerich/Habersack KonzernR, § 17 Rdnr. 2; *Fett*, in: Heidelberger Kommentar AktG, § 17 Rdnr. 1; *Vetter*, in: Schmidt/Lutter AktG, § 17 Rdnr. 3; *Schubel*, in: Hdb. Aktienrecht, Kapitel 14 Rdnr. 15; *Maier-Reimer*, in: Henssler/Strohn GesR, § 17 AktG Rdnr. 1.

13 *Windbichler*, in: GroßKomm AktG, § 17 Rdnr. 3; *Koch*, in: Hüffer/Koch AktG, § 17 Rdnr. 2; *Franz*, in: Wachter AktG, § 17 Rdnr. 1.

14 *Emmerich*, in: Emmerich/Habersack KonzernR, § 17 Rdnr. 3.

15 Siehe auch *Bayer*, der dem Abhängigkeitsbegriff im Konzernrecht eine „Schlüsselrolle“ zuspricht (*ders.*, in: MünchKomm AktG, § 17 Rdnr. 2); *Krieger*, der der Frage „zentrale Bedeutung“ zumisst (*ders.*, in: FS Semler, S. 503; ebenso *Raiser/Veil*, in: Recht der Kapitalgesellschaften, § 51 Rdnr. 59); *Peres/Oschütz*, die § 17 AktG als „Zentralnorm des allgemeinen Konzernrechts“ einordnen (*dies.*, in: NomosKomm AktG, § 17 Rdnr. 1., und *Bausch*, der dem Begriff „überragende Wichtigkeit“ zuspricht (*ders.*, Die Beteiligung von Banken an Nichtbanken und das Konzernrecht, S. 111.).

16 So auch *Windbichler*, in: GroßKomm AktG, § 17 Rdnr. 1.

17 Vgl. hierzu auch *Flechtheim*, in: Düringer/Hachenburg HGB 1897, § 226 Rdnrn. 43 ff.

18 *Rittner*, DB 1976, 1465.

19 Entwurf eines Gesetzes über Aktiengesellschaften und Kommanditgesellschaften auf Aktien 1930, S. 126.

## 2. § 15 Abs. 2 AktG 1937

Durch die Ausgliederung des Aktienrechts in ein eigenständiges Gesetz im Jahre 1937 wurde der Begriff der Abhängigkeit in § 15 Abs. 2 AktG 1937 kodifiziert, wobei die Vorgängerregelung und somit die abschließende Aufzählung der Beherrschungsverhältnisse aus dem HGB weitestgehend übernommen wurde. Nach § 15 Abs. 2 AktG 1937 lag ein Konzern vor, wenn das rechtlich selbstständige Unternehmen auf Grund von Beteiligungen oder sonst unmittelbar oder mittelbar unter dem beherrschenden Einfluss eines anderen Unternehmens steht. Durch die Übernahme in das AktG wurde jedoch von der Begrenzung auf einzelne Gesellschaftsformen Abstand genommen und eine rechtsformübergreifende Regelung der Unternehmensabhängigkeit geschaffen[20].

## 3. § 17 AktG 1965

Die letzte Modifikation erlangte die gesetzliche Normierung der Abhängigkeit durch das AktG 1965. Der Referentenentwurf von 1958 sah in § 16 Abs. 1 RefE-AktG wie die Regelung des § 15 Abs. 2 AktG 1937 zwar noch eine abschließende Aufzählung der Grundlagen einer möglichen Beherrschung vor[21]. Dagegen verzichtete der Regierungsentwurf zum AktG 1965 entsprechend der heutigen Regelung des § 17 Abs. 1 AktG auf eine enumerative Aufzählung der in Betracht kommenden Abhängigkeitsverhältnisse. Als Begründung wurde angeführt, es sei unmöglich, eine abschließende Aufzählung der potentiellen Grundlagen eines Beherrschungsverhältnisses vorzunehmen[22].

Auch wurde mit dem AktG 1965 die Frage der Abhängigkeit im Gegensatz zur Vorschrift des § 15 Abs. 2 AktG 1937 von der Frage des Konzerns getrennt[23]. So findet sich in § 17 Abs. 1 AktG nun die Legaldefinition der Abhängigkeit, in § 17 Abs. 2 AktG die widerleglich ausgestaltete Abhängigkeitsvermutung für den Fall der Mehrheitsbeteiligung und in § 18 Abs. 1 S. 3 AktG die Konzernvermutung, die auf der Abhängigkeit beruht und ebenfalls widerleglich ausgestaltet wurde.

---

20 So auch RG, Urteil vom 21.04.1941, II 128/40, RGZ 167, 40 (49).

21 Erläuternde Bemerkungen zum Referentenentwurf eines Aktiengesetzes (1958), S. 195.

22 *Kropff*, Aktiengesetz 1965, S. 31.

23 Vgl. die Darstellung des der Gesetzesänderung vorausgegangenen Streits bei der Frage der Ausübung der Herrschaftsmacht unter B.II.3.

## II. Begriff des abhängigen Unternehmens

Bevor auf die Anforderungen eingegangen werden kann, die an eine Widerlegung der Abhängigkeitsvermutung bzw. an eine Beseitigung der Abhängigkeit selbst[24] zu stellen sind, ist zunächst der Abhängigkeitsbegriff näher zu beleuchten.

Das Gesetz selbst enthält keine expliziten Angaben, auf welchen Mitteln der herrschende Einfluss beruhen muss oder welcher Einflussintensität herrschaftsbegründende Wirkung zukommt. Allein mit der Legaldefinition des abhängigen Unternehmens in § 17 Abs. 1 AktG als ein Unternehmen, auf das ein anderes Unternehmen beherrschenden Einfluss ausüben kann, lässt sich der Begriff der Abhängigkeit noch nicht mit Inhalt füllen. Vielmehr bedarf es einer Gesamtschau unter Einbeziehung der gesetzgeberischen Wertung, die in der Regelung des § 17 AktG insgesamt, insbesondere auch in der Vermutungsregel von Absatz 2 zum Ausdruck kommt[25]. Maßgeblicher Anknüpfungspunkt für die Abhängigkeit eines Unternehmens von einem anderen Unternehmen ist wegen des in § 17 Abs. 2 AktG enthaltenen Verweises auf § 16 Abs. 1 AktG die Mehrheitsbeteiligung. Der Gesetzgeber stellt in § 16 Abs. 1 AktG dabei alternativ auf eine isolierte Anteilsmehrheit, auf eine alleinige Stimmrechtemehrheit oder auf eine Kombination der beiden vorgenannten Mehrheiten ab.

Der Regelung des § 17 Abs. 2 AktG kommt nicht nur die Bedeutung einer reinen Beweislastregel zu. Zwar ist nicht von der Hand zu weisen, dass der rechtstechnische Zweck eines Vermutungstatbestandes insbesondere in der Umkehr der Beweislast begründet liegt und somit in erster Linie prozessuale und keine materiell-rechtliche Bedeutung erlangt[26]. Entgegen *Werner*[27] beschränkt sich der Zweck einer Beweislastregel jedoch nicht allein auf deren prozessuale Wirkung. Die gesetzgeberische Intention zur Kodifikation einer Beweislastregel kann einerseits in erheblichen Schwierigkeiten einer Partei zur Beweisführung liegen. Andererseits können jedoch auch Erfahrungsgrundsätze den Gesetzgeber dazu bewegen, diese aufgrund der Häufigkeit ihres Vorliegens festzuschreiben, um

---

24 Zur Differenzierung zwischen diesen beiden Varianten vgl. im Detail die Ausführungen unter F.I.

25 *Windbichler*, in: GroßKomm AktG, § 17 Rdnr. 11; *Emmerich*, in: Emmerich/Habersack KonzernR, § 17 Rdnrn. 4 f.; *Koppensteiner*, in: KölnKomm AktG, § 17 Rdnr. 19; *Vetter*, in: Schmidt/Lutter AktG, § 17 Rdnr. 6; *Schall*, in: Spindler/Stilz AktG, § 17 Rdnr. 9; *Koch*, in: Hüffer/Koch AktG, § 17 Rdnr. 5; *Bayer*, in: MünchKomm AktG, § 17 Rdnr. 28; *Ziemons*, in: Hdb. der AG, I Rdnr. 12.98; *Fett*, in: Heidelberger Kommentar AktG, § 17 Rdnr. 3.

26 So auch *Werner*, S. 167.

27 *Werner*, S. 167 f.

der typischerweise hiervon betroffenen, beweisbelasteten Partei die Mühen der Beweisführung zu ersparen. Die Vorteile für die ursprünglich beweisbelastete Partei lassen sich jedoch nur rechtfertigen, wenn die die Vermutung begründende Tatsache jedenfalls regelmäßig die vermutete Rechtsfolge auch tatsächlich herbeiführt. Demzufolge kann einer Beweislastregel – wenn auch nur mittelbar durch die ihr innewohnende Vermutungswirkung – durchaus rechtsbegriffsausfüllende und damit materiell-rechtliche Wirkung zugesprochen werden[28].

Damit lassen sich jedoch noch keine Rückschlüsse ziehen, ob die Beweislastregel das ihr zugrundeliegende Tatbestandsmerkmal bereits vollumfänglich ausfüllt. Bevor dieser Frage näher nachgegangen wird[29], sollen zunächst einmal Rückschlüsse aus der Regelung des § 17 Abs. 2 AktG gezogen werden.

### 1. Auswirkung der Vermutungsregel des § 17 Abs. 2 AktG

Die gesetzgeberische Wertung in § 17 Abs. 2 AktG hat zur Folge, dass die Abhängigkeit durch eine Kapitalmehrheit respektive eine Stimmrechtemehrheit oder eine Kombination der beiden Mehrheiten vermittelt werden kann. Bei der Aktiengesellschaft ist dabei die sich aus der Organstellung eines jeden Vorstandsmitglieds ergebende, unabhängige und eigenverantwortliche Leitung der Gesellschaft (vgl. § 76 Abs. 1 AktG) von besonderer Bedeutung, die darüber hinaus auch durch die Regelung des § 119 Abs. 2 AktG bekräftigt wird. Danach kann die Hauptversammlung über Fragen der Geschäftsführung nur auf Verlangen des Vorstandes entscheiden. Dem Leitungsorgan der Aktiengesellschaft wird durch die Vorschrift des § 119 Abs. 2 AktG mithin ein weitreichender Ermessensspielraum bei seiner Aufgabenwahrnehmung zuteil. Da dem Exekutivorgan in der Aktiengesellschaft eine von der Hauptversammlung unabhängige Stellung zukommt, kann aus der Anteils- und/oder Stimmrechtemehrheit eine unmittelbare Machtposition des Mehrheitsaktionärs-Unternehmens gegenüber den Vorstandsmitgliedern nicht begründet werden. Es wäre jedoch verfehlt, den Grund zur Normierung der Vermutungsregel des § 17 Abs. 2 AktG und damit eine gesetzgeberische Wertung für die Frage der Abhängigkeit nicht dennoch in

28 Im Ergebnis auch dahingehend: *Windbichler*, in: GroßKomm AktG, § 17 Rdnr. 11; *Emmerich*, in: Emmerich/Habersack KonzernR, § 17 Rdnr. 5; *Vetter*, in: Schmidt/Lutter AktG, § 17 Rdnr. 6; *Bayer*, in: MünchKomm AktG, § 17 Rdnr. 25; *Schall*, in: Spindler/Stilz AktG, § 17 Rdnr. 9; *Krieger*, in: MünchHdb. AG, § 69 Rdnr. 38; *Peres/Oschütz*, in: NomosKomm AktG, § 17 Rdnr. 5; *Bausch*, Die Beteiligung von Banken an Nichtbanken und das Konzernrecht, S. 123; *Servatius*, in: Michalski GmbHG, Syst. Darst. 4 Rdnr. 16.

29 Vgl. hierzu insbesondere B.II.2.

einer aus der Mehrheitsbeteiligung abgeleiteten Herrschafts- und Machtstellung zu erblicken.

Im Folgenden gilt es daher für alle drei Varianten der §§ 17 Abs. 2, 16 Abs. 1 AktG, die eine Abhängigkeitsvermutung begründen, zu beleuchten, welche Herrschaftsmacht dem Mehrheitsaktionärs-Unternehmen mit der vermutungsauslösenden Position jeweils zukommt.

### *a) Alleinige Stimmrechtsmehrheit, §§ 17 Abs. 2, 16 Abs. 1 Alt. 2 AktG*

Die Stimmrechtsmehrheit allein begründet keine unmittelbare Einflussnahmemöglichkeit des Mehrheitsaktionärs-Unternehmens auf den von Weisungen unabhängig handelnden Vorstand, da die Leitung der Aktiengesellschaft dem unternehmerischen Ermessen des Vorstandes unterliegt. Jedoch ergibt sich eine mittelbare Möglichkeit zur Beeinflussung des Vorstandes aus der Organisationsverfassung der Aktiengesellschaft. Der Aufsichtsrat der Aktiengesellschaft wird durch die Hauptversammlung bestellt (§ 101 AktG) und abberufen (§ 103 AktG), der Vorstand wird gemäß § 84 AktG durch den Aufsichtsrat bestellt und abberufen. Dahinter steht die Überlegung, dass sich die Aufsichtsratsmitglieder bei der Frage der Besetzung des Vorstandes an den Wünschen und Vorstellungen des Hauptaktionärs orientieren werden, um die eigene Wiederwahl nicht zu gefährden bzw. einer (vorzeitigen) Abberufung durch die Hauptversammlung präventiv entgegenzuwirken.

Fraglich ist, ob der Gedanke interessengeleiteter Aufgabenwahrnehmung sich mittelbar auf das Verhalten der Vorstandsmitglieder übertragen lässt. Dafür müsste das dem Vorstand eingeräumte Leitungsermessen – jedenfalls für einen Großteil der zu treffenden Entscheidungen – im Interesse des Mehrheitsaktionärs ausübbar sein, ohne dass hiermit ein Fehlgebrauch des Ermessens verbunden wäre, das dem Vorstand gesetzlich eingeräumt ist. Zwar gibt es vereinzelt Stimmen im Schrifttum, die nach dem Vorbild des anglo-amerikanischen Rechts eine Verpflichtung des Vorstandes annehmen, sich bei der Geschäftsführung ausschließlich oder jedenfalls ganz überwiegend an den Interessen der Aktionäre (Shareholder Value)[30] zu orientieren. Die Annahme einer zwingenden Bindung des Vorstandes auf das Shareholder Value würde jedoch der gesetzgeberischen Wertung einer weisungsfreien Leitungsmacht des Vorstandes aus § 76 Abs. 1 AktG zuwiderlaufen.

---

30 *Fleischer*, in: Spindler/Stil AktG, § 76 Rdnrn. 21 ff; *Ulmer*, AcP 202 (2002), 143 (158 f.); *Schilling*, BB 1997, 373, (375); ausführlich *Mülbert*, ZGR 1997, 129 (158 ff.).

Die Ablehnung einer derartigen Verpflichtung lässt keine Schlussfolgerungen zu, ob der Vorstand außerhalb des ihm eingeräumten Ermessensspielraums handelt, wenn er dennoch dem Interesse der Aktionäre (des Mehrheitsaktionärs-Unternehmens) folgt. Als Leitungsorgan ist der Vorstand verpflichtet, eine Entscheidungsfindung durch Abwägung der in einer Aktiengesellschaft korrelierenden Interessen der Aktionäre (sog. Shareholder Value), der Arbeitnehmer sowie der Öffentlichkeit herbeizuführen[31]. Das Zusammenspiel aller vorgenannten Interessen wird einheitlich auch als Unternehmensinteresse bezeichnet[32]. Eine natürliche Grenze der Ermessenausübung begründet die Pflicht des Vorstandes, für den Bestand des Unternehmens zu sorgen[33]. Ob und inwieweit die genannten pluralen Interessen dabei in einem Rangverhältnis zueinander stehen, bedarf keiner näheren Betrachtung. Jedenfalls stellt das Interesse des Mehrheitsaktionärs-Unternehmens ein wesentliches Teilelement in der Abwägungsentscheidung des Vorstandes dar. Nicht zuletzt entspricht das Shareholder Value an einer dauerhaft (maßvollen) Rentabilität des Unternehmens auch den Interessen der Arbeitnehmer und der Öffentlichkeit an einer dauerhaft intakten Wirtschaftseinheit[34]. Da der Unternehmensleitung ein sehr weitreichender Ermessensspielraum zuzubilligen ist, wird dem Vorstand kaum ein Ermessensfehlgebrauch vorzuwerfen sein, solange er sich bei seiner Entscheidungsfindung am Interesse der Anteilseigner orientiert.

Um dem Aufsichtsrat wohlgesonnen zu sein, wird der Vorstand sein Verhalten dementsprechend an den Interessen des Mehrheitsaktionärs ausrichten, da die Aufsichtsratsinteressen sich aufgrund der soeben dargelegten Personalhoheit der Hauptversammlung äquivalent zu den Interessen des Mehrheitsaktionärs-Unternehmens verhalten. Über die Befugnis zur Bestellung und Abberufung des

---

31 So bereits *Kropff*, Aktiengesetz 1965, S. 98; *Mertens/Cahn*, in: KölnKomm AktG, § 76 Rdnr. 16 ff.; *Koch*, in: Hüffer/Koch AktG, § 76 Rdnrn. 28 ff.; *Fleischer*, in: Spindler/Stilz AktG, § 76 Rdnr. 44; *Dauner-Lieb*, in: Henssler/Stroh GesR, § 76 Rdnr. 2; vgl. hierzu auch die Ausführungen unter Ziffer 4.1.1. des Deutschen Corporate Governance Kodex: „Der Vorstand leitet das Unternehmen in eigener Verantwortung im Unternehmensinteresse, also unter Berücksichtigung der Belange der Aktionäre, seiner Arbeitnehmer und der sonstigen dem Unternehmen verbundenen Gruppen (Stakeholder) mit dem Ziel nachhaltiger Wertschöpfung.".

32 Vgl. statt Vieler nur *Hölters*, in: Hölters AktG, § 93 Rdnr. 37.

33 Vgl. nur *Koch*, in Hüffer/Koch AktG, § 76 Rdnr. 34; *Mertens/Cahn*, in: KölnKomm AktG, § 76 Rdnrn. 21 ff.; OLG Hamm, Urteil vom 10.05.1995, 8 U 59/94, AG 1995, 513 (514); *Wiesner*, in: MünchHdb. AG, § 19 Rdnr. 20.

34 *Dauner-Lieb*, in: Henssler/Strohn GesR, § 76 Rdnr. 10; *Mertens*, in: KölnKomm AktG, § 76 Rdnrn. 15 ff.; *Oltmanns*, in: NomosKomm AktG, § 76 Rdnr. 10.

Aufsichtsrates kommt dem Mehrheitsgesellschafter demzufolge mittelbar eine erhebliche Machtposition gegenüber den Leitungsorganen der Gesellschaft zu[35].

Auch ohne die Möglichkeit einer unmittelbaren Weisung gegenüber dem Vorstand[36] wird hierdurch in der Regel ein beherrschender Einfluss begründet, da eine hohe Wahrscheinlichkeit für ein einflusskonformes Verhalten der Leitungsorgane der beherrschten Gesellschaft spricht, um (persönliche) Nachteile zu vermeiden. Die Annahme beherrschenden Einflusses eines Unternehmens auf ein anderes Unternehmen ist also folgerichtig, wenn zu befürchten ist, dass die Unternehmensleitung des abhängigen Unternehmens nicht mehr frei und unter Ausübung des eingeräumten Entscheidungsspielraums aus § 76 Abs. 1 AktG agieren wird, sondern eine an den Interessen des mit Stimmrechtsmehrheit ausgestatteten Anteilseigner orientierte Geschäftspolitik betreibt[37].

### *b) Ausschließliche Anteilsmehrheit, §§ 17 Abs. 2, 16 Abs. 1 Var. 1 AktG*

Neben der ausschließlichen Stimmrechtsmehrheit sieht die Vermutungsregel nach §§ 17 Abs. 2, 16 Abs. 1 Var. 1 AktG auch die alleinige Anteilsmehrheit des vermutet herrschenden Unternehmens als vermutungsauslösendes Tatbestandsmerkmal an. Fraglich ist also, ob sich eine Herrschaftsmacht des am Kapital mehrheitlich beteiligten Unternehmens auch ohne damit einhergehende Stimmrechtsmehrheit begründen lässt. Kommt dem Mehrheitsaktionärs-Unternehmen neben der Kapitalmehrheit nicht auch zugleich eine Stimmrechtsmehrheit zu[38], so liegt die soeben dargestellte Personalentscheidungsgewalt nicht vor.

---

35 Siehe nur *Emmerich*, in: Emmerich/Habersack KonzernR, § 17 Rdnr. 7; *Meierjohann*, Konzentrationswirkungen des Aktienrechts, S. 44 f.; *Koppensteiner*, in: KölnKomm AktG, § 17 Rdnr. 21; *Werner*, S. 158 ff.; *Fett*, in: Heidelberger Kommentar AktG, § 17 Rdnr. 3; *Adler/Düring/Schmaltz*, in: Rechnungslegung, § 17 AktG Rdnr. 13; *Bayer*, in: MünchKomm AktG, § 17 Rdnrn. 26 f.

36 Vgl. die Unterschiede im Anwendungsbereich der (vermutet) abhängigen GmbH unter K.I.1.b).

37 Diese Auslegung steht darüber hinaus im Einklang mit den Wertungen des europäischen Mitbestimmungsrechts. So definiert das Europäische Betriebsräte-Gesetz (BGBl. I S. 1548) in § 6 Abs. 2 Nr. 1 herrschenden Einfluss als Befugnis, mehr als die Hälfte der Mitglieder des Verwaltungs-, Leitungs- oder Aufsichtsorgans des anderen Unternehmens bestellen zu können (dahingehend auch *Emmerich*, in: Emmerich/Habersack KonzernR, § 17 Rdnr. 7.).

38 Zur Kombination von Stimmrechts- und Kapitalmehrheit vgl. die Ausführungen unter B.II.1.c).

Es müssten also (andere) Beherrschungsmittel gegeben sein, die Ausdruck einer allein mehrheitlichen Kapitalbeteiligung sind.

Der Gesetzgeber verweist in § 17 Abs. 2 AktG auf die Legaldefinition des § 16 Abs. 1 AktG, die ihrerseits mit der Anteils- und der Stimmrechtsmehrheit zwei Alternativen enthält. Der Gesetzesverweis und die an beide Alternativen anknüpfende Abhängigkeitsvermutung legen zunächst einmal den Schluss einer eigenständigen Bedeutung der Kapitalmehrheit bei der Frage der Abhängigkeit nahe. Anderenfalls würde der gesetzliche Verweis auf beide Varianten des § 16 Abs. 1 AktG – jedenfalls bei nicht-kumulativem Vorliegen – keinen Sinn ergeben[39].

Dieser Überlegung steht jedoch die Motivationslage des Gesetzgebers im Rahmen der Entstehungsgeschichte der Norm entgegen. Der Regierungsentwurf des Aktiengesetzes von 1965 sah in § 16 Abs. 2 das Vorliegen von Abhängigkeit bei Bestehen einer Mehrheitsbeteiligung zunächst als unwiderleglich gegeben an[40]. Im Laufe des weiteren Gesetzgebungsverfahrens hat der Wirtschaftsausschuss nach Anhörung von Sachverständigen in mehreren Ausschusssitzungen die Empfehlung ausgesprochen, eine Widerlegung der Abhängigkeitsvermutung zuzulassen[41]. Die Empfehlung fußte auf der Begründung, dass „mit einer Mehrheitsbeteiligung zwar in aller Regel, aber nicht schlechthin in allen Fällen ein beherrschender Einfluss verbunden ist“[42]. Als Beispiele für die zwingend widerlegliche Ausgestaltung der Norm nennt der Ausschussbericht Fälle, in denen sich

39 So auch *Koch*, in: Hüffer/Koch AktG, § 17 Rdnr. 19; *Adler/Düring/Schmaltz*, in: Rechnungslegung, § 17 AktG Rdnr. 99; *Meilicke/Meilicke*, BB 1978, 406 (407); *Schubel*, in: Handbuch Aktienrecht, Kapitel 14 Rdnr. 21; dahingehend auch *Kropff*, Aktiengesetz 1965, S. 31; andere Autoren stehen zwar ebenso für eine eigenständige Bedeutung der alleinigen Anteilsmehrheit für die Frage der Abhängigkeit ein, relativieren dies aber wiederum durch eine gestufte Beweissituation, indem erst bei Vorhandensein gewisser Anhaltspunkte durch substantiierten Vortrag der eigentlich nicht beweisbelasteten Partei eine derartige Vermutung eingreift (in diese Richtung gehend *Bayer*, in: MünchKomm AktG, § 17 Rdnrn. 95 f.; *Emmerich*, in: Emmerich/Habersack KonzernR, § 17 Rdnr. 39; *Schubel*, in: Handbuch Aktienrecht, Kapitel 14 Rdnr. 21.).

40 *Kropff*, Aktiengesetz 1965, S. 28 f.; Kurzprotokolle des Wirtschaftsausschusses (16. Ausschuss) der vierten Wahlperiode des Deutschen Bundestages, insbesondere zu den Sitzungen sechsunddreißig und siebenunddreißig.

41 Zur Kritik der Mitglieder des Wirtschaftsausschusses an der beabsichtigten unwiderleglichen Ausgestaltung der Vermutungsregel vgl. die Kurzprotokolle des Wirtschaftsausschusses (16. Ausschuss) der vierten Wahlperiode des Deutschen Bundestages, insbesondere zu den Sitzungen sechsunddreißig, siebenunddreißig und vierundvierzig.

42 Vgl. die Ausführungen des Wirtschaftsausschusses in *Kropff*, Aktiengesetz 1965, S. 28 f.

die Kapitalmehrheit zu einem großen Teil aus stimmrechtslosen Vorzugsaktien zusammensetzt oder bei denen das mehrheitlich am Kapital beteiligte Unternehmen durch Stimmbindungsverträge mit anderen Gesellschaftern – insbesondere in Familiengesellschaften – vertraglich verpflichtet ist, das Stimmrecht nur aus einem Teil seiner Aktien auszuüben[43].

Daraufhin rückte auch der Gesetzgeber von der ursprünglich unwiderleglich ausgestalteten Abhängigkeitsvermutung im weiteren Gesetzgebungsverfahren ab. Er änderte die unwiderlegliche Vermutung – bei ansonsten identischer Übernahme des Wortlauts der Begründung des Wirtschaftsausschusses in der Regierungsbegründung zum Aktiengesetz von 1965 – in eine widerlegliche Abhängigkeitsvermutung ab[44].

Die sowohl seitens des Wirtschaftsausschusses als auch durch den Gesetzgeber zur Begründung der zwingend widerleglich auszugestaltenden Abhängigkeitsvermutung angeführten Beispiele haben eine Besonderheit gemeinsam. Sie beschreiben allesamt Fallkonstellationen, in denen mit der Anteilsmehrheit nicht zugleich eine Stimmrechtsmehrheit einhergeht, in denen zwar eine Mehrheit gemäß § 16 Abs. 1 Alt. 1 AktG, jedoch nicht auch nach § 16 Abs. 1 Alt. 2 AktG gegeben ist. Wie aus den Gesetzesmaterialien ersichtlich ist, war dieser Gedanke der einzige Grund, der den Gesetzgeber veranlasst hat, von der zunächst angedachten unwiderleglichen Ausgestaltung des Vermutungstatbestandes abzurücken.

Die historische Entwicklung macht deutlich, dass der Gesetzgeber durch den Verweis in § 17 Abs. 2 AktG auf beide Varianten des § 16 Abs. 1 AktG der alleinigen Anteilsmehrheit nicht bewusst eine eigenständige abhängigkeitsbegründende Bedeutung beimessen wollte. Ganz im Gegenteil zeigt die Veränderung hin zu einer widerleglich ausgestalteten Abhängigkeitsvermutung, deren Rechtfertigung allein in der mit einer Anteilsmehrheit nicht einhergehenden Stimmrechtsmehrheit liegt, dass aus Sicht des Gesetzgebers der alleinigen Anteilsmehrheit aus §§ 17 Abs. 2, 16 Abs. 1 S. 1 AktG keine (unwiderlegliche) Abhängigkeitsvermutung zukommen soll und kann.

Dieser Auslegung steht auch der Wortlaut der §§ 17 Abs. 2, 16 Abs. 1 Var. 1 AktG nicht entgegen. Die vermutete Abhängigkeit tritt ebenso bei ausschließlicher

43 Zur Veränderung der unwiderleglichen in eine widerlegliche Vermutung vgl. den Ausschussbericht zu § 16 bei *Kropff*, Aktiengesetz 1965, S. 28 f.; Kurzprotokolle des Wirtschaftsausschusses (16. Ausschuss) der vierten Wahlperiode des Deutschen Bundestages, insbesondere zu den Sitzungen sechsunddreißig, siebenunddreißig und vierundvierzig.

44 *Kropff*, Aktiengesetz 1965, S. 28.

Anteilsmehrheit ein, da im Regelfall, der die Kodifikation eines Vermutungstatbestandes rechtfertigt, keine isolierte Kapitalmehrheit besteht, sondern mit der Kapitalmehrheit auch eine Stimmrechtsmehrheit verbunden ist[45].

Diese Überlegungen zeigen, dass der isolierten Anteilsmehrheit[46] für die Frage der Auslegung des Abhängigkeitsbegriffs keine eigenständige Bedeutung zukommt[47]. Vielmehr hat der Gesetzgeber allein dem Umstand Rechnung getragen, dass im Regelfall mit der Anteilsmehrheit auch eine Stimmrechtemehrheit einhergeht.

### *c) Kumulative Stimmrechts- und Kapitalmehrheit*

Letztlich führt auch die kumulative Anteils- und Stimmenmehrheit zur Vermutung der Abhängigkeit gemäß §§ 17 Abs. 2, 16 Abs. 1 AktG. Da der Anteilsmehrheit für die Frage der Begrifflichkeit der Abhängigkeit jedoch keine eigenständige Relevanz zukommt, können auch aus der Kombination der beiden Anknüpfungspunkte keine weiteren Rechtsfolgen für die Interpretation des Abhängigkeitsbegriffs abgeleitet werden. Demzufolge beschränkt sich der Aussagegehalt des Vermutungstatbestandes aus § 17 Abs. 2 AktG auf die mit der Stimmrechtsmehrheit im Regelfall verbundenen Personalentscheidungsgewalt[48] des Mehrheitsgesellschafters.

## 2. Weiterreichende Bedeutung aus § 17 Abs. 1 AktG

Die Frage der Auslegung des Abhängigkeitsbegriffs kann jedoch nicht allein auf die Regelung des § 17 Abs. 2 AktG reduziert werden, da es sich hierbei – ungeachtet der vorstehenden Überlegungen – um eine nicht abschließende Vermutungsregel handelt. Vielmehr sind neben der Anteils- und/oder Stimmrechtemehrheit (vgl. §§ 17 Abs. 2, 16 Abs. 1 AktG) Konstellationen denkbar, in denen eine

---

45 *Koppensteiner*, in: KölnKomm AktG, § 17 Rdnr. 102.

46 Zur Frage der an den Entherrschungsvertrag für den Fall der alleinigen Anteilsmehrheit zu stellenden Anforderungen vgl. F.III.

47 *Windbichler*, in: GroßKomm AktG, § 17 Rdnr. 75; *Koppensteiner*, in: KölnKomm AktG, § 17 Rdnr. 102; *Adler/Düring/Schmaltz*, in: Rechnungslegung, § 17 AktG Rdnr. 52; *Krieger*, in: MünchHdb. AG, § 69 Rdnrn. 45 und 60; a.A.: *Hirschmann*, in: Hölters AktG, § 17 Rdnr. 17; *Koch*, in: Hüffer/Koch AktG, § 17 Rdnr. 19; *Emmerich*, in: Emmerich/Habersack KonzernR, § 17 Rdnr. 39.

48 Zu dieser Begrifflichkeit: *Bayer*, in: MünchKomm AktG, § 17 Rdnr. 100; *Bauer*, in: Loewenheim/Meessen/Riesenkampff Kartellrecht, § 36 GWB Rdnr. 224; *Liebscher*, in: Handbuch AG, § 15 Rdnr. 19; *Schubel*, in: Handbuch Aktienrecht, Kapitel 14 Rdnr. 17.

Abhängigkeit auch ohne Vorliegen der genannten Mehrheiten gegeben ist[49], was bereits aus der Gesetzeshistorie folgt. So wurde eine enumerative Aufzählung der in Betracht kommenden Grundlagen eines Beherrschungsverhältnisses in der Entwicklung des Abhängigkeitsbegriffes seit der erstmaligen Kodifikation in § 226 Abs. 4 HGB 1897 seitens des Gesetzgebers bewusst vermieden, da sich dieses Vorhaben als unmöglich erwiesen hat[50]. Fernerhin stellt der Gesetzgeber in der Gesetzesbegründung fest, dass rein tatsächliche Verhältnisse zur Begründung beherrschenden Einflusses nur selten ausreichen werden[51]. Hieraus kann abgeleitet werden, dass bereits der Gesetzgeber davon ausging, dass ein Abhängigkeitsverhältnis auch ohne Vorhandensein einer Mehrheitsbeteiligung gegeben sein kann. Es bedarf für die Feststellung einer Abhängigkeit also stets der Betrachtung der Gesamtumstände im Einzelfall[52].

Eine vertiefte Auseinandersetzung mit den diskutierten Fallgruppen ist für die Untersuchung des Entherrschungsvertrages nicht erforderlich. Vielmehr genügt für die Frage der an den Inhalt eines Entherrschungsvertrages zu stellenden Anforderungen[53] die Erkenntnis, dass Beherrschungsmittel denkbar sind, die außerhalb einer Mehrheitsbeteiligung zu einer Abhängigkeit führen, denn damit sind auch über die Fälle der Vermutungsregel des § 17 Abs. 2 AktG hinausgehende Beherrschungsverhältnisse möglich.

Zwar werden den Fallgruppen[54], die unabhängig von einer Stimmrechtsmehrheit eine beherrschende Stellung begründen sollen, insbesondere tatsächliche Verhältnisse zugeordnet. Die ganz überwiegende Auffassung lässt jedoch wirtschaftliche Abhängigkeitsverhältnisse, insbesondere in Form von Liefer- und Kreditbeziehungen oder Franchiseverhältnissen, – jedenfalls für sich

49 Indem er im Gesetzgebungsverfahren von der unwiderleglichen Ausgestaltung der Vermutungsregel abgerückt ist, hat bereits der Gesetzgeber zum Ausdruck gebracht, dass es Fallgestaltungen geben kann, in denen trotz des Fehlens einer Mehrheit im Sinne des § 16 Abs. 1 AktG eine Abhängigkeit gegeben sein kann (vgl. hierzu auch *Kropff*, Aktiengesetz 1965, S. 28 f.).

50 *Kropff*, Aktiengesetz 1965, S. 31.

51 Vgl. *Kropff*, Aktiengesetz 1965, S. 31.

52 So bereits die Gesetzesbegründung bei *Kropff*, Aktiengesetz 1965, S. 29.

53 Vgl. hierzu F.V.

54 Siehe zur immensen Anzahl umstrittener Fallkonstellationen die Darstellungen bei *Koppensteiner*, in: KölnKomm AktG, § 17 Rdnrn. 57 ff. und bei *Windbichler*, in: GroßKomm AktG, § 17 Rdnrn. 37 ff.

betrachtet – für die Begründung eines Abhängigkeitsverhältnisses im Sinne des § 17 Abs. 1 AktG nicht genügen[55].

Dagegen nehmen die weit überwiegende Ansicht im Schrifttum[56] und die Rechtsprechung[57] eine Abhängigkeit bei kombinierter Beherrschung an. Diese ist gegeben, wenn neben einer die Anforderungen des § 17 Abs. 1 AktG allein nicht erfüllenden Minderheitsbeteiligung noch weitere Mittel gegeben sind, die in einer Gesamtschau mit der Minderheitsbeteiligung das in der Hauptversammlung ausübbare Stimmrecht zu einem beherrschenden Einfluss verstärken[58].

Als Anwendungsbeispiel[59] soll die sog. personelle Verflechtung des Leitungsorgans des Minderheitsaktionärs-Unternehmens und des Leitungsorgans des beherrschten Unternehmens – sei es Aufsichtsrat oder Vorstand – herausgegriffen werden, die den größten Rückhalt im juristischen Schrifttum zur Begründung kombinierter Beherrschung findet[60]. Die nachfolgenden Ausführungen

---

55 Vgl. nur *Windbichler*, in: GroßKomm AktG, § 17 Rdnr. 40; *Koch*, in: Hüffer/Koch AktG, § 17 Rdnr. 8; BGH, Urteil vom 26.03.1984, II ZR 171/83, NJW 1984, 1893 (1896).

56 Vgl. hierzu *Bayer*, in: MünchKomm AktG, § 17 Rdnrn. 31 ff.; *Emmerich*, in: Emmerich/Habersack KonzernR, § 17 Rdnr. 16; *Krieger*, in: MünchHdb. AG, § 69 Rdnr. 43; *Schall*, in: Spindler/Stilz AktG, § 17 Rdnrn. 25 ff.; *Weßling*, in: Praxishandbuch Handels- und Gesellschaftsrecht, § 9 Rdnr. 21; *Adler/Düring/Schmaltz*, in: Rechnungslegung, § 17 AktG Rdnr. 99; *Vetter*, in: Schmidt/Lutter AktG, § 17 Rdnr. 16; *Ziemons*, in: Hdb. der AG, I Rdnrn. 12.122 ff.; dies vollumfänglich ablehnend: *Koppensteiner*, in: KölnKomm AktG, § 17 Rdnr. 68; *Koch*, in: Hüffer/Koch AktG, § 17 Rdnr. 8.

57 Vgl. beispielhaft nur RG, Urteil vom 21.04.1941, II 128/40, RGZ 167, 40 (52) – „Thega"; BGH, Urteil vom 04.03.1974, II ZR 89/72, NJW 1974, 855 (857) – „Seitz"; BGH, Urteil vom 26.03.1984, II ZR 171/83, NJW 1984, 1893 (1896); BGH, Beschluss vom 19.01.1993, KVR 32/91, NJW 1993, 2114 (2115) – „WAZ"; OLG München, Urteil vom 07.04.1995, 23 U 6733/94, AG 1995, 38.

58 Zu den Auswirkungen eines Entherrschungsvertrages im Anwendungsbereich kombinierter Beherrschung vgl. die Darlegungen unter F.V.

59 Daneben wird kombinierte Beherrschung vor allem noch im Zusammenspiel mit erheblichen Austausch- Liefer- oder Kreditbeziehungen mit dem Minderheitsaktionär diskutiert (vgl. statt aller: *Windbichler*, in: GroßKomm AktG, § 17 Rdnr. 40 und *Bayer*, in: MünchKomm AktG, § 17 Rdnrn. 29 f.).

60 *Emmerich*, in: Emmerich/Habersack KonzernR, § 17 Rdnr. 19; *Adler/Düring/Schmaltz*, in: Rechnungslegung, § 17 AktG Rdnrn. 63 f.; *Bayer*, in: MünchKomm AktG, § 17 Rdnr. 33; *Windbichler*, in: GroßKomm AktG, § 17 Rdnr. 43; *Ziemons*, in: Hdb. der AG, I Rdnrn. 12.126 ff.; *Fett*, in: Heidelberger Kommentar, § 17 Rdnr. 13; *Schall*, in: Spindler/Stilz AktG, § 17 Rdnr. 31; *Vetter*, in: Schmidt/Lutter AktG, § 17 Rdnr. 40; vgl. auch BGH, Beschluss vom 17.03.1997, II ZB 3/96, NJW 1997, 1855 (1857) – „VW" und OLG Düsseldorf, Beschluss vom 04.07.2013, I-26 W 13/08, AG 2013, 720 (721).

beschränken sich auf Konstellationen, in denen erst eine Kombination aus Minderheitsbeteiligung und personeller Verflechtung eine beherrschende Stellung begründet, also kein Fall des § 17 Abs. 2 AktG gegeben ist.

So resultiert bei mehrheitlicher Beteiligung eine Abhängigkeit bereits allein aus der Mehrheitsbeteiligung nach § 17 Abs. 1 AktG, ohne dass weitere Umstände hinzutreten müssen. Hinzu kommt, dass die Begründung eines Abhängigkeitsverhältnisses stets einer gesellschaftsrechtlichen Vermittlung der die Abhängigkeit begründenden Umstände bedarf[61]. Aus diesem Grund scheidet die isolierte personelle Verflechtung als abhängigkeitsbegründender Umstand aus[62].

Als Ausgangpunkt ist festzuhalten, dass im Regelfall weder die Minderheitsbeteiligung außerhalb der faktischen Hauptversammlungsmehrheit[63] noch die personelle Verflechtung[64] für sich genommen eine beherrschende Wirkung begründen kann. Der Einfluss des Minderheitsaktionärs-Unternehmens wird allerdings verstärkt, wenn der Aufsichtsrat des beherrschten Unternehmens bereits mehrheitlich[65] mit Interessenvertretern des Minderheitsaktionärs besetzt ist oder dem Minderheitsaktionärs-Unternehmen die Möglichkeit zukommt, durch Entsendung weiterer Interessenvertreter die Mehrheit der Aufsichtsratsmitglieder zu stellen. Dies gilt umso mehr bei Mitgliedern des Aufsichtsrates, die als weisungsgebundene Geschäftsführer in der über die Aktiengesellschaft herrschenden GmbH

---

61 Einhellige Ansicht, vgl. nur: *Emmerich*, in: Emmerich/Habersack KonzernR, § 17 Rdnr. 16; *Bayer*, in: MünchKomm AktG, § 17 Rdnr. 31; *Koch*, in: Hüffer/Koch AktG, § 17 Rdnr. 8; *Windbichler*, in: GroßKomm AktG, § 17 Rdnr. 40; *Franz*, in: Wachter AktG, § 17 Rdnr. 1; *Oetker*, in: Erfurter Kommentar ArbR, § 17 AktG Rdnr. 2; *Liebscher*, in: Handbuch AG, § 15 Rdnr. 18; BGH, Urteil vom 26.03.1984, II ZR 171/83, NJW 1984, 1893 (1896 f.) – „BuM".

62 *Bayer*, in: MünchKomm AktG, § 17 Rdnr. 33; OLG München, Urteil vom 07.04.1995, 23 U 6733/94, AG 1995, 38; wohl auch *Emmerich*, in: Emmerich/Habersack KonzernR, § 17 Rdnr. 19, der allerdings auf die Umstände des Einzelfalles abstellen will; *Hirschmann*, in: Hölters AktG, § 17 Rdnr. 13; BGH, Beschluss vom 17.03.1997, II ZB 3/96, NJW 1997, 1855 (1856) – „VW"; a.A. für diesen speziellen Anwendungsbereich wohl aber *Windbichler*, in: GroßKomm AktG, § 17 Rdnr. 46; *Schall*, in: Spindler/Stilz AktG, § 17 Rdnr. 31.

63 Zur Ausnahme der Abhängigkeit aufgrund einer Minderheitsbeteiligung, die regelmäßig zu einer Hauptversammlungsmehrheit führt, siehe F.II.2.b).

64 A.A. aber *Decher*, Personelle Verflechtung im Aktienkonzern, S. 215 ff.; *Adler/Düring/Schmaltz*, in: Rechnungslegung, § 17 AktG Rdnr. 64; *Götz*, S. 30 ff.; *Geßler*, in: Geßler/Hefermehl/Eckardt/Kropff, § 17 Rdnr. 58; *Werner*, S. 166, 207.

65 Vgl. die Ausführungen unter F.II.1.a).

tätig sind[66]. In diesem speziellen Fall scheint die Möglichkeit sehr nahe zu liegen, dass die zugleich als Aufsichtsrats- und Geschäftsführungsmitglieder agierenden Personen in ihrer Eigenschaft als Aufsichtsratsmitglieder im Falle der Bestellung der Vorstandsmitglieder der beherrschten Aktiengesellschaft ihr Stimmrecht ausschließlich im Interesse der herrschenden GmbH ausüben werden, zu deren Wohl sie aufgrund ihrer dortigen Organstellung ebenfalls verpflichtet sind.

Das aufgezeigte Beispiel verdeutlicht, dass Abhängigkeit im Sinne des § 17 Abs. 1 AktG nicht auf Mehrheitsbeteiligungen beschränkt ist, sondern – kumulativ zur Minderheitsbeteiligung – vielmehr auch durch andere Umstände außerhalb der Hauptversammlungsmehrheit erst begründet werden kann[67].

## 3. Möglichkeit der Herrschaftsausübung

Unter der Geltung des Aktiengesetzes 1937 bestand im Schrifttum Uneinigkeit, ob eine Abhängigkeit bereits bei der Möglichkeit der dargelegten Herrschaftsausübung[68] oder erst bei deren tatsächlicher Ausübung[69] gegeben sein soll. Das Reichsgericht hat in der „Thega"-Entscheidung[70] aus dem Jahre 1941 den Abhängigkeitsbegriff sehr restriktiv auf Konstellationen begrenzt, in denen das herrschende Unternehmen der beherrschten Gesellschaft ihren Willen aufzwingt.

Durch die mit dem Aktiengesetz 1965 einhergegangene Trennung zwischen dem Abhängigkeitsbegriff und der Vorschrift des § 18 AktG zum Konzern hat der Gesetzgeber die aufgezeigte Streitfrage in dem Sinne gelöst, dass für die Annahme einer Abhängigkeitsstellung bereits die Möglichkeit der Beherrschung genügt[71]. Dafür streitet letztlich auch der Wortlaut des § 17 Abs. 1 AktG, der es ausreichen lässt, dass das herrschende Unternehmen einen beherrschenden Einfluss ausüben *kann*, und der keine tatsächliche Ausübung („*ausübt*") fordert.

---

66 Vgl. hierzu auch *Windbichler*, in: GroßKomm AktG, § 17 Rdnr. 46.

67 Vgl. die Nachweise in Fn 60.

68 Vgl. statt Vieler nur: *Herbig/Geßler/Hefermehl*, in: Schlegelberger/Quaffowski AktG, § 15 Rdnr. 13.

69 Vgl. hierzu: *Adler/Düring/Schmaltz*, in: Rechnungslegung, 1. Auflage 1938, § 128 Rdnr. 55 m.w.N.

70 RG, Urteil vom 21.04.1941, II 128/40, RGZ 167, 40 (50).

71 *Kropff*, Aktiengesetz 1965, S. 31.

Dieser gesetzgeberischen Wertung haben sich auch das Schrifttum[72] und die Rechtsprechung[73] nicht verschlossen, sodass die Möglichkeit zur Herrschaftsausübung für die Erfüllung des Abhängigkeitsbegriffs inzwischen als allgemeine Meinung[74] bzw. als unstreitig[75] bezeichnet werden kann.

## 4. Rechtliche Absicherung der herrschenden Stellung

Bereits die Begründung zum Regierungsentwurf des Aktiengesetzes von 1965[76] forderte für die Möglichkeit der Herrschaftsausübung darüber hinaus eine gesicherte Grundlage der Einflussnahmemöglichkeit[77]. Kann sich das abhängige Unternehmen dem herrschenden Einfluss jederzeit entziehen, so besteht die geforderte Sicherheit der Einflussnahmemöglichkeit nicht[78]. Insbesondere wird das Leitungsorgan keine an den Interessen des herrschenden Unternehmens ausgerichtete Geschäftspolitik betreiben, da es die Unternehmensleitung in diesem Fall selbst in der Hand hat, die Herrschaftsmacht zu beseitigen.

Das Erfordernis der rechtlichen Absicherung kommt darüber hinaus auch in Fällen zum Tragen, in denen der Anwendungsbereich der §§ 17 Abs. 2, 16 Abs. 1 Var. 2 AktG nicht eröffnet ist und demzufolge keine Stimmrechtsmehrheit des vermeintlich herrschenden Unternehmens gegeben ist. In diesem Fall genügen beispielsweise rein zufällig entstandene Hauptversammlungsmehrheiten im Einzelfall nicht zur Begründung beherrschender Einflussnahmemöglichkeit[79].

---

72 Vgl. statt Vieler nur *Peres/Walden*, in: NomosKomm AktG, § 17 Rdnr. 3; *Windbichler*, in: GroßKomm AktG, § 17 Rdnr. 19.

73 BGH, Urteil vom 04.03.1974, II ZR 89/72, NJW 1974, 855 (857) – „Seitz".

74 So auch *Schall*, in: Spindler/Stilz AktG, § 17 Rdnr. 8 Fn 24; *Bayer*, in: MünchKomm AktG, § 17 Rdnr. 11 Fn 18; *Krieger*, in: MünchHdb. AG, § 69 Rdnr. 36; *Raiser/Veil*, in: Recht der Kapitalgesellschaften, § 51 Rdnr. 15.

75 *Koppensteiner*, in: KölnKomm AktG, § 17 Rdnr. 17 Fn 31; *Vetter*, in: Schmidt/Lutter AktG, § 17 Rdnr. 5 Fn 7.

76 *Kropff*, Aktiengesetz 1965, S. 31.

77 Allg. Meinung, vgl. statt Vieler: *Vetter*, in: Schmidt/Lutter AktG, § 17 Rdnr. 12; *Schall*, in: Spindler/Stilz AktG, § 17 Rdnr. 19.

78 *Dierdorf*, Herrschaft und Abhängigkeit einer Aktiengesellschaft auf schuldvertraglicher und tatsächlicher Grundlage, S. 35; *Emmerich*, in: Emmerich/Habersack KonzernR, § 17 Rdnr. 8; *Koppensteiner*, in: KölnKomm AktG, § 17 Rdnr. 20; *v. Falkenhausen*, NJW 1973, 488 f.; BGH, Urteil vom 19.01.1993, KVR 32/91, NJW 1993, 2114 (2115) –„WAZ".

79 RG, Urteil vom 21.04.1941, II 128/40, RGZ 167, 40 (50 f.) – „Thega"; BGH, Urteil vom 04.03.1974, II ZR 89/72, NJW 1974, 855 (877) – „Seitz"; *Emmerich*, in: Emmerich/Habersack KonzernR, § 17 Rdnrn. 11 f., 17; *Koch*, in: Hüffer/Koch AktG, § 17 Rdnr. 6; *Werner*, S. 113; *Kropff*, Aktiengesetz 1965, S. 31; *Bayer*, in: MünchKomm AktG, § 17

Selbst eine über Jahre hinweg andauernde, freiwillige Stimmenunterstützung durch andere Aktionäre begründet keine rechtlich gesicherte Herrschaftsmacht, da sich das vermeintlich herrschende Unternehmen der getreuen Stimmenabgabe der Minderheitsaktionäre nicht sicher sein kann[80].

Vielmehr bedarf es zur Begründung einer herrschenden Stellung stets der rechtlichen Absicherung der Stimmrechtsmehrheit, insbesondere in Gestalt von Konsortialvereinbarungen, Stimmbindungsverträgen[81] oder Treuhandabreden zwischen den Anteilseignern[82]. Nur wenn sich der Mehrheitsaktionär der mehrheitsbegründenden Mitwirkung anderer Aktionäre im Sinne einer rechtlichen Verbindlichkeit sicher sein kann, kommt ihm die vom Gesetz geforderte Herrschaftsstellung tatsächlich zu.

## 5. Dauer der Herrschaftsmacht

In engem Zusammenhang mit der Absicherung der beherrschenden Stellung[83] steht die Frage, ob herrschender Einfluss auch dann gegeben ist, wenn der Einfluss nur für eine kurze Zeitspanne ausgeübt werden kann.

Genügt für die Begründung der Abhängigkeit aus § 17 Abs. 1 AktG bereits die Möglichkeit der Ausübung herrschenden Einflusses, so ist diese restriktive Anforderung nicht nur in tatsächlich-sachlicher, sondern auch in zeitlicher Hinsicht erforderlich, aber auch ausreichend[84]. Selbst im Falle zeitnahen Abstoßens der mehrheitlichen Beteiligung an dem abhängigen Unternehmen besteht doch die – wenn auch unwahrscheinliche – Möglichkeit der Ausübung der Herrschaftsmacht, sei es durch Abberufung von Aufsichtsratsmitgliedern vor Ablauf deren Amtszeit nach § 103 Abs. 1 S. 1 AktG oder durch eine in diesem Zeitraum stattfindende Aufsichtsratswahl.

---

Rdnr. 37; *Windbichler*, in: GroßKomm AktG, § 17 Rdnr. 24; *Krieger*, in: MünchHdb. AG, § 69 Rdnr. 43; *Adler/Düring/Schmaltz*, in: Rechnungslegung, § 17 AktG Rdnr. 16; *Ziemons*, in: Hdb. der AG, I Rdnr. 12.104; *Koppensteiner*, in: KölnKomm AktG, § 17 Rdnr. 64; *v. Falkenhausen*, NJW 1973, 487 (488).

80 Vgl. hierzu *Werner*, S. 113.

81 Zu Stimmbindungsverträgen vgl. auch C.II.1.

82 Vgl. Nachweise in Fn 79; a.A. wohl *Krieger*, der es genügen lassen will, wenn dauerhaft gleichgerichtete Interessen eine gemeinsame Unternehmenspolitik gewährleisten (*ders.*, in: MünchHdb. AG, § 69 Rdnr. 52.).

83 Vgl. hierzu B.II.4.

84 In diese Richtung gehend bereits die Begründung des Regierungsentwurfs, vgl. *Kropff*, Aktiengesetz 1965, S. 31.

Zudem verbietet sich für die Beurteilung der Abhängigkeit jegliche ex post-Betrachtung[85]. Zu jedem Zeitpunkt einer operativen Entscheidung des Vorstandes muss zweifelsfrei zu ermitteln sein, ob eine Abhängigkeitslage gegeben ist oder nicht[86]. Selbst eine bereits vertraglich fixierte Abtretung des mehrheitlichen Anteils der Aktien des Mehrheitsaktionärs ändert hieran nichts[87]. Die bereits abgeschlossene Vereinbarung kann wieder aufgehoben oder auf Dauer unvollzogen bleiben. Darüber hinaus ist es dem Mehrheitsaktionär nicht verwehrt, vor der geplanten Abtretung der Anteile anderweitig Aktien zu erwerben, durch deren Erwerb er wiederum – auch über den Veräußerungszeitpunkt hinaus – eine mehrheitliche Beteiligung erhält.

Demzufolge genügt für die Begründung einer beherrschenden Stellung auch die vorübergehende Mehrheitsbeteiligung, eine bestimmte Mindestdauer ist nicht erforderlich[88].

## III. Rechtsfolgen der Abhängigkeit

### 1. Rechtsfolgen aus dem „Allgemeinen Konzernrecht"

Bereits aus §§ 15 ff. AktG als „Allgemeiner Teil des Konzernrechts[89]" ergeben sich weitreichende Rechtsfolgen der Abhängigkeit. So fingiert § 16 Abs. 4 AktG, dass als Anteile, die einem Unternehmen gehören, auch die Anteile gelten, die einem von ihm abhängigen Unternehmen gehören. Damit kann die Abhängigkeit von einem Unternehmen durch die Zurechnungsvorschrift des § 16 Abs. 4 AktG zu einer weiteren Abhängigkeit von einem anderen Unternehmen mit all den damit verbundenen Rechtsfolgen führen.

---

85 Vgl. hierzu noch ausführlicher unter F.II.4.a).

86 Dahingehend auch *Windbichler*, in: GroßKomm AktG, § 17 Rdnr. 21.

87 Ähnlich *Bayer*, in: MünchKomm AktG, § 17 Rdnr. 62; *Windbichler*, in: GroßKomm AktG, § 17 Rdnr. 21; *Adler/Düring/Schmaltz*, in: Rechnungslegung, § 17 AktG Rdnrn. 18 f.; a.A. jedoch: *Koppensteiner*, in: KölnKomm AktG, § 17 Rdnr. 25; jedenfalls zweifelnd: *Vetter*, in: Schmidt/Lutter AktG, § 17 Rdnr. 11.

88 Ganz herrschende Meinung, vgl. Nachweise in Fn 87; *Fett*, in: Heidelberger Kommentar AktG, § 17 Rdnr. 8; *Peres/Walden*, in: NomosKomm AktG, § 17 Rdnr. 8; *Ziemons*, in: Hdb. der AG, I Rdnr. 12.104.

89 *Habersack*, in: Emmerich/Habersack KonzernR, Einl. Rdnr. 2; so auch *Casper*, in: GroßKomm GmbHG, Anh. § 77 Rdnr. 16; *Servatius*, in: Michalski GmbHG, Syst. Darst. 4 Rdnr. 7; *Liebscher*, in: MünchKomm GmbHG, Anhang § 13 Rdnr. 40; *Vogt*, in: Handbuch GmbH, § 17 Rdnr. 2; *Kuhlmann/Ahnis*, in: Konzern- und Umwandlungsrecht, § 1 IV 1 Rdnr. 18; *Decher/Kiefner*, in; MünchHdb. GmbH, § 67 Rdnr. 22.

Die bereits angesprochene Konzernvermutung des § 18 Abs. 1 S. 3 AktG knüpft unmittelbar an den Abhängigkeitsbegriff aus § 17 AktG an. Das Vorhandensein eines Abhängigkeitsverhältnisses eröffnet daher auch den Anwendungsbereich der Normen, die tatbestandlich einen Konzern voraussetzen. Exemplarisch[90] seien an dieser Stelle nur die Konzernrechnungslegungspflicht aus §§ 290 ff. HGB und die Zurechnung von Arbeitnehmern der Konzernunternehmen als Arbeitnehmer des herrschenden Unternehmens nach § 5 Abs. 1 MitbestG genannt.

## 2. Folgerungen für das abhängige Unternehmen

Eine der einschneidensten Pflichten der Leitungsorgane der abhängigen Gesellschaft ist in § 312 AktG mit der Pflicht zur Aufstellung eines Abhängigkeitsberichts geregelt. In diesem Bericht sind nach § 312 Abs. 1 S. 2 AktG insbesondere alle Rechtsgeschäfte anzugeben, welche die Gesellschaft im vergangenen Geschäftsjahr mit dem herrschenden Unternehmen vorgenommen hat, wobei Leistung und Gegenleistung zu nennen sind. Auch sind Angaben zu einem erfolgten oder unterbliebenen Nachteilsausgleich (vgl. § 311 AktG) gemäß § 312 Abs. 1 S. 4, Abs. 3 AktG erforderlich. Die durch das BiRiLiG aufgenommene Norm des § 313 Abs. 1 S. 4 AktG erstreckt dabei die Auskunftsrechte des Abschlussprüfers auf die abhängige Gesellschaft, sodass diese neben dem herrschenden Unternehmen und den Konzernunternehmen ebenfalls einer Auskunftspflicht unterliegt.

Anknüpfungspunkte für Abhängigkeitsfolgen ergeben sich darüber hinaus aus aktienrechtlichen Vorschriften außerhalb des Konzernrechts. An dieser Stelle sei nur das Verbot des Erwerbs von Aktien des herrschenden Unternehmens durch das abhängige Unternehmen aus § 56 Abs. 2 AktG erwähnt[91].

Auch außerhalb des Aktienrechts finden sich Normen, die auf Tatbestandsebene ein abhängiges Unternehmen voraussetzen[92]. So gibt § 11 Abs. 1 S. 4 UmwG dem Verschmelzungsprüfer zur Überprüfung des Verschmelzungsvertrages auch gegenüber dem abhängigen Unternehmen ein umfassenden Auskunftsrecht. Daneben sei noch das Erfordernis der Rücklagenbildung durch das

---

90 Eine Übersicht der an den Konzernbegriff anknüpfenden Rechtsfolgen findet sich bei *Windbichler*, in: GroßKomm AktG, § 17 Rdnrn. 3 ff.; *Bayer*, in: MünchKomm AktG, § 18 Rdnrn. 22 ff. und bei *Emmerich*, in: Emmerich/Habersack KonzernR, § 17 Rdnrn. 2 f.

91 Für eine Aufzählung der die Abhängigkeit tatbestandlich voraussetzenden Rechtsnormen vgl. *Hüffer*, in: AktG, § 17 Rdnr. 24.

92 Für eine Vielzahl von Zusammenhänge der Abhängigkeit außerhalb des Gesellschaftsrechts vgl. *Koppensteiner*, in: FS Hopt, S. 959 ff.

abhängige Unternehmen aus § 272 Abs. 4 HGB für den Fall des Erwerbs von Anteilen an dem herrschenden Unternehmen genannt.

### 3. Konsequenzen für das herrschende Unternehmen

Viel weiterreichende Folgen löst die Frage der Abhängigkeit dagegen für das herrschende Unternehmen aus. Neben der bereits dargestellten Konzernvermutung ergeben sich zahlreiche Pflichten, die an den Abhängigkeitsbegriff anknüpfen. Zunächst begründet bereits das „materielle Konzernrecht" der §§ 311 ff. AktG weitreichende Rechtsfolgen. Unterliegt die Beherrschung keiner vertraglichen Regelung, so sieht das Gesetz in § 311 AktG eine Einschränkung der Einwirkungsmöglichkeit auf die abhängige Gesellschaft vor. Entweder beschränkt sich das herrschende Unternehmen auf Rechtsgeschäfte, die aus Sicht des abhängigen Unternehmens nicht nachteilig sind, oder das herrschende Unternehmen gleicht den durch seine Einwirkung entstanden Nachteil gegenüber dem abhängigen Unternehmen aus. Kommt das herrschende Unternehmen seiner Ausgleichpflicht im Falle der Vornahme nachteiliger Rechtsgeschäfte nicht nach, so stehen der abhängigen Gesellschaft nach § 317 AktG ein verschuldensunabhängiger[93] Schadensersatzanspruch – dem überwiegend organschaftliche[94], teilweise aber auch deliktsrechtliche[95] Natur zugesprochen wird – sowie Unterlassungs- und Beseitigungsansprüche[96] zu.

Des Weiteren finden sich auch für das herrschende Unternehmen außerhalb des Aktiengesetzes Pflichten, die tatbestandlich an den Abhängigkeitsbegriff anknüpfen. So sei exemplarisch nur § 36 Abs. 2 GWB erwähnt, wonach bei der Beurteilung der Zulässigkeit von Unternehmenszusammenschlüssen aus kartellrechtlicher Sicht das herrschende und das beherrschte Unternehmen als einheitliches Unternehmen anzusehen sind.

---

93 So die ganz herrschende Meinung; vgl. *Habersack*, in: Emmerich/Habersack KonzernR, § 317 Rdnrn. 5 und 7; *Koch*, in: Hüffer/Koch AktG, § 317 Rdnr. 5; a.A. hingegen *Altmeppen*, in: MünchKomm AktG, § 317 Rdnr. 10, der allein aus dem Umstand, dass das herrschende Unternehmen dann nicht haftet, wenn die veranlasste Geschäftsleitungsmaßnahme mit dem Sorgfaltsmaßstab, den der Geschäftsleiter der Aktiengesellschaft einzuhalten hat, nicht mehr vereinbar ist, eine verschuldensabhängige Haftung herleitet.

94 Vgl. nur *Altmeppen*, in MünchKomm AktG, § 317 Rdnrn. 8 ff.; *Koppensteiner*, in: KölnKomm AktG, § 317 Rdnr. 5.

95 So insbesondere *Habersack*, in: Emmerich/Habersack KonzernR, § 317 Rdnr. 11.

96 *Koch*, in: Hüffer/Koch AktG, § 317 Rdnr. 10; *Altmeppen*, in: MünchKomm AktG, § 317 Rdnrn. 46 ff.; lediglich für einen Unterlassungsanspruch *Habersack*, in: Emmerich/Habersack KonzernR, § 317 Rdnr. 19.

# C. Widerlegung der Abhängigkeitsvermutung

Die Regelung des § 17 Abs. 2 AktG stellt die Verbindung zwischen der Mehrheitsbeteiligung des § 16 AktG und der Konzernvermutung des § 18 Abs. 1 S. 3 AktG her. Lediglich im Falle wechselseitiger Mehrheitsbeteiligungen scheidet wegen der Vorschrift des § 19 Abs. 3 AktG eine Widerlegung der Abhängigkeitsvermutung aus[97]. Im Folgenden soll untersucht werden, welche Reichweite dieser Vermutungsregel zukommt und welche rechtlichen Gestaltungen – unter Außerachtlassung des Entherrschungsvertrages[98] – denkbar sind, um die Vermutung zu widerlegen.

## I. Gesetzliche Ausgestaltung des § 17 Abs. 2 AktG

Wie bereits dargestellt, besteht die Möglichkeit, die Abhängigkeitsvermutung aus § 17 Abs. 2 AktG zu widerlegen. Es ist jedoch zu berücksichtigen, dass kein Gleichlauf zwischen der ersten Kodifikation des Abhängigkeitsbegriffes in § 226 Abs. 4 HGB 1987 aus dem Jahr 1931[99] und der erstmaligen Normierung einer an die Mehrheitsbeteiligung anknüpfenden Vermutungsregel gegeben ist.

Weder § 226 Abs. 4 HGB idF von 1931 noch die Nachfolgevorschrift des § 15 Abs. 2 AktG 1937 enthielt eine der heutigen Rechtslage vergleichbare Abhängigkeitsvermutung. Erst durch den Referentenentwurf des Aktiengesetzes 1958 fand eine Abhängigkeitsvermutung erstmals Eingang in die Überlegungen der Legislative. Sowohl § 16 Abs. 2 RefE-AktG als auch § 16 Abs. 2 RegE-AktG knüpften für die Frage der Abhängigkeitsvermutung wie § 17 Abs. 2 AktG an eine Mehrheitsbeteiligung an, wobei im Stadium des RefE-AktG und des RegE-AktG die Vermutung noch unwiderleglich ausgestaltet war[100]. Nach ausführlichen Diskussionen der Vermutungsregel und massiver Kritik an der Unwiderleglichkeit im zuständigen Wirtschaftsausschuss wurde die Vermutungsregel im Gesetzgebungsverfahren in eine widerlegliche Abhängigkeitsvermutung abgeändert[101].

---

97 Auch für den Sonderfall einer deutschen Zwischenholding nach § 5 Abs. 3 MitbestG ist die Vermutung des § 17 Abs. 2 AktG nicht widerlegbar (vgl. OLG Frankfurt, Beschluss vom 21.04.2008, 20 W 342/07, AG 2008, 502 (503); *Kuhlmann/Anis*, in: Konzern- und Umwandlungsrecht, § 2 III 3 Rdnr. 53.).

98 Vgl. hierzu ab D.

99 Vgl. bereits B.I.1.

100 So auch *Hommelhoff*, Die Konzernleitungspflicht, S. 82 f.

101 Vgl. hierzu die ausführliche Darstellung unter B.II.1.b).

## II. Möglichkeiten zur Widerlegung der Abhängigkeitsvermutung

Zwar hat bereits der Gesetzgeber erkannt, dass Fälle denkbar sind, in denen eine Mehrheitsbeteiligung besteht, aus dieser jedoch keine Machtposition des mehrheitlich beteiligten Unternehmens resultiert. Wie bereits erwähnt[102], lassen sowohl das Gesetz als auch dessen Begründung Anforderungen vermissen, die für eine Widerlegung der Abhängigkeitsvermutung zwingend zu erfüllen sind. Es stellt sich also die Frage, welche Voraussetzungen an eine Widerlegung der durch eine Mehrheitsbeteiligung im Sinne des § 17 Abs. 2 vermuteten Abhängigkeit zu stellen sind.

Da die Vermutung aus § 17 Abs. 2 AktG an die durch Stimmrechte- und/oder Kapitalmehrheit (§ 16 Abs. 1 AktG) vermittelte Herrschaftsmacht[103] anknüpft, muss für die Frage der Widerlegung der Vermutung nachgewiesen werden, dass eine im Regelfall aus der Anteils- und/oder der Stimmenmehrheit resultierende Herrschaftsposition in der konkreten Konstellation nicht gegeben oder nicht ausgeübt werden kann.

An dieser Stelle soll noch nicht auf die Besonderheiten des Entherrschungsvertrages oder auf die inhaltlichen Anforderungen an eine Vermutungswiderlegung eingegangen werden, da diese Gegenstand der diesem Kapitel nachfolgenden Untersuchung sein werden. Entherrschungsverträge sollen in diesem Kapitel thematisch nur insoweit beleuchtet werden, als sie zur Abgrenzung von anderen anerkannten Möglichkeiten zur Widerlegung der Abhängigkeitsvermutung erforderlich sind.

### 1. Stimmbindungsverträge

Bereits die Gesetzesmaterialien zu § 17 AktG gehen – wenn auch begrenzt auf die Beteiligung eines familienfremden Unternehmens an einem Familienunternehmen – auf die praktische Bedeutung von vertraglichen Verpflichtungen ein, die dem mit Mehrheit beteiligten Unternehmen (vgl. § 16 Abs. 1 AktG) die Ausübung von Verwaltungsrechten aus dem vollständigen Teil seiner Aktien untersagen[104]. Diese Ausführungen sind letztlich gleichzusetzen mit dem heute unter dem Begriff der Stimmbindungsverträge verstandenen vertraglichen Stimmrechteverzicht eines Aktionärs gegenüber einer anderen Partei. Allein durch die Ausübung

102 Vgl. A.I.

103 Zur Herrschaftsmacht, die dem Mehrheitsaktionärs-Unternehmer aus einer Stimmrechte- oder Kapitalmehrheit zukommt, vgl. B.II.1.

104 *Kropff*, Aktiengesetz 1965, S. 28.

des Stimmrechts kommt dem Aktionär eine aktive Einflussnahmemöglichkeit auf die Willensbildung innerhalb der beteiligten Gesellschaft im Wege der Teilnahme an Beschlussfassungen auf der Hauptversammlung zu. Demzufolge wird das Stimmrecht auch als elementarer Bestandteil der als Verwaltungs- oder auch Herrschaftsrechte[105] bezeichneten Rechte der Anteilseigner eingeordnet[106].

Durch den Abschluss von Stimmbindungsverträgen verpflichten sich die Vertragsparteien, das ihnen zustehende Stimmrecht in der Hauptversammlung nach näherer Maßgabe des Stimmbindungsvertrages auszuüben. Der Aktionär kann eine derartige Vereinbarung nach weit überwiegender Ansicht im Schrifttum[107] sowie in Übereinstimmung mit der höchstrichterlichen Rechtsprechung[108] auch mit einem gesellschaftsfremden Dritten treffen. Einem Stimmbindungsvertrag mit einem Dritten steht insbesondere nicht das aktienrechtliche Abspaltungsverbot[109] entgegen, wonach eine isolierte Übertragung des Stimmrechts als mitgliedschaftliche Befugnis nicht möglich ist[110]. Der sich bindende Aktionär bleibt nach wie vor Inhaber des Stimmrechts, das er zudem eigenständig ausüben kann. Lediglich die inhaltliche Ausgestaltung der Stimmabgabe orientiert sich dabei an den Vorgaben des gesellschaftsfremden Dritten. Eine Grenze der Stimmbindung gegenüber einem Dritten kommt, überwiegend abgleitet aus der gesellschaftsrechtlichen Treuepflicht[111], allerdings für den Fall zu tragen, dass der Dritten bei

---

105 *Koch*, in: Hüffer/Koch AktG, § 11 Rdnr. 3; *Heider*, in: MünchKomm AktG, § 11 Rdnr. 11.

106 BGH, Urteil vom 19.12.1977, II ZR 136/76, NJW 1978, 540 (541); *Brändel*, in: GroßKomm AktG, § 12 Rdnr. 1; *Heider*, in: MünchKomm AktG, § 11 Rdnr. 18, § 12 Rdnr. 6; *Wagner*, in: NomosKomm AktG, § 12 Rdnr. 2; *Grundmann*, in: GroßKomm AktG, § 134 Rdnr. 1.

107 *Hirschmann*, in: Hölters AktG, § 133 Rdnr. 41; *Koch*, in: Hüffer/Koch AktG, § 133 Rdnr. 27; *Rieckers*, in: Spindler/Stilz AktG, § 136 Rdnr. 50; *Schröer*, in: MünchKomm AktG, § 136 Rdnrn. 70 ff.; für die GmbH *Jaeger*, in: Oppenländer/Trölitzsch GmbH-Geschäftsführung, § 19 Rdnr. 69.

108 BGH, Beschluss vom 15.07.2014, II ZR 375/13, AG 2014, 705.

109 Vgl. RG, Urteil vom 31.03.1931, II 222/30, RGZ 132, 149, (159); BGH, Urteil vom 17.11.1986, II ZR 96/86, NJW 1987, 780; *Karsten Schmidt*, in: Gesellschaftsrecht, § 19 III.4, S. 560.

110 *Hirschmann*, in: Hölters AktG, § 133 Rdnr. 41; *Spindler*, in: Schmidt/Lutter AktG, § 134 Rdnr. 40; *Koch*, in: Hüffer/Koch AktG, § 133 Rdnr. 27; *Zöllner*, ZHR 155 (1991), 168, (180 f.); a.A. noch *Hüffer* in der 10. Auflage von Hüffer AktG, § 133 Rdnr. 27.

111 So beispielweise *Koch*, in: Hüffer/Koch AktG, § 133 Rdnr. 27; für die GmbH: *Römermann*, in: Michalski GmbHG, § 47 Rdnr. 503; *Zöllner*, in: Baumbach/Hueck GmbHG, § 47 Rdnr. 113 und 118; *Schmidt*, in: Scholz GmbHG, § 47 Rdnr. 42.

der Wahrnehmung seiner Einflussnahmemöglichkeit aus dem Stimmbindungsvertrag allein gesellschaftsfremden Interessen folgt[112].

Ein taugliches Mittel zur Widerlegung der (vermuteten) Abhängigkeit aus § 17 AktG ist in einem Stimmbindungsvertrag zwischen dem Mehrheitsaktionärs-Unternehmen und den Minderheitsaktionären bzw. gesellschaftsfremden Dritten zu sehen. In dieser Vereinbarung verpflichtet sich der Mehrheitsaktionär, den herrschenden Teil[113] seines Stimmrechts in der Hauptversammlung nicht auszuüben.

## 2. Regelungen in der Satzung

Eine weitere Möglichkeit zur Widerlegung der Vermutung des § 17 Abs. 2 AktG besteht in der besonderen Ausgestaltung der Satzung des beherrschten Unternehmens. Dabei ist allerdings zu differenzieren, ob die Vermutung durch eine Stimmrechtsmehrheit oder Anteilsmehrheit ausgelöst wird[114].

Beruht die Abhängigkeitsvermutung auf einer isolierten Anteilsmehrheit ohne Stimmrechtsmehrheit, so genügt für die Widerlegung der Vermutung bereits der Nachweis, dass aus der Kapitalmehrheit entgegen dem Regelfall keine Stimmenmehrheit hervorgeht[115]. Sieht die Satzung eines Unternehmens die vermehrte Ausgabe von stimmrechtslosen Vorzugsaktien (§ 12 Abs. 1 S. 2 AktG) vor und würde dem Mehrheitsaktionärs-Unternehmen ohne Hinzurechnung der Vorzugsaktien keine Anteilsmehrheit mehr zustehen, so ergibt sich hieraus auch nicht die typische Machtposition, die grundsätzlich aus einer Anteilsmehrheit resultiert[116].

---

112 BGH, Beschluss vom 15.07.2014, II ZR 375/13, AG 2014, 705; *Koch*, in: Hüffer/Koch AktG, § 133 Rdnr. 27; *Hirschmann*, in: Hölters AktG, § 133 Rdnr. 41.

113 Zur inhaltlichen Frage der Begrenzung des Stimmrechteausübungsverzichts unter Herausarbeitung der maßgeblichen Quoren, siehe die Ausführungen zum Entherrschungsvertrag unter F.II.2.

114 *Koppensteiner*, in: KölnKomm AktG, § 17 Rdnrn. 104 f.

115 *Windbichler*, in: GroßKomm AktG, § 17 Rdnr. 74; *Koppensteiner*, in: KölnKomm AktG, § 17 Rdnr. 103.

116 Teilweise wird verlangt, dass darüber hinaus noch andere Einflussmöglichkeiten ausgeschlossen werden, wie sie ohne Bestehen der Stimmrechtsmehrheit gegeben sein könnten (vgl. *Emmerich*, in: Emmerich/Habersack KonzernR, § 17 Rdnr. 39; *Bayer*, in: MünchKomm AktG, § 17 Rdnr. 95 m.w.N.). An dieser Stelle der Darstellung unterschiedlicher Instrumente zur Widerlegung der Abhängigkeitsvermutung soll jedoch noch nicht auf die inhaltlichen Anforderungen der Vermutungswiderlegung eingegangen werden (vgl. insoweit die inhaltsgleichen Überlegungen zum Entherrschungsvertrag unter F.).

Wird die Abhängigkeitsvermutung hingegen von einer Stimmenmehrheit ausgelöst, so kann die Vermutung durch die satzungsmäßige Festsetzung eines erhöhten Stimmenquorums zur Bestellung und Abberufung der Aufsichtsratsmitglieder widerlegt werden[117]. Verbleibt der Anteil des Mehrheitsaktionärs-Unternehmens unter dem satzungsmäßig festgeschriebenen Quorum, so kann eine Beherrschung des nach § 16 Abs. 1 Alt. 1 in Mehrbesitz stehenden Unternehmens jedenfalls nicht aufgrund einfacher Stimmrechtsmehrheit angenommen werden, womit auch die an die Stimmenmehrheit anknüpfende Vermutung des § 17 Abs. 2 AktG nicht eingreift[118], jedenfalls aber widerlegt ist.

Im Gegensatz zum Entherrschungsvertrag lassen organisationsrechtliche Regelungen der erforderlichen Mehrheiten für einzelne Beschlussgegenstände in der Satzung die Stimmrechtsausübung des mit Mehrheit beteiligten Unternehmens unberührt. Allein die erhöhten Mehrheitserfordernisse nehmen dem Mehrheitsaktionärs-Unternehmen die beherrschende Stellung.

### 3. Beherrschungsverträge mit anderen Unternehmen

Die Abhängigkeitsvermutung des § 17 Abs. 2 AktG kann darüber hinaus durch den Abschluss eines Beherrschungsvertrages zwischen dem in Mehrbesitz stehenden Unternehmen und einem dritten Unternehmen widerlegt werden.

Der Beherrschung durch das mehrheitlich beteiligte Unternehmen steht nicht bereits die mit Abschluss des Beherrschungsvertrages einhergehende Beherrschung durch ein anderes Unternehmen entgegen. Nach ganz überwiegender Ansicht schließt die Beherrschung durch ein Unternehmen eine Abhängigkeit von einem anderen Unternehmen nicht generell aus[119].

---

117 *Koch*, in: Hüffer/Koch AktG, § 17 Rdnr. 21; *Emmerich*, in: Emmerich/Habersack KonzernR, § 17 Rdnr. 37; *Fett*, in: Heidelberger Kommentar AktG, § 17 Rdnr. 30; *Bayer*, in: MünchKomm AktG, § 17 Rdnr. 98; *Koppensteiner*, in: GroßKomm AktG, § 17 Rdnr. 104; *Vetter*, in: Schmidt/Lutter AktG, § 17 Rdnr. 54; *Ziemons*, in: Hdb. der AG, I Rdnrn. 12.150 f.

118 *Emmerich*, in: Emmerich/Habersack KonzernR, § 17 Rdnr. 39; *Bayer*, in: MünchKomm AktG, § 17 Rdnr. 98; *Krieger*, in: MünchHdb. AG, § 69 Rdnr. 64; *Vetter*, in: Schmidt/Lutter AktG, § 17 Rdnr. 54; *Ziemons*, in: Hdb. der AG, I Rdnr. 12.150.

119 BGH, Urteil vom 04.03.1974, II ZR 89/72, NJW 1974, 855; *Bayer*, in: MünchKomm AktG, § 17 Rdnr. 77; *Koch*, in: Hüffer/Koch AktG, § 17 Rdnrn. 13 f.; *Emmerich*, in: Emmerich/Habersack KonzernR, § 17 Rdnrn. 28 ff.; *Koppensteiner*, in: KölnKomm AktG, § 17 Rdnrn. 83 ff. m.w.N. (Fn 230); a.A.: *Würdinger*, in: GroßKomm AktG, 3. Auflage, § 17 Rdnr. 11; *Ahrens*, AG 1975, 151 (152 ff.).

Die Begründung mehrfacher Abhängigkeit ist jedoch – ausgenommen von Beherrschungsmitteln tatsächlicher Art zwischen den herrschenden Unternehmen – nur bei einer vertraglichen Absprache der herrschenden Unternehmen denkbar[120]. Wird der Beherrschungsvertrag abgeschlossen, ohne dass das vermutet herrschende Unternehmen als Vertragspartei[121] beteiligt ist, widerlegt dieser Beherrschungsvertrag die Abhängigkeitsvermutung aus § 17 Abs. 2 AktG. Der Beherrschungsvertrag begründet für das herrschende Unternehmen ein Weisungsrecht gegenüber dem Vorstand (§ 308 AktG), sodass für eine Beherrschung seitens des mehrheitlich beteiligten Unternehmens kein Raum verbleibt[122]. Der Vorstand ist gezwungen, sich an die Weisungen des vertraglich herrschenden Unternehmens zu halten. Andernfalls macht er sich diesem gegenüber aufgrund der Verletzung einer persönlichen Pflicht aus dem zwischen dem herrschenden Unternehmen und dem Vorstand bestehenden gesetzlichen Schuldverhältnis (vgl. § 308 Abs. 2 S. 1 AktG) gemäß § 280 Abs. 1 BGB schadensersatzpflichtig. Zudem hat der sich einer Weisung widersetzende Vorstand mit personellen Konsequenzen zu rechnen.

## 4. Weitere Möglichkeiten der Widerlegung

Neben den bereits genannten Möglichkeiten zur Widerlegung der Abhängigkeitsvermutung sind noch weitere, atypische Konstellationen denkbar, durch die die Vermutung des § 17 Abs. 2 AktG widerlegt werden kann. Auf diese soll der Vollständigkeit halber noch in aller Kürze eingegangen werden.

### *a) Rechtsverlust bei unterbliebener Mitteilung nach WpHG*

Umstritten ist, ob mit einer unterbliebenen Mitteilung nach §§ 21 Abs. 1, Abs. 1a, 28 WpHG eine Widerlegung der Abhängigkeitsvermutung aus §§ 17 Abs. 2, 16 Abs. 1 AktG verbunden ist. Das Gesetz ordnet in § 28 WpHG einen umfassenden Rechtsverlust für den Zeitraum an, für den die Mitteilungspflicht

---

120 Vgl. nur: *Vetter*, in: Schmidt/Lutter AktG, § 17 Rdnr. 46; *Emmerich*, in: Emmerich/Habersack KonzernR, § 17 Rdnr. 30; *Bayer*, in: MünchKomm AktG, § 17 Rdnr. 78.

121 Eine Beteiligung im Rahmen des Abschlusses des Beherrschungsvertrages ist allerdings zwingend. Die nach § 293 Abs. 1 S. 2 AktG erforderliche Mehrheit für den zustimmenden Hauptversammlungsbeschluss kann ohne die Zustimmung des Mehrheitsaktionärs-Unternehmens nicht zustande kommen.

122 *Koppensteiner*, in: KölnKomm AktG, § 17 Rdnr. 118; *Bayer*, in: MünchKomm AktG, § 17 Rdnr. 113; *Vetter*, in: Schmidt/Lutter AktG, § 17 Rdnr. 58; OLG Düsseldorf, Beschluss vom 30.10.2006, 26 W 14/06, ZIP 2006, 2375 (2376 f.).

nach § 21 WpHG wegen Über- oder Unterschreitens bestimmter Schwellenwerte nicht beachtet wird. *Windbichler*[123] und *Schneider*[124] nehmen an, die Rechtsfolge des Rechtsverlustes sei umfassend und der Wille des Gesetzgebers eindeutig, sodass diese Stimmen bei der Berechnung der Anteilsmehrheit aus § 16 Abs. 3 AktG nicht miteinzubeziehen seien. Andere stellen dagegen den Sinn und Zweck des § 28 WpHG in den Vordergrund und halten es für unvereinbar, aus einem gesetzlich angeordneten Rechtsverlust noch eine Privilegierung des mit dem Rechtsverlust belasteten Unternehmens herzuleiten[125]. Ein weiterer Vorteil würde dem Mehrheitsaktionärs-Unternehmen bei Annahme eines vollumfänglichen Rechtsverlustes dadurch zukommen, dass es jederzeit durch eine Nachholung der Mitteilung das Ende des Rechtsverlustes herbeiführen kann, sodass durch die Nichtberücksichtigung des Stimmenanteils die tatsächlichen Machtverhältnisse unbillig verschleiert werden könnten[126]. Eine Stellungnahme ist entbehrlich, da sich aus der Spezialkonstellation des wertpapierrechtlichen Rechtsverlustes keine Rückschlüsse auf zwingende inhaltliche Anforderungen an den Entherrschungsvertrag im Allgemeinen ziehen lassen.

### *b) Einseitiger Verzicht auf Herrschaftsausübung*

Ein bloß einseitiger Verzicht des mit Mehrheit beteiligten Unternehmens auf die mit der Stimmrechte- oder Anteilsmehrheit verbundene Herrschaftsmacht genügt nach einhelliger Ansicht noch nicht zur Widerlegung der in § 17 Abs. 2 AktG normierten Abhängigkeitsvermutung[127]. Der Annahme der Vermutungswiderlegung durch einseitigen Verzicht stehen Überlegungen entgegen, die bereits bei der Frage nach dem Begriff der Abhängigkeit von Relevanz waren.

Dem Abhängigkeitsbegriff liegt die Annahme zugrunde, dass die Unternehmensleitung ihre Geschäftspolitik den Vorstellungen des Mehrheitsaktionärs-Unternehmens anpassen wird, um eine Wiederbestellung zu gewährleisten und

---

123 *Windbichler*, in: GroßKomm AktG, § 17 Rdnr. 74; § 16 Rdnr. 35.

124 *Schneider*, in: Assmann/Schneider, WpHG, § 28 Rdnr. 31.

125 *Krieger*, in: MünchHdb. AG, § 69 Rdnr. 34; *Bayer*, in: MünchKomm AktG, § 16 Rdnr. 40; *Koppensteiner*, in: KölnKomm AktG, § 17 Rdnr. 106; *Koch*, in: Hüffer/Koch AktG, § 16 Rdnr. 11.

126 *Emmerich*, in: Emmerich/Habersack KonzernR, § 16 Rdnr. 24.

127 *Hüttemann*, ZHR 156 (1992), 314 (318); *Barz*, in: FS Bärmann, S. 185 (194 f.); *Emmerich*, in: Emmerich/Habersack KonzernR, § 17 Rdnr. 40; *Vetter*, in: Schmidt/Lutter AktG, § 17 Rdnr. 56; *Bayer*, in: MünchKomm AktG, § 17 Rdnr. 94; *Schall*, in: Spindler/Stilz AktG, § 17 Rdnr. 51; *Windbichler*, in: GroßKomm AktG, § 17 Rdnr. 72; *Fett*, in: Heidelberger Kommentar AktG, § 17 Rdnr. 32.

eine vorzeitige Abberufung zu verhindern, die in die Zuständigkeit des von der Hauptversammlung zu bestellenden und abzuberufenden Aufsichtsrates fallen[128]. Ist der einseitige Verzicht auf die Ausübung der Herrschaftsmacht nicht rechtlich abgesichert[129] und aufgrund der einseitigen Erklärung stets frei widerruflich, so wird der Vorstand seine Geschäftspolitik dennoch an den Interessen des Mehrheitsaktionärs-Unternehmens ausrichten[130]. Das mehrheitlich beteiligte Unternehmen hat die Möglichkeit zur Machtausübung, die allein für die Annahme beherrschenden Einflusses maßgeblich ist[131], durch einseitigen Verzicht zu keiner Zeit verloren. Daher stellt ein einseitiger Verzicht auf die Ausübung der Herrschaftsmacht kein taugliches Mittel zur Widerlegung der Abhängigkeitsvermutung dar.

### *c) Keine Ausübung der Herrschaftsposition*

Unstreitig unzureichend ist die tatsächliche Nichtausübung der sich aus der Stimmrechte- oder Anteilsmehrheit ergebenden Herrschaftsmacht[132]. Ist für die Begründung eines Abhängigkeitsverhältnisses als potentielle Konzernierung bereits die tatsächliche Wahrnehmung der Herrschaftsmacht nicht erforderlich, sondern genügt die Möglichkeit, beherrschenden Einfluss geltend machen zu können[133], so kann der Aussage, eine solche werde nicht ausgeübt, erst recht keine abhängigkeitswiderlegende Wirkung zugesprochen werden[134].

### *d) Nur vorübergehende Mehrheitsbeteiligung*

Schließlich könnte die Behauptung einer nur kurzfristigen Mehrheitsbeteiligung seitens des Mehrheitsaktionärs-Unternehmens die in § 17 Abs. 2 AktG vermutete Abhängigkeit widerlegen. Findet in dem Zeitraum, in dem das kurzfristig beteiligte Mehrheitsaktionärs-Unternehmen mehrheitlich beteiligt ist, keine Hauptversammlung statt, so steht dem mehrheitlich beteiligten Unternehmen

---

128 Vgl. hierzu B.II.1.

129 Vgl. hierzu B.II.4.

130 In diese Richtung gehen auch *Haesen*, Der Abhängigkeitsbericht im faktischen Konzern, S. 46 f; *Barz*, in: FS Bärmann, S. 185 (194 f.).

131 Vgl. hierzu die Ausführungen unter B.II.3.

132 Allgemeine Ansicht, vgl. statt Vieler *Koppensteiner*, in: KölnKomm AktG, § 17 Rdnr. 101; *Adler/Düring/Schmaltz*, in: Rechnungslegung, § 17 AktG Rdnr. 101; *Koch*, in: Hüffer/Koch AktG, § 17 Rdnr. 19.

133 Siehe hierzu B.II.3.

134 Vgl. die Nachweise in Fn 132.

auch kein herrschender Einfluss an dem in Mehrbesitz stehenden Unternehmen zu, da eine Möglichkeit zur Herrschaftsausübung nicht vorhanden ist[135].

Dieser Ansicht ist die Überlegung entgegenzuhalten, dass sich die Abhängigkeit stets aus der Sicht der Leitungsorgane der in Mehrbesitz stehenden Gesellschaft beurteilt[136]. Mangels rechtlicher Absicherung[137] der nur kurzfristigen Beteiligung ist es aus der Sicht des Vorstandes des abhängigen Unternehmens nicht sicher vorhersehbar, ob die Beteiligung vor der nächsten Personalentscheidung tatsächlich wieder unter das Quorum einer Mehrheitsbeteiligung zurückgeführt wird. Aus diesem Grund ist eine Orientierung an der Geschäftspolitik des herrschenden Unternehmens durch die Unternehmensleitung des in Mehrbesitz stehenden Unternehmens als wahrscheinlich, jedenfalls nicht als ausgeschlossen einzustufen, weswegen hieraus keine Widerlegung der Abhängigkeitsvermutung resultiert[138]. Außerdem beinhalten weder die Gesetzesmaterialien[139] noch der Wortlaut der Norm einen Hinweis auf die Relevanz eines Zeitfaktors.

---

135 *Vetter*, in: Schmidt/Lutter AktG, § 17 Rdnr. 11; *Adler/Düring/Schmaltz*, in: Rechnungslegung, § 17 AktG Rdnr. 33; auch *Koppensteiner*, der zwar grundsätzlich dem Abhängigkeitsbegriff keinen Zeitfaktor zusprechen möchte, für Fälle, in denen das Wegfallen vorhandener Beherrschungsmittel aber bekannt sei, ein Entfallen der für Abhängigkeitsverhältnisse erforderlichen Motivationslage annimmt (*Koppensteiner*, in: KölnKomm AktG, § 17 Rdnr. 25.); in diese Richtung gehend auch *Schall*, in: Spindler/Stilz AktG, § 17 Rdnr. 53.

136 Vgl. F.II.

137 Zum Erfordernis der rechtlichen Absicherung vgl. bereits B.II.4.

138 *Koppensteiner*, in: KölnKomm AktG, § 17 Rdnr. 25; im Ergebnis zustimmend: *Bayer*, in: MünchKomm AktG, § 17 Rdnrn. 13, 62; *Emmerich*, in: Emmerich/Habersack KonzernR, § 17 Rdnr. 13; siehe auch *Windbichler*, die eine bestimmte Mindestdauer für die Begründung der Abhängigkeit mit der Argumentation ablehnt, es müsse zu jedem beliebigen Zeitpunkt feststellbar sein, ob eine Abhängigkeit vorliege oder nicht, womit eine ex-post-Betrachtung ausscheide (*dies.*, in: GroßKomm AktG, § 17 Rdnr. 21.).

139 *Kropff*, Aktiengesetz 1965, S. 28 f.

# D. Allgemeine Ausführungen zum Entherrschungsvertrag

Nachdem im vorangegangenen Kapitel einige Gestaltungen zur Widerlegung der vermuteten Abhängigkeit aus § 17 Abs. 2 AktG erörtert wurden, wird nun einleitend zum Entherrschungsvertrag Stellung bezogen. Dieses Kapitel befasst sich schwerpunktmäßig mit dem typischen Inhalt des Entherrschungsvertrages, mit den Parteien und der Rechtsnatur des Entherrschungsvertrages sowie der Durchsetzbarkeit der Verpflichtungen, die durch den Entherrschungsvertrag begründet werden.

## I. Typischer Inhalt des Entherrschungsvertrages

Durch den Entherrschungsvertrag soll entweder die vermutete Abhängigkeit des in Mehrbesitz stehenden Unternehmens aus §§ 17 Abs. 2, 16 Abs. 1 AktG widerlegt oder tatsächlich gegebene Abhängigkeit (§ 17 Abs. 1 AktG) beseitigt werden[140]. Typischerweise resultiert die (vermutete) Abhängigkeit des in Mehrbesitz stehenden Unternehmens aus einer Stimmrechtsmehrheit des mehrheitlich beteiligten Unternehmens gemäß § 16 Abs. 1 Alt. 2 AktG, zumal der Kapitalmehrheit – jedenfalls isoliert – keine abhängigkeitsbegründende Wirkung zukommt[141]. Aufgrund der Weisungsunabhängigkeit des Vorstandes des in Mehrbesitz stehenden Unternehmens (§ 76 Abs. 1 AktG) führt die Stimmrechtsmehrheit nicht zu einer unmittelbaren Einflussnahmemöglichkeit des mehrheitlich beteiligten Unternehmens auf das operative Tagesgeschäft der (vermutet) abhängigen Aktiengesellschaft. Dem Mehrheitsaktionärs-Unternehmen kommt jedoch die alleinige Entscheidungsbefugnis über die Besetzung des Aufsichtsrates zu, dessen Mitglieder nach § 101 Abs. 1 AktG von der Hauptversammlung bestellt werden[142]. Dies führt zu einer mittelbaren Machtposition des mehrheitlich beteiligten Unternehmens gegenüber dem Vorstand, da die Vorstandsmitglieder darauf achten werden, dem Aufsichtsrat aufgrund seiner Personalentscheidungskompetenz wohlgesonnen zu sein.

140 Zur Differenzierung zwischen diesen beiden Varianten vgl. die Ausführungen unter F.I.

141 Vgl. hierzu die Ausführungen unter B.II.1.b).

142 Siehe die Darstellung unter B.II.1.a).

Der typische Inhalt des Entherrschungsvertrages liegt daher darin, die Möglichkeit des Mehrheitsaktionärs-Unternehmens zu beseitigen, ohne Mitwirkung eines weiteren Aktionärs die Mitglieder des Aufsichtsrates nach § 101 Abs. 1 AktG bestellen zu können. Durch vertraglichen Verzicht auf die Ausübung des Stimmrechts in der Hauptversammlung für die Beschlussgegenstände der Bestellung und Abberufung der Aufsichtsratsmitglieder wird diesem Umstand Rechnung getragen[143].

Da die Machtposition des mehrheitlich beteiligten Unternehmens bereits entfällt, wenn für die Bestellung und die Abberufung der Aufsichtsratsmitglieder weitere Aktionäre mitwirken müssen, ist der Verzicht der Stimmrechtsausübung typischerweise auf die Ausübung der Mehrheit des Stimmrechts des Mehrheitsaktionärs-Unternehmens beschränkt[144].

## II. Parteien des Entherrschungsvertrages

Der Entherrschungsvertrag wird mit dem Ziel abgeschlossen, entweder die Abhängigkeit gegenüber dem herrschenden Unternehmen aus § 17 Abs. 1 AktG zu beseitigen oder die Vermutung der Abhängigkeit aus §§ 17 Abs. 2, 16 Abs. 1 AktG zu widerlegen[145]. Den beiden Alternativen ist gemein, dass die – möglicherweise auch nur vermeintliche – Machtposition des herrschenden Unternehmens beseitigt werden soll. Da der Machteinflusses des (vermutet) herrschenden Unternehmens verringert werden muss, bedarf es zwingend der Mitwirkung des betroffenen Unternehmens. Daher muss jedenfalls das Mehrheitsaktionärs-Unternehmen Partei des Entherrschungsvertrages sein.

Dabei stellt sich die Frage, wem gegenüber sich das (vermutet) herrschende Unternehmen im Entherrschungsvertrag verpflichtet, einen Teil seines Stimmrechts in der Hauptversammlung[146] nicht auszuüben. Als Vertragspartner des

---

143 *Koppensteiner*, in: KölnKomm AktG, § 17 Rdnr. 100; *Windbichler*, in: GroßKomm AktG, § 17 Rdnr. 77; *Schall*, in: Spindler/Stilz AktG, § 17 Rdnr. 52; *Koch*, in: Hüffer/Koch AktG, § 17 Rdnr. 21; *Fett*, in: Heidelberger Kommentar AktG, § 17 Rdnr. 33; *Bayer*, in: MünchKomm AktG, § 17 Rdnr. 100; *Peres/Walden*, in: NomosKomm AktG, § 17 Rdnr. 20; *Emmerich*, in: Emmerich/Habersack KonzernR, § 17 Rdnrn. 36 ff.; *Vetter*, in: Schmidt/Lutter AktG, § 17 Rdnr. 60.

144 Einhellige Ansicht, vgl. statt Vieler *Bayer*, in: MünchKomm AktG, § 17 Rdnr. 100; *Krieger*, in: MünchHdb. AG, § 69 Rdnr. 62; *Schall*, in: Spindler/Stilz AktG, § 17 Rdnr. 52.

145 Siehe ausführlich unter F.I. zur Differenzierung zwischen diesen beiden Alternativen.

146 Zur inhaltlichen Frage der Begrenzung des Stimmrechteausübungsverzichts unter Herausarbeitung der maßgeblichen Quoren siehe die Ausführungen zum Entherrschungsvertrag unter F.II.2.

Mehrheitsaktionärs-Unternehmens kommen neben den Minderheitsaktionären und gesellschaftsfremden Dritten noch das in Mehrbesitz stehende Unternehmen selbst in Betracht.

Wie bereits dargestellt, genügt die bloße Nichtausübung der dem Mehrheitsaktionärs-Unternehmen zukommenden Herrschaftsmacht nicht, um die vermutete Abhängigkeit zu widerlegen oder tatsächlich vorliegende Abhängigkeit zu beseitigen[147]. Vielmehr bedarf es einer durchsetzbaren[148] Verpflichtung des mit Mehrbesitz beteiligten Unternehmens, die ihm zukommende Herrschaftsmacht nicht auszuüben. Enthält die Vereinbarung eine dahingehende Verpflichtung, so kommt der Frage nach der Person des Vertragspartners keine entscheidende Bedeutung mehr zu. Ungeachtet dessen ist davon auszugehen, dass der Vorstand sein Verhalten verlässlicher an einer Vereinbarung orientieren wird, an deren Zustandekommen und Abschluss er selbst mitgewirkt hat. Die Unternehmensleitung kennt in diesem Fall den exakten Inhalt des Vertrages und die in Mehrbesitz stehende Gesellschaft ist darüber hinaus – vertreten durch das Leitungsorgan – aktivlegitimiert, die Verpflichtung gegenüber dem Mehrheitsaktionärs-Unternehmen durchzusetzen[149].

Hat die Unternehmensleitung Kenntnis[150] von einem Entherrschungsvertrag des Mehrheitsaktionärs-Unternehmens mit einem Minderheitsaktionär oder einem gesellschaftsfremden Dritten, so kann sie ihr Verhalten ebenso dem Umstand anpassen, dass dem mehrheitlich beteiligten Unternehmen fortan keine Personalentscheidungskompetenz mehr zukommt. Die Person des Vertragsgegners hat darüber hinaus keinen quantitativen Einfluss auf die Gefahr der vertragswidrigen Ausübung des Stimmrechts durch das Mehrheitsaktionärs-Unternehmen[151]. Demzufolge können neben dem in Mehrbesitz stehenden Unternehmen auch ein Minderheitsaktionär oder ein gesellschaftsfremder Dritter taugliche Partei eines Vertrages sein, der die alleinige Personalentscheidungskompetenz des mehrheitlich beteiligten Unternehmens beseitigt[152].

---

147 Vgl. hierzu C.II.4.c).

148 Siehe die Darstellungen unter D.IV.

149 Zur Durchsetzbarkeit der Verpflichtung des mehrheitlich beteiligten Unternehmens vgl. die Ausführungen unter D.IV.

150 Die Herleitung der maßgeblichen Sichtweise, aus der die Frage der Abhängigkeit zu beurteilen ist, wird unter F.II. dargestellt.

151 Zur Frage der Wirksamkeit vertragswidrig ausgeübter Stimmrechte durch das Mehrheitsaktionärs-Unternehmen vgl. die Ausführungen unter F.II.6.a).

152 So im Ergebnis aus: *Emmerich*, in: Emmerich/Habersack KonzernR, § 17 Rdnr. 42; *Windbichler*, in: GroßKomm AktG, § 17 Rdnr. 77; *Koppensteiner*, in: KölnKomm

Nicht einheitlich beurteilt wird hingegen die Frage, ob es sich bei einem solchen Vertrag, den das Mehrheitsaktionärs-Unternehmen mit einem anderen Aktionär oder einem gesellschaftsfremden Dritten abschließt, terminologisch um einen Entherrschungsvertrag handelt. Schließlich stellt diese Vereinbarung lediglich einen speziellen Anwendungsfall des Stimmbindungsvertrages dar, nämlich eine negative Stimmvereinbarung[153], und könnte somit auch entsprechend bezeichnet werden[154].

Die Terminologie des Entherrschungsvertrages hat sich insbesondere aus dem Umstand entwickelt, dass Stimmbindungsverträge des Aktionärs mit der Aktiengesellschaft grundsätzlich der Nichtigkeitsfolge des § 136 Abs. 2 AktG unterfallen und Entherrschungsverträge regelmäßig mit der in Mehrbesitz stehenden Gesellschaft selbst zustande kommen. Gemäß § 136 Abs. 2 AktG ist jede Form der Stimmbindung gegenüber der Aktiengesellschaft oder einem ihrer Organe nichtig. Die Nichtigkeitsfolge hinsichtlich solcher Stimmbindungsverträge soll verhindern, dass die Verwaltung der Aktiengesellschaft in der Hauptversammlung für ihr genehme Abstimmungsergebnisse sorgt[155]. Für den Fall der negativen Stimmbindung, die mit dem teilweisen Verzicht auf die Ausübung des Stimmrechts in der Hauptversammlung einhergeht, ist der Anwendungsbereich des § 136 Abs. 2 AktG – jedenfalls seinem Wortlaut nach[156] – nicht eröffnet. Es handelt sich bei dem Verzicht auf einen Teil der Stimmrechtsausübung nicht um eine gebundene Stimmabgabe, sondern um die Pflicht, das Stimmrecht in Teilen nicht auszuüben. Daher werden die hier behandelten negativen Stimmvereinbarungen, die in der Regel typischerweise mit der in Mehrbesitz stehenden Aktiengesellschaft abgeschlossen werden, in Abgrenzung zu Stimmbindungsverträgen allgemein als Entherrschungsverträge bezeichnet.

---

AktG, § 17 Rdnr. 107; *Vetter*, in: Schmidt/Lutter AktG, § 17 Rdnr. 56; *Bayer*, in: MünchKomm AktG, § 17 Rdnr. 99; *Schall*, in: Spindler/Stilz AktG, § 17 Rdnr. 52.

153 *Schall*, in: Spindler/Stilz AktG, § 17 Rdnr. 52.

154 Ausdrücklich differenzierend in der Terminologie: *Bayer*, in: MünchKomm AktG, § 17 Rdnr. 99; *Vetter*, in: Schmidt/Lutter AktG, § 17 Rdnr. 61; *Koppensteiner*, in: KölnKomm AktG, § 17 Rdnr. 109; *Koch*, in: Hüffer/Koch AktG, § 17 Rdnr. 22. Keine Unterscheidung in der Bezeichnung treffen hingegen: *Windbichler*, in: GroßKomm AktG, § 17 Rdnrn. 77 f. ; *Emmerich*, in: Emmerich/Habersack KonzernR, § 17 Rdnr. 42; *Schall*, in: Spindler/Stilz AktG, § 17 Rdnr. 52.

155 *Kropff*, Aktiengesetz 1965, S. 201.

156 Vgl. ausführlich zur Frage des Verstoßes des Entherrschungsvertrages gegen das Stimmbindungsverbot aus § 136 Abs. 2 AktG die Ausführungen unter E.II.4.

Für die weitere Untersuchung der negativen Stimmvereinbarung zur Beseitigung tatsächlich gegebener oder vermuteter Abhängigkeit wird einheitlich von „Entherrschungsverträgen“ gesprochen. Dabei sollen sowohl Vereinbarungen des Mehrheitsaktionärs-Unternehmens mit gesellschaftsfremden Dritten und Minderheitsaktionären als auch mit der in Mehrbesitz stehenden Gesellschaft selbst erfasst sein. Sofern sich Ausführungen oder Besonderheiten nur auf einzelne Konstellationen beziehen, wird dies ausdrücklich kenntlich gemacht.

## III. Rechtsnatur des Entherrschungsvertrages

Neben der Frage nach den typischerweise beteiligten Parteien ist für die weitere Auseinandersetzung noch die Rechtsnatur des Entherrschungsvertrages von entscheidender Bedeutung. Dabei wird zwischen einem schuldrechtlichen Austauschvertrag und einer organisationsrechtlichen Einordnung der Vereinbarung differenziert.

Dem Beherrschungsvertrag als Unternehmensvertrag (§ 291 Abs. 1 S. 1 Alt. 1 AktG) und herrschaftsbegründender Vereinbarung wird beinahe unstreitig organisationsrechtlicher Charakter zugesprochen[157]. Mit dem Wirksamwerden des Beherrschungsvertrages durch Eintragung in das Handelsregister der Gesellschaft (§ 294 Abs. 4 AktG) ist eine in die Struktur der Gesellschaft eingreifende Veränderung verbunden, ohne dass hiermit notwendigerweise eine Satzungsänderung einhergehen muss. Die Strukturänderung ergibt sich durch das mit dem Beherrschungsvertrag verbundene Weisungsrecht des herrschenden Unternehmens gegenüber der Unternehmensleitung des beherrschten Unternehmens, das mit dem Abschluss des Entherrschungsvertrages verbunden ist (vgl. § 308 AktG). Aufgrund der Intensität des Eingriffs, der mit einer Satzungsänderung vergleichbar ist, begründet der Beherrschungsvertrag nicht lediglich ein schuldrechtliches Austauschverhältnis, sondern stellt vielmehr einen Organisationsvertrag dar.

Die Bezeichnung der in dieser Arbeit untersuchten Vereinbarung als Entherrschungsvertrag legt als „terminologisches Gegenstück[158]“ oder als „actus

157 Vgl. statt Vieler: *Koch*, in: Hüffer/Koch AktG, § 291 Rdnr. 17; *Emmerich*, in: Emmerich/Habersack KonzernR, § 291 Rdnrn. 25 ff.; *Altmeppen*, in: MünchKomm AktG, § 291 Rdnrn. 27 f.; *Koppensteiner*, in: KölnKomm AktG, Vorb. § 291 Rdnrn. 157 f.; BGH, Urteil vom 14.12.1987, II ZR 170/87, NJW 1988, 1326.

158 Vgl. auch *Barz* in: FS Bärmann, S. 185 (197 f.), der versucht, durch die Annahme einer Rechtspflicht des Vorstandes, entgegen der vertraglichen Vereinbarung im Entherrschungsvertrag abgegebene Stimmen nicht zu berücksichtigen und bei

contrarius[159]" zum Beherrschungsvertrag den Schluss nahe, dass auch der Entherrschungsvertrag einen Organisationsakt darstellt. Tatsächlich führen vereinzelte Stimmen im juristischen Schrifttum an, dem Entherrschungsvertrag komme keine schuldrechtliche, sondern organisationsrechtliche Wirkung zu[160].

Der organisationsrechtlichen Qualifikation des Entherrschungsvertrages steht bereits der Umstand entgegen, dass Stimmbindungsverträge als rein schuldrechtliche Absprachen einhellig als schuldrechtliche Austauschverträge eingeordnet werden[161]. Wie bereits dargestellt, handelt es sich auch bei Entherrschungsverträgen um Stimmbindungsvereinbarungen, die lediglich einen besonderen Regelungsgehalt aufweisen. Zwar wird der Entherrschungsvertrag entgegen den typischen Anwendungsbereichen der Stimmbindungsverträge in aller Regel mit dem in Mehrbesitz stehenden Unternehmen abgeschlossen[162]. Die Veränderung des Vertragspartners in der Vereinbarung rechtfertigt jedoch nicht die Annahme einer unterschiedlichen Einwirkungsintensität auf das Stimmrecht als Mitgliedschaftsrecht[163], zumal Entherrschungsverträge auch mit Minderheitsaktionären oder gesellschaftsfremden Dritten[164] abgeschlossen werden können.

Allein der Austausch des Vertragspartners im Rahmen der typischen Erscheinungsform des Entherrschungsvertrages hat keinen Einfluss auf den materiellen Gehalt der Vereinbarung, sodass hieraus keine organisationsrechtliche Wirkung abgeleitet werden kann. Zwar beschränkt sich die vertragliche Verpflichtung nicht auf einzelne Aktionäre, sondern besteht gegenüber der Gesellschaft als Kollektiv und damit mittelbar gegenüber jedem Aktionär. Allerdings lässt sich damit noch keine der organschaftlichen Wirkung vergleichbare Rechtsfolge

---

Verstoß eine Anfechtbarkeit des Hauptversammlungsbeschlusses zuzulassen, dem schuldrechtlichen Vertrag „dingliche Wirkung zu verleihen" (*Hüttemann*, ZHR 156 (1992), 314 (320).); *Raiser/Veil* stellen ihre eigene Schlussfolgerung hingegen selbst als „problematische Rechtsfortbildung" dar (*dies.*, in: Recht der Kapitalgesellschaften, § 51 Rdnr. 59.).

159 *Karsten Schmidt*, in: FS Hommelhoff, S. 985 (996).

160 *Karsten Schmidt*, in: FS Hommelhoff, S. 985 (996); *Raiser/Veil*, in: Recht der Kapitalgesellschaft, § 51 Rdnr. 28.

161 Allg. Ansicht, vgl. nur: *Zöllner*, in: Baumbach/Hueck GmbHG, § 47 Rdnr. 113 und 118; *Schröer*, in: MünchKomm AktG, § 136 Rdnr. 57; *Koch*, in: Hüffer/Koch AktG, § 133 Rdnr. 26; *Karsten Schmidt*, in: Gesellschaftsrecht, § 21 II.4, S. 620; *Grundmann*, in: GroßKomm AktG, § 136 Rdnr. 70.

162 Vgl. hierzu bereits unter D.I.

163 So auch *Hüttemann*, ZHR 156 (1992), 314 (320); *Reichert/Harbarth*, AG 2001, 447 (454).

164 Vgl. die Ausführungen unter C.II.1.

begründen, denn das Mehrheitsaktionärs-Unternehmen bleibt auch nach Abschluss des Entherrschungsvertrages – im Gegensatz zu einer organisationsrechtlichen Regelung[165] – weiterhin in der Lage, das Stimmrecht (vertragswidrig) vollumfassend auszuüben[166]. Selbst wenn man mit *Barz*[167] die übrigen Aktionäre in den Geltungsbereich des Vertrages einbeziehen möchte, bleibt der Entherrschungsvertrag ein Vertragsgebilde inter partes ohne organisationsrechtlichen Charakter.

Die Möglichkeit zur Einwirkung auf das Stimmrecht als fest mit der Aktie verbundenes Mitgliedschaftsrecht besteht ausschließlich durch Satzungsregelung. Dies zeigen bereits die Vorschriften der §§ 12 Abs. 1 S. 2, 139 ff. AktG über stimmrechtslose Vorzugsaktien. Entweder wird die Aktiengattung bereits durch Satzungsbeschluss ohne Stimmrecht ausgegeben oder eine stimmrechtslose Vorzugsaktie wird nachträglich durch Satzungsänderung eingeführt[168].

Demzufolge ist der Entherrschungsvertrag als Unterfall des Stimmbindungsvertrages in seiner Rechtsnatur als schuldrechtliche Vereinbarung und nicht als organisationsrechtlicher Vertrag einzustufen[169].

## IV. Durchsetzbarkeit des Stimmrechtsausübungsverzichts

Bevor die Zulässigkeit des Entherrschungsvertrages und die Anforderungen, die an eine derartige Vereinbarung zu stellen sind, im Detail herausgearbeitet werden, wird die Durchsetzbarkeit der Verpflichtung aus dem Entherrschungsvertrag beleuchtet. Die Ausführungen beschränken sich nicht auf die Einklagbarkeit des Stimmrechtsausübungsverzichts, sondern beziehen die Frage der Durchsetzbarkeit der Verpflichtung aus dem Entherrschungsvertrag im einstweiligen Rechtsschutz in die Überlegungen mit ein.

---

165 *Bezzenberger*, in: GroßKomm AktG, § 139 Rdnr. 9; *Koch*, in: Hüffer/Koch AktG, § 139 Rdnr. 17; *Volhard*, in: MünchKomm AktG, § 139 Rdnr. 1; *Spindler*, in: Schmidt/Lutter AktG, § 139 Rdnr. 7; *Barz*, in: FS Bärmann, S. 185 (187).

166 *Schall*, in: Spindler/Stilz AktG, § 17 Rdnr. 52; *Windbichler*, in: GroßKomm AktG, § 17 Rdnr. 77; a.A.: *Koppensteiner*, in: KölnKomm AktG, § 17 Rdnr. 113; *Ziemons*, in: Hdb. der AG, I Rdnr. 12.156; *Barz*, in: FS Bärmann, S. 185 (197 f.); *Vetter*, in: Schmidt/Lutter AktG, § 17 Rdnr. 63. Vgl. hierzu auch die Ausführungen unter F.II.6.a).

167 *Barz*, in: FS Bärmann, S. 185 (197 f.).

168 Vgl. hierzu nur: *Volhard*, in: MünchKomm AktG, § 139 Rdnr. 5; *Koch*, in: Hüffer/Koch AktG, § 139 Rdnr. 15.

169 *Bayer*, in: MünchKomm AktG, § 17 Rdnr. 110; *Koppensteiner*, in: KölnKomm AktG, § 17 Rdnr. 115; *Windbichler*, in: GroßKomm AktG, § 17 Rdnr. 80; *Schall*, in: Spindler/Stilz AktG, § 17 Rdnr. 52; *Koch*, in: Hüffer/Koch AktG, § 133 Rdnr. 26.

## 1. Einklagbarkeit

Fraglich ist, ob die sich aus dem Entherrschungsvertrag ergebende Verpflichtung, das Stimmrecht für einen gewissen Beschlussgegenstand in Teilen nicht auszuüben, statthafter Gegenstand einer Leistungsklage und damit Grundlage einer zwangsweisen Durchsetzung sein kann. Die Frage soll zunächst anhand von Stimmbindungsverträgen im Allgemeinen beleuchtet werden.

Verneinte das Reichsgericht noch die Einklagbarkeit einer Verpflichtungen aus einem Stimmbindungsvertrag mittels Leistungsklage[170], bejaht die höchstrichterliche Rechtsprechung seit 1967 deren Einklagbarkeit[171]. Das Schrifttum hat sich mittlerweile der Auffassung des BGH einhellig angeschlossen[172]. Wird die Vereinbarung einer Stimmbindung für zulässig erachtet, so muss die mit der Stimmbindung verbundene Pflicht, das Stimmrecht in gewisser Art und Weise auszuüben, auch mittels Leistungsklage durchgesetzt werden können[173]. Dies gebietet bereits der verfassungsrechtlich verankerte Grundsatz des effektiven Rechtsschutzes[174]. Anderenfalls wäre der Stimmbindungsvertrag ein „stumpfes Schwert" zur Sicherung eines vertraglich fixierten Abstimmungsverhaltens. Darüber hinaus führt die Verurteilung für den Anwendungsfall des typischen Stimmbindungsvertrages nicht zu einer Stimmabgabe außerhalb der hierfür vorgesehenen Hauptversammlung bei der Aktiengesellschaft oder der Gesellschafterversammlung bei der GmbH und damit zu einem Verstoß gegen die jeweilige Kompetenzordnung. Vielmehr bedarf es weiterhin noch eines umsetzenden Beschlusses der Gesellschafterversammlung. Lediglich die Art und Weise der Stimmabgabe des einzelnen Gesellschafters in der Gesellschafterversammlung kann durch das stattgebende Urteil ersetzt werden.

Diese Überlegungen können auf den Anwendungsbereich des Entherrschungsvertrages als Unterfall des Stimmbindungsvertrages übertragen werden.

---

170 RG, Urteil vom 20.11.1925, II 576/24, RGZ 112, 273 (279); RG, Urteil vom 10.01.1928, II 173/27, RGZ 119, 386 (389) und RG, Urteil vom 11.06.1931, II 398/29, RGZ 133, 90 (95).

171 BGH, Urteil vom 29.05.1967, II ZR 105/66, NJW 1967, 1963 (1966).

172 *Hoffmann-Becking*, in: MünchHdb AG, § 39 Rdnr. 54; *Drescher*, in MünchKomm GmbHG, § 47 Rdnr. 252; *Zöllner*, ZHR 155 (1991), 168 (185); *Schröer*, in: MünchKomm AktG, § 136 Rdnrn. 85 f.; *Koch*, in: Hüffer/Koch AktG, § 133 Rdnr. 29; *Grundmann*, in: GroßKomm AktG, § 136 Rdnr. 86.

173 *Drescher*, in MünchKomm GmbHG, § 47 Rdnr. 252; *Zöllner*, ZHR 155 (1991), 168 (186).

174 Vgl hierzu nur BVerfG (3. Kammer des Ersten Senats), Beschluss vom 18.07.2013, 1 BvR 1623/11, NJW 2014, 205.

Die Leistungsklage in Form der Unterlassungsklage ist darauf zu richten, das Mehrheitsaktionärs-Unternehmen zu verurteilen, die mehrheitliche[175] Ausübung des Stimmrechts für den Beschluss der Bestellung oder Abberufung der Aufsichtsratsmitglieder zu unterlassen. Auch die sich aus dem Entherrschungsvertrag ergebende Verpflichtung kann daher gerichtlich im Wege der Leistungsklage geltend gemacht werden.

## 2. Vollstreckbarkeit

Das stattgebende Urteil allein genügt noch nicht für die vollständige Durchsetzung der Verpflichtung aus dem Stimmbindungs- oder Entherrschungsvertrag. Vielmehr bedarf es noch der Vollstreckung aus dem ergangenen Urteil.

Im Anwendungsbereich des typischen Stimmbindungsvertrages, der auf die Ausübung des Stimmrechts entsprechend der vertraglichen Regelung gerichtet ist, ist neben der Einklagbarkeit auch die Vollstreckbarkeit des stattgebenden Urteils weitestgehend anerkannt[176]. Streitig ist allerdings die Rechtsgrundlage für die Vollstreckung. So wird teilweise vertreten, die Stimmabgabe in der Gesellschafterversammlung stelle eine besondere Form der Abgabe einer Willenserklärung dar, sodass eine Vollstreckung nach § 894 ZPO erfolgen müsse[177]. Teilweise wird nach dem Wortlaut des Klageantrages differenziert. Bei feststehendem Beschlussantrag und konkreter Pflicht zur Stimmabgabe aus dem Stimmbindungsvertrag soll eine Vollstreckung nach § 894 ZPO erfolgen, wonach mit Rechtskraft des Urteils die Willenserklärung als abgegeben gilt (Fiktion), anderenfalls nach § 888 ZPO[178].

Die vorstehenden Überlegungen sind auf den Entherrschungsvertrag als speziellen Anwendungsfall des Stimmbindungsvertrages nicht übertragbar.

---

175 Zu den Quoren, auf deren Ausübung jeweils verzichtet werden muss, vgl. die Ausführungen unter F.II.2.

176 *Zöllner*, ZHR 155 (1991), 168 (187); *Zutt*, ZHR 155 (1991), 190 (198); BGH, Urteil vom 10.04.1989, II ZR 158/88, WM 1989, 1021; *Schröer*, in: MünchKomm AktG, § 136 Rdnr. 86; *Grundmann*, in: GroßKomm AktG, § 136 Rdnr. 87; *Rieckers*, in: Spindler/Stilz AktG, § 136 Rdnr. 63; *Karsten Schmidt*, in: Gesellschaftsrecht, § 21 II.4, S. 620; *Hoffmann-Becking*, in: MünchHdb. AG, § 39 Rdnr. 54; *Spindler*, in: Schmidt/Lutter AktG, § 136 Rdnr. 46; *Zöllner*, in: KölnKomm AktG, § 136 Rdnrn. 112 ff.

177 *Zöllner*, ZHR 155 (1991), 168 (187); BGH, Urteil vom 10.04.1989, II ZR 158/88, WM 1989, 1021; *Grundmann*, in: GroßKomm AktG, § 136 Rdnr. 87; *Karsten Schmidt*, in: Gesellschaftsrecht, § 21 II.4, S. 620; *Rieckers*, in: Spindler/Stilz AktG, § 136 Rdnr. 63.

178 *Hoffmann-Becking*, in: MünchHdb. AG, § 39 Rdnr. 54; *Zutt*, ZHR 155 (1991), 190 (198); *Schröer*, in: MünchKomm AktG, § 136 Rdnr. 86.

Gegenstand des Entherrschungsvertrages ist nicht die positive Ausübung des Stimmrechts, sondern die Nichtausübung des Stimmrechts in der Form des Unterlassens. Hier kann eine Vollstreckung ausschließlich über die speziellere Norm des § 890 ZPO erfolgen[179]. Die Vollstreckung nach § 890 ZPO ist allerdings weniger effektiv als eine Vollstreckung nach § 894 ZPO, da mit ihr nicht die Fiktion verbunden ist, dass das Stimmrecht nicht ausgeübt wurde. Vielmehr kann das Mehrheitsaktionärs-Unternehmen weiterhin von seinem Stimmrecht in der Hauptversammlung Gebrauch machen, auch wenn es für diesen Fall befürchten muss, ein Ordnungsgeld auferlegt zu bekommen.

### 3. Einstweiliger (vorbeugender) Rechtsschutz

Die vorstehenden Überlegungen sind jedoch weitestgehend theoretischer Natur. So hat bereits *Karsten Schmidt* darauf hingewiesen, dass kein vernünftiger Mensch eine Leistungsklage zur Durchsetzung einer Stimmbindung erheben würde[180]. In aller Regel wird sich die vertragswidrige Ausübung des Stimmrechts durch das Mehrheitsaktionärs-Unternehmen erst in der Hauptversammlung selbst oder in unmittelbar zeitlichem Zusammenhang mit der Hauptversammlung abzeichnen, in der über die Bestellung oder Abberufung der Aufsichtsratsmitglieder Beschluss gefasst werden soll. Aus diesem Grund ist die Anstrengung eines Verfahrens in der Hauptsache zur Durchsetzung der Verpflichtung aus dem Entherrschungsvertrag völlig ungeeignet, da eine Entscheidung im Regelfall nach der Beschlussfassung ergehen würde[181].

Daher ist an ein Vorgehen im Wege des einstweiligen Rechtsschutzes zu denken, das auf präventive Verhinderung der vertragswidrigen Stimmabgabe gerichtet ist. Dem könnten eine unzulässige Vorwegnahme der Hauptsache, ein Eingriff in den gesellschaftsinternen Willensbildungsprozess und Überlegungen zur Praktikabilität entgegenstehen.

---

179 *Rieckers*, in: Spindler/Stilz AktG, § 136 Rdnr. 63; *Schröer*, in: MünchKomm AktG, § 136 Rdnr. 87; *Zutt*, ZHR 155 (1991), 190 (198).

180 *Karsten Schmidt*, in: Jahrbuch der Fachanwälte für Steuerrecht, 1989, S. 143 ff.

181 *Grundmann*, in: GroßKomm AktG, § 136 Rdnr. 86; *Hoffmann-Becking*, in MünchHdb. AG, § 39 Rdnr. 54; *Schröer*, in: MünchKomm AktG, § 138 Rdnr. 88; *Zutt*, ZHR 155 (1991), 190 (192); *Koch*, in: Hüffer/Koch AktG, § 133 Rdnr. 30; *Rieckers*, in: Spindler/Stilz AktG, § 136 Rdnr. 63.

### *a) Vorwegnahme der Hauptsache*

Bedenken gegen die Zulässigkeit einer einstweiligen Verfügung könnten sich zunächst einmal aus dem Verbot der Vorwegnahme der Hauptsache[182] ergeben, einem prozessualen Grundsatz des einstweiligen Rechtsschutzes. Ausgangspunkt dieses Prinzips ist die Überlegung, dass der einstweilige Rechtsschutz lediglich den Zeitraum bis zu einer Entscheidung im Hauptsacheverfahren abdecken und überbrücken soll. Darüber hinaus sollen aufgrund der nur summarischen Prüfung der Sach- und Rechtslage keine vollendeten Tatsachen geschaffen werden[183]. Allerdings sind Durchbrechungen des Grundsatzes in der prozessrechtlichen Literatur anerkannt. So wird die sog. Leistungsverfügung, die Ausdruck des verfassungsrechtlichen Grundsatzes effektiven Rechtsschutzes[184] ist, in entsprechender Anwendung des § 940 ZPO mit einem zum Hauptsachverfahren identischen Inhalt immer dann als zulässig erachtet, wenn die geschuldete Handlung so kurzfristig zu erbringen ist, dass die Erwirkung eines Titels im ordentlichen Verfahren nicht möglich ist[185]. Darüber hinaus muss eine umfassende Interessenabwägung stattfinden, wonach die dem Antragsteller drohenden Nachteile schwer wiegen und außer Verhältnis zu dem Schaden stehen müssen, den der Antragsgegner erleiden würde[186].

Wie bereits ausgeführt, wird der Vertragspartner des Mehrheitsaktionärs-Unternehmens in aller Regel keine Möglichkeit haben, vor der Abstimmung durch das Mehrheitsaktionärs-Unternehmen einen Titel in der Hauptsache zu erlangen. Das vertragswidrige Verhalten des mehrheitlich beteiligten Unternehmens wird sich sehr kurzfristig abzeichnen, zumeist erst unmittelbar vor oder während der Abstimmung selbst. Auch wiegen die Nachteile, die dem Vertragspartner des mehrheitlich beteiligten Unternehmens drohen, schwer und stehen außer Verhältnis zu einem potentiellen Schaden des Antragsgegners. Gelangt das Gericht im einstweiligen Rechtsschutzverfahren irrtümlicherweise zu der Überzeugung, dass ein wirksamer Entherrschungsvertrag

---

182 *Seiler*, in: Thomas/Putzo ZPO, § 938 Rdnr. 3; *Vollkommer*, in: Zöller ZPO, § 938 Rdnr. 3; *Huber*, in: Musielak ZPO, § 938 Rdnr. 4; *Drescher*, in: MünchKomm ZPO, § 938 Rdnr. 8.

183 Vgl. die Nachweise in Fn 187.

184 Der Gedanke des verfassungsrechtlich verankerten Grundsatzes des effektiven Rechtsschutzes war bereits bei der Frage der Einklagbarkeit der Verpflichtungen aus dem Entherrschungsvertrag maßgeblich, vgl. D.IV.1.

185 *Seiler*, in: Thomas/Putzo ZPO, § 940 Rdnr. 6; *Vollkommer*, in: Zöller ZPO, § 940 Rdnr. 6; *Huber*, in: Musielak ZPO, § 940 Rdnr. 14.

186 Vgl. die Nachweise in Fn 185.

vorliegt und unterlässt das Mehrheitsaktionärs-Unternehmen aus diesem Grund eine Stimmrechtsausübung bei einer Abstimmung über die Bestellung oder Abberufung eines Aufsichtsratsmitgliedes, so kann dieser Irrtum nachträglich beseitigt werden. Das mehrheitlich beteiligte Unternehmen kann – wenn auch erst auf der folgenden Hauptversammlung – ohne Mitwirkung weiterer Aktionäre das entgegen seinem Willen gewählte bzw. abberufene Aufsichtsratsmitglied abberufen bzw. erneut bestellen[187]. Dem Vertragspartner des Mehrheitsaktionärs-Unternehmens kommt für den umgekehrten Fall hingegen keine Möglichkeit zu, die Personalentscheidung ohne Mitwirkung weiterer Aktionäre rückgängig zu machen.

### *b) Eingriff in den verbandsinternen Willensbildungsprozess*

Weitere Bedenken gegen die Durchsetzung von Stimmbindungen im Eilverfahren werden insbesondere mit dem Argument erhoben, eine Verfügung greife in die Willensbildung der Gesellschaft ein. So werde durch eine gerichtliche Verfügung im einstweiligen Rechtsschutz die Willensbildung im Verband unterbunden, insbesondere könne das Für und Wider einer Entscheidung nicht innerhalb der Hauptversammlung oder der Gesellschafterversammlung abgewogen werden[188]. Steht dem Mehrheitsaktionärs-Unternehmen wie im Anwendungsbereich des Entherrschungsvertrages als negativem Stimmbindungsvertrag hingegen kein Stimmrecht zu, so greift eine einstweilige Verfügung nicht in den verbandsinternen Willensbildungsprozess ein, denn aufgrund des Stimmausübungsverbotes ist das Mehrheitsaktionärs-Unternehmen – jedenfalls schuldrechtlich[189] – nicht befugt, am Willensbildungsprozess im Rahmen der Hauptversammlung teilzunehmen. Die einstweilige Verfügung untersagt vielmehr vorläufig lediglich die Stimmrechtsausübung und ordnet keine positive Stimmabgabe an.

Das Argument, der einstweilige Rechtsschutz stelle einen Eingriff in den verbandsinternen Willensbildungsprozess der Gesellschafterversammlung dar, findet somit auf den Entherrschungsvertrag als Unterfall des Stimmbindungsvertrages[190] keine Anwendung.

---

187 So auch OLG Koblenz, Urteil vom 27.02.1986, 6 U 261/86, NJW 1986, 1692, (1693); *Werner*, NZG 2006, 761, (763).

188 *Zöllner*, in: KölnKomm AktG, § 136 Rdnrn. 112 ff.; *Zutt*, ZHR 155 (1991), 190 (192).

189 Vgl. hierzu die Ausführungen unter D.III.

190 OLG Koblenz, Urteil vom 27.02.1986, 6 U 261/86, NJW 1986, 1692, (1693); *Drescher*, in: MünchKomm ZPO, § 935 Rdnr. 45; *Jaeger*, in: Oppenländer/Trölitzsch, § 19 Rdnr. 19; *Michalski/Funke*, in: Michalski GmbHG, § 13 Rdnr. 179.

### c) *Praktikabilität*

Ungeachtet der vorstehenden Überlegungen ist die praktische Bedeutung eines Vorgehens des Vertragspartners des Mehrheitsaktionärs-Unternehmens im Wege des einstweiligen Rechtsschutzes dennoch als äußerst gering einzuschätzen.

Die Vollstreckung einer Entscheidung, die auf die Unterlassung der Stimmabgabe für einen bestimmten Beschlussgegenstand gerichtet ist, erfolgt auch im einstweiligen Rechtsschutz nach § 890 ZPO. Einer weitergehenden Verurteilung, insbesondere einer Nichtberücksichtigung der vertragswidrig abgegebenen Stimmen, steht bereits der prozessuale Rechtsgrundsatz entgegen, dass der einstweilige Rechtsschutz nicht mehr zusprechen kann als das Hauptsacheverfahren[191]. Demzufolge kann das Mehrheitsaktionärs-Unternehmen auch im Falle einer einstweiligen Verfügung wirksam[192] von seinem Stimmrecht bei der Bestellung oder Abberufung von Aufsichtsratsmitgliedern Gebrauch machen. Hat das mehrheitlich beteiligte Unternehmen den festen Willen, vertragsbrüchig zu handeln, so wird es sich dabei in letzter Konsequenz auch nicht von einem Ordnungsgeld abhalten lassen, das bei einem Verstoß gegen die einstweilige Verfügung angedroht wurde.

---

191 *Vollkommer*, in: Zöller ZPO, § 938 Rdnr. 3; *Seiler*, in: Thomas/Putzo ZPO, § 938 Rdnr. 4.

192 Siehe ausführlich hierzu unter F.II.6.a).

# E. Zulässigkeit eines Entherrschungsvertrages

Als Mindestinhalt bedarf der Entherrschungsvertrag jedenfalls einer Regelung, die dem (vermutet) herrschenden Unternehmen – zumindest in Teilen – die Ausübung des mehrheitlichen Stimmrechts für die Bestellung und die Abberufung der Aufsichtsratsmitglieder in der Hauptversammlung untersagt. Bevor auf die inhaltlichen Anforderungen im Detail eingegangen wird, die an einen Entherrschungsvertrag zu stellen sind, ist zunächst zu untersuchen, ob die Vertragsparteien eine solchen Vereinbarung überhaupt in zulässiger Weise treffen können.

## I. Rückschlüsse aus der Gesetzeshistorie

Einige Autoren – insbesondere *Hommelhoff*[193] – versuchen, die Zulässigkeit von Entherrschungsverträgen bereits mit historischer Argumentation aus der Entstehungsgeschichte der Vermutungsregel und der diesbezüglichen Gesetzesbegründung abzuleiten[194]. Diese Ansicht überspannt jedoch den im Rahmen des Gesetzgebungsverfahrens getroffenen Aussagegehalt in der Begründung des Wirtschaftsausschusses. Als Beispiele für Widerlegung der Vermutung nennt der Ausschussbericht eine durch stimmrechtslose Vorzugsaktien begründete Anteilsmehrheit und vertragliche Verpflichtungen des Mehrheitsaktionärs gegenüber den *Gesellschaftern*, nicht dagegen gegenüber der *Gesellschaft*[195]. Zwar kann eine Stimmbindungsvereinbarung in Form eines Entherrschungsvertrages auch zwischen dem Mehrheitsaktionär und den verbleibenden Gesellschaftern geschlossen werden[196]. Der typische Anwendungsbereich des Entherrschungsvertrages liegt hingegen in einer Vereinbarung zwischen der Aktiengesellschaft und dem Mehrheitsaktionärs-Unternehmen[197]. Auch aus dem Umstand der erstmaligen Nennung eines Vertrages zwischen Gesellschaft und Gesellschafter zur Widerlegung der Abhängigkeitsvermutung im juristischen Schrifttum in den frühen siebziger Jahren folgt, dass der Gesetzgeber im Zeitpunkt der Entstehung des heutigen Aktiengesetzes von 1965 noch nicht die typische Fallgruppe des

193 *Hommelhoff*, Die Konzernleitungspflicht, S. 83.

194 So auch *Koppensteiner*, der die Zulässigkeit jedoch nicht ausschließlich aus gesetzeshistorischen Gründen herleitet (*ders*, in: KölnKomm AktG, § 17 Rdnr. 109); *Hommelhoff*, Die Konzernleitungspflicht, S. 83.

195 *Kropff*, Aktiengesetz 1965, S. 28.

196 Vgl. D.II.

197 Vgl. D.II.

Entherrschungsvertrages vor Augen hatte. Die Gesetzeshistorie kann somit nicht als taugliche Argumentationsgrundlage für die generelle Zulässigkeit von Entherrschungsverträgen herangezogen werden[198].

Zwar sieht auch *Hommelhoff* diesen Widerspruch, jedoch rechtfertigt dies aus seiner Sicht bei der Einordnung der Zulässigkeit dieser Verträge keine Unterscheidung zwischen Entherrschungsverträgen als Unterfall der Stimmbindungsverträge und von Stimmbindungsverträgen im Allgemeinen[199].

Selbst wenn mit *Hommelhoff* – entgegen der zuvor dargelegten Auffassung – eine Gleichbehandlung von Entherrschungs- und Stimmbindungsverträgen angenommen werden sollte, lässt sich hieraus keinesfalls zwingend die Zulässigkeit eines derartigen rechtlichen Konstrukts ableiten. Vielmehr muss auch in diesem Fall die Vereinbarkeit des Entherrschungsvertrages mit zwingenden aktienrechtlichen Vorschriften und Wertungen geprüft und darf keineswegs als gegeben hingenommen werden[200].

## II. Verstoß gegen zwingende aktienrechtliche Vorschriften

Lediglich spezielle aktienrechtliche Überlegungen könnten die aus der Privatautonomie abgeleitete, grundsätzlich herrschende Vertragsfreiheit[201] hin zu einer Unzulässigkeit der vertraglichen Regelung der Entherrschung einschränken. Zwar waren Entherrschungsverträge schon mehrfach Gegenstand von Rechtsprechungsentscheidungen[202]. Die Zulässigkeit dieser Verträge wurde von den

---

198 So auch *Götz*, S. 4 f.; *Jäger*, DStR 1995, 1113 (1114); *Hüttemann*, ZHR 156 (1992), 314 (318 f.); *Karsten Schmidt*, in: FS Hommelhoff, S. 985 (993).

199 *Hommelhoff* hält den Umstand, dass dem Gesetzgeber bei der Neufassung des Aktiengesetzes allein Stimmbindungsverträge als Anwendungsbeispiel für eine Möglichkeit zur Widerlegung der Abhängigkeitsvermutung vorschwebten, gegenüber dem „zentralen Anliegen des Gesetzgebers", die Abhängigkeitsvermutung durch vertragliche Regelung zu widerlegen, als „nicht sonderlich zu Buche schlagend" (*ders.*, Die Konzernleitungspflicht, S. 83.).

200 Im Ergebnis auch *Karsten Schmidt*, in: FS Hommelhoff, S. 985 (993).

201 Vgl. hierzu nur *Olzen*, in: Staudinger BGB, Einl. zum SchuldR, Rdnrn. 52 ff. und *Säcker*, in: MünchKomm BGB Band 1, Einleitung Rdnr. 158.

202 OLG Köln, Urteil vom 24.11.1992, 22 U 72/92, AG 1993, 86 ff.; OLG Düsseldorf, Beschluss vom 30.10.2006, 26 W 14/06, AG 2007, 170 ff; OLG Düsseldorf, Beschluss vom 04.07.2013, 26 W 13/08, AG 2013, 720 (721).

Gerichten jedoch zu keiner Zeit problematisiert, sondern – sofern überhaupt entscheidungserheblich – durchweg als gegeben hingenommen[203].

## 1. Verstoß gegen §§ 311 ff. AktG

*Mestmäcker* führt an, der Entherrschungsvertrag verstoße gegen die nicht disponiblen Schutzvorschriften der §§ 311 ff. AktG, denn das abhängige Unternehmen werde allein durch die angeführten Sondervorschriften geschützt, womit diesen zwingende Wirkung zukommen müsse[204].

*Mestmäcker* ist insoweit beizupflichten, als es sich bei den Vorschriften über die sog. faktische Konzernierung der §§ 311 ff. AktG um Schutzvorschriften handelt, die das abhängige Unternehmen vor „kompensationsloser Benachteiligung[205]" seitens dem herrschenden Unternehmen schützen soll. Im Rahmen eines bestehenden (Gewinnabführungs- und) Beherrschungsvertrages erfolgt der Schutz außenstehender Aktionäre und der Gläubiger (sog. Außenseiter[206]) durch Verlustübernahmen, Ausgleichs- und Abfindungszahlungen. Im faktischen Konzern hingegen geht der Schutz der Außenseiter mangels vertraglicher Regelung im Schutze der Gesellschaft auf[207], sodass dieser nicht der Disposition der Vertragsparteien unterliegt[208].

Dabei muss für die Frage eines Verstoßes gegen die zwingend ausgestalteten Schutzvorschriften der §§ 311 ff. AktG im Anwendungsbereich des faktischen

---

203 OLG Düsseldorf, Beschluss vom 30.10.2006, 26 W 14/06, AG 2007, 170 (171); OLG Düsseldorf, Beschluss vom 04.07.2013, 26 W 13/08, AG 2013, 720 (721).

204 *Mestmäcker*, S. 63; allerdings ist zu berücksichtigen, dass die Abhandlung von *Mestmäcker* einen wettbewerbsrechtlichen Hintergrund hat und daher die Beurteilung der Zulässigkeit von Entherrschungsverträgen vermehrt aus wettbewerbsrechtlicher Sicht erfolgt.

205 *Koch*, in: Hüffer/Koch AktG, § 311 Rdnr. 1; in diese Richtung gehend auch schon die Regierungsbegründung, vgl. *Kropff*, Aktiengesetz 1965, S. 407.

206 *Koch*, in: Hüffer/Koch AktG, § 311 Rdnr. 1; *Altmeppen*, in: MünchKomm AktG, Vorb. § 311 Rdnr. 1; *Habersack*, in: Emmerich/Habersack KonzernR, § 311 Rdnr. 3.

207 *Altmeppen*, in: MünchKomm AktG, § 311 Rdnr. 3.

208 Die zwingende und nicht zur Disposition der Parteien stehende Regelungstechnik der Vorschriften über den faktischen Konzern aus §§ 311 ff. AktG ergibt sich durch den Zweck des Außenseiterschutzes und den Verweis in § 317 Abs. 4 AktG auf § 309 Abs. 3 AktG. Hiernach ist ein Verzicht auf Ansprüche erst drei Jahre nach Anspruchsentstehung und durch einen Sonderbeschluss der außenstehenden Aktionäre möglich. Im Wege des argumentum e contratrio muss demzufolge auch die Abbedingung der Schutzvorschriften der §§ 311 ff. AktG einer Gesellschaftervereinbarung entzogen sein.

Konzerns zwischen einem Vertrag, der tatsächlich die vorhandene Abhängigkeit beseitigt und einer Regelung, die allein die sich aus § 17 Abs. 2 AktG ergebenden Abhängigkeitsvermutung widerlegt, differenziert werden[209].

### *a) Beseitigung vorhandener Abhängigkeit*

Führt der Abschluss des Entherrschungsvertrages aufgrund der getroffenen inhaltlichen Regelungen zu einer Beseitigung des bis dato tatsächlich bestehenden Abhängigkeitsverhältnisses (§ 17 Abs., 1 AktG), so entfällt damit bereits das Tatbestandsmerkmal der Schutzvorschriften der §§ 311 ff. AktG als Anknüpfungspunkt. Die Vorschriften über den faktischen Konzern erfordern zwingend das Verhältnis eines herrschenden Unternehmens zu einer abhängigen Gesellschaft. Die Vertragsparteien disponieren durch den Vertragsabschluss mangels Eröffnung des Anwendungsbereichs der Schutzvorschriften nicht über deren Rechtsfolge, sondern beseitigen das für die Anwendbarkeit der Vorschriften zu fordernde Tatbestandsmerkmal des beherrschten Unternehmens aus § 311 Abs. 1 AktG[210].

Das beherrschte Unternehmen wird durch den Vertragsschluss aus der Abhängigkeit entlassen und unterfällt damit auch nicht mehr dem Schutzsystem der §§ 311 ff. AktG. Erübrigen sich die mit der faktischen Konzernierung verbundenen Gefahren durch Abschluss des Entherrschungsvertrages, so entfällt damit auch die ausschließlich durch die faktische Konzernierung zu rechtfertigende Schutzbedürftigkeit des vormals beherrschten Unternehmens[211]. Der Abschluss eines Entherrschungsvertrages stellt somit keinen Verstoß gegen §§ 311 ff. AktG dar.

---

209 Vgl. noch ausführlicher zur zwingenden Unterscheidung zwischen den beiden Arten und Reichweiten des Entherrschungsvertrages die Ausführungen unter F.I.

210 So – jedoch ohne Differenzierung zwischen Mehrheitsbesitz und kombinierter Beherrschung – die h.M., vgl. die Nachweise in Fn 211; auch *Hommelhoff*, Die Konzernleitungspflicht, S. 82 f.

211 Ohne Differenzierung, im Ergebnis mittlerweile jedoch unstreitig; vgl. hierzu nur *Hüttemann*, ZHR 156 (1992), 314 (319); *Bayer*, in: MünchKomm AktG, § 17 Rdnr. 99; *Koppensteiner*, in: KölnKomm AktG, § 17 Rdnr. 109; *Jäger*, DStR 1995, 1113 (1114); *Götz*, S. 7; *Becker*, in: FS Möschel, S. 1119 (1120); vgl. auch die Stimmen aus dem Kartellrecht: *Thomas*, in: Immenga/Mestmäcker GWB, § 36 Rdnr. 62 m.w.N.; bejahend hingegen: *Bauer*, in: Loewenheim/Meessen/Riesenkampff Kartellrecht, § 36 GWB Rdnr. 223; Monopolkommission, Hauptgutachten I, V.3.2.1, S. 482 f.

### *b) Keine Beseitigung vorhandener Abhängigkeit*

Nichts anderes gilt im Ergebnis für den Fall, dass der Entherrschungsvertrag die bestehende Abhängigkeit auch für den Zeitraum nach Vertragsschluss nicht beseitig, wobei zwei Varianten denkbar sind.

Einerseits kommt dem Entherrschungsvertrag bei kombinierter Beherrschung, die unabhängig von oder nur im Zusammenspiel mit Stimmrechts- und/oder Kapitalmehrheiten eine beherrschende Stellung des Mehrheitsaktionärs begründet[212], keine entherrschende Wirkung zu[213]. Andererseits können die Vertragsparteien sich auch mit einer Widerlegung der Vermutung aus § 17 Abs. 2 AktG begnügen, ohne dabei die Abhängigkeit aus § 17 Abs. 1 AktG beseitigen zu wollen[214].

Wird das abhängige Unternehmen durch den Vertragsschluss nicht aus der Abhängigkeit entlassen, so wird auch nicht in das Schutzsystem der §§ 311 ff. AktG eingegriffen. Entfallen die Umstände, die im Falle kombinierter Beherrschung die Abhängigkeit begründen, erst nach Abschluss des Entherrschungsvertrages so führt dies ebenso wenig zu einem Verstoß gegen §§ 311 ff. AktG. Die Parteien beseitigen dann wiederum allein das den Anwendungsbereich der §§ 311 ff. AktG eröffnende Tatbestandsmerkmal des abhängigen Unternehmens, sodass die Schutzbedürftigkeit der abhängigen Gesellschaft entfällt[215].

Mithin kommt der Frage der Zulässigkeit eines Entherrschungsvertrages unter dem Blickwinkel der Indisponibilität der §§ 311 ff. AktG keine Bedeutung zu. Entweder entfällt bereits die tatbestandliche Anknüpfung für die Eröffnung des Anwendungsbereichs oder der Regelung kommt keine so weitgehende Reichweite zu, dass das Schutzsystem der §§ 311 ff. AktG tangiert wäre.

## 2. Eingriff in die Organkompetenzen der Aktiengesellschaft

Vermehrt wurde im juristischen Schrifttum die Frage erörtert, ob der Entherrschungsvertrag mit der aktienrechtlichen Kompetenzordnung in Einklang zu bringen ist[216]. Insbesondere wurde die Kompetenz des Vorstandes zum Abschluss

---

212 Vgl. F.V.

213 Siehe hierzu F.V.2.

214 Zur Differenzierung der Vermutungswiderlegung und der Beseitigung der Abhängigkeit vgl. die Ausführungen unter F.I., zum Unterschied der inhaltlichen Anforderungen an das jeweilige Vertragskonstrukt siehe F.II.2.b) und F.II.2.d).

215 Vgl. bereits E.II.1.a).

216 Grundlegend hierzu: *Hüttemann*, ZHR 156 (1992), 314 (324 ff.); auch *Jäger*, DStR 1995, 1113 (1115).

des Entherrschungsvertrages aufgrund seiner weitreichenden Folgen bezweifelt. Diese Überlegungen betreffen jedoch nicht die Zulässigkeit des Entherrschungsvertrages im Ganzen, sondern die Frage der Mitwirkungskompetenz der Hauptversammlung als Wirksamkeitsvoraussetzung des Entherrschungsvertrages.

Da die Zustimmung der Hauptversammlung der in Mehrbesitz stehenden Gesellschaft und/oder des mit Mehrheit beteiligten Unternehmens jedoch herbeigeführt werden kann und somit kein unbehebbares Zulässigkeitskriterium darstellt, bedarf es an dieser Stelle noch keiner abschließenden Untersuchung dieser Fragestellung. Vielmehr wird die Thematik der Zustimmungsbedürftigkeit durch die Hauptversammlung im Rahmen der Mitwirkungserfordernisse der Anteilseigner beim Abschluss des Entherrschungsvertrages dargestellt[217].

### 3. Unzulässiges Höchststimmrecht

Problematisch ist darüber hinaus, ob durch die Vereinbarung eines partiellen Stimmrechteverzichts nicht eine Konstellation geschaffen wird, die der Situation eines Höchststimmrechts gleichkommt oder mit dieser zumindest vergleichbar ist. Entherrschungsverträge würden in diesem Falle gegen das in § 134 Abs. 1 S. 5 AktG normierte Verbot von Höchststimmrechten zugunsten eines einzelnen Aktionärs verstoßen.

Der Anwendbarkeit des aus § 134 Abs. 1 S. 5 AktG resultierenden Verbots auf die im Entherrschungsvertrag getroffenen Regelungen steht auf den ersten Blick das unterschiedliche Zustandekommen der Stimmrechtsbeschränkung aus § 134 Abs. 1 S. 5 AktG einerseits und des Entherrschungsvertrages andererseits entgegen. So wird die Stimmrechtsausübung in § 134 Abs. 1 AktG durch Regelungen in der Satzung im Rahmen eines statutarischen Organisationsaktes, im Anwendungsbereich des Entherrschungsvertrages dagegen durch eine schuldvertragliche[218] Regelung beschränkt. Der in § 134 Abs. 1 S. 3 und S. 4 AktG zum Ausdruck kommende Wille des Gesetzgebers, einen umfassenden Umgehungsschutz zu schaffen[219], der jedoch nicht ipso iure, sondern ausschließlich bei einer entsprechenden Satzungsregelung eingreift, könnte jedoch eine entsprechende Anwendung des § 134 Abs. 1 S. 5 AktG für Entherrschungsverträge erfordern.

---

217 Vgl. unter H.II.1.b)bb).

218 Vgl. hierzu die Ausführungen unter D.III.

219 *Koch*, in: Hüffer/Koch AktG, § 134 Rdnr. 12; *Volhard*, in: MünchKomm AktG, § 134 Rdnrn. 14 ff.

Neben einer planwidrigen Regelungslücke erfordert eine Rechtsanalogie die Vergleichbarkeit der zugrundeliegenden Interessenlagen[220]. Für die Frage der Vergleichbarkeit muss also geklärt werden, ob die im Rahmen eines Entherrschungsvertrages vereinbarte Stimmrechtsbeschränkung eine der satzungsmäßigen Beschränkung vergleichbare Rechtsfolge herbeiführt. Wie bereits dargelegt, kommt dem Entherrschungsvertrag keine organisationsrechtliche Wirkung zu[221]. Das Regelungsgefüge beschränkt sich vielmehr auf eine schuldrechtliche Absprache zwischen den Vertragsparteien, sodass eine analoge Anwendung des § 134 Abs. 1 S. 5 AktG ausscheidet.

Neben den bereits schon angeführten Bedenken spricht letztlich noch ein weiterer Unterschied zwischen der Regelung des § 134 Abs. 1 S. 5 AktG und dem Entherrschungsvertrag gegen eine Vergleichbarkeit der jeweiligen Interessenlage. § 134 Abs. 1 S. 5 AktG soll in erster Linie einen Schutz vor Umgehung des Verbots von Mehrstimmrechten (§ 12 Abs. 2 AktG) gewährleisten[222]. Mehrstimmrechte beziehen sich auf das Stimmrecht als mitgliedschaftliches Recht im Ganzen, während der Entherrschungsvertrag keinen vollumfänglichen, sondern allenfalls einen – sowohl in Bezug auf die Art der Beschlussgegenstände[223] als auch der Quantität der Stimmrechte[224] – partiellen Stimmrechteverzicht begründet. Entsprechend den Gesetzesmaterialien[225] zu stimmrechtslosen Vorzugsaktien kann ein organisationsrechtlicher Stimmrechtsausschluss nicht auf einzelne Beschlussgegenstände begrenzt werden, sondern muss das Stimmrecht insgesamt erfassen[226].

Der Entherrschungsvertrag, durch den das Mehrheitsaktionärs-Unternehmen lediglich auf einen Teil seines Stimmrechts und auf die Stimmrechtsausübung in Bezug auf einige wenige Beschlussgegenstände verzichtet, ist damit nicht mit der für § 134 Abs. 1 S. 5 AktG maßgebenden gesetzgeberischen Wertung vergleichbar. Die Unzulässigkeit des Entherrschungsvertrages ergibt sich daher auch

---

220 Zu den Anforderungen der analogen Anwendung vgl. nur *Larenz/Canaris*, Methodenlehre, S. 202 ff.

221 Siehe hierzu die Ausführungen unter D.III.

222 So bereits die Regierungsbegründung zu § 134 AktG 1965 bei *Kropff*, Aktiengesetz 1965, S. 192.

223 Vgl. die Ausführungen unter F.II.1.

224 Vgl. hierzu F.II.2.

225 Siehe *Kropff*, Aktiengesetz 1965, S. 203.

226 So auch *Bezzenberger*, in: GroßKomm AktG, § 139 Rdnr. 9; *Koch*, in: Hüffer/Koch AktG, § 139 Rdnr. 17; *Volhard*, in: MünchKomm AktG, § 139 Rdnr. 6; *Spindler*, in: Schmidt/Lutter AktG, § 139 Rdnr. 4.

nicht aus einer analogen Anwendung des Verbots unzulässiger Höchststimmrechte aus § 134 Abs. 1 S. 5 AktG[227].

### 4. Weisungsgebundene Stimmrechtsausübung

Der Zulässigkeit des Entherrschungsvertrages könnte die Vorschrift des § 136 Abs. 2 AktG entgegenstehen. Die Unzulässigkeit des Entherrschungsvertrages ist im Hinblick auf § 136 Abs. 2 AktG jedoch nur in seiner typischen Ausgestaltung denkbar, nämlich einem Vertrag zwischen dem Mehrheitsaktionär und der in Mehrbesitz stehenden Gesellschaft.

Gemäß § 136 Abs. 2 AktG ist ein Vertrag nichtig, durch den sich der Aktionär verpflichtet, sein Stimmrecht nach Weisung der Gesellschaft, des Vorstandes oder des Aufsichtsrats der Gesellschaft oder nach Weisung eines abhängigen Unternehmens auszuüben. Durch das Verbot sog. gebundener Aktien soll verhindert werden, dass die Verwaltung der Aktiengesellschaft in der Hauptversammlung für ihr genehme Abstimmungsergebnisse sorgt[228], womit eine unerwünschte Verschiebung der Kompetenzen zwischen der Hauptversammlung und den Leitungsorganen der Gesellschaft sowie ein Widerspruch mit der Organverfassung der Aktiengesellschaft verbunden wäre[229].

Der Eröffnung des Anwendungsbereichs des § 136 Abs. 2 AktG steht nicht entgegen, dass der Entherrschungsvertrag in aller Regel nur eine partielle Stimmrechtsbeschränkung enthält. § 136 Abs. 2 AktG untersagt jede Form der weisungsgebundenen Stimmrechtsausübung, auch wenn durch die Vereinbarung nur ein kleiner Teilbereich oder nur wenige Stimmen des Stimmrechts insgesamt betroffen sind[230]. Insbesondere lässt sich eine gegenteilige Auslegung weder aus dem Wortlaut der Norm ableiten, noch ist sie mit Sinn und Zweck der Vorschrift in Einklang zu bringen.

---

227 Im Ergebnis ebenso: *Barz*, in: FS Bärmann, S. 185 (195 f.); *Emmerich*, in: Emmerich/Habersack KonzernR, § 17 Rdnr. 42; *Schall*, in: Spindler/Stilz AktG, § 17 Rdnr. 52; *Jäger*, DStR 1995, 113 (114 f.); *Windbichler*, in: GroßKomm AktG, § 17 Rdnr. 80; *Hüttemann*, ZHR 156 (1992), 314 (319 ff.); *Koppensteiner*, in: KölnKomm AktG, § 17 Rdnr. 109; *Bayer*, in: MünchKomm AktG, § 17 Rdnr. 99; *Hentzen*, ZHR 157 (1993), 65 (66).

228 *Kropff*, Aktiengesetz 1965, S. 201; *Krenek/Pluta*, in: NomosKomm AktG, § 136 Rdnr. 24.

229 *Schöer*, in: MünchKomm AktG, § 136 Rdnr. 71; *Koch*, in: Hüffer/Koch AktG, § 136 Rdnr. 25; *Holzborn*, in: Heidelberger Kommentar AktG, § 136 Rdnr. 24.

230 Dahingehend auch *Hüttemann*, ZHR 156 (1992), 314 (322); *Rieckers*, in: Spindler/Stilz AktG, § 136 Rdnr. 45.

Als Ausgangspunkt der Überlegungen muss berücksichtigt werden, dass § 136 Abs. 2 AktG die vertraglich vereinbarte, gegenüber der Verwaltung weisungsgebundene Stimmabgabe für nichtig erklärt. Im Entherrschungsvertrag verzichtet hingegen das mit Mehrheit beteiligte Unternehmen – innerhalb der Reichweite der Stimmrechtsbeschränkung – auf eine Stimmabgabe. Der Verwaltung kommt also weder eine direkte, noch eine indirekte Entscheidung über den Einsatz der sich aus den Anteilen ergebenden Stimmrechte zu[231]. Dem Mehrheitsaktionärs-Unternehmen wird keine Entscheidung im Einzelfall durch die Verwaltung der Gesellschaft vorgegeben, sondern es wird bereits von der Entscheidungsfindung ausgeschlossen[232]. Von gebundenen Aktien kann also bereits begrifflich nicht mehr die Rede sein. Folglich ist der Anwendungsbereich des § 136 Abs. 2 AktG nicht unmittelbar eröffnet, sodass wiederum allein nach der Rechtfertigung einer analogen Rechtsanwendung der Norm zu fragen ist.

Eine Übertragung des in § 136 Abs. 2 AktG zum Ausdruck kommenden Rechtsgedankens auf eine im Entherrschungsvertrag geregelte Beschränkung der Stimmrechtsausübung im Wege einer Analogie scheitert einmal mehr an der Vergleichbarkeit der zugrundeliegenden Interessenlagen[233]. Die Regelung in § 136 Abs. 2 AktG bezweckt allein eine strikte Trennung der Kompetenzen der Hauptversammlung und der Verwaltung der Gesellschaft, indem eine durch vertragliche Bindung begründete Einflussnahmemöglichkeit auf die Abstimmungsergebnisse durch bindende Entscheidungsvorschläge mit einer Nichtigkeitsfolge belegt wird. Kann die Verwaltung der Gesellschaft dagegen nicht aktiv auf das Mehrheitsaktionärs-Unternehmen einwirken, da dieses durch den Vertragsschluss in Teilen an der Stimmrechtsausübung gehindert ist, so ist der in § 136 Abs. 2 AktG zum Ausdruck kommende Gesetzeszweck nicht tangiert. Damit entfällt auch die für eine Analogie erforderliche Vergleichbarkeit der Interessenlagen.

Letztlich enthält § 136 Abs. 2 AktG weder einen verallgemeinerungsfähigen oder gar allgemeinen Rechtsgedanken[234], noch kann die Norm als „Ausdruck eines Strukturprinzips[235]" verstanden werden, das jede Form des Einflusses bis

231 *Barz*, in: FS Bärmann, S. 185 (195 f.); *Götz*, S. 6; *Koppensteiner*, in: KölnKomm AktG, § 17 Rdnr. 109.

232 *Hentzen*, ZHR 157 (1993), 65 (66); *Barz*, in: FS Bärmann, S. 185 (195 f.); *Götz*, S. 6; *Spindler*, in: Schmidt/Lutter AktG, § 136 Rdnr. 49.

233 *Windbichler*, in: GroßKomm AktG, § 17 Rdnr. 80; *Jäger*, DStR 1995, 1113 (1115).

234 So aber *Mestmäcker*, Medienkonzentration und Meinungsvielfalt, S. 64.

235 *Hentzen*, ZHR 157 (1993), 65 (66) zu der Ansicht von *Otto*, AG 1991, 369 (376, 378).

hin zu einer rein „abstrakten Einwirkung[236]" auf die Stimmenanzahl untersagt. Dahingehende Überlegungen lassen sich weder aus der Gesetzeshistorie noch aus der Systematik der Regelung ableiten. Für einen verallgemeinerungsfähigen Rechtsgedanken fehlt es ebenso wie für die abgelehnte Analogie an der Vergleichbarkeit der Anwendungsbereiche.

Somit verstoßen die Regelungen des teilweisen Stimmrechtsausübungsverzichts im Entherrschungsvertrag auch nicht gegen die indisponible Vorschrift des § 136 Abs. 2 AktG, wobei weder eine analoge Anwendung der Norm in Betracht kommt noch ein allgemeiner Rechtsgedanke ableitbar ist[237].

## III. Fazit

Für die weitere Untersuchung bleibt festzuhalten, dass ein Entherrschungsvertrag in zulässiger Weise abgeschlossen werden kann. Zwar lässt sich diese Schlussfolgerung nicht bereits aus der Gesetzeshistorie gewinnen. Allerdings stehen dem Abschluss keine zwingenden Vorschriften des Aktienrechts entgegen, die an der Zulässigkeit dieses Vertrages Zweifel aufkommen lassen würden.

So verstößt der Entherrschungsvertrag weder gegen die Schutzvorschriften des faktischen Konzerns aus §§ 311 ff. AktG noch begründet er zulasten des vertragsschließenden Mehrheitsaktionärs ein unzulässiges Höchststimmrecht im Sinne des § 134 Abs. 1 S. 5 AktG. Letztlich führt der Abschluss des Entherrschungsvertrages auch nicht zu einer § 136 Abs. 2 widersprechenden, weisungsgebundenen Stimmrechtsausübung durch den ursprünglichen Mehrheitsaktionär.

---

236 *Hüttemann*, ZHR 156 (1992), 314 (322).

237 So auch *Schall*, in: Spindler/Stilz AktG, § 17 Rdnr. 52; *Barz*, in: FS Bärmann, S. 185 (195); *Bayer*, in: MünchKomm AktG, § 17 Rdnr. 99; *Koppensteiner*, in: KölnKomm AktG, § 17 Rdnr. 109; *Jäger*, DStR 1995, 1113 (1115); *Götz*, S. 6; ohne Problematisierung die Zulässigkeit bejahend: *Emmerich*, in: Emmerich/Habersack KonzernR, § 17 Rdnr. 42; OLG Düsseldorf, Beschluss vom 30.10.2006, 26 W 14/06, AG 2007, 170 ff; OLG Köln, Urteil vom 24.11.1992, 22 U 72/92, AG 1993, 86 ff.; *Fett*, in: Heidelberger Kommentar AktG, § 17 Rdnr. 32.

# F. Anforderungen an die vertragliche Entherrschung

Die Untersuchung der Anforderungen, die an einen Entherrschungsvertrag zu stellen sind, kann nicht unabhängig von dem jeweils im Einzelfall gegebenen Anknüpfungspunkt vorgenommen werden, durch den die Vermutung ausgelöst wird. Wie bereits aufgezeigt, bietet die Abhängigkeitsvermutung durch den Verweis des § 17 Abs. 2 AktG auf die in § 16 Abs. 1 AktG enthaltenen Legaldefinitionen des in Mehrbesitz stehenden und des mit Mehrheit beteiligten Unternehmens auf Tatbestandsseite mehrere Anknüpfungspunkte. Die Abhängigkeitsvermutung kann gemäß §§ 17 Abs. 2, 16 Abs. 1 Alt. 1 AktG auf einer Anteilsmehrheit, nach §§ 17 Abs. 2, 16 Abs. 1 Alt. 2 AktG auf einer Stimmenmehrheit[238] oder auf einer Verwirklichung beider Alternativen beruhen[239].

Um die in § 17 Abs. 2 AktG für diese Varianten vorgesehenen Abhängigkeitsvermutungen zu widerlegen, muss das Tatbestandsmerkmal beseitigt werden, das die Grundlage der jeweiligen Vermutung bildet. Fehlt das Anknüpfungsmerkmal einer Vermutungsregel, so entfällt auch die daran anknüpfende Rechtsfolgenvermutung[240]. Dabei ist zu berücksichtigen, dass durch eine vertragliche Vereinbarung in Gestalt eines Entherrschungsvertrages weder das mehrheitliche Stimmrecht als Mitgliedschaftsrecht noch die mehrheitliche Kapitalbeteiligung als Beteiligungsrecht selbst einer vertraglichen Beschränkung zugänglich sind[241]. Ziel des Entherrschungsvertrages muss es daher sein, die aus der jeweiligen Mehrheit – sei es eine Stimmen- und/oder eine Kapitalmehrheit – resultierende Machtposition durch vertragliche und damit schuldrechtliche Regelung zu beseitigen.

---

238 Vgl. hierzu bereits B.II.1.a) und B.II.1.b).

239 Siehe hierzu B.II.1.c).

240 Hierauf ebenfalls abstellend: *Koppensteiner*, in: KölnKomm AktG, § 17 Rdnr. 111; *Schall*, in: Spindler/Stilz AktG, § 17 Rdnr. 50; *Windbichler*, in: GroßKomm AktG, § 17 Rdnr. 71; *Barz*, in: FS Bärmann, S. 185 (189); *Liebscher*, in: MünchKomm GmbHG, Anhang § 13 Rdnr. 124.

241 *Barz*, in: FS Bärmann, S. 185 (187); *Bausch*, Die Beteiligung von Banken an Nichtbanken und das Konzernrecht, S. 155, vgl. hierzu auch bereits D.III.

## I. Reichweite des Entherrschungsvertrages

Neben dem die Abhängigkeit begründenden Tatbestandsmerkmal ist für die Frage des notwendigen Inhalts des Entherrschungsvertrages auch dessen Reichweite von maßgeblicher Bedeutung. Begnügen sich die Parteien bereits mit der Beseitigung der in § 17 Abs. 2 AktG normierten Vermutung, so sind an eine solche Vereinbarung jedenfalls geringere Anforderungen zu stellen als an einen positiven Nachweis nicht vorhandener Beherrschung. Für eine reine Vermutungswiderlegung ist die Terminologie des Entherrschungsvertrages zwar irreführend, da eine Beherrschung auch bei Widerlegung der Abhängigkeitsvermutung noch aus § 17 Abs. 1 AktG resultieren kann. Zutreffenderweise sollte die Vereinbarung zwischen vermutet abhängigem und vermutet herrschendem Unternehmen zur Widerlegung der Vermutung des § 17 Abs. 2 AktG als „Vermutungswiderlegungsvertrag" bezeichnet werden. Dennoch wird die Begrifflichkeit des Entherrschungsvertrages durchgehend auch für die bloße Widerlegung der Abhängigkeitsvermutung aus § 17 Abs. 2 AktG verwendet[242].

Mit einer derart beschränkten Reichweite des Entherrschungsvertrages werden sich die Parteien im Regelfall jedoch nicht zufrieden geben. Hierdurch wird lediglich eine Veränderung der Beweislage herbeigeführt, jedoch keine tatsächliche Entherrschung erreicht, die die Anwendbarkeit der an die Abhängigkeit anknüpfenden Normen[243] entfallen lassen würde. Ergibt sich die Abhängigkeit allein aus einer Stimmrechts- und/oder Kapitalmehrheit und sind keine darüber hinausgehenden Anknüpfungspunkte vorhanden, die zu einer kombinierten Beherrschung[244] führen, so sind die Vertragsparteien in aller Regel auch daran interessiert, tatsächlich eine Entherrschung zu erreichen. Hierfür genügt es jedoch nicht, allein die Vermutung der §§ 17 Abs. 2, 16 Abs. 1 AktG zu widerlegen, sondern es ist darüber hinaus eine vertragliche Regelung erforderlich, die jede Möglichkeit zur Ausübung der Herrschaftsmacht im Sinne des § 17 Abs. 1 AktG ausschließt. Dabei ist im Entherrschungsvertrag stets der jeweiligen Mehrheitsform Rechnung zu tragen.

242 Vgl. hierzu beispielsweise *Theisen*, Der Konzern, S. 670. Zu dem damit verbundenen Problem der Vermischung von Anforderungen, die an einen Entherrschungsvertrag einerseits und an einen Vertrag zur Widerlegung der Vermutung andererseits zu stellen sind, vgl. F.II.2.b).

243 Vgl. hierzu B.III.

244 Vgl. B.II.2.; F.V.; I.VI. und K.I.5.a)dd).

Werden diese Anforderungen – sei es in Bezug auf die Herrschaftsmittel[245] oder das zu fordernde Quorum des Stimmausübungsverzichts[246] – jedoch bereits für die Widerlegung der allein auf Stimmrechts- und/oder Anteilsmehrheit aufbauenden Abhängigkeitsvermutung aus § 17 Abs. 2, 16 Abs. 1 AktG gefordert, so wird die klare Grenzziehung zwischen tatsächlich gegebener Abhängigkeit im Sinne des § 17 Abs.1 AktG und der Beweislastregel des § 17 Abs. 2 aufgehoben.

Im Folgenden sollen nun die Anforderungen herausgearbeitet werden, die an eine Widerlegung der Abhängigkeit bzw. deren Vermutung zu stellen sind, wobei nach den jeweils zugrundeliegenden, abhängigkeits- bzw. vermutungsauslösenden Elementen differenziert wird.

## II. Ausschließliche Stimmrechtsmehrheit

Resultiert die Vermutung der Abhängigkeit gemäß §§ 17 Abs. 2, 16 Abs. 1 Var. 2 AktG allein aus einer Stimmenmehrheit, ohne dass hiermit auch eine Kapitalmehrheit verbunden ist[247], so muss allein die aus der Stimmrechtsmehrheit resultierende Machtposition durch die vertragliche Absprache mit der vermutet beherrschten Gesellschaft beseitigt werden. Wie bereits dargestellt[248], folgt aus der Stimmrechtsmehrheit in der Hauptversammlung aufgrund der Weisungsfreiheit des Vorstandes als Unternehmensleitungsorgan (§ 76 Abs. 1 AktG) noch keine unmittelbare Einflussnahmemöglichkeit. Dennoch geht von dieser Stimmrechtsmehrheit jedenfalls eine mittelbare Herrschaftsmacht aus. Der Vorstand wird sein unternehmerisches Handeln den Vorstellungen desjenigen anpassen, dem in der Hauptversammlung die Stimmrechtsmehrheit zukommt. Dann läuft der Vorstand keine Gefahr, aufgrund einer dem Stimmrechtmehrheits-Aktionär nicht genehmen Geschäftspolitik durch den Aufsichtsrat abberufen oder nicht erneut bestellt zu werden (§§ 101, 103, 84 AktG)[249].

---

245 Siehe hierzu die Ausführungen unter F.II.1. und F.III.1.

246 Vgl. F.II.2.b).

247 Ein Auseinanderfallen von Stimmenmehrheit und Anteilsmehrheit kann diverse Gründe haben. Neben der Zurechnung von Stimmen nach § 16 Abs. 4 AktG kann auch die Ausgabe von Mehrstimmrechtsaktien zugunsten der Minderheitsaktionäre die Anteilsmehrheit und die Stimmrechtsmehrheit auf unterschiedliche Aktionäre aufteilen. Darüber hinaus sind satzungsmäßige Regelungen zur Stimmrechtsbeschränkung und die Ausgabe stimmrechtsloser Vorzugsaktien denkbar.

248 Zur Herrschaftsmacht, die dem Mehrheitsaktionärs-Unternehmen aufgrund der Stimmrechtsmehrheit zukommt, vgl. bereits B.II.1.a).

249 Vgl. hierzu bereits die auf den Dichter und Minnesänger Walther von der Vogelweide zurückgehende Redewendung „Wes' Brot ich ess, des' Lied ich sing" unter A.I.

Die maßgebliche Sichtweise, auf die für die Frage der Abhängigkeit abzustellen ist, lässt sich aus der Wertung des Gesetzgebers ableiten, der die Vermutung eines Abhängigkeitsverhältnisses in § 17 Abs. 2 AktG an das Merkmal des Mehrbesitzes aus § 16 Abs. 1 AktG geknüpft hat. Nur wenn der Vorstand der vermutet beherrschten Gesellschaft Kenntnis von der Mehrheitsbeteiligung hat, ist er tatsächlich einer Interessenkollision ausgesetzt.

So ist die Unternehmensleitung einerseits dem Unternehmenswohl nach § 93 Abs. 1 S. 2 AktG verpflichtet und hat bei ihrer Geschäftsführung gemäß § 93 Abs. 1 S. 1 AktG die Sorgfalt eines ordentlichen und gewissenhaften Geschäftsleiters anzuwenden. Andererseits kann dieses Leitbild mit den Interessen des mit Stimmrechtsmehrheit ausgestatteten Mehrheitsaktionärs-Unternehmens kollidieren, das mittelbar über seine Bestellung und Abberufung aufgrund der Kompetenz zur personellen Besetzung des Aufsichtsrates entscheiden kann. Daher ist das Zusammenspiel zwischen Abhängigkeit und deren Beseitigung nach einhelliger Ansicht stets aus der Sicht der Unternehmensleitung der in Mehrbesitz stehenden Gesellschaft zu beurteilen[250].

## 1. Gegenstände des Stimmrechtsausübungsverzichts

Die aus der Stimmrechtsmehrheit resultierende Herrschaftsmacht kann dadurch beseitigt und somit die Vermutung der §§ 17 Abs. 2, 16 Abs. 1 Alt. 2 AktG widerlegt werden, dass das Unternehmen auf die Ausübung eines Teils seiner ihm zustehenden Stimmrechte gegenüber der in Mehrbesitz stehenden Gesellschaft vertraglich verzichtet. Bevor auf die Quantität des Stimmrechtsausübungsverzichts eingegangen wird[251], ist zu untersuchen, welche Beschlussgegenstände von dem Stimmrechtsausübungsverzicht in sachlicher Hinsicht umfasst sein müssen, um die vermutete Abhängigkeit widerlegen zu können.

Keinesfalls ist ein Verzicht auf die Ausübung des Stimmrechts in Bezug auf sämtliche Beschlussgegenstände erforderlich. Einerseits ist nicht jeder Hauptversammlungsbeschluss geeignet, beherrschenden Einfluss auf das abhängige Unternehmen und damit die Unternehmensleitung auszuüben. So tangiert

---

250 BGH, Urteil vom 04.03.1974, II ZR 89/72, NJW 1974, 855 (856) – „Seitz"; BGH, Urteil vom 17.03.1997, II ZB 3/96, NJW 1997, 1855 (1856) – „VW"; *Emmerich*, in: Emmerich/Habersack KonzernR, § 17 Rdnr. 11; *Koch*, in: Hüffer/Koch AktG, § 17 Rdnr. 4; *Vetter*, in: Schmidt/Lutter AktG, AktG, § 17 Rdnr. 13; *Krieger*, in: MünchHdb. AG, § 69 Rdnr. 38; *Koppensteiner*, in: KölnKomm AktG, § 17 Rdnr. 21; *Windbichler*, in: GroßKomm AktG, § 17 Rdnr. 18; *Fett*, in: Heidelberger Kommentar AktG, § 17 Rdnr. 3; *Schall*, in: Spindler/Stilz AktG, § 17 Rdnr. 14.

251 Vgl. hierzu die Ausführungen unter F.II.2.

beispielsweise der Beschluss über die Bestellung des Abschlussprüfers durch die Hauptversammlung (§ 119 Abs. 1 Nr. 4 AktG i.V.m. § 318 HGB) nicht die operative und nur dem eigenen Ermessen (§ 76 Abs. 1 AktG) unterliegende Tätigkeit der Unternehmensleitung. Andererseits ist die Möglichkeit, sich durch die Herbeiführung von Hauptversammlungsbeschlüssen innergesellschaftliche Vorteile zu verschaffen, eine generelle Fragestellung des Schutzes von Minderheiten innerhalb der Gesellschaft und kein auf verbundene Unternehmen beschränktes Phänomen[252]. Demzufolge rechtfertigen Überlegungen, die allein dem Minderheitenschutz dienen, keine Erweiterung der für die Frage der Entherrschung einzubeziehenden Beschlussgegenstände.

### *a) Bestellung und Abberufung der Aufsichtsratsmitglieder*

Unstreitig[253] muss der vertraglich vereinbarte Verzicht des mit Stimmrechtsmehrheit ausgestatteten Unternehmens gegenüber dem (vermutet) beherrschten Unternehmen jedenfalls die Beschlussgegenstände der Bestellung und Abberufung der Aufsichtsratsmitglieder umfassen. Erst wenn die Ausübung der „Personalentscheidungsgewalt[254]" ohne die Mitwirkung weiterer Aktionäre nicht mehr möglich ist, kann die aus der Stimmrechtsmehrheit abgeleitete Gefahr ausgeschlossen werden, dass die Unternehmensleitung ihre Geschäftspolitik an die Interessen und Vorstellungen des mit Mehrheit beteiligten Unternehmens anpasst.

Aus Sicht des Vorstandes des vermutet abhängigen Unternehmens fällt der skizierte Interessenkonflikt weg, sobald das die Stimmrechtsmehrheit innehabende Unternehmen auf die Ausübung des Stimmrechts für die Beschlussgegenstände der Bestellung und der Abberufung der Aufsichtsratsmitglieder verzichtet[255]. Das mit Stimmrechtsmehrheit ausgestattete Unternehmen kann in diesem Fall die Zusammensetzung des Aufsichtsrates, dem die Personalgewalt über den Vorstand zusteht, nicht mehr ohne die Mitwirkung Dritter bestimmen, sodass die Aufsichtsratsmitglieder keine an die Interessen des mit Stimmrechtsmehrheit ausgestatteten Unternehmens angepasste Personalpolitik betreiben

252 Zurecht *Haesen*, Der Abhängigkeitsbericht im faktischen Konzern, S. 46.

253 Siehe Fn 142.

254 So *Bayer*, in: MünchKomm AktG, § 17 Rdnr. 100; *Raiser/Veil*, in: Recht der Kapitalgesellschaft, § 51 Rdnr. 59; *Bauer*, in: Loewenheim/Meessen/Riesenkampff Kartellrecht, § 36 GWB Rdnr. 224; *Schubel*, in: Handbuch Aktienrecht, Kapitel 14 Rdnr. 17.

255 Zur Frage, für welche Dauer das mit Stimmrechtsmehrheit ausgestattete Unternehmen auf die Ausübung des Stimmrechts verzichtet, vgl. F.II.3.

müssen. Dies hat zur Folge, dass sich auch die Leitungsorgane nicht gezwungen sehen werden, ihre Geschäftspolitik an diesen Interessen auszurichten, um ihrerseits personellen Konsequenzen durch den Aufsichtsrat entgegenzuwirken.

Fraglich ist hingegen, ob der Verzicht sämtliche, nach § 95 AktG zahlenmäßig zu bestimmende Aufsichtsratsmitglieder umfassen muss oder ein Verzicht auf die Ausübung des Stimmrechts für die Bestellung der Hälfte der Aufsichtsratsmitglieder plus eines Mitgliedes beschränkt werden kann. Diese Fragestellung hat bislang noch kaum Beachtung im Schrifttum gefunden[256].

*Götz*[257] bejaht diese Frage unter Hinweis darauf, dass auch bei sog. kombinierter Beherrschung[258] erst bei mindestens hälftiger Besetzung des Aufsichtsrates mit Vertretern des mit Mehrheit beteiligten Unternehmens eine Beherrschung anzunehmen sei[259]. Hierbei wird jedoch der Unterschied zwischen dem Vorliegen einer kombinierten Beherrschung und der Frage der Beseitigung der Abhängigkeit bzw. der Widerlegung deren Vermutung vermischt. So wird bei der kombinierten Beherrschung die Abhängigkeit aus § 17 Abs. 1 AktG durch die Entsendung der Mehrheit der Aufsichtsratsmitglieder erst begründet. Im Anwendungsbereich der §§ 17 Abs. 2, 16 Abs. 1 Alt. 2 AktG resultiert die Vermutung dagegen bereits aus der Stimmrechtsmehrheit, ohne dass es insoweit auf eine Entsendung von Aufsichtsratsmitgliedern durch das vermutet herrschende Unternehmen ankäme.

Jedenfalls im Ergebnis ist *Götz* dennoch beizupflichten. Bestimmt sich die Frage der Abhängigkeit aus der Sichtweise der Vorstandsmitglieder des vermutet abhängigen Unternehmens, so kann bereits mit einem die Mehrheit der Aufsichtsratsmitglieder umfassenden Ausübungsverzicht eine Entherrschung herbeigeführt werden. Der skizzierte Interessenkonflikt der Unternehmensleitung kommt für diesen Fall nicht zum Tragen, denn ohne die Mitwirkung weiterer Aufsichtsratsmitglieder können die seitens des vermutet herrschenden Unternehmens bestellten Aufsichtsratsmitglieder die Bestellung bzw. die Abberufung von Vorstandsmitgliedern des beherrschten Unternehmens weder herbeiführen, noch einen hierauf gerichteten Beschluss verhindern. Die Bestellung jedes einzelnen Vorstandsmitgliedes bedarf nach § 84 Abs. 1 AktG der einfachen Mehrheit der Mitglieder des Gesamtaufsichtsorgans. Demzufolge kann sich jedes Mit-

---

256 Vgl. lediglich *Bayer*, in: MünchKomm AktG, § 17 Rdnr. 100; *Götz*, S. 46 f.; *Barz*, in: FS Bärmann, S. 185 (190 f.).

257 *Götz*, S. 46 f.

258 Zur kombinierten Beherrschung vgl. bereits E.II.1.b) und ausführlich unter F.V.

259 Ebenso, jedoch ohne eigene Begründung bereits: *Barz*, in: FS Bärmann, S. 185 (190 f.); offen gelassen bei *Bayer*, in: MünchKomm AktG, § 17 Rdnr. 100.

glied der Unternehmensleitung frei von einem Konflikt der dargelegten, oftmals widerstreitenden Interessen fühlen, da dem Mehrheitsaktionärs-Unternehmen die Personalentscheidungsgewalt nicht alleine zusteht. Bei der Ermittlung der Mehrheit der Aufsichtsratsmitglieder sind allerdings Aufsichtsratsmitglieder, die aufgrund mitbestimmungsrechtlicher Regelungen in den Aufsichtsrat gewählt oder entsendet wurden, auszunehmen, sodass der Verzicht die Mehrheit der Aufsichtsratsmitglieder der Anteilseigner umfassen muss.

Wiederum ist jedoch die Reichweite des Entherrschungsvertrages[260] zu berücksichtigen. Sind die vertragsschließenden Parteien allein daran interessiert, die aus §§ 17 Abs. 2, 16 Abs. 1 Var. 2 AktG abgeleitete Vermutung zu widerlegen, so ist der soeben angesprochene partielle Stimmrechtsausübungsverzicht erforderlich, aber auch ausreichend. Ist dagegen – wie im Regelfall – eine Entherrschung (§ 17 Abs. 1 AktG) gewollt, so muss bei Abschluss des Vertrages darüber hinaus sichergestellt sein, dass der Aufsichtsrat entweder frei von Interessenvertretern des Mehrheitsaktionärs-Unternehmens ist[261] oder der Verzicht auf die Stimmrechtsausübung zu keinem Zeitpunkt zu einer mehrheitlichen Besetzung des Aufsichtsrates mit Repräsentanten des mit Stimmrechtsmehrheit beteiligten Anteilseigners führt. Dies kann durch eine variable Ausgestaltung des Stimmrechtsausübungsverzichts im Verhältnis zur jeweiligen Aufsichtsratsbesetzung – auch unter Berücksichtigung der Anzahl der nicht anteilseignervertretenden Aufsichtsratsmitglieder – erreicht werden.

### *b) Grundlegende Angelegenheiten (insb. „Gelatine“[262])*

Fraglich ist, ob zur vertraglichen Widerlegung der Abhängigkeitsvermutung oder zur Herbeiführung einer tatsächlichen Entherrschung neben dem Verzicht auf die Ausübung des Stimmrechts hinsichtlich der Bestellung und Abberufung der Aufsichtsratsmitglieder auch noch weitere Beschlussgegenstände von diesem Verzicht umfasst sein müssen[263].

---

260 Vgl. hierzu F.I.

261 Vgl. zur Frage der Anforderungen für eine Entherrschung bei personeller Verflechtung auch die Darstellungen unter F.V.2.

262 Vgl. zur Frage der Hauptversammlungskomptenz hierzu noch ausführlich bei H.II.1.a)ee); grundlegend: BGH, Urteil vom 25.02.1982, II ZR 174/80, NJW 1982, 1703 (1705 ff.) („Holzmüller“) und BGH, Urteil vom 26.04.2004, II ZR 155/02, NJW 2004, 1860 ff. sowie BGH, Urteil vom 26.04.2004, II ZR 154/02, NZG 2004, 575 ff. („Gelatine I und II“).

263 **Bejahend**: *Barz*, in: FS Bärmann, S. 185 (191); *Adler/Düring/Schmaltz*, in: Rechnungslegung, § 17 AktG Rdnr. 104; *Hirschmann*, in: Hölters AktG, § 17 Rdnr. 18;

Zu denken ist dabei insbesondere an solche Maßnahmen der Geschäftsleitung, die nach der Rechtsprechung des *BGH* („Gelatine"-Entscheidungen) so tiefgreifend in die mitgliedschaftlichen Rechte der Aktionäre eingreifen und mit denen ein sog. Mediatisierungseffekt einhergeht, dass diese nahezu einem Zustand entsprechen, der allein durch Satzungsänderung herbeigeführt werden kann[264].

Zunächst bleibt festzuhalten, dass der Wertung des § 17 Abs. 2 AktG bei der Frage der Abhängigkeit eine entscheidende Rolle zuteilwird[265]. Für die Widerlegung der Vermutung aus §§ 17 Abs. 2, 16 Abs. 1 Alt. 2 AktG ist daher erforderlich, aber auch ausreichend, das die Vermutung auslösende Merkmal zu beseitigen. Da die aus der Stimmrechtsmehrheit hervorgehende Machtposition, nämlich die Möglichkeit einer mehrheitsbegründenden Stimmrechtsausübung, sich jedoch auch im Rahmen der Beschlussfassung über „Gelatine"-Maßnahmen auswirkt, kann das Erfordernis eines diesen Beschlussgegenstand umfassenden Stimmrechtsausübungsverzichts nicht bereits als für die Beseitigung der Vermutungsgrundlage nicht erforderlich angesehen werden.

Entscheidend für die Frage der gegenständlichen Reichweite des Stimmrechtsausübungsverzichts ist der gezeigte Interessenkonflikt der Unternehmensleitung zwischen dem Gesellschaftswohl (vgl. §§ 76, 93 AktG) einerseits und dem Handeln im Interesse des Mehrheitsaktionärs-Unternehmens zur Vermeidung personeller Konsequenzen andererseits. Diese Divergenz der Interessen kommt bei einer Beschlussvorlage nach den von der höchstrichterlichen Rechtsprechung entwickelten Grundsätzen in den „Gelatine"-Entscheidungen nicht zum Tragen. Gegenstand dieser Beschlussfassung ist lediglich eine – wenn

---

*v. Falkenhausen*, NJW 1973, 487 (489); *Hommelhoff*, Die Konzernleitungspflicht, S. 81; *Jäger*, DStR 1995, 1113 (1116); *Peres/Walden*, in: NomosKomm AktG, § 17 Rdnr. 20; *Geßler*, in: Geßler AktG, § 17 Rdnr. 8; *Haesen*, in: Der Abhängigkeitsbericht im faktischen Konzern, S. 46; der jedoch zurecht darauf hinweist, dass die Möglichkeit, sich im Einzelfall durch die Ausübung der Mehrheitsposition innergesellschaftliche Vorteile zu verschaffen, nicht gleichbedeutend mit der Möglichkeit beherrschenden Einflusses sei, sondern vielmehr ein allgemeines Problem des Minderheitenschutzes darstelle; **verneinend statt Vieler:** *Krieger*, in: MünchHdb. AG, § 69 Rdnr. 62; *Emmerich*, in: Emmerich/Habersack KonzernR, § 17 Rdnrn. 43, 38; *Koch*, in: Hüffer/Koch AktG, § 17 Rdnr. 22; *Bayer*, in: MünchKomm AktG, § 17 Rdnrn. 100 f.; *Windbichler*, in: GroßKomm AktG, § 17 Rdnr. 74; *Koppensteiner*, in: KölnKomm AktG, § 17 Rdnr. 111.

264 BGH, Urteil vom 26.04.2004, II ZR 155/02, NJW 2004, 1860 (1864) und BGH, Urteil vom 26.04.2004, II ZR 154/02, NZG 2004, 575 (579).

265 Vgl. hierzu bereits B.II.

auch für die *Gesellschaft* einschneidende – Einzelentscheidung der Geschäftsführung. Dieser kommt aber keine entsprechende Reichweite oder Bedeutung wie der Personalentscheidungsgewalt zu, da mit einer solchen Entscheidung keine die Person selbst tangierenden Konsequenzen verbunden sind. Vielmehr stellt die Pflicht des Vorstandes, die entsprechenden Maßnahmen der Hauptversammlung zur Entscheidung vorzulegen, einen Ausgleich für den mit der Geschäftsführungsmaßnahme verbundenen Eingriff in die Mitgliedsrechte[266] und Vermögensinteressen der Aktionäre dar. Demzufolge finden die Grundsätze aus den „Gelatine"-Entscheidungen ihre Rechtfertigung ausschließlich im Schutz der Aktionärsrechte, nicht dagegen im Schutz der Leitungsorgane der Aktiengesellschaft vor dem faktischen Zwang drittinteressenorientierter Ausübung der Geschäftsführungspflichten. Da der Schutzzweck, der den „Gelatine"-Entscheidungen zugrunde liegt (Schutz der mitgliedschaftlichen Rechte der Aktionäre), sich maßgeblich von der Schutzrichtung, die für die Abhängigkeit eingreift (Interessenkonflikt der Unternehmensleitung zwischen dem Gesellschaftswohl und dem Handeln im Interesse des Mehrheitsaktionärs-Unternehmen), unterscheidet, begründet eine herrschende Mitwirkung an Maßnahmen, die nach den „Gelatine"-Entscheidungen des *BGH* ein Recht der Anteilseigener auf Mitwirkung auslösen, keine Beherrschung durch das Mehrheitsaktionärs-Unternehmen[267].

### *c) Feststellung des Jahresabschlusses/Gewinnverwendungsbeschlusses*

Umstritten ist ferner, ob sich der Stimmrechtsausübungsverzicht auch auf die Feststellung des Jahresabschlusses (§ 173 Abs. 1 AktG) und die Gewinnverwendung gemäß §§ 119 Abs. 1 Nr. 2, 174 AktG beziehen muss. *Barz* führt an, diese Beschlussgegenstände beträfen keineswegs reine Vermögensrechte, sondern gäben dem Mehrheitsgesellschafter durch ihre Einflussmöglichkeit auf die Eigenkapitalbildung der Gesellschaft eine Herrschaftsmöglichkeit gegenüber der Unternehmensleitung[268].

---

266 Dies ist zwingende Voraussetzung für das Beteiligungsrecht der Hauptversammlung nach den in der „Holzmüller"-Entscheidung und den „Gelatine"-Entscheidungen aufgestellten Grundsätzen, vgl. BGH, Urteil vom 25.02.1982, NJW 1982, II ZR 174/80, 1703 (1705); BGH, Urteil vom 26.04.2004, II ZR 155/02, NJW 2004, 1860 (1864) sowie BGH, Urteil vom 26.04.2004, II ZR 154/02, NZG 2004, 575 (579).

267 Vgl. die Nachweise in Fn 263.

268 *Barz*, in: FS Bärmann, S. 185 (191); im Ergebnis ebenso: *Hommelhoff*, Die Konzernleitungspflicht, S. 81.; a.A.: *Emmerich*, in: Emmerich/Habersack KonzernR, § 17 Rdnrn. 38, 43; *Koch*, in: Hüffer/Koch AktG, § 17 Rdnr. 21; *Bayer*, in: MünchKomm AktG, § 17 Rdnrn. 100 f.; *Fett*, in: Heidelberger Kommentar AktG, § 17 Rdnrn. 30, 33;

Zwar ist für den Handlungsspielraum der Unternehmensleitung von entscheidender Bedeutung, welche finanziellen Mittel der Gesellschaft zur Verfügung stehen. Die Intensität des mittelbaren Einflusses durch die Mitwirkung an der Feststellung von Jahresabschlüssen und an Gewinnverwendungsbeschlüssen ist jedoch mit der Intensität der Personalentscheidungsgewalt bei den Beschlussgegenständen der Bestellung und Abberufung von Aufsichtsratsmitgliedern nicht vergleichbar. So müssen die Vorstandsmitglieder im Falle der Personalhoheit des Mehrheitsaktionärs jede einzelne Maßnahme der Geschäftsführung unter dem Damoklesschwert der jederzeit möglichen, personalpolitischen Konsequenzen treffen. Bei Fragen des Gewinnverwendungsbeschlusses und der Feststellung des Jahresabschlusses müssen die Geschäftsleitungsorgane hingegen zu keiner Zeit personelle Konsequenzen befürchten.

Beschlussgegenstände finanzieller Art sind zwar geeignet, den unternehmerischen Handlungsspielraum der Geschäftsleitung einzuschränken. Jedoch sind die Mitglieder des Exekutivorgans der abhängigen Gesellschaft in diesem, durch finanzielle Ausstattung der Gesellschaft vorgegebenen Rahmen weiterhin in ihrer Einzelfallentscheidung frei. Insbesondere sind mit diesen Beschlussgegenständen keine die Person der Unternehmensleitung unmittelbar tangierenden Rechtsfolgen verbunden.

### *d) Entlastung des Vorstandes*

Letztlich muss von dem Stimmrechtsausübungsverzicht auch nicht der Beschlussgegenstand der Entlastung des Vorstandes aus §§ 119 Abs. 1 Nr. 3 Alt. 1, 120 AktG umfasst sein. Entscheidende Bedeutung kommt dabei der Reichweite dieses Beschlussgegenstandes zu. Der als Billigung der Verwaltung[269] und als Vertrauenskundgabe für künftiges Verwaltungshandeln[270] einzuordnende Beschluss der Hauptversammlung enthält nach § 120 Abs. 2 S. 2 AktG – im Gegensatz zum Recht der GmbH[271] – keinen Verzicht auf Ersatzansprüche der Gesellschaft gegenüber der Unternehmensleitung. Auch resultieren aus einer

---

*Koppensteiner*, in: KölnKomm AktG, § 17 Rdnr. 111; *Jäger*, DStR 1995, 1113 (1116); *Windbichler*, in: GroßKomm AktG, § 17 Rdnr. 77; *Ziemons*, in: Hdb. der AG I, Rdnr. 12.154.

269 Vgl. § 120 Abs. 2 S. 1 AktG.

270 *Kubis*, in: MünchKomm AktG, § 120 Rdnr. 14; BGH, Urteil vom 10.02.1977, II ZR 79/75, WM 1977, 361 (362); BGH, Urteil vom 25.11.2002, II ZR 133/01, NJW 2003, 1032 (1033); *Koch*, in: Hüffer/Koch AktG, § 120 Rdnr. 2; *Hoffmann*, in: Spindler/Stilz AktG, § 120 Rdnr. 29; *Mülbert*, in: GroßKomm AktG, § 120 Rdnrn. 23 ff.

271 Vgl. hierzu die Ausführungen unter K.I.1.c).

verweigerten Entlastung des Vorstandes keine statusrechtlichen Folgen. So stellt die seitens der Hauptversammlung verweigerte Entlastung des Vorstandes der abhängigen Gesellschaft keinen wichtigen Grund zur Abberufung gemäß § 84 Abs. 3 AktG dar[272], zumal die Zuständigkeit für die Abberufung gemäß § 84 Abs. 3 AktG ohnehin beim Aufsichtsrat liegt und somit eine Kompetenzverschiebung gegeben ist.

Die von einer unterbliebenen Entlastungsentscheidung ausgehende Wirkung ist mithin rein psychologischer Natur[273]. Es entspricht der Üblichkeit, dass der Geschäftsleitung am Ende des Jahres als Ausspruch des Vertrauens Entlastung erteilt wird. Verweigert die Hauptversammlung dem Vorstand die Entlastung, so erhöht sich der – auch von der Öffentlichkeit ausgehende – Druck auf die zukünftige Arbeit des Vorstandes.

Wie bereits ausgeführt, bedarf es zur Begründung eines herrschenden Einflusses jedoch einer rechtlichen Absicherung der beherrschenden Stellung[274]. Der Entlastungsbeschluss stellt nach den vorangegangenen Ausführungen keine Möglichkeit dar, auf die Unternehmensleitung in rechtlich abgesicherter Art und Weise Einfluss zu nehmen. Die beherrschende Stellung kommt jedenfalls nicht durch die mehrheitliche Mitwirkung des mit Stimmrechtsmehrheit beteiligten Unternehmens an dem Beschlussgegenstand der Entlastung des Vorstandes nach §§ 119 Abs. 1 Nr. 3, 120 AktG zum Ausdruck[275]. Demzufolge ist weder für die Widerlegung der Abhängigkeitsvermutung aus §§ 17 Abs. 2, 16 Abs. 1 Var. 2 AktG noch für die Herbeiführung einer Entherrschung durch Nachweis

---

272 *Kubis*, in: MünchKomm AktG, § 120 Rdnr. 35; *Bungert*, in: MünchHdb. AG, § 35 Rdnr. 36; *Koch*, in: Hüffer/Koch AktG, § 120 Rdnr. 16; *Zöllner*, in: KölnKomm AktG, (1. Auflage) § 120 Rdnr. 42; *Hoffmann*, in: Spindler/Stilz AktG, § 120 Rdnr. 32; *Mülbert*, in: GroßKomm AktG, § 120 Rdnr. 45.

273 So auch *Götz*, S. 48; *Bungert*, in: MünchHdb. AG, § 35 Rdnr. 37; *Kubis*, in: MünchKomm AktG, § 120 Rdnr. 2 m.w.N.; *Hoffmann*, in: Spindler/Stilz AktG, § 120 Rdnr. 1; *Kiethe* beschreibt die Beschlussfassung über die Entlastung, insbesondere bei großen Unternehmen, als „psychologische Waffe" (*ders.*, in: NZG 2006, 888.).

274 Zum Erfordernis der rechtlichen Absicherung siehe bereits unter B.II.4.

275 Im Ergebnis ebenso *Möhring*, in: FS Westermann, S. 427 (434 f.); *Götz*, S. 48; *Barz*, in: FS Bärmann, S. 185 (191); ohne Diskussion allein auf die Beschlussgegenstände der Wahl und Abberufung der Aufsichtsratsmitglieder abstellend: *Emmerich*, in: Emmerich/Habersack KonzernR, § 17 Rdnrn. 43, 38; *Bayer*, in: MünchKomm AktG, § 17 Rdnr. 101; *Koppensteiner*, in: KölnKomm AktG, § 17 Rdnr. 100; *Ziemons*, in: Hdb. der AG I, Rdnr. 12.154; *Windbichler*, in: GroßKomm AktG, § 17 Rdnr. 74; *Fett*, in: Heidelberger Kommentar AktG, § 17 Rdnrn. 33, 30; *Schall*, in: Spindler/Stilz AktG, § 17 Rdnr. 52.

des Nichtvorliegens der Voraussetzungen des § 17 Abs. 1 AktG ein Stimmrechtsausübungsverzicht hinsichtlich dieses Beschlussgegenstandes erforderlich[276].

## 2. Umfang des Stimmrechtsausübungsverzichts

Wie zuvor festgestellt, muss sich der Stimmrechtsverzicht des mit Mehrheit beteiligten Unternehmens in sachlicher Hinsicht allein auf die Beschlussgegenstände der Bestellung und Abberufung der Mehrheit der Aufsichtsratsmitglieder beziehen[277]. Damit eng verbunden ist die Fragestellung, in welchem Umfang das mit Stimmrechtsmehrheit ausgestattete Unternehmen auf seine Stimmrechtsmehrheit in Bezug auf die Bestellung und Abberufung des Aufsichtsrates verzichten muss.

### *a) Vollumfänglicher Stimmrechtsverzicht*

Unstreitig ist eine vollumfängliche Beschränkung der Ausübung des Stimmrechts für die Beschlussgegenstände der Bestellung und Abberufung der Aufsichtsratsmitglieder zur Widerlegung der Abhängigkeitsvermutung des § 17 Abs. 2 AktG nicht erforderlich[278]. Vielmehr genügt eine partielle Stimmrechtsbeschränkung.

Der Forderung nach einem umfassenden Ausübungsverzicht stehen bereits Sinn und Zweck der Abhängigkeitsvermutung entgegen, die auf einer Stimmrechts*mehrheit* basiert. Die Gefahr einer interessenkonformen Aufgabenwahrnehmung durch den Vorstand besteht nicht, wenn die mittelbare Personalgewalt über die Besetzung des Leitungsorgans entfällt. Bereits die zwingende Mitwirkung eines weiteren Gesellschafters an der Personalentscheidung entzieht dem herrschenden Unternehmen die alleinige Entscheidungsgewalt und damit auch den herrschenden Einfluss. Unerheblich ist demgegenüber der Umstand, dass das Mehrheitsaktionärs-Unternehmen noch aus einem Teil der dem Unternehmen verbliebenen Stimmrechte an der Zusammensetzung des Aufsichtsrates partizipiert[279]. Jedenfalls bedarf jede

---

276 Vgl. hierzu mittelbar auch *Werner*, S. 107 f., der den Entlastungsrechten des Mehrheitsaktionärs keine abhängigkeitsbegründende Wirkung zuspricht.

277 Vgl. F.II.1.a).

278 Einhellige Ansicht, vgl. statt Vieler *Bayer*, in: MünchKomm AktG, § 17 Rdnrn. 100 f.; *Krieger*, in: MünchHdb. AG, § 69 Rdnr. 62; *Schall*, in: Spindler/Stilz AktG, § 17 Rdnr. 52.

279 Die Partizipation des Mehrheitsgesellschafters an den Beschlussgegenständen in der Hauptversammlung stellt dabei ein grundsätzliches Phänomen des Minderheitenschutzes dar, jedoch kein Problem der Beherrschung (vgl. bereits F.II.1.).

Bestellung und Abberufung der maßgeblichen Anzahl von Aufsichtsratsmitgliedern zumindest der Mitwirkung eines weiteren Aktionärs.

Außerdem würden in extrem gelagerten Anwendungsfällen, in denen dem herrschenden Unternehmen beinahe die gesamten Stimmrechte in der Hauptversammlung zukommen und dem einzigen Minderheitsaktionär nur ein sehr kleiner Anteil zusteht, unbillige Rechtsfolgen herbeigeführt werden[280]. Die Widerlegung der Vermutung hätte zur Konsequenz, dass dem nur geringfügig beteiligten Minderheitsaktionär durch den Entherrschungsvertrag die Alleinentscheidungsbefugnis über die Personalpolitik des Unternehmens zustehen würde[281]. Dieses Ergebnis würde einerseits der Gewichtung der Beteiligungsverhältnisse nicht gerecht werden. Andererseits würde auf Seiten des Minderheitsaktionärs aufgrund der alleinigen Entscheidungskompetenz über die Besetzung des Aufsichtsrates eine vermutete und auch tatsächliche Abhängigkeit begründet werden, die aus Sicht des verzichtenden Unternehmens im Regelfall nicht gewünscht sein wird.

### *b) „Minus-Eins-Regelung" zum gesamten Stimmrecht*

Nimmt man die Regelung des § 17 Abs. 2 AktG ernst, würde es genügen, die Stimmrechtsausübung auf fünfzig Prozent abzüglich einer Stimme im Verhältnis zu den gesamten Stimmrechten zu beschränken, um die allein auf einer Stimmrechtsmehrheit beruhende Abhängigkeitsvermutung zu widerlegen. § 17 Abs. 2 AktG verweist mit der enthaltenen Legaldefinition des in Mehrbesitz stehenden Unternehmens und des mit Mehrheit beteiligten Unternehmens zunächst zwar nur auf § 16 Abs. 1 AktG. Welche Teile der Stimmrechte einem Unternehmen dabei aber in concreto zustehen, bestimmt sich gemäß § 16 Abs. 3 AktG allein nach dem Verhältnis der Zahl der Stimmrechte, die es aus den dem Unternehmen gehörenden Anteilen ausüben kann, zur Gesamtzahl aller Stimmrechte. Folglich ist auch für die Frage der Widerlegung der Abhängigkeitsvermutung aus §§ 17 Abs. 2, 16 Abs. 1 Alt. 1 AktG die Relation der dem vermutet herrschenden Unternehmen zustehenden Stimmrechte im Verhältnis zur Gesamtzahl der Stimmrechte maßgeblich[282].

---

280 In diese Richtung gehend auch *Möhring*, in: Festschrift Westermann, S. 427 (434 f.).

281 Auch im Hinblick auf die sachliche Reichweite der vertraglichen Stimmrechtsausübungsbeschränkung (vgl. hierzu F.II.) kann diese Argumentation herangezogen werden, denn anderenfalls würde dem Minderheitsgesellschafter entgegen der vorhandenen Beteiligungsstruktur stets ein Alleinentscheidungsrecht zustehen.

282 So auch *Koppensteiner*, in: KölnKomm AktG, § 17 Rdnr. 111; *Windbichler*, in: GroßKomm AktG, § 17 Rdnr. 77; *Werner*, S. 171 f.; *Fett*, in: Heidelberger Kommentar AktG, § 17 Rdnr. 32.

Daher wird vertreten, die Beschränkung der Stimmrechtsausübung auf fünfzig Prozent minus einer Stimme im Verhältnis zur Gesamtstimmenanzahl genüge für die Widerlegung der auf einer Stimmrechtsmehrheit basierenden Abhängigkeitsvermutung[283]. Entgegen dem insoweit eindeutigen Wortlaut der Norm wird zum Teil auch eine Pflicht zur weiteren Beschränkung der Stimmrechtsausübung gefordert[284].

Ungeachtet des wieder ansteigenden Interesses der Anteilseigner an der Teilnahme an Hauptversammlungen lag die durchschnittliche Hauptversammlungspräsenz bei deutschen Aktiengesellschaften in den vergangenen Jahren lediglich zwischen fünfzig und sechzig Prozent der gesamten Stimmrechte der Gesellschaft[285]. Dies hat zur Folge, dass dem Mehrheitsaktionär selbst bei Verzicht der Stimmrechtsausübung bis auf fünfzig Prozent minus einer Stimme im Vergleich zur gesamten Stimmenanzahl im Regelfall[286] bei eigener Anwesenheit dennoch eine klare Stimmenmehrheit in der Hauptversammlung zukommt. Aufgrund der damit verbundenen Mehrheit[287] bei der Beschlussfassung über die Bestellung und Abberufung von Aufsichtsratsmitgliedern (vgl. § 84 Abs. 1 AktG) kommt dem Mehrheitsgesellschafter eine herrschende Stellung zu. Die Abhängigkeit des in Mehrbesitz stehenden Unternehmens folgt dann regelmäßig aus § 17 Abs. 1 AktG, denn dem sich vertraglich einschränkenden Aktionär steht trotz des partiellen Verzichts weiterhin die sich aus der Stimmrechtsmehrheit ergebende Machtposition zu. Dem schließt sich die Frage an, welcher Sinn einem derartigen Stimmrechtsverzicht zukommt, zerstört doch der bloße Nachweis der regelmäßig

---

283 *Koppensteiner*, in: KölnKomm AktG, § 17 Rdnr. 111; *Windbichler*, in: GroßKomm AktG, § 17 Rdnr. 77; *Fett*, in: Heidelberger Kommentar AktG, § 17 Rdnr. 32.

284 *Krieger*, in: MünchHdb. AG, § 69 Rdnr. 62; *Schall*, in: Spindler/Stilz AktG, § 17 Rdnr. 52; *Emmerich*, in: Emmerich/Habersack KonzernR, § 17 Rdnr. 38; *Vetter*, in: Schmidt/Lutter AktG, § 17 Rdnr. 61; *Bayer*, in: MünchKomm AktG, § 17 Rdnr. 97; *Sonderausschuss Neues Aktienrecht*, WPg 1968, 262.

285 Dies ergibt sich aus der statistischen Erfassung der durchschnittlichen Hauptversammlungspräsenz deutscher Aktiengesellschaften in den vergangenen zehn Jahren durch den Deutsche Schutzvereinigung für Wertpapierbesitz e.V., abrufbar unter: http://www.dsw-info.de/uploads/media/HV-Praesenz08.pdf; siehe auch http://www.goingpublic.de/dax-30-medien-praesenz-schlaegt-hv-praesenz/.

286 Eine Ausnahme des Regelfalles ist insbesondere denkbar, wenn an der abhängigen Aktiengesellschaft zwei Aktionäre beteiligt sind und beide Aktionäre auch an den Hauptversammlungen der Gesellschaft teilnehmen. Für diesen Fall bewirkt der Stimmrechtsausübungsverzicht in dargelegter Höhe auch den Anforderungen an eine Widerlegung der Abhängigkeit aus § 17 Abs. 1 AktG.

287 Für diesen Beschlussgegenstand ist die einfache Mehrheit ausreichend, vgl. F.II.1.a).

befürchteten[288], faktischen Hauptversammlungsmehrheit des auf einen Teil seines Stimmrechts verzichtenden Aktionärs die verbesserte Beweissituation.

Wie bereits dargestellt, kommt der Rechtsfolge, die die Parteien herbeizuführen beabsichtigen, für die Frage des Inhalts des Entherrschungsvertrages die entscheidende Bedeutung zu[289]. Dabei muss stets eine – im Schrifttum nur selten durchgeführte – Trennung zwischen der Widerlegung vermuteter Abhängigkeit und der Beseitigung tatsächlich gegebener Abhängigkeit im Sinne einer Entherrschung vorgenommen werden[290]. Die Widerlegung der vermuteten Abhängigkeit als eine Frage der Beweislast gelingt bereits durch die Vereinbarung eines Stimmrechtsverzichts auf fünfzig Prozent minus einer Stimme im Verhältnis zur Gesamtstimmenzahl, da die Rechtsfolge der in §§ 17 Abs. 2, 16 Abs. 1 Alt. 2 AktG niedergelegten Vermutung allein an die Erfüllung dieses Tatbestandsmerkmals anknüpft. Jeder Versuch, weitergehende Voraussetzungen für die Widerlegung zu statuieren, scheitert an dem insoweit eindeutigen Wortlaut des Vermutungstatbestands. Wird ein höherer Stimmrechtsausübungsverzicht gefordert, so führt dies zu einer Vermischung der Voraussetzungen, die an eine Widerlegung der Vermutung einerseits und an den Nachweis nicht vorhandener Beherrschung andererseits zu stellen sind. Diese beiden Konstellationen unterscheiden sich jedoch erheblich bei der Frage der an sie zu stellenden Anforderungen und den Rechtsfolgen, die die Widerlegung bzw. der Nachweis nicht vorliegender Beherrschung mit sich bringen.

Zusammenfassend bleibt festzuhalten, dass die an eine im Allgemeinen als „Entherrschungsvertrag" bezeichnete vertragliche Absprache zu stellenden Anforderungen maßgeblich von deren Reichweite abhängen. Kommt es den Parteien ausschließlich auf die Widerlegung der Vermutung der §§ 17 Abs. 2, 16

---

288 Hierbei ist die Sichtweise des Vorstandes der vermutet abhängigen Gesellschaft maßgeblich (vgl. hierzu F.II.), der aus Furcht vor personellen Konsequenzen bei Kenntnis der faktisch gegebenen Hauptversammlungsmehrheit sich den Interessen des Mehrheitsaktionärs-Unternehmens unterordnen würde.

289 Vgl. hierzu F.I.

290 Dieser Unterschied wurde bereits durch *Möhring* herausgearbeitet (*ders.*, in: FS Westermann, 427 (436 f.); diesen Ansatz nahmen verschiedene Autoren bei der Frage der an die Widerlegung der Abhängigkeitsvermutung zu stellenden Anforderungen wieder auf, so insbesondere *Barz*, in: FS: Bärmann, S. 185 (189) und *Werner*, S. 171 f., 175. In jüngerer Zeit auf diese Differenzierung maßgeblich abstellend *Windbichler*, in: GroßKomm AktG, § 17 Rdnr. 71; *Koppensteiner*, in: KölnKomm AktG, § 17 Rdnr. 100; *Karsten Schmidt*, in: FS Hommelhoff, S. 985 (996).

Abs. 1 Var. 1 AktG an und wird daher ein Vermutungswiderlegungsvertrag[291] geschlossen, so genügt der Verzicht auf die Stimmrechtsausübung in Höhe von fünfzig Prozent minus einer Stimme im Verhältnis zur Gesamtstimmenanzahl. Dies kann für die tatsächlich gewollte Entherrschung, also die Beseitigung der Abhängigkeit, aufgrund der faktisch weiterhin bestehenden Hauptversammlungsmehrheit jedoch nicht genügen. Es stellt sich also die Frage, welche Anforderungen an einen Entherrschungsvertrag zur Beseitigung der sich aus § 17 Abs. 1 AktG ergebenden Rechtsfolgen für den Fall zu stellen sind, dass die Herrschaftsmach allein auf einer Stimmrechtsmehrheit beruht.

### c) *Unterschreitung der regelmäßigen Durchschnittspräsenz der Hauptversammlung*

Insbesondere *Emmerich* will den noch ausübbaren Restanteil des Stimmrechts des herrschenden Unternehmens vertraglich auf einen so geringen Anteil vertraglich beschränken, dass der Gesellschafter bei Berücksichtigung der durchschnittlichen Hauptversammlungspräsenz mit einiger Sicherheit nicht mehr über die Hälfte der Stimmrechte verfügen kann[292]. Für eine Entherrschung soll demnach bereits der Verzicht auf die Ausübung des Stimmrechts auf eine feste Größe ausreichen. Diese Überlegung erscheint zwar insbesondere bei einer sehr geringen Quote des vertraglich noch ausübbaren Stimmrechts nicht fernliegend zu sein[293]. Aus nachfolgenden Gesichtspunkten ist diese Ansicht im Ergebnis jedoch abzulehnen.

---

291 Ungeachtet der hier angeführten Bezeichnung des Vermutungswiderlegungsvertrages wird zukünftig wieder die gebräuchlichere Terminologie des Entherrschungsvertrages verwendet.

292 *Emmerich*, in: Emmerich/Habersack KonzernR, § 17 Rdnr. 43; in diese Richtung gehend auch *Hentzen*, der den Ausübungsverzicht in Höhe von fünfzig Prozent minus einer Stimme in Bezug auf die regelmäßige Hauptversammlungspräsenz genügen lässt, dem vermutet herrschenden Unternehmen dabei aber einen Sicherheitsabschlag von mehreren Prozentpunkten empfiehlt, um Schwankungen und damit verbundene unterdurchschnittliche Hauptversammlungspräsenzen ausgleichen zu können (*ders.*, ZHR 157 (1993), 64 (69). Ebenso *Maier-Reimer*, der auf die Anzahl der „sonst in der Hauptversammlung vertretenen Stimmen abzüglich einer Stimme“ abstellt (*ders.*, in: Henssler/Strohn GesR, § 17 AktG Rdnr. 14.).

293 Vgl. hierzu auch *Schall*, der die Begrenzung auf eine feste Größe zwar grundsätzlich nicht ausreichen lassen will, bei sehr geringen Quoten dieses Ergebnis aber als „zweifelhaft“ einschätzt (*ders.*, in: Spindler/Stilz AktG, § 17 Rdnr. 52.).

Entscheidend ist einmal mehr, dass sich die Frage der Abhängigkeit aus Sicht des handelnden Leitungsorgans der vermutet abhängigen Gesellschaft beurteilt[294]. Der Vorstand kann jedoch zum Zeitpunkt seines operativen Handelns im Zeitraum vor Durchführung der Hauptversammlung, die auch die Bestellung (oder Abberufung) der Aufsichtsratsmitglieder zum Gegenstand hat, nicht vorhersehen, wie das Teilnahmeverhalten der übrigen Anteilseigner ausfallen wird. Insbesondere kann im Voraus eine ausnahmsweise unterdurchschnittliche Hauptversammlungspräsenz und damit eine die Abhängigkeit begründende Machtposition des vermutet herrschenden Unternehmens nicht ausgeschlossen werden. Die Gefahr der herrschenden Einflussmöglichkeit des Mehrheitsaktionärs-Unternehmens bei atypischer Hauptversammlungspräsenz wird dann auf Seiten der Vorstandsmitglieder zu einer – wenn auch nur präventiv getriebenen – Tätigkeitswahrnehmung im Gleichlauf mit den Interessen und Vorstellungen des mit Stimmenmehrheit beteiligten Unternehmens führen. Erfordert die Abhängigkeit lediglich die Möglichkeit der Herrschaftsausübung, so ist aus Sicht der Unternehmensleitung auch nur die begründete Gefahr einer an den Interessen des Mehrheitsaktionärs-Unternehmens ausgerichteten Unternehmenspolitik ausreichend. Demzufolge genügt der Verzicht auf einen Großteil der Stimmrechtsausübung durch die Festlegung einer starren Stimmrechtsausübungsquote nicht den Anforderungen an eine positive Feststellung fehlender Abhängigkeit.

Eine Ausnahme gilt nur für den Sonderfall des Stimmrechtsausübungsverzichts auf fünfzig Prozent minus einer Stimme im Verhältnis zur Beschlussfähigkeit der Hauptversammlung. Zwar enthält das deutsche Aktienrecht im Gegensatz zu anderen Jurisdiktionen[295] keine Regelungen zur Beschlussfähigkeit der Hauptversammlung, womit die Beschlussfähigkeit bereits bei Vertretensein

294 Vgl. F.II.

295 So ist für die Beschlussfähigkeit der Hauptversammlung der italienischen società per azioni (S.p.A.; eine der deutschen Aktiengesellschaft vergleichbare Kapitalgesellschaft) gemäß Art. 2368 Abs. 1 des Codice Civile (italienisches Zivilgesetzbuch) mindestens die Hälfte des stimmberechtigten Kapitals erforderlich. Ebenso fordert das spanische Recht für die Beschlussfähigkeit der Hauptversammlung der spanischen S.A. (ebenfalls eine haftungsbeschränkte Kapitalgesellschaft) – jedenfalls bei der ersten Einberufung hinsichtlich eines bestimmten Beschlussgegenstandes – die Anwesenheit von mindestens einem Viertel des stimmberechtigen Kapitals (vgl. Art. 102 Abs. 1 Ley de Sociedades Anónimas).

einer Stimme in der Hauptversammlung gegeben ist[296]. Jedoch kann nach § 133 Abs. 1 AktG die Satzung die Frage der Beschlussfähigkeit entweder beschränkt auf einzelne oder auch für sämtliche Beschlussgegenstände positiv regeln. Enthält die Satzung der vermutet abhängigen Gesellschaft also eine allgemeine Regelung in Bezug auf die Beschlussfähigkeit oder konkret für die Beschlussgegenstände der Bestellung und Abberufung der Aufsichtsratsmitglieder[297], so genügt für die Entherrschung der Verzicht des Mehrheitsaktionärs-Unternehmens auf fünfzig Prozent minus einer Stimme im Verhältnis zu dem in der Satzung festgelegten Quorum für die Beschlussfähigkeit der Hauptversammlung. Allein in diesem Sonderfall kommt dem in Mehrbesitz stehenden Unternehmen auch bei Verzicht auf ein festes Stimmrechtsquorum nicht die von § 17 Abs. 1 AktG vorausgesetzte Möglichkeit zur Machtausübung und damit zur Beherrschung zu.

Zu berücksichtigen ist hierbei, dass Satzungen mit Regelungen zur Beschlussfähigkeit häufig vorsehen, dass im Falle einer Beschlussunfähigkeit die darauf folgende Versammlung unabhängig vom Erreichen des maßgeblichen Quorums beschlussfähig ist, wenn über dieselben Tagesordnungspunkte Beschluss gefasst werden soll und auf die unabhängig vom Quorum gegebene Beschlussfähigkeit der zweiten Versammlung in der Einladung zur zweiten Versammlung hingewiesen wurde. Für diesen Fall muss der Verzicht auf das vorbezeichnete feste Stimmrechtsquorum daher auf die erste Versammlung begrenzt sein.

#### *d) „Minus-Eins-Regelung" zum in der Hauptversammlung vertretenen Stimmrecht*

Um die vermutet herrschende Stellung des mit Stimmenmehrheit beteiligten Unternehmens (§§ 17 Abs. 2, 16 Abs. 1 Var. 2 AktG) zu widerlegen, bedarf es daher – mit Ausnahme der soeben dargelegten Sonderkonstellation – im Regelfall eines variablen, an der jeweiligen Hauptversammlungsmehrheit ausgerichteten Stimmrechtsausübungsverzichts. Dabei ist jedoch zwischen der Bestellung und der Abberufung der Aufsichtsratsmitglieder[298] durch die Hauptversammlung zu differenzieren.

---

296 *Volhard*, in: MünchKomm AktG, § 133 Rdnr. 16; *Holzborn*, in: Heidelberger Kommentar AktG, § 133 Rdnr. 5; *Grundmann*, in: GroßKomm AktG, § 133 Rdnr. 54; *Zöllner*, in: KölnKomm AktG, 1. Auflage, § 133 Rdnr. 30; *Semler*, in: Münchener Handbuch Gesellschaftsrecht, § 39 Rdnr. 33.

297 Zur Beschränkung des Stimmrechtsausübungsverzichts auf die Beschlussgegenstände der Wahl und Abberufung der Aufsichtsratsmitglieder vgl. die Ausführungen unter F.II.1.a).

298 Vgl. für die Maßgeblichkeit dieser Beschlussgegenstände bereits F.II.1.a).

### *aa) Bestellung der Aufsichtsratsmitglieder*

In Bezug auf den Beschlussgegenstand der Bestellung der Aufsichtsratsmitglieder ist der Verzicht auf die Ausübung des Stimmrechts in Höhe von fünfzig Prozent der in der jeweiligen Hauptversammlung vertretenen Stimmrechte nicht ausreichend[299], denn dadurch steht dem Mehrheitsaktionär nach wie vor die Machtposition zu, jeglichen Hauptversammlungsbeschluss zu verhindern. Die gemäß § 133 Abs. 1 AktG erforderliche Hauptversammlungsmehrheit kann in diesem Fall nicht ohne Mitwirkung des mit Mehrheit beteiligten Unternehmens erfolgen, denn bei Stimmengleichheit gilt der Beschluss als abgelehnt[300].

Zwar begründet die bloße Sperrminorität eines Gesellschafters mangels Einflussnahmemöglichkeit auf die Unternehmensleitung noch keine herrschende Stellung desselben[301]. Zur Entherrschung ist jedoch erforderlich, dass den übrigen, an der Hauptversammlung teilnehmenden Anteilseignern für die Frage der personellen Besetzung des Aufsichtsrates eine alleinige Entscheidungsmacht zukommt, ohne auf eine Mitwirkung des Mehrheitsaktionärs-Unternehmens angewiesen zu sein[302]. Sollte das Mehrheitsaktionärs-Unternehmen bei der Bestellung jedes Aufsichtsratsmitglieds das „Zünglein an der Waage" sein, so würde dies eine an den Interessen des Mehrheitsgesellschafters ausgerichtete Geschäftsleitung nicht verhindern.

Daher kann die Personalentscheidungsgewalt des nach § 16 Abs. 1 Alt. 1 AktG mit Stimmrechtsmehrheit beteiligten Unternehmens nur dadurch verhindert werden, dass ein variabel ausgestalteter Ausübungsverzicht in Höhe von fünfzig Prozent minus einer Stimme im Verhältnis zur jeweiligen Hauptversammlungspräsenz (50 % minus 1) für den Beschlussgegenstand der Bestellung der Aufsichtsratsmitglieder vereinbart wird[303].

---

299 *Hüttemann*, ZHR 156 (1992), 314 (316); LG Köln, Urteil vom 03.02.1992, 91 O 203/91, AG 1992, 238; *Larisch/Bunz*, NZG 2013, 1247 (1249).

300 *Koch*, in: Hüffer/Koch AktG, § 133 Rdnr. 12; *Volhard*, in: MünchKomm AktG, § 133 Rdnr. 27; *Grundmann*, in: GroßKomm AktG, § 133 Rdnr. 101; *Zöllner*, in: KölnKomm AktG, (1. Auflage) § 133 Rdnr. 64; *Bischoff*, BB 1987, 1055 (1056); *Semler*, in: Münchener Handbuch Gesellschaftsrecht, § 39 Rdnr. 20.

301 *Emmerich*, in: Emmerich/Habersack KonzernR, § 17 Rdnr. 25; *Bayer*, in: MünchKomm AktG, § 17 Rdnr. 42; *Koppensteiner*, in: KölnKomm AktG, § 17 Rdnr. 43; *Peres/Walden*, in: NomosKomm AktG, § 17 Rdnr. 10; *Maier-Reimer*, in: Henssler/Strohn GesR, § 17 AktG Rdnr. 6; *Vetter*, in: Schmidt/Lutter AktG, § 17 Rdnr. 9; *Schall*, in: Spindler/Stilz AktG, § 17 Rdnr. 9; *Krieger*, in: MünchHdb. AG, § 69 Rdnr. 39.

302 Vgl. zur alleinigen Personalentscheidungsgewalt bereits unter F.II.1.a).

303 Ohne Differenzierung zwischen dem Vermutungswiderlegungsvertrag als Widerlegung der Vermutung des § 17 Abs. 2 AktG und dem Entherrschungsvertrag als Widerlegung der Abhängigkeit (§ 17 Abs. 1 AktG) auf einen variablen Verzicht in

Ein noch weitergehender Verzicht der Ausübung des Stimmrechts durch das mehrheitlich beteiligte Unternehmen, wie ihn *Hentzen*[304] im Wege eines Sicherheitsabschlags von mehreren Prozentpunkten empfiehlt, ist dagegen nicht erforderlich und würde die Voraussetzung an eine Entherrschung durch das herrschende Unternehmen überspannen.

Vor der ersten Abstimmung in der Hauptversammlung muss gemäß § 129 Abs. 1 S. 2 AktG ohnehin ein Teilnehmerverzeichnis der erschienenen oder vertretenen Aktionäre erstellt werden. Hieraus lässt sich jedenfalls mittelbar durch die zwingende Angabe des Nennbetrags oder der Anzahl der gehaltenen Stückaktien der Umfang der in der Hauptversammlung vertretenen Stimmrechte ermitteln. Demzufolge kann auch vor Durchführung der Abstimmung ohne zusätzlichen Aufwand festgestellt werden, in welchem Umfang das Mehrheitsaktionärs-Unternehmen trotz bestehendem Entherrschungsvertrag noch von seinem Stimmrecht in Höhe von fünfzig Prozent minus einer Stimme im Vergleich zum in der konkreten Hauptversammlung vertretenen Stimmrecht Gebrauch machen darf.

Des Weiteren bemisst sich die Frage der Abhängigkeit stets aus Sicht der Leitungsorgane des in Mehrbesitz stehenden Unternehmens[305]. Im Vorfeld der personellen Entscheidung durch die Hauptversammlung gehen die Vorstandsmitglieder aufgrund ihrer Kenntnis von der vertraglichen Absprache davon aus, dass der Mehrheitsaktionär von seinem Stimmrecht keinen herrschenden Gebrauch machen wird. Selbst für den Fall, dass das Mehrheitsaktionärs-Unternehmen aufgrund falscher Feststellungen in Bezug auf das vertretene Stimmrecht sein Stimmrecht in herrschendem Umfang ausüben sollte, begründet dies

---

Höhe von fünfzig Prozent minus einer Stimme im Verhältnis zur Hauptversammlungsmehrheit abstellendend: *Bayer*, in: MünchKomm AktG, § 17 Rdnr. 100; *Vetter*, in: Schmidt/Lutter AktG, § 17 Rdnr. 61; *Ziemons*, in: Hdb. der AG I, Rdnr. 12.154; *Schall*, in: Spindler/Stilz AktG, § 17 Rdnr. 52; *Krieger*, in: MünchHdb. AG, § 69 Rdnr. 62; *Jäger*, DStR 1995, 1113 (1116). Zwischen den an einen Vermutungswiderlegungsvertrag und an einen Entherrschungsvertrag zu stellenden Voraussetzungen differenzierend und für die Frage der Entherrschung, d.h. der Frage des Nachweises fehlender Beherrschung ebenso auf einen Verzicht unterhalb der Schwelle der Hauptversammlungsmehrheit abstellend: *Windbichler*, in: GroßKomm AktG, § 17 Rdnr. 77; *Koppensteiner*, in: KölnKomm AktG, § 17 Rdnr. 111; *Fett*, in: Heidelberger Kommentar AktG, § 17 Rdnr. 32, der empfiehlt, „die Größe variabel zu halten".

304 *Hentzen*, ZHR 157 (1993), 64 (69); zustimmend: *Hoffmann-Becking*, Münchener Vertragshandbuch Bd. I, S. 1545 (1547) und *Larisch/Bunz*, NZG 2013, 1247 (1249); wohl auch *Tebben*, in: Kölner Handbuch, Kapitel 6 Rdnr. 72.

305 Vgl. hierzu F.II.

keine Abhängigkeit in Bezug auf die im Vorfeld der maßgeblichen Beschlussgegenstände auf der Hauptversammlung getroffenen Geschäftsführungsentscheidungen[306].

Die Vorstandsmitglieder gehen ex ante von einem nicht in herrschendem Umfang ausgeübten Stimmrecht des Mehrheitsaktionärs-Unternehmens aus, sodass das eigenverantwortliche Leitungsrecht der Vorstandsmitglieder – jedenfalls zum Zeitpunkt der Vornahme der Handlung – nicht durch den faktischen Zwang der interessengerechten Aufgabenwahrnehmung beeinflusst wird. Demzufolge ist auch ein Interessenkonflikt nicht gegeben, wenn ein Verzicht auf fünfzig Prozent minus einer Stimme im Verhältnis zur jeweils gegebenen Hauptversammlungspräsenz erfolgt.

*bb) Abberufung der Aufsichtsratsmitglieder*

Für die Abberufung der Aufsichtsratsmitglieder kann grundsätzlich auf die zuvor getroffenen Aussagen verwiesen werden. Jedoch ist zwischen einer Abberufung nach § 103 Abs. 1 AktG und anderen Fällen der Abberufung von Aufsichtsratsmitgliedern zu unterscheiden.

Erfolgt die Abberufung von Mitgliedern des Aufsichtsrates, die durch die Hauptversammlung frei gewählt wurden, so ist die Regelung des § 103 Abs. 1 AktG zu berücksichtigen. Hiernach ist zur vorzeitigen, d.h. vor dem Ende der Amtszeit erfolgenden Abberufung von Aufsichtsratsmitgliedern eine qualifizierte Mehrheit von drei Viertel der abgegebenen Stimmen erforderlich, sofern die Satzung keine abweichenden[307] Mehrheitserfordernisse vorsieht. Handelt es sich also um Aufsichtsratsmitglieder, die ohne Bindung an einen Wahlvorschlag von der Hauptversammlung gewählt wurden, und sind auch keine abweichenden satzungsmäßigen Regelungen zu § 103 Abs. 1 S. 2 AktG getroffen, so bedarf es für die Abberufung nicht des Verzichts in derselben Höhe wie bei der Bestellung, um eine bestehende oder vermutete Abhängigkeit zu beseitigen bzw. zu widerlegen.

Eine beherrschende Stellung des Mehrheitsaktionärs-Unternehmens ist nur dann gegeben, wenn ihm die Alleinentscheidungsgewalt über die Abberufung der Aufsichtsratsmitglieder zukommt und kein Vetorecht hinsichtlich dieses

306 Zur Frage der Absicherung der Vertragstreue vgl. unter F.II.6.c).

307 Dabei kann die Satzung nicht nur eine Verschärfung des Quorums, sondern ebenso auch eine Erleichterung der in § 103 Abs. 1 AktG normierten Mehrheitserfordernisse vorsehen (*Habersack*, in: MünchKomm AktG, § 103 Rdnr. 15; OLG Frankfurt, Urteil vom 17.07.2007, 5 U 229/05, ZIP 2007, 1463 (1465); *Koch*, in: Hüffer/Koch AktG, § 103 Rdnr. 4; *Schall*, in: Spindler/Stilz AktG, § 103 Rdnr. 11.).

Beschlussgegenstandes zugunsten des mehrheitlich beteiligten Unternehmens vorliegt. Folgerichtig genügt hinsichtlich des Beschlussgegenstandes der Abberufung der Aufsichtsratsmitglieder der Verzicht auf die Stimmrechtsausübung in Höhe von fünfundzwanzig Prozent zuzüglich einer Stimme (25 % plus 1) im Verhältnis zum vertretenen Stimmrecht auf der jeweiligen Hauptversammlung. Für alle anderen Fälle der Abberufung verbleibt es dagegen bei dem für die Wahl geltenden quantitativen Anforderungen, also bei einem weitergehenden Verzicht auf fünfzig Prozent zuzüglich einer Stimme im Verhältnis zur jeweiligen Hauptversammlungspräsenz.

### *e) Verzicht bis zur nächstgeringeren Beteiligung*

Teilweise wird darüber hinaus ein Stimmrechtsausübungsverzicht bis zur nächstgeringeren Beteiligung gefordert[308]. Diese Forderung ist – je nach Ausgestaltung der Mehrheitsverhältnisse im Vergleich zur jeweiligen Hauptversammlungspräsenz – für das Erreichen einer Entherrschung teilweise nicht erforderlich, zum Teil nicht ausreichend.

Befinden sich die restlichen Anteile an der vermutet beherrschten Gesellschaft in Streubesitz, so wäre es eine überobligatorische Einschränkung der Mitgliedschaftsrechte des mehrheitlich beteiligten Unternehmens, einen Verzicht auf das Stimmrecht in Bezug auf Personalentscheidungen bis auf einen nur noch sehr geringen Anteil zu fordern[309]. In dieser Fallkonstellation ist ein Verzicht auf fünfzig Prozent minus einer Stimme im Vergleich zur Hauptversammlungsmehrheit aus Sicht des herrschenden Unternehmens deutlich weniger einschneidend, da ein wesentlich höherer Stimmrechtsanteil verbleibt[310]. Dies gilt erst recht für den Fall der Abberufung im Anwendungsbereich des § 103 Abs. 1 AktG, bei dem ein Verzicht nur bis zur Höhe von fünfundsiebzig Prozent minus eins im Vergleich zur jeweiligen Hauptversammlungspräsenz erforderlich ist[311].

Sind an der in Mehrbesitz stehenden Gesellschaft dagegen nur zwei Anteilseigner beteiligt, wobei dem Mehrheitsaktionärs-Unternehmen ein im Vergleich

---

308 Siehe hierzu insbesondere *Götz*, S. 51 f.

309 Nimmt man an, dem Mehrheitsaktionärs-Unternehmen stehen 74,9 % der Anteile zu und die nächstgrößere Beteiligung hat einen Gesamtanteil von 4,9 %, so wäre der Unterschied zwischen der Hälfte minus einer Stimme der durchschnittlich zu erwartenden Hauptversammlungspräsenz im Vergleich zu der Ausübbarkeit des Stimmrechts aus 4,9 % der Anteile von immensem Ausmaß.

310 Daher wurde der Verzicht hin bis zur nächstkleineren Beteiligung von *Hentzen* zu Recht als „überzogen“ eingestuft (*ders.*, ZHR 157 (1993), 65 (69).).

311 Siehe hierzu bereits F.II.2.d)bb).

zum Minderheitsaktionär nur marginal höherer Stimmrechtsanteil zukommt, so kann hierdurch jedenfalls keine Entherrschung im Sinne einer Widerlegung tatsächlich bestehender Abhängigkeit aus § 17 Abs. 1 AktG herbeigeführt werden[312]. Da sich die Frage der Abhängigkeit aus Sicht der Leitungsorgane der vermutet abhängigen Gesellschaft beurteilt[313], muss zum Zeitpunkt des Handelns der Vorstandsmitglieder sicher sein, dass bei der in der Zukunft liegenden Entscheidung über die Besetzung der Aufsichtsratsmitglieder eine Personalentscheidungsgewalt des Mehrheitsaktionärs-Unternehmens nicht gegeben ist. Dies ist jedoch nicht gewährleistet, wenn es dem Minderheitsgesellschafter jederzeit freisteht, seinen Anteilsbesitz auf viele Klein-Anteilseigner aufzuteilen[314].

Sieht die Verzichtsregelung dagegen einen Ausübungsverzicht vor, der dem Mehrheitsaktionärs-Unternehmen eine Stimmrechtsbeschränkung auferlegt, die hinter der jeweils zweitgrößten Beteiligung zurückbleibt, so kann das vermutet herrschende Unternehmen hierdurch zwar die Entherrschung herbeiführen. Wiederum würde diesem durch einen derartigen Verzicht der Stimmrechtsausübung eine überobligatorische Anstrengung zum Nachweis fehlender Beherrschung auferlegt werden.

In jedem Fall ist dem allein mit Stimmenmehrheit beteiligten Unternehmen von einem Entherrschungsvertrag, der einen Verzicht auf die Stimmrechtsausübung in Höhe von einer Stimme unterhalb des Stimmrechts des nächstkleineren Anteilseigners vorsieht, abzuraten. Einerseits kann eine derartige Vereinbarung nur für den Fall des Verzichts in Relation zur jeweiligen Stimmenmacht des nächstgrößeren Anteilsbesitzers eine Entherrschung herbeiführen. In den Fällen, in denen die Entherrschung gelingt, bedeutet der vereinbarte Ausübungsverzichts aber eine im Vergleich zur zuvor dargestellten und ausreichenden Begrenzung auf fünfzig Prozent minus einer Stimme im Verhältnis zur jeweiligen Hauptversammlungspräsenz erheblich weiterreichende Einschränkung der Stimmrechte des mit Mehrheit beteiligten Unternehmens.

312 A.A. *Geßler*, in: Geßler/Hefermehl/Eckardt/Kropff, § 17 Rdnr. 98; *Götz*, S. 51; *Meilicke/Meilicke*, BB 1978, 406 (407).

313 Zum Erfordernis der Ermittlung der Abhängigkeit aus Sicht des Vorstandes vgl. F.II.

314 A.A. ohne Ausführungen zur Problematik der jederzeit möglichen Veränderung des Anteilsbesitzes *Götz*, S. 51 f.; kritisch hierzu, aber ohne Auseinandersetzung mit den geschilderten Problemstellungen *Hentzen*, ZHR 157 (1993), 65 (69).

### 3. Mindestdauer des Vertrages

Die nachfolgende Untersuchung der inhaltlichen Anforderungen differenziert – sofern nicht ausdrücklich hervorgehoben – nicht zwischen einem Vertrag, der auf die Widerlegung der Abhängigkeitsvermutung gerichtet ist, und einem Vertrag, der die Abhängigkeit aus § 17 Abs. 1 AktG beseitigen soll. Für beide Anwendungsbereiche gelten mit Ausnahme des soeben dargestellten Stimmrechtsquorums grundsätzlich dieselben Anforderungen.

Selbst wenn das mit Stimmrechtsmehrheit beteiligte Unternehmen bei den Beschlussgegenständen der Bestellung und Abberufung der Aufsichtsratsmitglieder in Höhe des ausgeführten Quorums[315] auf die Ausübung seines Stimmrechts verzichtet, genügt dies – unabhängig von der bezweckten Reichweite – allein noch nicht den Anforderungen, die an einen Entherrschungsvertrag zu stellen sind. Berücksichtigt man, dass sich die Frage der Abhängigkeit aus Sicht der Unternehmensleitung der vermutet abhängigen Gesellschaft beurteilt[316], würde eine sehr kurze Vertragslaufzeit die Gefahr einflusskonformer Entscheidungen seitens der Leitungsorgane nicht beseitigen. Vielmehr würden die Exekutivorgane im Hinblick auf den kurzfristigen Stimmrechtsausübungsverzicht bereits während der Vertragslaufzeit ihr Verhalten an den Interessen des mit Stimmrechtsmehrheit ausgestatteten Anteilseigners ausrichten, um diesem bereits zum Zeitpunkt der bevorstehenden Vertragsbeendigung wohlgesonnen zu sein.

Andererseits können in zeitlicher Hinsicht[317] keine überspannten Anforderungen gestellt werden, um den mit Stimmrechtsmehrheit versehenen Anteilseigner nicht über Gebühr auf einen wesentlichen Teil seines Stimmrechts verzichten zu lassen. Dabei sind als Komponenten in zeitlicher Hinsicht sowohl die Mindestvertragslaufzeit als auch die Möglichkeit der einseitigen Lösung vom Vertrag[318] von Belang. Es ist jedoch auch zwischen einer Mindestvertragslaufzeit und der Frage zu differenzieren, welche Anforderungen für eine wirksame Entherrschung an eine Verlängerung des Entherrschungsvertrages zu stellen sind[319].

---

315 Vgl. hierzu F.II.2.d).

316 Vgl. hierzu F.II.

317 Diese Anforderung ist nicht zu verwechseln mit der abzulehnenden Frage, ob die Begründung eines Abhängigkeitsverhältnisses an eine zeitliche Komponente geknüpft ist, vgl. B.II.5.

318 Vgl. hierzu F.II.4.

319 Vgl. hierzu F.II.5.

### *a) Mindestdauer von drei Vorstands- und Aufsichtsratswahlen*

*Werner*[320] nimmt an, dem Entherrschungsvertrag komme die beabsichtigte Wirkung nur dann zu, wenn dieser wenigstens für einen Zeitraum von über zehn Jahren abgeschlossen werde und in dem zumindest drei Vorstands- und Aufsichtsratswahlen stattfänden. Hintergrund dieser restriktiven Ansicht ist der Gedanke, dass unterhalb dieser Zeitgrenze eine von Unabhängigkeit geprägte Geschäftspolitik im Sinne einer neuen, langfristigen und konzeptionellen Ausrichtung des Unternehmens nicht betrieben werden kann[321].

Diese sehr einschränkende Ansicht berücksichtigt jedoch die hinter dem Abhängigkeitstatbestand des § 17 AktG stehenden Wertungen nicht in hinreichendem Maße. So ist allein die durch mehrheitliche Stimmrechtsausübung bestehende Gefahr der interessenkonformen Aufgabenwahrnehmung seitens der Unternehmensleitung des in Mehrbesitz stehenden Unternehmens für die Begründung der Abhängigkeit maßgeblich. Die Vorschriften über verbundene Unternehmen stellen dabei an keiner Stelle auf eine langfristige Geschäftspolitik ab. Außerdem kann die Frage nach einem angemessen Zeitraum einer langfristigen und konzeptionellen Neuausrichtung der Geschäftspolitik aufgrund der Individualität eines jeden Unternehmens und seines Unternehmensgegenstandes nur für jedes Unternehmen isoliert betrachtet und beantwortet werden.

Vielmehr genügt für die Widerlegung der an eine alleinige Stimmrechtsmehrheit anknüpfende Abhängigkeitsvermutung der Nachweis, dass die geschilderte Gefahr für jede zu treffende Einzelentscheidung der Leitungsebene ex ante ausgeschlossen ist, unabhängig davon, ob diese Entscheidung einer langfristigen Geschäftspolitik dient oder lediglich die aktuelle Tagespolitik betrifft.

Für eine dergestalt langfristige Bindungspflicht zur Herbeiführung der angestrebten Rechtsfolgen finden sich weder dogmatische Anhaltspunkte noch sprechen Sinn und Zweck der Abhängigkeit für einen zwingenden Rückschluss auf eine derart lange Mindestvertragslaufzeit.

---

320 So *Werner*, S. 177 f.

321 *Werner*, S. 178.

### *b) Mindestdauer von fünf Jahren*

Ganz überwiegend stellt das Schrifttum[322] sowie das OLG Köln[323] bei der Frage der notwendigen Vertragsdauer eines Entherrschungsvertrages hingegen unter Hinweis auf die übliche Höchstdauer der Amtsperiode der Aufsichtsratsmitglieder auf einen fixen Zeitraum von fünf Jahren ab. Aufsichtsratsmitglieder können gemäß § 102 Abs. 1 AktG nicht für längere Zeit als bis zur Beendigung der Hauptversammlung bestellt werden, die über die Entlastung für das vierte Geschäftsjahr nach dem Beginn der Amtszeit beschließt, wobei das Geschäftsjahr des Amtsbeginns nicht mitzuzählen ist. Dies führt regelmäßig zu einer Höchstdauer von ungefähr fünf Jahren[324]. Ebenso werden Vorstandsmitglieder vom Aufsichtsrat nach § 84 Abs. 1 S. 1 AktG für höchstens fünf Jahre bestellt. Aus der erwähnten Regelamtszeit der Organe der Aktiengesellschaft schließt die ganz überwiegende Ansicht das zeitliche Mindesterfordernis von fünf Jahren.

### *c) Mindestdauer angelehnt an im Einzelfall geltende Amtszeiten*

Zunächst ist festzuhalten, dass die Vereinbarung einer feststehenden Vertragslaufzeit von mindestens fünf Jahren in jedem Fall den in zeitlicher Hinsicht zu stellenden Anforderungen an einen Entherrschungsvertrag genügt. Möglicherweise kann die beabsichtigte Rechtsfolge jedoch auch durch eine weniger einschneidende Regelung der Vertragsdauer herbeigeführt werden. Für die Frage der Laufzeit des Entherrschungsvertrages ist dabei allein maßgeblich, welche Voraussetzungen in zeitlicher Hinsicht erfüllt sein müssen, damit die Gefahr der allein auf die Interessen des mit Mehrheit beteiligten Unternehmens ausgerichteten Unternehmenspolitik

---

322 *Barz*, in: FS Bärmann, S. 185 (196 f.); *Windbichler*, in: GroßKomm AktG, § 17 Rdnr. 77; *Bayer*, in: MünchKomm AktG, § 17 Rdnr. 102; *Emmerich*, in: Emmerich/Habersack KonzernR, § 17 Rdnr. 43; *Götz*, S. 60 f.; *Karsten Schmidt*, in: FS Hommelhoff, S. 985 (997); *Fett*, in: Heidelberger Kommentar AktG, § 17 Rdnr. 34; *Koppensteiner*, in: KölnKomm AktG, § 17 Rdnr. 111; *Schall*, in: Spindler/Stilz AktG, § 17 Rdnr. 52; *Peres/Walden*, in: NomosKomm AktG, § 17 Rdnr. 20; *Raiser/Veil*, in: Recht der Kapitalgesellschaften, § 51 Rdnr. 59; *Krieger*, in: MünchHdb. AG, § 69 Rdnr. 62; *Koch*, in: Hüffer/Koch AktG, § 17 Rdnr. 22; *Möhring*, in: FS Westermann, S. 427 (433); *Hirschmann*, in: Hölters AktG, § 17 Rdnr. 18; *Larisch/Bunz*, NZG 2013, 1247 (1249); *Tebben*, in: Kölner Handbuch, Kapitel 6 Rdnr. 72.

323 OLG Köln, Urteil vom 24.11.1992, 22 U 72/92, NJW-RR 1993, 804 (805).

324 Berechnungsbeispiele, die sich allesamt auf eine gesetzliche Höchstdauer der Amtszeit von ungefähr fünf Jahren belaufen, finden sich bei *Habersack*, in: MünchKomm AktG, § 102 Rdnr. 7 und *Koch*, in: Hüffer/Koch AktG, § 102 Rdnr. 2 a.E.

der Vorstandsmitglieder aus Furcht vor persönlicher Konsequenzen nicht mehr besteht.

Diese Frage soll im Folgenden anhand der Entscheidungen über die personelle Besetzung der Gesellschaftsorgane Aufsichtsrat und Vorstand untersucht werden.

### *aa) Erfordernis einer Aufsichtsratswahl*

Zunächst einmal muss der Entherrschungsvertrag sich mindestens auf einen Zeitraum erstrecken, der über die Hauptversammlung hinausgeht, in der turnusgemäß über die Bestellung der Aufsichtsratsmitglieder nach § 101 AktG abgestimmt wird[325]. Ist dies nicht der Fall, so werden die Aufsichtsratsmitglieder bei der Bestellung der Vorstandsmitglieder und somit mittelbar die Vorstandsmitglieder selbst ungeachtet des abgeschlossenen Entherrschungsvertrages keine von den Interessen des Mehrheitsaktionärs-Unternehmens losgelöste Geschäftspolitik betreiben. Da das mit Stimmrechtsmehrheit beteiligte Unternehmen bei der Frage der Neubesetzung des Aufsichtsrates weiterhin mehrheitlich mitwirken kann, werden die Aufsichtsratsmitglieder ihre Geschäftspolitik auch während der Vertragslaufzeit weiterhin an den Interessen dieses Anteilseigners ausrichten. Nur auf diese Weise können die Organmitglieder einer Abberufung oder unterlassenen Neubestellung aktiv und präventiv entgegentreten. Ebenso wird jedes Vorstandsmitglied[326] bereits zu Beginn der Laufzeit des Entherrschungsvertrages mit Hinblick auf die unverändert durch den Aufsichtsrat verfolgte, mit den Interessen des Mehrheitsaktionärs-Unternehmens konforme Geschäftspolitik sein Handeln an diesen Interessen orientieren. Sinn und Zweck des Entherrschungsvertrages würden ins Leere gehen, wenn innerhalb der Vertragslaufzeit keine Aufsichtsratswahl stattfinden würde.

---

325 Spezifisch auf dieses Erfordernis abstellend auch: *Vetter*, in: Schmidt/Lutter AktG, § 17 Rdnr. 62; *Emmerich*, in: Emmerich/Habersack KonzernR, § 17 Rdnr. 43; *Bausch*, Die Beteiligung von Banken an Nichtbanken und das Konzernrecht, S. 156; *Bayer*, in: MünchKomm AktG, § 17 Rdnr. 102; *Götz*, S. 61; *Hentzen*, ZHR 157 (1993), 65 (71); *Fett*, in: Heidelberger Kommentar AktG, § 17 Rdnr. 34; *Jäger*, DStR 1995, 1113 (1116); mittelbar auch *Koppensteiner*, in: KölnKomm AktG, § 17 Rdnr. 111; *Ziemons*, in: Hdb. der AG, I Rdnr. 12.155, die allerdings eine Kombination dieses Merkmals mit einer Vertragslaufzeit von mindestens fünf Jahren fordert.

326 Zur Beurteilung der Abhängigkeit aus der Sichtweise der Leitungsorgane der in Mehrbesitz stehenden Gesellschaft, vgl. bereits F.II.

Dieses Erfordernis folgt denknotwendig[327] aus dem erörterten Gegenstand des Verzichts der Stimmrechtsausübung[328]. Kommt es nicht zur Abstimmung über den vom Stimmrechtsausübungsverzicht umfassten Beschlussgegenstand, so kommt die Wirkung des Stimmrechtsverzichts erst gar nicht zum Tragen. Die Rechtslage vor und nach Abschluss eines derartigen Entherrschungsvertrages wäre deckungsgleich.

Allerdings ist zu berücksichtigen, dass der Stimmrechtsverzicht nur die Bestellung und Abberufung der Mehrheit der in den Aufsichtsrat gewählten Anteilseignervertreter umfassen muss[329]. Als Kehrseite dieser Einschränkung ist es ausreichend, die Mindestdauer des Entherrschungsvertrages auch von der zumindest einmal stattgefundenen Bestellung der Mehrheit[330] der Anteilseignermitglieder abhängig zu machen, nicht hingegen von der Wahl des gesamten Aufsichtsrates[331]. Die Einschränkung auf die Mehrheit lässt sich mit dem bereits erörterten Umstand begründen, dass die Vorstandsbestellung gemäß § 84 Abs. 1 AktG durch Beschluss mit einfacher Mehrheit erfolgt[332].

Darüber hinaus führt das soeben dargelegte Ergebnis nicht zwingend zu einer Mindestvertragslaufzeit von fünf Jahren. Zwar resultiert aus der Vorschrift des § 102 Abs. 1 AktG eine regelmäßige Amtszeithöchstdauer von fünf Jahren[333]. Doch ist dem Wortlaut der Vorschrift („können nicht für längere Zeit als […] bestellt werden") zu entnehmen, dass die Amtszeithöchstdauer verkürzt werden kann, sei es durch Satzungsregelung für alle zukünftigen Aufsichtsratsbestellungen[334] oder durch einen entsprechenden Hauptversammlungsbeschluss im Zusammenhang mit der jeweiligen Bestellung im Einzelfall[335]. Zudem kann ein Entherrschungsvertrag zu einem Zeitpunkt abgeschlossen werden, zu dem sich

327 In diese Richtung gehend auch *Emmerich*, der den Vertragsparteien für den Fall der früheren Beendigung des Entherrschungsvertrages die Ernsthaftigkeit am Vertragsschluss und an der Herbeiführung der Entherrschung abspricht (*ders*, in: Emmerich/Habersack KonzernR, § 17 Rdnr. 43.).

328 Vgl. hierzu F.II.1.

329 Vgl. F.II.1.a).

330 Diese Differenzierung kommt für den – weit verbreiteten – Fall zum Tragen, in dem die Amtszeiten der Aufsichtsratsmitglieder entweder unterschiedlich lang ausgestaltet sind oder die Amtszeiten der Aufsichtsratsmitglieder zu unterschiedlichen Zeitpunkten begonnen haben.

331 In diese Richtung gehend wohl auch *Götz*, S. 61 Fn 154.

332 Siehe bereits F.II.1.a).

333 Vgl. auch die Berechnungsbeispiele in Fn 324.

334 Statt aller: *Habersack*, in: MünchKomm AktG, § 102 Rdnr. 11.

335 Statt aller: *Hopt/Roth/Peddinghaus*, in: GroßKomm AktG, § 102 Rdnr. 18.

die Restamtszeit der maßgeblichen Anzahl von Aufsichtsratsmitgliedern aufgrund einer zeitlich früheren Bestellung auf einen erheblich kürzeren Zeitraum als fünf Jahre beläuft.

Demzufolge bedarf der Entherrschungsvertrag wegen der zwingend abzuhaltenden Aufsichtsratswahl innerhalb der Vertragslaufzeit keiner fixen Vertragslaufzeit von mindestens fünf Jahren. Je nach Ausgestaltung des Einzelfalles, insbesondere für die Fälle, in denen die letzte maßgeblich Aufsichtsratswahl schon eine geraume Zeit zurückliegt oder die Amtszeiten der Mehrheit der Aufsichtsratsmitglieder nicht der Höchstdauer des § 102 Abs. 1 AktG entsprechen, genügt für die Erfüllung dieses Erfordernisses eine kürzere Mindestvertragslaufzeit. Das Ende der Vertragslaufzeit kann dabei entweder als Datum oder durch eine Bezugnahme auf den Tag angegeben werden, der dem Tag der nächsten turnusgemäßen Bestellung der mehrheitlichen Aufsichtsratsmitglieder (der Anteilseigner) folgt.

Auch im Falle einer Amtszeitregelung in der Satzung der abhängigen Aktiengesellschaft, die erst nach Abschluss des Entherrschungsvertrages vorgenommen wird, können eine flexibel ausgestaltete Vertragsmindestdauer und die getroffenen Regelungen nicht umgangen werden. Dies gilt auch dann, wenn die Satzung des in Mehrbesitz stehenden Unternehmens eine im Vergleich zur Regelamtszeit verkürzte Amtszeit vorsieht. Wird die Amtszeit der Aufsichtsratsmitglieder durch Satzungsänderung verlängert, so hat dies keine Auswirkungen auf die Amtszeit bereits bestellter Mitglied des Aufsichtsorgans. Vielmehr beschränkt sich die Reichweite der Veränderung auf zukünftige Bestellungen. Die zum Zeitpunkt der Satzungsänderung vorhandenen Vorstandsmitglieder werden aufgrund der weiterhin ausgeschlossenen, mittelbaren Personalhoheit des Mehrheitsaktionärs-Unternehmens sich daher nicht gezwungen fühlen, ihre Geschäftspolitik zukünftig an die Interessen des herrschenden Unternehmens anzupassen.

Letztlich führt auch eine Veränderung der Anzahl der Aufsichtsratsmitglieder nach Vertragsschluss nicht zu einem Wegfall der entherrschenden Wirkung. Da der Entherrschungsvertrag einen flexiblen Stimmrechtsausübungsverzicht allein für die Mehrheit der Aufsichtsratsmitglieder erfordert[336], lässt sich die Mehrheit zum Zeitpunkt der Bestellung jederzeit zweifelsfrei ermitteln.

336 Vgl. F.II.1.a).

### *bb) Erfordernis einer Vorstandsbestellung*

Fragwürdig erscheint, ob neben einer Aufsichtsratswahl auch zumindest eine turnusmäßige Bestellung der Vorstandsmitglieder durch den Aufsichtsrat während der Vertragslaufzeit erfolgen muss[337]. Der Gegenstand des Stimmrechtsausübungsverzichts zwingt nicht bereits dazu, mindestens eine Vorstandsbestellung innerhalb der Vertragslaufzeit abzuhalten. Aufgrund der eingeschränkten Kompetenz der Hauptversammlung bezieht sich dieser ausschließlich auf den Beschlussgegenstand der Bestellung der Mehrheit der Aufsichtsratsmitglieder, nicht auf die Bestellung der Vorstandsmitglieder. Bei der Beurteilung der Anforderungen für die Vorstandsbestellung sind in zeitlicher Hinsicht zwei denkbare Konstellationen zu unterscheiden.

Fällt die Bestellung der Vorstandsmitglieder in den Zeitraum zwischen Abschluss des Entherrschungsvertrages und vor die Bestellung der Aufsichtsratsmitglieder oder erfolgt diese zeitgleich, so findet wegen der zuvor dargelegten Unentbehrlichkeit mindestens einer Aufsichtsratswahl[338] jedenfalls eine Bestellung der Vorstandsmitglieder zwangsläufig innerhalb der Vertragslaufzeit statt. In dieser aufgezeigten Fallvariante kommt dem Erfordernis einer Vorstandsbestellung demzufolge aus rein tatsächlichen Gründen keine eigenständige Bedeutung mehr zu. Entscheidungserheblich wird die Frage jedoch für den Fall, in dem nach Abschluss des Entherrschungsvertrages in zeitlicher Hinsicht zunächst eine Aufsichtsratswahl stattfindet.

Zumindest für den Zeitraum zwischen der Aufsichtsratswahl und der Entscheidung über die Wieder- oder Neubestellung der Vorstandsmitglieder kann eine wirksame Entherrschung oder eine Widerlegung der Abhängigkeitsvermutung nicht gelingen. Die Mitglieder des Vorstandes werden in dieser Phase bereits im Hinblick auf den Wegfall des Stimmrechtsausübungsverzichts bei der nächsten Aufsichtsratswahl zur Vermeidung personeller Folgen[339] ihre Geschäftspolitik an

---

337 Explizit auf das Erfordernis einer in die Vertragslaufzeit fallende, turnusgemäße Vorstandsbestellung abstellend: *Koppensteiner*, in: KölnKomm AktG, § 17 Rdnr. 111; wohl auch *Raiser/Veil*, in: Recht der Kapitalgesellschaften, § 51 Rdnr. 59 und *Barz*, in: FS Bärmann, S. 185 (196 f.).

338 Vgl. hierzu F.II.3.c)aa).

339 Für den Fall, dass dem herrschenden Unternehmen gar eine Stimmrechtsmehrheit von drei Viertel der Stimmrechte zukommt, steht die Entscheidung über die Abberufung gemäß § 103 Abs. 1 S. 1 AktG für von der Hauptversammlung ohne Bindung an einen Wahlvorschlag bestellte Aufsichtsratsmitglieder aufgrund des Vertrauensverhältnisses gar im freien Ermessen des qualifizierten Mehrheitsaktionärs (vgl. hierzu nur: *Habersack*, in: MünchKomm AktG, § 103 Rdnr. 12.).

den Interessen des vermutet herrschenden Unternehmens ausrichten. Demzufolge kann eine Entherrschung mit Blick auf die folgende, vom Mehrheitsaktionärs-Unternehmen wieder beherrschte Aufsichtsratswahl – jedenfalls nach Abhaltung der Aufsichtsratswahl – nicht mehr herbeigeführt werden, wenn der Entherrschungsvertrag vor der Bestellung des Vorstandes endet.

Nichts anderes kann jedoch auch für den verbleibenden Zeitraum der Geltungsdauer des abgeschlossenen Entherrschungsvertrages, also vom Zeitpunkt des Abschlusses des Entherrschungsvertrages bis zum Beschluss über die Besetzung des Aufsichtsrates, angenommen werden. Für die Vorstandsmitglieder kommt der Bestellung des Aufsichtsrates bei der Frage des dargelegten Interessenkonfliktes keine Zäsurwirkung zu. Vielmehr wird die Unternehmensleitung bereits vor der Bestellung der Aufsichtsratsmitglieder ihre Geschäftspolitik an den Interessen des mit Stimmrechtsmehrheit partizipierenden Unternehmens anpassen. Eine Zäsurwirkung ist insbesondere abzulehnen, da der Personalentscheidung durch den Aufsichtsrat das Bewertungsergebnis der Geschäftspolitik der gesamten Amtszeit zugrunde liegt. Hinzu kommt, dass der Eindruck der Tätigkeitswahrnehmung unmittelbar vor der Bestellung die Entscheidung ohnehin stärker beeinflusst als zu Beginn der ablaufenden Amtszeit.

Letztlich darf nicht außer Acht gelassen werden, dass die Aufsichtsratsmitglieder nach der letzten, in den Geltungsbereich des Entherrschungsvertrages fallenden Aufsichtsratswahl und damit auch zum Zeitpunkt der Vorstandsbestellung, die Geschäftspolitik der Mitglieder der Unternehmensleitung an den Interessen des Mehrheitsaktionärs-Unternehmens messen. Demgemäß muss neben einer turnusgemäßen Bestellung der Mehrheit der Aufsichtsratsmitglieder auch zumindest eine planmäßige Bestellung der Vorstandsmitglieder während der Geltungsdauer des Entherrschungsvertrages stattfinden[340].

Vergleichbar mit der Rechtslage bei der Amtszeit der Aufsichtsratsmitglieder[341] sieht das Gesetz in § 84 Abs. 1 S. 1 AktG auch für Vorstandsmitglieder lediglich eine Amtszeithöchstdauer von fünf Jahre vor. Neben der eindeutigen Regelung des § 84 Abs. 1 S. 1 AktG ergibt sich aus § 84 Abs. 1 S. 4 AktG[342] die Zulässigkeit einer kürzeren Amtszeit. Zwar ist in der Praxis eine kürzere Amtszeit

340 So auch *Koppensteiner*, in: KölnKomm AktG, § 17 Rdnr. 111; wohl auch *Raiser/Veil*, in: Recht der Kapitalgesellschaften, § 51 Rdnr. 59 und *Barz*, in: FS Bärmann, S. 185 (196 f.); a.A. wohl *Bayer*, der ausdrücklich nur das Erfordernis einer stattgefundenen Aufsichtsratswahl anspricht (vgl. *ders.*, in: MünchKomm AktG, § 17 Rdnr. 102.).

341 Siehe hierzu F.II.3.c).aa).

342 „Nur bei einer Bestellung von weniger als fünf Jahren kann […].".

der Vorstandsmitglieder eher die Ausnahme[343] und eine Bestellung auf weniger als ein Jahr in der Regel – sofern nicht eine bloße Überbrückungsbestellung gegeben ist – zur Erhaltung der unabhängigen Stellung des Vorstandes gegenüber dem Aufsichtsrat unzulässig[344]. Ungeachtet dessen ist in den Fällen, in denen die Amtszeit der Vorstandsmitglieder nicht fünf Jahre beträgt, ein Verzicht auf die Ausübung des Stimmrechts für die Bestellung und Abberufung der Aufsichtsratsmitglieder ebenso wenig für einen Zeitraum von fünf Jahren erforderlich.

Die Festsetzung einer starren Mindestvertragslaufzeit von fünf Jahren ist somit zur Erreichung des verfolgten Zwecks nicht zwingend zu fordern. Vielmehr genügt eine Mindestvertragsdauer, die sich an den im jeweiligen Einzelfall geltenden, turnusgemäßen Amtszeiten von Vorstand und Aufsichtsrat orientiert[345].

## 4. Kündigung des Vertrages

In engem Zusammenhang mit den Anforderungen, die an eine Mindestvertragslaufzeit zu stellen sind, steht die Frage nach der Möglichkeit einer einseitigen Beendigung der Vereinbarung. Die Regelung einer Mindestvertragslaufzeit würde konterkariert werden, stünde den Vertragsparteien die Möglichkeit zu, sich jederzeit und ohne Vorliegen bestimmter Voraussetzungen einseitig vom Vertrag lösen zu können[346]. Bei der Beurteilung der Kündigungsmöglichkeit des

343 Vgl. *Lutter/Krieger*, in: Rechte und Pflichten des Aufsichtsrats, § 7 Rdnr. 355; *Mertens/Cahn*, in: KölnKomm AktG, § 84 Rdnr. 16 m.w.N.

344 *Spindler*, in: MünchKomm AktG, § 84 Rdnr. 43; *Koch*, in: Hüffer/Koch AktG, § 84 Rdnr. 7; *Lutter/Krieger*, in: Rechte und Pflichten des Aufsichtsrats, § 7 Rdnr. 355; *Kort*, in: GroßKomm AktG, § 84 Rdnr. 66; *Mertens/Cahn*, in: KölnKomm AktG, § 84 Rdnr. 24; *Thüsing* lehnt dagegen unter Hinweis auf die Berücksichtigung der Besonderheiten des Einzelfalles eine starre Grenze der Unzulässigkeit ab. Er zieht als Orientierungskriterium jedoch auch eine Amtszeit von einem Jahr heran (*ders.*, in: Fleischer, Hdb. Vorstandsrecht, § 4 Rdnr. 45.).

345 Ab welchem Zeitpunkt die Entherrschung in dem Sonderfall eintritt, dass Repräsentanten des Mehrheitsaktionärs-Unternehmens bereits Mitglieder des Aufsichtsrates des vermutet abhängigen Unternehmens sind oder dem vermutet herrschendem Unternehmen ein Entsenderecht hinsichtlich eines Teils der Aufsichtsratsmitglieder zusteht, vgl. die Anforderungen bei kombinierter Beherrschung (vgl. F.V.).

346 Aus diesem Grunde sehen auch zahlreiche gesetzliche Regelungen bei auf bestimmte Zeit eingegangenen (Dauer-)Schuldverhältnissen den Ausschluss der ordentlichen Kündbarkeit des Vertragsverhältnisses vor. So bestimmt § 542 Abs. 2 Nr. 1 BGB eine Beendigungsmöglichkeit des auf bestimmte Zeit eingegangenen Mietverhältnisses nur durch außerordentliche Kündigung, § 15 Abs. 3 KSchG sieht vor, dass eine

Entherrschungsvertrages muss zwischen den Instituten der ordentlichen und der außerordentlichen Kündigung unterschieden werden.

### a) Ordentliche Kündigung

Wäre das mit Stimmrechtsmehrheit beteiligte Unternehmen durch ordentliche Kündigung jederzeit in der Lage, den im Entherrschungsvertrag vereinbarten Stimmrechtsausübungsverzicht ohne Vorliegen von besonderen Gründen einseitig zu beenden, könnte die bezweckte Rechtsfolge des Entherrschungsvertrages nicht herbeigeführt werden. Die Unternehmensleitung[347] würde ohne Rücksicht auf den bestehenden Entherrschungsvertrag eine an den Interessen des Mehrheitsaktionärs orientierte Geschäftspolitik betreiben, da mit der jederzeitigen Möglichkeit zur Beendigung des Vertrages die Gefahr besteht, dass der Mehrheitsaktionär die mittelbare Personalgewalt zurückerlangt. Die ordentliche Kündigung muss dementsprechend für die Mindestdauer der Vertragslaufzeit – also zumindest für den Zeitraum, in dem die Bestellung der Vorstandsmitglieder und der Mehrheit der Aufsichtsratsmitglieder stattfindet[348] – vertraglich abbedungen werden[349].

Nicht überzeugen können die Ausführungen von *Timm*[350], der auf die Grundsätze der fehlerhaften Gesellschaft zurückgreift, wenn die Beteiligten den Entherrschungsvertrag ohne Ausschluss des ordentlichen Kündigungsrechts in Vollzug setzen und vor Ablauf der vereinbarten Laufzeit von fünf Jahren keine Vertragspartei von ihrem Recht zur ordentlichen Kündigung Gebrauch macht[351].

Zunächst einmal wurde die Lehre von der fehlerhaften Gesellschaft[352] als Ausnahme von dem Grundsatz der von Beginn an greifenden Nichtigkeit entwickelt,

---

ordentliche Kündigung eines befristeten Arbeitsverhältnisses nur im Ausnahmefall einer (tarif-)vertraglichen Vereinbarung zulässig ist.

347 Zur Beurteilung der Beherrschung aus Sicht der Leitungsorgane des vermutet abhängigen Unternehmens, vgl. F.II.

348 Zur Mindestdauer der Vertragslaufzeit vgl. bereits F.II.3.c).

349 Allg. Meinung, statt Vieler: *Emmerich*, in: Emmerich/Habersack KonzernR, § 17 Rdnr. 43; LG Mainz, Urteil vom 16.10.1990, 10 HO 57/89, AG 1991, 30 (32); LG Köln, Urteil vom 03.02.1992, 91 O 203/91, AG 1992, 238; *Bayer*, in: MünchKomm AktG, § 17 Rdnr. 102; *Koppensteiner*, in: KölnKomm AktG, § 17 Rdnr. 111; *Windbichler*, in: GroßKomm AktG, § 17 Rdnr. 77; a.A.: *Werner*, NB 1967, Heft 4, S. 1 (5).

350 *Timm*, ZIP 1993, 110 (116).

351 Vgl. Fn 350.

352 Zur Entwicklung dieser Lehre vgl. grundlegend: *Karsten Schmidt*, in: Gesellschaftsrecht, § 6, S. 136 ff; *Schäfer*, Die Lehre vom fehlerhaften Verband, S. 71 ff.; soweit

um die kaum zu bewältigenden Probleme der Rückabwicklung einer unwirksam gegründeten und in Vollzug gesetzten Gesellschaft zu vermeiden. Diese Überlegungen lassen sich jedoch nicht auf den Entherrschungsvertrag übertragen, dessen „Unwirksamkeit“ aus dem fehlenden Ausschluss des Rechts zur ordentlichen Kündigung resultieren soll. Insbesondere stehen einer „Rückabwicklung“ keine vergleichbaren Hinderungsgründe entgegen. Zunächst einmal führt im Gegensatz zum Anwendungsbereich der fehlerhaften Gesellschaft das bestehende ordentliche Kündigungsrecht nicht zur Unwirksamkeit oder Nichtigkeit des Entherrschungsvertrages. Vielmehr beschränkt sich die Bedeutung auf den Nichteintritt der entherrschenden Wirkung als angestrebte Rechtsfolge.

Von entscheidender Bedeutung ist jedoch die Perspektive, aus der sich die Abhängigkeit beurteilt[353]. Unabhängig von der Ausübung des Kündigungsrechts durch die Vertragsparteien wird sich die Unternehmensleitung in ihrem Handeln stets an den Interessen des mit Stimmenmehrheit ausgestatteten Unternehmens orientieren, da das Kündigungsrecht nicht abbedungen wurde und daher jederzeit ausübbar bleibt. Aus diesem Grunde verbietet sich auch eine Betrachtung der Abhängigkeit ex post[354] und damit eine Heilungsmöglichkeit nach den Grundsätzen der fehlerhaften Gesellschaft. Wie bereits ausgeführt, muss die Frage der Abhängigkeit im Zeitpunkt jeder einzelnen Geschäftsführungsmaßnahme ex ante beurteilt werden können[355]. Dem Entherrschungsvertrag kommt damit die ihm zugedachte Wirkung nicht ex post zu, wenn keine Vertragspartei von ihrem ordentlichen Kündigungsrecht Gebraucht gemacht hat.

Ein vollumfänglicher Ausschluss des ordentlichen Kündigungsrechts überspannt jedoch die an einen Entherrschungsvertrag zu stellenden Anforderungen. Sinn und Zweck des Ausschlusses der ordentlichen Kündigungsmöglichkeit kann auch durch einen einseitigen Verzicht des Mehrheitsaktionärs-Unternehmens erreicht werden. Die Gefahr, dass der Vorstand aufgrund der Möglichkeit der jederzeitigen Beendigung des Entherrschungsvertrages durch den Mehrheitsaktionär die Unternehmenspolitik dessen Interessen anpasst, ist nicht

---

ersichtlich erstmals in der Rechtsprechung, RG, Urteil vom 12.02.1902, I 333/01, RGZ 51, 33 (37); in ständiger Rechtsprechung auch der BGH, vgl. nur BGH, Urteil vom 29.06.1970, II ZR 158/69, NJW 1971, 375 (377).

353 Vgl. hierzu bereits F.II.

354 Dies ebenso vertretend, allerdings für die Frage, ob eine nur kurzfristige Mehrheitsbeteiligung zur Widerlegung der Abhängigkeitsvermutung genügt (siehe hierzu C.II.4.d)): *Windbichler*, in: GroßKomm AktG, § 17 Rdnr. 21.

355 Siehe F.II.2.e).

gegeben, wenn eine Kündigungsmöglichkeit nur dem (vermutet) beherrschten Unternehmen zukommt.

Demzufolge genügt es für die an einen Entherrschungsvertrag zu stellenden Anforderungen, wenn dem Mehrheitsaktionärs-Unternehmen keine Möglichkeit zusteht, sich ohne wichtigen Grund[356] einseitig vom Vertrag lösen zu können.

### b) *Außerordentliche Kündigung*

Fraglich ist, ob neben dem ordentlichen Kündigungsrecht auch das Recht zur außerordentlichen Kündigung des Entherrschungsvertrages ausgeschlossen werden muss. Wiederum ist diese Frage unter Berücksichtigung der bei einer Beherrschung typischerweise gegebenen Interessenkollision zu beantworten.

Die außerordentliche Kündigung unterscheidet sich von der ordentlichen Kündigung im Wesentlichen durch das Erfordernis eines zur Kündigung berechtigenden, wichtigen Grundes. Den Vertragspartnern, insbesondere dem vertraglich verzichtenden Mehrheitsaktionärs-Unternehmen, steht es bei der außerordentlichen Kündigung also nicht frei, den vereinbarten Stimmrechtsausübungsverzicht jederzeit und grundlos einseitig aufzuheben. Vielmehr bedarf es eines wichtigen Grundes. Entsprechend den verallgemeinerungsfähigen gesetzlichen Wertungen, die sich aus § 314 BGB und § 626 BGB ableiten lassen, sind die an eine außerordentliche Kündigung zu stellenden Anforderungen sehr hoch. Nach § 314 Abs. 1 S. 2 BGB liegt ein wichtiger Grund vor, wenn dem kündigenden Teil unter Berücksichtigung aller Umstände des Einzelfalls und unter Abwägung der beiderseitigen Interessen die Fortsetzung des Vertragsverhältnisses bis zur vereinbarten Beendigung oder bis zum Ablauf der vereinbarten oder gesetzlich geregelten Kündigungsfrist nicht zugemutet werden kann.

Es müssen sich also bestimmte Vorfälle zugetragen haben, die erst einen derart wichtigen Grund und damit eine Kündigungsmöglichkeit herbeiführen. Dieser Umstand ist keineswegs mit der Möglichkeit einer ordentlichen Kündigung vergleichbar. Steht dem Mehrheitsaktionärs-Unternehmen das Recht zur außerordentlichen Kündigung weiter zu, so besteht der skizzierte Interessenkonflikt auf der Ebene der Unternehmensleitung nicht, da die Unternehmensleitung sich mangels (grundloser) Kündigungsmöglichkeit des Vertrages nicht in der

356 Vgl. hierzu F.II.4.b).

Wahrnehmung des ihr nach § 76 AktG zustehenden freien Ermessens gehindert sieht[357].

Es ist zweifelhaft, ob ein vertraglicher Ausschluss des außerordentlichen Kündigungsrechts im Rahmen eines Entherrschungsvertrages überhaupt wirksam vereinbart werden könnte. Der Entherrschungsvertrag, der als schuldrechtlicher Vertrag qualifiziert wurde, stellt ein Dauerschuldverhältnis dar, da die Verhaltenspflichten für einen nicht nur unerheblichen Zeitraum vereinbart wurden. Im Anwendungsbereich von Dauerschuldverhältnissen ist eine wirksame Abbedingung der außerordentlichen Kündigung jedoch nicht möglich[358]. Erfordert ein wichtiger Grund zur Ausübung des außerordentlichen Kündigungsrechts bereits die Unzumutbarkeit, am Vertrag für dessen Restlaufzeit festzuhalten, so darf den Vertragsparteien insbesondere bei langer Vertragsbindung eine Loslösung vom Vertrag mangels Zumutbarkeit als ultima ratio nicht verwehrt werden. Dies ist jedenfalls Ausfluss des unabdingbaren Grundsatzes von Treu und Glauben (§ 242 BGB)[359].

---

357 Im Ergebnis ebenso: *Jäger*, DStR 1995, 1113 (1116); *Windbichler*, in: GroßKomm AktG, § 17 Rdnr. 77; *Ziemons*, in: Hdb. der AG, I Rdnr. 12.155; *Fett*, in: Heidelberger Kommentar AktG, § 17 Rdnr. 34; *Koppensteiner*, in: KölnKomm AktG, § 17 Rdnr. 111; *Bayer*, in: MünchKomm § 17 Rdnr. 103; *Peres/Walden*, in: NomosKomm AktG, § 17 Rdnr. 20; *Krieger*, in: MünchHdb. AG, § 69 Rdnr. 62; *Barz*, in: FS Bärmann, S. 185 (197); *Emmerich*, in: Emmerich/Habersack KonzernR, § 17 Rdnr. 43; a.A. *Werner*, der das Bestehenbleiben eines außerordentlichen Kündigungsrechts mit Skepsis betrachtet (*ders.*, S. 178.); *Schall* sieht in der weiterhin möglichen außerordentlichen Kündigung „grundsätzlich kein Hindernis“ (*ders.*, in: Spindler/Stilz AktG, § 17 Rdnr. 52.).

358 Für den Anwendungsbereich von Entherrschungsverträgen auch: *Windbichler*, in: GroßKomm AktG, § 17 Rdnr. 77 Fn 239; OLG Düsseldorf, Beschluss vom 30.10.2006, 26 W 14/06, AG 2007, 170 (172); *Barz*, in: FS Bärmann, S. 185 (197); *Götz*, S. 63; a.A. wohl *Koppensteiner*, der darauf hinweist, eine Kündigungsmöglichkeit aus wichtigem Grund brauche nicht ausgeschlossen werden (*ders*, in: KölnKomm AktG, §17 Rdnr. 111.); zur Unzulässigkeit der Abbedingung der außerordentlichen Kündigung aus § 626 BGB im Allgemeinen siehe *Weidenkaff*, in: Palandt, § 626 Rdnr. 2; *Henssler*, in: MünchKomm BGB, § 626 Rdnr. 48; zu § 314 BGB als allgemeine Vorschrift zur außerordentlichen Kündigung von Dauerschuldverhältnissen, siehe Begründung zu § 314 in BT-Drucks 14/6040, S. 176; *Grüneberg*, in: Palandt, § 314 Rdnr. 3; *Gaier*, in: MünchKomm BGB, § 314 Rdnr. 4.

359 BGH, Urteil vom 30.01.1964, VII ZR 5/63, NJW 1964, 1129 (1130); OLG Düsseldorf, Beschluss vom 30.10.2006, 26 W 14/06, AG 2007, 170 (171); *Schubert*, in: MünchKomm BGB, § 242 Rdnr. 425.

Von einer teilweise zwingend geforderten[360] oder empfohlenen[361] enumerativen Beschränkung der Gründe innerhalb des Entherrschungsvertrages, die eine außerordentliche Kündigung rechtfertigen, ist abzusehen.

Einerseits ist nicht erforderlich, dass die Gründe, die zu einer außerordentlichen Kündigung des Entherrschungsvertrages berechtigen, abschließend festgeschrieben werden, um die Entherrschung oder Widerlegung der Abhängigkeitsvermutung herbeizuführen. Entgegen *Werner*[362] ist die Kenntnis der außerordentlichen Kündigungsgründe seitens der Leitungsorgane für eine unabhängige Aufgabenwahrnehmung nicht maßgeblich. Die Gründe, die zur außerordentlichen Kündigung berechtigen, lassen sich jedenfalls auch durch Subsumtion unter die allgemeinen gesetzlichen Anforderungen an eine außerordentliche Kündigung ableiten. Die von *Werner* angesprochene Problematik, inwieweit die entherrschende Wirkung des Vertrages ab dem Zeitpunkt der Kenntnis eines die außerordentliche Kündigung rechtfertigenden Grundes noch gegeben ist, kann dabei nicht durch deren enumerative Aufzählung gelöst oder gar beseitigt werden. Viel eher ist dies eine Fragestellung des zeitlichen Umfangs der beherrschungsbeseitigenden bzw. vermutungswiderlegenden Wirkungen des Entherrschungsvertrages[363], nicht des notwendigen Inhalts des Vertrages.

Andererseits laufen die Vertragspartner Gefahr, durch eine enumerative Aufzählung der wichtigen, zur außerordentlichen Kündigung berechtigenden Gründe im Entherrschungsvertrag eine Teilnichtigkeit des Vertrages herbeizuführen. Hieran knüpft dann die Unsicherheit an, ob das Vertragsverhältnis insgesamt unwirksam ist, da durch Auslegung nach § 139 BGB zu ermitteln ist, ob auch der restliche Vertragsteil von der Teilnichtigkeit betroffen sein soll. Es erscheint unmöglich, eine Regelung unter Berücksichtigung aller denkbaren, zur außerordentlichen Kündigung berechtigenden Gründe zu konstruieren, sodass mit einer abschließenden Aufzählung stets die Gefahr einer teilweisen Abbedingung des außerordentlichen Kündigungsrechts verbunden ist. Das Risiko der Ausstrahlwirkung einer Teilnichtigkeit auf die Wirksamkeit des Gesamtvertrages sollte daher nicht ohne Not durch Festsetzung enumerativer Gründe zur

---

360 Vgl. *Werner*, S. 178; *Bayer* stellt jedenfalls in Frage, ob zur Wirksamkeit einer außerordentlichen Kündigung die ausdrückliche Aufführung möglicher Kündigungsgründe im Vertrag erforderlich sei (*ders.*, in: MünchKomm AktG, § 17 Rdnr. 103.).

361 So *Emmerich*, in: Emmerich/Habersack KonzernR, § 17 Rdnr. 43.

362 *Werner*, S. 178.

363 Vgl. hierzu I.II.

außerordentlichen Kündigung eingegangen werden[364]. Dies gilt umso mehr, als dies für eine wirksame Entherrschung nicht erforderlich ist.

Keinen Bedenken begegnet hingegen die Aufzählung nicht abschließender Regelbeispiele, die eine außerordentliche Kündigung des Entherrschungsvertrages rechtfertigen. Dadurch werden bereits im Vorfeld eventuelle Streitpunkte über das Vorliegen eines wichtigen, die außerordentliche Kündigung rechtfertigenden Grundes beseitigt, was auch Auswirkungen auf die Dauer der widerlegenden Wirkung des Vertrages hat. Allerdings dürfen diese Gründe nicht derart extensiv und umfangreich ausgestaltet werden, dass eine Annäherung an die Möglichkeit der ordentlichen Kündigung erfolgt, die zwingend ausgeschlossen werden muss[365]. Als wichtiger Grund in diesem Sinne wurde bisher insbesondere eine anhaltende Verlustwirtschaft des in Mehrbesitz stehenden Unternehmens angenommen[366].

## 5. Verlängerung des Vertragsverhältnisses

Aus dem Erfordernis einer Mindestvertragslaufzeit und dem für diesen Zeitraum erforderlichen Ausschluss des ordentlichen Kündigungsrechts lassen sich jedoch noch keine Rückschlüsse ziehen, welche Anforderungen an den Abschluss oder die Verlängerung des Entherrschungsvertrages nach Ablauf der Mindestvertragslaufzeit zu stellen sind. Fraglich ist, ob die beabsichtigte Rechtsfolge der Entherrschung nach Ablauf der Mindestvertragslaufzeit einen wiederum von Beginn an befristeten Vertrag erfordert oder ob der Entherrschungsvertrag in diesem Fall auch für unbestimmte Zeit abgeschlossen werden kann.

Vorab bleibt festzuhalten, dass mit einem Entherrschungsvertrag, der auf unbestimmte Zeit verlängert wird, die Möglichkeit geschaffen wird, den Entherrschungsvertrag jederzeit zu kündigen. Unter diesen Voraussetzungen kann eine Entherrschung nicht herbeigeführt werden kann. Die Leitungsorgane müssten jederzeit mit der (grundlos zulässigen) Kündigung des Vertragsverhältnisses rechnen und würden sich demzufolge an den Interessen des Mehrheitsaktionärs-Unternehmens orientieren.

Um diesen Interessenkonflikt auch nach Ablauf der Mindestdauer des Entherrschungsvertrages weiterhin zu vermeiden, müssen bereits zum Zeitpunkt

---

364 Zur Unzulässigkeit der Festsetzung enumerativer Gründe zur außerordentlichen Kündigung des Entherrschungsvertrages auch: *Götz*, S. 64.

365 Vgl. zu diesem Erfordernis bereits F.II.4.a).

366 *Bayer*, in: MünchKomm AktG, § 17 Rdnr. 103; *Barz*, in: FS Bärmann, S. 185 (197); *Götz*, S. 64; *Möhring*, in: FS Westermann, S. 427 (434); *Werner*, S. 179.

des Abschlusses der Vertragsverlängerung gewisse Umstände feststehen. Das ordentliche Kündigungsrecht muss jedenfalls solange ausgeschlossen werden, bis eine weitere Bestellung der Mehrheit der die Anteilseigner repräsentierenden Aufsichtsratsmitglieder stattgefunden hat[367] und die Vorstandsmitglieder neu oder wiederholt durch den Aufsichtsrat bestellt wurden oder deren Amtszeit verlängert wurde[368]. Demzufolge muss für diesen Zeitraum erneut das Recht zur ordentlichen Kündigung des Entherrschungsvertrages ausgeschlossen werden[369].

## 6. Erfordernis weitergehender Maßnahmen

Es stellt sich die Frage, ob weitere Anforderungen an eine wirksame Entherrschung bei ausschließlicher Stimmrechtsmehrheit zu stellen sind, insbesondere ob die Vertragsdurchführung aus Sicht der Leitungsorgane des vermutet abhängigen Unternehmens rechtlich abgesichert werden muss.

Werden die Vorstandsmitglieder bereits – vertrauend auf den Rechtsgrundsatz »pacta sunt servanda«[370] – den reinen Vertragsabschluss genügen lassen? Oder sind gar weitere Anforderungen zur Absicherung der Vertragsdurchführung erforderlich, um aus Sicht der Unternehmensleitung die Gefahr eines vertragswidrigen Stimmrechtsgebrauchs und damit einer Abhängigkeit ausschließen zu können? Bevor auf die Frage der Absicherung der Vertragsdurchführung eingegangen wird, müssen zunächst einmal die mit einem vertragswidrig ausgeübten Stimmrecht verbundenen Rechtsfolgen beleuchtet werden.

### *a) Vertragswidrig ausgeübtes Stimmrecht*

Der Einordnung des Entherrschungsvertrages kommt entscheidende Bedeutung für die Frage zu, welche Rechtsfolgen sich aus dem vertragswidrig ausgeübten Stimmrecht ergeben. Wie bereits dargestellt[371], ist der Entherrschungsvertrag ungeachtet der gegenüber der in Mehrbesitz stehenden Gesellschaft gegebenen Verpflichtung als schuldrechtlicher Vertrag zu qualifizieren. Im Gegensatz zu Stimmrechtsregelungen in der Satzung der Aktiengesellschaft beschneidet

---

367 Im Ergebnis auch *Götz*, S. 62.

368 Vgl. hierzu bereits die Ausführungen unter F.II.3.c)bb).

369 Zur Frage der Verknüpfung der Vertragslaufzeit mit dem Beschlussgegenstand der Wahl der Mehrheit der Aufsichtsratsmitglieder, vgl. I.I.

370 Vgl. zu diesem allgemeinen Rechtsgrundsatz des Privatrechts: *Finkenauer*, in: MünchKomm BGB, § 313 Rdnr. 3; *Olzen*, in: Staudinger BGB, Einl. zum SchuldR, Rdnr. 65.

371 Vgl. hierzu D.III.

der Entherrschungsvertrag nicht das Stimmrecht als Verwaltungs- und statutarisches Mitwirkungsrecht des Anteilseigners. Vielmehr ergibt sich aus dem Entherrschungsvertrag – vergleichbar mit sonstigen Stimmbindungsverträgen – nur eine vertragliche Verpflichtung, auf die Ausübung des Stimmrechts in Teilen zu verzichten.

Erfolgt durch den Abschluss des Entherrschungsvertrages keine Einwirkung organisationsrechtlicher Art, so kann auch das vertragswidrig eingesetzte Stimmrecht nicht als unzulässig angesehen werden[372]. Dies folgt bereits aus der Trennung zwischen dem schuldrechtlichen Rechtsgeschäft einerseits und dessen Vollzug andererseits, die dem deutschen Privatrecht immanent ist[373].

Einige Stimmen in der Literatur versuchen, den Missstand zwischen schuldrechtlicher Einordung und Wirksamkeit des vertragswidrig ausgeübten Stimmrechts zu lösen, indem sie dem Vorsitzenden das Recht einräumen, die vertragswidrig abgegebenen Stimmen bei der Feststellung der Beschlussfassung nicht zu berücksichtigen[374]. Andere Stimmen behandeln vertragswidrig abgegebene Stimmen gar als nichtig[375]. Die dargestellten Ansichten haben jedoch den Versuch gemein, den als schuldrechtlich einzuordnenden Entherrschungsvertrag zu „verdinglichen[376]" und damit eine der satzungsmäßigen Stimmrechtsregelung vergleichbare Rechtswirkung herbeizuführen und sind demzufolge abzulehnen.

Letztlich könnte sich die Unbeachtlichkeit der vertragswidrigen Stimmrechtsausübung noch aus dem aus § 242 BGB abzuleitenden Grundsatz unzulässiger Rechtsausübung oder des Rechtsmissbrauchsverbotes ergeben. Zwar ist bei der Anwendung der Generalklausel des § 242 BGB die Fallgruppe des Rechtsmissbrauchs anerkannt[377]. Allerdings begründet nicht jedes vertragswidrige Verhalten beim Vollzug eines Vertrages den Vorwurf des Rechtsmissbrauchs.

---

372 Im Ergebnis ebenso *Windbichler*, in: GroßKomm AktG, § 17 Rdnr. 80; *Adler/Düring/Schmaltz*, in: Rechnungslegung, § 17 AktG Rdnr. 112; *Götz*, S. 64 f.; *Hüttemann* ZHR 156 (1992), 314 (326).

373 Auf diesen Aspekt unter Hinweise auf die „allgemeinen Grundsätze" wohl ebenfalls abstellend: *Hüttemann*, ZHR 156 (1992), 314 (326).

374 So beispielsweise *Vetter*, in: Schmidt/Lutter AktG, § 17 Rdnr. 63; *Barz*, in: FS Bärmann, S. 185 (197); *Koppensteiner*, in: KölnKomm AktG, § 17 Rdnr. 113.

375 *Ziemons*, in: Hdb. der AG, I Rdnr. 12.156.

376 Dahingehend auch *Götz*, S. 68.

377 Vgl. nur *Looschelder/Olzen*, in: Staudinger BGB, § 242 Rdnrn. 213 ff.; RG, Urteil vom 01.12.1932, IV 325/32, RGZ 138, 373 (376); *Schubert*, in: MünchKomm BGB, § 242 Rdnrn. 243 ff.

Anderenfalls wäre jeder vertragswidrige Vollzug eines schuldrechtlichen Rechtsgeschäfts dinglich unwirksam, was mit dem Trennungsprinzip[378] nicht in Einklang zu bringen ist. Für einen Rechtsmissbrauch nach § 242 BGB sind weitere, über den reinen Vertragsbruch hinausgehende Anhaltspunkte erforderlich, die erst im Zusammenspiel mit dem vertragswidrigen Verhalten des Mehrheitsaktionärs die Unwirksamkeitsfolge des § 242 BGB herbeiführt[379].

Zwar wurde die Ausübung des Stimmrechts in der Gesellschafterversammlung von der höchstrichterlichen Rechtsprechung schon als rechtsmissbräuchlich eingestuft[380]. Allerdings kann diese Entscheidung nicht auf eine dem Entherrschungsvertrag widersprechende Ausübung des Stimmrechts übertragen werden. Die Entscheidung stützt den Vorwurf der rechtsmissbräuchlichen Stimmrechtsausübung maßgeblich auf einen Verstoß gegen die gesellschaftsrechtliche Treuepflicht[381]. Im Gegensatz hierzu ergibt sich der Verstoß bei Stimmrechtsausübung trotz entgegenstehendem Entherrschungsvertrag nicht aus organisationsrechtlichen Grundprinzipien des Gesellschaftsrechts, sondern aus einer vertraglichen Abrede, zumeist zwischen dem Mehrheitsaktionär und dem in Mehrbesitz stehenden Unternehmen, sodass diesem Verstoß keine vergleichbare Eingriffsintensität zukommt. Demzufolge führt auch der Grundsatz des Rechtsmissbrauchsverbots (§ 242 BGB) nicht dazu, dass die vertragswidrig abgegebenen Stimmen unberücksichtigt bleiben dürfen oder müssen.

### *b) Nichtigkeit bzw. Anfechtbarkeit des Hauptversammlungsbeschlusses*

Weitere Überlegungen zur Absicherung der vertraglichen Vereinbarung müssten nicht angestellt werden, wenn der Hauptversammlungsbeschluss über die Bestellung und/oder Abberufung der Mehrheit der Aufsichtsratsmitglieder bei vertragswidriger Mitwirkung des mit Stimmrechtsmehrheit ausgestatteten Unternehmens anfechtbar oder gar nichtig wäre. In diesem Fall würde sich die Ausübung des herrschenden Anteils der Stimmrechte im Ergebnis nicht auf die

---

378 Siehe hierzu *Berger*, in: Jauernig BGB, Vorb. vor § 854 Rdnr. 12; *Medicus*, Allgemeiner Teil des BGB, § 20 Rdnrn. 220 ff.; *Oechsler*, in: MünchKomm BGB, § 929 Rdnr. 5; *Baur/Stürner*, in: Sachenrecht, § 5 IV 1, S. 55 ff.

379 Vgl. lediglich *Schubert*, in MünchKomm BGB, § 242 Rdnrn. 214 ff.

380 BGH, Urteil vom 23.09.1991, II ZR 189/90, ZIP 1991, 1427 (1428).

381 Vgl. grundlegend zur Treuepflicht: *Karsten Schmidt*, in: Gesellschaftsrecht, § 20 IV, S. 587 ff.; zur Treuepflicht bei Personengesellschaften vgl. *Ulmer/Schäfer*, in: MünchKomm BGB, § 705 Rdnrn. 221 ff.; zur Stimmrechtsbeschränkung aufgrund von Treuepflichte vgl. *Grundmann*, GroßKomm AktG, § 136 Rdnrn. 47 ff.

Zusammensetzung des Aufsichtsrates auswirken, sodass auch die Personalentscheidungsgewalt des Mehrheitsaktionärs entfiele.

Die vertragswidrige Mitwirkung des Mehrheitsaktionärs-Unternehmens erfüllt zunächst einmal keinen der Nichtigkeitsgründe des § 241 AktG, sodass der Hauptversammlungsbeschluss jedenfalls nicht die Nichtigkeitsfolge nach sich zieht. Der Gesetzgeber hat die Nichtigkeitsfolge aufgrund ihrer gravierenden Rechtsfolge bewusst auf wenige Ausnahmefälle beschränkt, sodass der Katalog in § 241 AktG abschließend ist[382].

Vereinzelt wird angenommen, die vertragswidrige Mitwirkung des Mehrheitsaktionärs an der Beschlussfassung über die Bestellung und Abberufung der Mehrheit der Aufsichtsratsmitglieder[383] begründe die Anfechtbarkeit dieses Hauptversammlungsbeschlusses nach § 243 AktG[384]. Dem steht jedoch zunächst einmal der eindeutige Wortlaut des § 243 Abs. 1 AktG entgegen, der eine Anfechtbarkeit von Hauptversammlungsbeschlüssen auf Gesetzes- und Satzungsverletzungen beschränkt. Eine Vertragsverletzung stellt jedoch keine Gesetzes- oder Satzungsverletzung dar[385]. Eine Gesetzesverletzung kann schließlich auch nicht über den Rechtsgrundsatz »pacta sunt servanda« hergeleitet werden, da anderenfalls jeglicher Vertragsverstoß stets eine vom Gesetzgeber im Zusammenhang mit § 243 AktG nicht gewünschte Gesetzesverletzung nach sich ziehen würde[386].

---

382 Herrschende Meinung, vgl. statt Vieler nur *Koch*, in: Hüffer/Koch AktG, § 241 Rdnr. 7; OLG München, Urteil vom 15.11.2000, 7 U 3916/00, NZG 2001, 616 (617); *Schmidt*, in: GroßKomm AktG, § 241 Rdnr. 20; *Schwab*, in: Schmidt/Lutter AktG, § 241 Rdnr. 4; a.A. aber: LG Frankfurt, Urteil vom 11.01.2005, 3-5 O 100/04, AG 2005, 892 (893 f.) und LG Köln, Urteil vom 06.07.2005, 82 O 150/04, AG 2005, 696 (698 ff.).

383 Vgl. hierzu F.II.1.a).

384 So *Barz*, in: FS Bärmann, S. 185 (198).

385 RG, Urteil vom 16.12.1913, II 566/13, RGZ 83, 377 (380); *Koch*, in: Hüffer/Koch AktG, § 243 Rdnr. 8; *Schmidt*, in: GroßKomm AktG, § 243 Rdnr. 10; *Zöllner*, in: KölnKomm AktG (1. Auflage), § 243 Rdnr. 67; *Hüffer/Schäfer*, in: MünchKomm AktG, § 243 Rdnr. 16; *Würthwein*, in: Spindler/Stilz AktG, § 243 Rdnr. 74.

386 Im Ergebnis ebenso RG, Urteil vom 16.12.1913, II 566/13, RGZ 83, 377 (380); *Koch*, in: Hüffer/Koch AktG, § 243 Rdnr. 8; *Schmidt*, in: GroßKomm AktG, § 243 Rdnr. 10; *Zöllner*, in: KölnKomm AktG (1. Auflage), § 243 Rdnr. 67; *Hüffer/Schäfer*, in: MünchKomm AktG, § 243 Rdnr. 16; *Würthwein*, in: Spindler/Stilz AktG, § 243 Rdnr. 74.

Es existieren – zum Recht der GmbH – allerdings zwei Entscheidungen des *BGH*[387], in denen eine Anfechtbarkeit auch bei der Verletzung einer schuldrechtlichen Nebenabrede in Bezug auf das Stimmrecht angenommen wurde, sofern sämtliche Gesellschafter an der Vereinbarung beteiligt sind. Die Sachverhalte beider Entscheidungen waren insoweit identisch, als feststand[388] bzw. nicht auszuschließen[389] war, dass eine Nebenabrede aller Gesellschafter der GmbH getroffen wurde, das Stimmrecht auf eine bestimmte Art und Weise auszuüben[390]. Der *BGH* räumte in beiden Entscheidungen Bedenken gegen die Passivlegitimation der beklagten Gesellschaften mit dem Hinweis aus, dass für einen Verweis der Gesellschafter auf die Klage gegen die Mitgesellschafter bei derartigen Stimmbindungsvereinbarungen kein Grund ersichtlich ist, da der Beschluss durch Anfechtungsklage gegen die Gesellschaft aus der Welt geschafft werden könne[391].

Selbst wenn man dem *BGH* trotz des eindeutigen Widerspruchs mit dem Wortlaut des § 243 Abs. 1 AktG[392] folgen würde[393], so lassen sich diese bei allgemeinen Stimmbindungsvereinbarungen angestellten Überlegungen aufgrund wesentlicher Unterschiede zwischen den beiden Konstellationen nicht auf den Anwendungsbereich des Entherrschungsvertrages als Unterfall des Stimmbindungsvertrages übertragen[394]. Vertragspartner des Stimmbindungsvertrages sind in den Anwendungsfällen beider Gerichtsentscheidungen jeweils die Gesellschafter in

---

387 BGH, Urteil vom 20.01.1983, II ZR 243/81, NJW 1983, 1910 (1911); BGH, Urteil vom 27.10.1986, II ZR 240/85, NJW 1987, 1890 (1892).

388 BGH, Urteil vom 27.10.1986, II ZR 240/85, NJW 1987, 1890 (1892).

389 BGH, Urteil vom 20.01.1983, II ZR 243/81, NJW 1983, 1910 (1911).

390 BGH, Urteil vom 20.01.1983, II ZR 243/81, NJW 1983, 1910 (1911); BGH, Urteil vom 27.10.1986, II ZR 240/85, NJW 1987, 1890 (1892).

391 Vgl. hierzu BGH, Urteil vom 20.01.1983, II ZR 243/81, NJW 1983, 1910 (1911).

392 Ein Fall des § 243 Abs. 2 AktG liegt ebenso wenig vor. Zwar ist in Abs. 2 der Norm die Stimmrechtsausübung geregelt. Allerdings ist der für die Erfüllung des Tatbestandes erforderliche Schaden der Gesellschaft oder der anderer Aktionäre bei der vertragswidrigen Stimmrechtsausübung im Anwendungsbereich eines Entherrschungsvertrages nicht denkbar.

393 Dem BGH **folgend**: *Schmidt*, in: GroßKomm AktG, § 243 Rdnr. 19 f.; *Hoffmann-Becking*, ZGR 1994, 442 (456 f.); *Noack*, Gesellschaftervereinbarungen bei Kapitalgesellschaften, S. 156 ff.; *Schmidt*, in: Scholz GmbHG, § 45 Rdnr. 116; *Zöllner*, in: Baumbach/Hueck GmbHG, § 47 Rdnr. 118; **ablehnend** dagegen: *Koch*, in: Hüffer/Koch AktG, § 243 Rdnr. 10; *Bayer*, in: Lutter/Hommelhoff GmbHG, Anh. zu § 47 Rdnr. 44; *Köhler*, in: Nebenabreden im GmbH- und Aktienrecht, 1992, 37 ff.; *Hüffer/Schürnbrand*, in: GroßKomm GmbHG, § 47 Rdnr. 92; *Ulmer*, NJW 1987, 1849 ff.; OLG Celle, Urteil vom 15.07.1992, 9 U 65/91, WM 1992, 1703 (1706 f.).

394 Ohne Begründung ebenfalls ablehnend: *Götz*, S. 67 Fn 174.

ihrer Gesamtheit. Somit besteht eine Personenidentität zwischen den Klägern der Anfechtungsklage gegen den Hauptversammlungsbeschluss und denjenigen, die den Mitgesellschafter auf Einhaltung des Stimmbindungsvertrages in Anspruch nehmen können. Aus prozessökonomischer Sicht kann dies durchaus eine Anfechtbarkeit rechtfertigen[395], um auf einfacherem Wege eine identische Rechtsfolge herbeizuführen. Den Überlegungen zur Prozessökonomie kamen in den zitierten Entscheidungen dabei jeweils die tragende Rolle zu[396].

Bedenken gegen eine Übertragung der Grundsätze auf einen Entherrschungsvertrag bei der Aktiengesellschaft ergeben sich bereits aufgrund der unterschiedlichen Gesellschaftsformen. Viel schwerer wiegt jedoch, dass die in den Entscheidungen behandelte Sonderkonstellation, jedenfalls im typischen Anwendungsbereich des Entherrschungsvertrages zwischen dem in Mehrbesitz stehenden und dem mehrheitlich beteiligten Unternehmen[397], nicht gegeben ist. Die Aktivlegitimation zur Erhebung der Klage auf Einhaltung des partiellen Stimmrechtsverzichts aus den Vereinbarungen des Entherrschungsvertrages steht ausschließlich der in Mehrbesitz stehenden Gesellschaft als Vertragspartnerin zu, nicht den übrigen Gesellschaftern. Die Gesellschafter des vermutet abhängigen Unternehmens können aus der vertraglichen Abrede keine eigenen Rechtspositionen gegenüber dem Mehrheitsgesellschafter ableiten, sodass auch die Überlegungen des effektiveren Rechtsschutzes und der Prozessökonomie nicht auf den Entherrschungsvertrag übertragbar sind.

Letztlich muss eine strikte personen- und vermögensrechtliche Trennung zwischen dem Rechtssubjekt der Gesellschaft und den einzelnen Gesellschaftern in ihrer gesellschaftsrechtlichen Verbundenheit erfolgen[398], sodass aus der Berechtigung der Gesellschaft noch keine Berechtigung aller Gesellschafter resultiert. Insbesondere bietet die actio pro socio trotz ihrer Fortentwicklung zu einem Institut des allgemeinen Verbandsrechts[399] keine Möglichkeit, die Vertragsdurchführung seitens der Aktionäre durchzusetzen. Einerseits unterliegt die Aktiengesellschaft einer strengen Innenverfassung mit klar abgegrenzten Zuständigkeiten. So sieht § 147 Abs. 1 AktG bei einem Beschluss der Hauptversammlung kein eigenes Klagerecht der Aktionäre vor, sondern ausschließlich eine Verpflichtung der Aufsichts- oder Vorstandsmitglieder zur Durchsetzung der Ansprüche mit einfacher

395 Vgl. hierzu auch die dem BGH folgenden Stimmen in der Literatur in Fn 393.
396 BGH, Urteil vom 20.01.1983, II ZR 243/81, NJW 1983, 1910 (1911).
397 Vgl. hierzu D.II.
398 Ausführlich: *Happ*, ZGR 1984, 168 (172 f.).
399 Vgl. nur *Karsten Schmidt*, in: Gesellschaftsrecht, § 21 IV.6, S. 641.

Stimmenmehrheit. § 147 AktG würde konterkariert, würde man eine actio pro socio durch die Aktionäre in diesem Fall zulassen. Im Übrigen sprechen die sehr restriktiv normierten Klagebefugnisse einzelner Gesellschafter im Konzernrecht (§§ 309 Abs. 4, 317 Abs. 4, 318 Abs. 4 AktG) gegen eine umfassenden Einzelklagebefugnis[400]. Auch handelt es sich bei den Rechten aus dem Entherrschungsvertrag nicht um Sozialansprüche, die ausschließlich von der actio pro socio umfasst werden.

Unabhängig davon, ob man den beiden Entscheidungen folgen mag oder nicht, können die das Urteil tragenden Entscheidungsgründe mangels Vergleichbarkeit mit dem Entherrschungsvertrag eine Anfechtbarkeit des Hauptversammlungsbeschlusses, bei dem das Mehrheitsaktionärs-Unternehmen vertragswidrig von seinem Stimmrecht Gebrauch macht, nicht rechtfertigen.

### c) *Absicherung der Vertragstreue*

Da das Mehrheitsaktionärs-Unternehmen demzufolge allein mit Abschluss des Entherrschungsvertrages nicht daran gehindert ist, sein Stimmrecht weiter wirksam in herrschendem Umfang auszuüben[401], und der maßgebliche Hauptversammlungsbeschluss auch nicht nichtig ist oder der Anfechtung unterliegt[402], stellt sich die Frage, ob für eine wirksame Entherrschung weitere Maßnahmen zur Absicherung der vertraglichen Absprachen getroffen werden müssen.

Teilweise wird vertreten, eine wirksame Entherrschung könne nur durch die Hinterlegung der entsprechenden Anzahl von Aktien beim Notar[403] erreicht werden[404], die Gegenstand des Verzichts im Rahmen des Entherrschungsvertrages

400 So im Ergebnis auch *Schröer*, in: MünchKomm AktG, § 147 Rdnr. 26; *Zöllner*, ZGR 1988, S. 392 (407 f.); *Rieckers*, in: MünchHdb. AG, § 18 Rdnr. 7; *Koch*, in: Hüffer/Koch AktG, § 147 Rdnr. 3.

401 Vgl. F.II.6.a).

402 Siehe bereits F.II.6.b).

403 Vgl. *Haesen*, Der Abhängigkeitsbericht im faktischen Konzern, S. 47; *Götz*, S. 71, der auch noch den Gedanken an eine Absicherung durch Vereinbarung einer Vertragsstrafe ins Spiel bringt, diese jedoch als nicht ausreichend erachtet.

404 Bereits der Wirtschaftsausschuss diskutierte in der Entstehung des Aktiengesetzes von 1965 über das Erfordernis einer Hinterlegung, jedoch bezogen auf die Hinterlegung des Stimmbindungsvertrages beim Registergericht. Die Überlegungen fanden jedoch keinen Eingang in das Gesetz, da aufgrund der Publizität öffentlicher Register die Gefahr einer erhöhten Glaubwürdigkeit hinterlegter Scheinverträge verhindert werden sollte (vgl. *Kropff*, Aktiengesetz 1965, S. 29.).

sind. Derart weitreichende Anforderungen sind weder für eine wirksame Entherrschung erforderlich noch in der Praxis durchführbar[405].

Zunächst einmal steht der Forderung, die Vertragstreue zur Herbeiführung der entherrschenden Wirkung des Vertrages abzusichern, nicht die Durchsetzbarkeit der Regelungen aus dem Entherrschungsvertrag entgegen. Rückschlüsse von der Einklagbarkeit der Vertragsdurchführung[406] auf das Erfordernis einer Absicherung lassen sich in der gegebenen Konstellation nicht ziehen. Trotz der Einklagbarkeit der Vertragsdurchführung stellen sich für den Fall des Entherrschungsvertrages erhebliche praktische Probleme. So wird eine vertragswidrige Ausübung des Stimmrechts in der Hauptversammlung im Regelfall erst mit Teilnahme an der Abstimmung, d.h. zeitgleich mit dem begangenen Verstoß bekannt. Selbst die Inanspruchnahme vorläufigen Rechtsschutzes durch den Vorstand des ursprünglich abhängigen Unternehmens im Wege einer einstweiligen Verfügung[407] vermag in diesem Fall die vertragswidrige, aber wirksame[408] Stimmabgabe nicht zu verhindern[409]. Schließlich wird die Darlegung der hohen, an die Geltendmachung vorbeugenden Rechtsschutzes[410] zu stellenden Anforderungen nicht gelingen, da der drohende Rechtsverstoß weder offensichtlich sein wird noch der Vorstand in aller Regel Kenntnis von der bevorstehenden vertragswidrigen Stimmrechtsausübung haben wird. Die Frage nach der Durchsetzbarkeit der Verpflichtungen aus dem

---

405 Im Ergebnis die Vorkehrungen zur Absicherung der Vertragsdurchführung ebenfalls ablehnend: *Bayer*, in: MünchKomm AktG, § 17 Rdnr. 105; *Karsten Schmidt*, in: FS Hommelhoff, S. 985 (998); *Adler/Düring/Schmaltz*, in: Rechnungslegung, § 17 AktG Rdnr. 118; *Bausch*, Die Beteiligung von Banken an Nichtbanken und das Konzernrecht, S. 156; *Hentzen*, ZHR 157 (1993), 65 (71); *Barz*, FS Bärmann, S. 185 (197); *Koppensteiner*, in: KölnKomm AktG, § 17 Rdnr. 113; *Larisch/Bunz*, NZG 2013, 1247 (1250); wohl auch *Emmerich*, in: Emmerich/Habersack KonzernR, § 17 Rdnr. 43; anders dagegen *Schall*, in: Spindler/Stilz AktG, § 17 Rdnr. 52, der angesichts der Diskussion jedenfalls eine Hinterlegung der Aktien empfiehlt; in diese Richtung gehend auch: *Vetter*, in: Schmidt/Lutter AktG, § 17 Rdnr. 62; unklar *Windbichler*, die die fehlende Absicherung der Vertragstreue in die Nähe von nicht zur Widerlegung/Entherrschung ausreichenden, einseitigen Absichtserklärungen rückt (*dies.*, in: GroßKomm AktG, § 17 Rdnr. 80); jedenfalls aus kartellrechtlicher Sicht wohl eine Absicherung verlangend: *Becker*, in: FS Möschel, S. 1119 (1122).

406 Siehe hierzu ausführlich unter D.IV.1.

407 Vgl. die Ausführungen unter D.IV.3.

408 Siehe F.II.6.a).

409 Grundlegend hierzu: *Zutt*, ZHR 155 (1991), S. 190 ff.

410 Zum vorbeugenden Rechtsschutz vgl. die Ausführungen unter D.IV.3.

Entherrschungsvertrag ist daher nicht zielführend für die Untersuchung eines Absicherungserfordernisses.

Für eine zwingende Hinterlegung sprechen zwar auf den ersten Blick die geringen, an die Abhängigkeit zu stellenden Anforderungen. So begründet – im Gegensatz zu den an einen Konzern zu stellenden Voraussetzungen – allein die Möglichkeit der Ausübung von Herrschaftsmacht Abhängigkeit im Sinne des § 17 Abs. 1 AktG[411]. Einmal mehr ist jedoch auch für die Beurteilung des Absicherungserfordernisses die Sichtweise entscheidend, aus der sich die Frage der Beherrschung beurteilt, die sich allein aus einer Stimmrechtsmehrheit ergibt[412].

Mit Abschluss des Entherrschungsvertrages verpflichtet sich das mit Mehrheit beteiligte Unternehmen, nicht mehr von seinem mehrheitlichen Stimmrecht bei Personalentscheidungen Gebrauch zu machen. Die Vorstandsmitglieder des vermutet abhängigen Unternehmens werden aufgrund der vertraglichen Verpflichtung ihre zukünftigen Leitungsentscheidungen für die Gesellschaft allein ihrem Ermessen aus § 76 Abs. 1 AktG unterstellen, da sie von der tatsächlichen Einhaltung der vertraglichen Verpflichtungen ausgehen werden und müssen.

Sofern keine konkreten Anhaltspunkte für eine Missachtung der vertraglichen Vereinbarung vorhanden sind, werden die Leitungsorgane einen Vertragsbruch seitens des Mehrheitsaktionärs nicht befürchten (können). Eine gegenläufige Ansicht würde den Parteien von Anbeginn unterstellen, einen Scheinvertrag im Sinne des § 117 Abs. 1 BGB abschließen zu wollen[413] und würde darüber hinaus die Möglichkeit der Herrschaftsausübung mit der Möglichkeit missbräuchlichen Verhaltens vermischen. Ziel des Entherrschungsvertrages kann es nicht sein, jeglichen Missbrauch des Mehrheitsaktionärs-Unternehmens zu unterbinden. Diese Überlegungen betreffen vielmehr das Verhältnis zwischen dem Mehrheits- und dem Minderheitsgesellschafter im Allgemeinen und stellen keine Sonderfrage des Entherrschungsvertrages dar.

So schließt selbst die von *Götz*[414] geforderte Hinterlegung der Aktien und eine für alle übrigen Beschlussgegenstände erteilte Stimmrechtsvollmacht zugunsten des Notars eine missbräuchliche Verwendung der Stimmrechte des Mehrheitsaktionärs-Unternehmens nicht aus. Der die Stimmrechtsvollmacht innehabende Notar kann seinerseits die Stimmrechte vertragswidrig auch für die Bestellung und Abberufung der Mehrheit der Vorstandsmitglieder einsetzen. Mit Hinterlegung der Aktien wird demzufolge ausschließlich das Risiko des Vertragsbruchs verlagert.

411 Vgl. hierzu bereits B.II.3.

412 Vgl. hierzu F.II.

413 *Hentzen*, ZHR 157 (1993), 65 (71).

414 *Götz*, S. 71.

Anstelle des Mehrheitsaktionärs-Unternehmens ist der Notar – gegebenenfalls auch im missbräuchlichen Zusammenwirken mit dem Mehrheitsaktionär – in der Lage, die ihm vertretungsweise überlassenen Stimmrechte vertragswidrig auszuüben[415]. Die Hinterlegung wird zwar das Missbrauchsrisiko verringern, jedoch nicht vollumfänglich beseitigen.

Neben dem soeben aufgezeigten Umstand sprechen für den Fall, dass die Parteien neben der reinen Vermutungswiderlegung auch die Abhängigkeit aus § 17 Abs. 1 AktG beseitigen wollen, auch praktische Hindernisse gegen eine Sicherstellung der Vertragstreue. Wie bereits ausgeführt, ist für den Ausschluss der Beherrschung bei alleiniger Stimmrechtsmehrheit kein Ausübungsverzicht des Stimmrechts in einer fixen Größenordnung erforderlich. Vielmehr muss der Verzicht der Höhe nach im Verhältnis zur jeweils maßgeblichen Hauptversammlungspräsenz[416] stehen, um auch eine Abhängigkeit aus § 17 Abs. 1 AktG ausschließen zu können. Vor der Hauptversammlung über die Bestellung und Abberufung der Aufsichtsratsmitglieder[417] steht also nicht fest, auf welchen Teil seiner Stimmrechte das Mehrheitsaktionärs-Unternehmen bei der Abstimmung verzichten muss, um eine beherrschende Stellung im Sinne des § 17 Abs. 1 AktG nicht mehr innezuhaben. Demzufolge lässt sich auch im Vorfeld der entsprechenden Hauptversammlung nicht ermitteln, welcher Anteil der Aktien hinterlegt werden muss, sodass diese Art der Absicherung der Vertragstreue des Mehrheitsaktionärs-Unternehmens in der praktischen Ausführung auch nicht geeignet erscheint[418].

Folgt man der Ansicht, die eine Hinterlegung von Aktien für zwingend erforderlich erachtet, so müsste das Mehrheitsaktionärs-Unternehmen so viele Aktien hinterlegen, dass ihm im Falle einer Vollversammlung lediglich noch fünfzig Prozent der Stimmrechte abzüglich einer Stimme zustehen würde. Dies führt selbst für den Beschlussgegenstand der Bestellung der Mehrheit der Aufsichtsratsmitglieder zu einer überobligatorischen Verpflichtung des mehrheitlich beteiligten Unternehmens, sofern nicht in den seltensten Ausnahmefällen eine Vollversammlung abgehalten wird. Hinsichtlich der Abberufung von Aufsichtsratsmitgliedern ist ohnehin lediglich ein Verzicht auf fünfundzwanzig

415 Zur Frage der Dauer der abhängigkeitsausschließenden Wirkung des Entherrschungsvertrages im Falle der vertragswidrigen Ausübung der vom Entherrschungsvertrag betroffenen Stimmrechte, siehe unter I.III.

416 Vgl. hierzu F.II.2.d).

417 Vgl. hierzu F.II.1.a).

418 In diese Richtung gehend auch *Hentzen*, ZHR 157 (1993), 65 (71) und *Karsten Schmidt*, in: FS Hommelhoff, S. 985 (998).

Prozent der Stimmrechte zuzüglich einer Stimme erforderlich. Bereits die Unterscheidung bei der Höhe des Verzichts im Zusammenhang mit den beiden maßgeblichen Beschlussgegenständen zeigt die mit der Hinterlegung der Aktien verbundene Problematik.

Das aufgezeigte Problem verdeutlicht sich noch viel mehr für die weiteren Beschlusskompetenzen, die dem Mehrheitsaktionär in der Hauptversammlung zukommen. Da für eine wirksame Entherrschung allein die Beschlussgegenstände der Bestellung und Abberufung der Aufsichtsratsmitglieder vom partiellen Stimmrechtsausübungsverzichts umfasst sein müssen[419], kann das mit Mehrheit beteiligte Unternehmen aufgrund der Hinterlegung der Aktien sein Stimmrecht auch in Bezug auf andere Beschlussgegenstände nicht vollumfassend ausüben. Die von *Götz*[420] vorgeschlagene Stimmrechtsvollmacht zugunsten des die Hinterlegung durchführenden Notars sowie eine damit verbundene Weisungsbefugnis bezüglich der Ausübung dieser Stimmrechte für andere Beschlussgegenstände erscheint in der alltäglichen Handhabung kaum praktikabel.

Demzufolge ist die Hinterlegung von Aktien als weitergehende Maßnahme weder zur Widerlegung der Abhängigkeit bzw. deren Vermutung erforderlich noch praktikabel.

## 7. Motivation für den Vertragsschluss

In engem Zusammenhang mit der Frage der Absicherung der Vertragstreue des Mehrheitsaktionärs stehen Überlegungen, welche Anforderungen das Mehrheitsaktionärs-Unternehmen in subjektiver Hinsicht erfüllen muss.

Zum Teil wird über die zuvor dargelegten Anforderungen hinaus zur Bekräftigung der Ernsthaftigkeit des Vertrages ein nachvollziehbares wirtschaftliches Motiv[421] („Seriositätsindizien[422]"), zum Teil eine klare Motivation des Mehrheitsaktionärs gefordert, die sich aus den Interessen des Mehrheitsaktionärs-Unternehmens

---

419 Vgl. hierzu F.II.1.a).

420 *Götz*, S. 71.

421 So *Emmerich*, in: Emmerich/Habersack KonzernR, § 17 Rdnr. 43 a.E.; *Bayer*, in: MünchKomm AktG, § 17 Rdnr. 112; LG Mainz, Urteil vom 16.10.1990, 10 HO 57/89, AG 1991, 30 (32); wohl auch *Vetter*, in: Schmidt/Lutter AktG, § 17 Rdnr. 63; ebenso *Möhring*, in: FS Westermann, S. 427 (434), der das Erfordernis der wirtschaftlichen Rechtfertigung im Wege einer Gesamtanalogie aus §§ 347 HGB, §§ 93, 116 AktG (Anforderungen an die Sorgfalt eines ordentlichen Kaufmanns/Vorstands/Aufsichtsrats) herleitet.

422 *Becker*, in: FS Möschel, S. 1119 (1120).

ableiten lässt[423]. Zumeist werden diese Restriktionen mit der Befürchtung begründet, dass anderenfalls der ernsthafte Wille des Mehrheitsaktionärs zur Vertragsdurchführung und damit zur Widerlegung der Abhängigkeit nicht als gegeben hingenommen werden kann, da das verzichtende Unternehmen bei Vertragsschluss in aller Regel keine Gegenleistung erhält[424].

Einerseits kann den Vertragsparteien nicht generell unterstellt werden, einen Scheinvertrag im Sinne des § 117 BGB abschließen zu wollen[425]. Vielmehr geht der Gesetzgeber selbst von der grundsätzlichen Wirksamkeit eines abgeschlossenen Vertrages aus, da nach allgemeinen Grundsätzen demjenigen die Beweislast zukommt, der sich auf die Nichtigkeit des Vertragsschlusses beruft und hieraus Rechtsfolgen ableiten möchte[426]. Andererseits ist nicht einzusehen, aus welchen Gründen für den Abschluss eines Entherrschungsvertrages eine sachliche Rechtfertigung erforderlich sein soll, leitet sich doch aus der Privatautonomie der Grundsatz der Vertragsfreiheit ab[427].

*Bayer*[428] geht sogar noch einen Schritt weiter und nimmt als Indiz für den Abschluss eines die Abhängigkeit(-svermutung) nicht widerlegenden Scheinvertrages die Wahl von Vertrauensleuten des Mehrheitsaktionärs in den Aufsichtsrat des beherrschten Unternehmens oder die personelle Verflechtung auf Vorstandsebene an[429]. Die personelle Verflechtung ist jedoch keine die Wirksamkeit des Vertrages tangierende Frage, sondern spielt ausschließlich für die Bestimmung des Zeitraumes eine Rolle, für den die Wirkungen des Entherrschungsvertrages eintreten[430].

Demzufolge ist eine sachliche Rechtfertigung im Sinne eines wirtschaftlich nachvollziehbaren Motivs nicht erforderlich. Vielmehr genügt als alleiniger

---

423 *Barz*, in: FS Bärmann, S. 185 (196); *Geßler*, in: Geßler/Hefermehl/Eckardt/Kropff, § 17 Rdnr. 106, der bei der Frage der widerleglichen Ausgestaltung der Abhängigkeitsvermutung bereits im Wirtschaftsausschuss zum Entwurf des Aktiengesetzes 1965 Bedenken hinsichtlich der Ernsthaftigkeit des Vertragsschlusses äußerte (vgl. hierzu die Kurzprotokolle des Wirtschaftsausschusses (16. Ausschuss) der vierten Wahlperiode des Deutschen Bundestages zu der siebenunddreißigsten Sitzungen).

424 Vgl. die Nachweise in Fn 421 und 422.

425 Siehe hierzu bereits F.II.6.c); *Hentzen*, ZHR 157 (1993), S. 65 (71); *Adler/Düring/Schmaltz*, in: Rechnungslegung, § 17 AktG Rdnr. 117.

426 Vgl. nur BGH, Urteil vom 09.07.1999, V ZR 12/98, NJW 1999, 3481.

427 In diese Richtung gehend auch: *Koppensteiner*, in: KölnKomm AktG, § 17 Rdnr. 112.

428 *Bayer*, in: MünchKomm AktG, § 17 Rdnr. 112 a.E.

429 So wohl auch: *Raiser/Veil*, in: Recht der Kapitalgesellschaften, § 51 Rdnr. 59.

430 Vgl. hierzu F.V. und I.VI.

Zweck die Beseitigung des Abhängigkeitsverhältnisses und damit der Rechtsfolgen, die mit der Abhängigkeit verbundenen sind[431].

## III. Ausschließliche Anteilsmehrheit

Neben den Konstellationen der alleinigen Stimmrechtsmehrheit[432] und der noch zu behandelnden, kumulativen Stimmrechts- und Anteilsmehrheit[433] verbleibt noch die Variante der vermuteten Abhängigkeit aufgrund alleiniger Anteilsmehrheit (§§ 17 Abs. 2, 16 Abs. 1 Var. 1 AktG). Eine Anteilsmehrheit, die nicht zugleich mit einer Stimmrechtsmehrheit einhergeht, ist insbesondere in Fällen denkbar, in denen die Anteilsmehrheit des Mehrheitsaktionärs-Unternehmens überwiegend oder gar ausschließlich aus stimmrechtslosen Vorzugsaktien (§ 12 Abs. 1 S. 2 AktG) besteht oder die Satzung der abhängigen Gesellschaft ein Höchststimmrecht[434] gemäß § 134 Abs. 1 S. 2 AktG vorsieht.

Fraglich ist, ob sich die Anforderungen, die an eine Widerlegung der Abhängigkeitsvermutung bzw. tatsächlich gegebener Abhängigkeit zu stellen sind, im Gegensatz zur zuvor behandelten Konstellation unverändert übertragen lassen oder eine Modifikation bedürfen. Dabei ist wiederum zwischen einer Widerlegung der vermuteten Abhängigkeit aus §§ 17 Abs. 2, 16 Abs. 1 Var. 1 AktG einerseits und der Darlegung mangelnder Beherrschung durch den Entherrschungsvertrag andererseits zu differenzieren[435].

### 1. Widerlegung der Abhängigkeitsvermutung

Kommt es den Vertragsparteien allein auf die Widerlegung der in §§ 17 Abs. 2, 16 Abs. 1 Var. 1 AktG normierten Abhängigkeitsvermutung an, so genügt für die Widerlegung der Vermutung die Beseitigung des die Vermutung auslösenden Merkmals, also der aus der Anteilsmehrheit resultierenden Machtposition.

---

431 So auch *Windbichler*, in: GroßKomm AktG, § 17 Rdnr. 81; *Schall*, in: Spindler/Stilz AktG, § 17 Rdnr. 52; *Koppensteiner*, in. KölnKomm AktG, § 17 Rdnr. 112; *Adler/Düring/Schmaltz*, in: Rechnungslegung, § 17 AktG Rdnr. 117; *Larisch/Bunz*, NZG 2013, 1247 (1249); *Karsten Schmidt*, in: FS Hommelhoff, S. 985 (998).

432 Vgl. F.II.

433 Vgl. F.IV.

434 Seit Inkrafttreten des Gesetzes zur Kontrolle und Transparenz im Unternehmensbereich (KonTraG; BGBl. I S. 786) zum 01.05.1998 ist die Vereinbarung eines Höchststimmrechts in der Satzung gemäß § 134 Abs. 1 S. 2 AktG nur noch bei nichtbörsennotierten Gesellschaften möglich.

435 Vgl. F.I.

Auf den ersten Blick erscheint die Annahme anderweitiger Anforderungen zur Widerlegung der auf einer reinen Anteilsmehrheit beruhenden Abhängigkeitsvermutung zwingend. Wie bereits dargestellt[436], kann aus der alleinigen Kapitalmehrheit keine Herrschaftsposition des mit Anteilsmehrheit beteiligten Unternehmens hergeleitet werden. Die reine Kapitalmehrheit versetzt dessen Inhaber nicht in die für die Abhängigkeit[437] notwendige Lage, über die Personalgewalt auf der Ebene des Aufsichtsrates mittelbar auf die Entscheidungspolitik des Vorstandes Einfluss zu nehmen[438].

Folgerichtig genügt bei einer ohne gleichzeitiger Stimmrechtsmehrheit gegebenen Kapitalmehrheit für die Widerlegung der Vermutung der §§ 17 Abs. 2, 16 Abs. 1 Var. 1 AktG der Nachweis, dass – entgegen dem Regelfall – mit der dem Mehrheitsaktionär zustehenden Kapitalmehrheitsbeteiligung nicht auch eine Stimmrechtsmehrheit verbunden ist[439]. Wie im Rahmen der auf einer reinen Stimmrechtsmehrheit beruhenden Abhängigkeitsvermutung ist ausreichend, dass dem mit Kapitalmehrheit beteiligten Unternehmen eine Stimmrechtsausübung von weniger als fünfzig Prozent im Verhältnis zum Gesamtstimmrecht zusteht[440]. In diesem Fall verschafft die Anteilsmehrheit dem mit Mehrheit beteiligten Unternehmen die grundsätzlich mit der Kapitalmehrheit einhergehende Stimmrechtsmehrheit nicht.

Werden dagegen weitergehende Anforderungen an die Widerlegung der auf einer reinen Kapitalmehrheit beruhenden Abhängigkeitsvermutung gestellt[441], so

---

436 Siehe B.II.1.b).

437 Zum Begriff der Abhängigkeit vgl. bereits B.II.

438 Vgl. hierzu B.II.1.b).

439 *Barz*, in: FS Bärmann, S. 185 (187 f.); *Gessler*, DB 1965, 1691 (1696); *Haesen*, Der Abhängigkeitsbericht im faktischen Konzern, S. 46; *Koppensteiner*, in: KölnKomm AktG, § 17 Rdnr. 102; *Windbichler*, in: GroßKomm AktG, § 17 Rdnr. 74; *Mertens*, in: FS Beusch, S. 583 (585); *Geßler*, in: Geßler/Hefermehl/Eckardt/Kropff, § 17 Rdnr. 97; *Bausch*, Die Beteiligung von Banken an Nichtbanken und das Konzernrecht, S. 152 f. Hingegen nimmt *Krieger* ungeachtet seiner zutreffenden Annahme, die bloße Kapitalmehrheitsbeteiligung eröffne für sich genommen keinen beherrschenden Einfluss, an, die Widerlegung der Abhängigkeitsvermutung erfordere den Nachweis des Fehlens sonstiger Herrschaftsmittel (*ders.*, in: MünchHdb. AG, § 69 Rdnr. 60.).

440 Zur Herleitung des nur in begrenztem Umfang notwendigen Verzichts der Stimmrechtsausübung siehe bereits F.II.2.

441 Dies uneingeschränkt vertretend *Ziemons*, in: Hdb. der AG, I Rdnr. 12.148; 12.167; *Vetter*, in: Lutter/Schmidt, § 17 Rdnr. 53; *Koch*, in: Hüffer/Koch AktG, § 17 Rdnr. 19 f.; *Fett*, in: Heidelberger Kommentar AktG, § 17 Rdnr. 33; *Meilicke/Meilicke*, BB 1978, 406 (407); *Adler/Düring/Schmaltz*, in: Rechnungslegung, § 17 AktG Rdnr. 99; *v. Falkenhausen*, NJW

wird damit die bereits aufgezeigte[442] und notwendige Differenzierung zwischen der Widerlegung der vermuteten Abhängigkeit (Vermutungswiderlegungsvertrag) einerseits und der vertraglichen Bemühung um die Widerlegung der Abhängigkeit andererseits (Entherrschungsvertrag) aufgegeben[443]. Der Nachweis, dass weitere Beherrschungsmittel nicht vorliegen, ist allein für die Frage der Abhängigkeit aus § 17 Abs. 1 AktG von Relevanz, nicht auch für die Widerlegung der allein auf einer Anteilsmehrheit resultierenden Abhängigkeitsvermutung gemäß §§ 17 Abs. 2, 16 Abs. 1 Var. 1 AktG. Selbst wenn entgegen der vertretenen Auffassung[444] der bloßen Anteilsmehrheit eigenständige Herrschaftsmacht zugesprochen werden sollte, basiert die Vermutung der Abhängigkeit im Falle der §§ 17 Abs. 2, 16 Abs. 1 Alt. 1 AktG nicht auf Herrschaftsmitteln, die über die Anteilsmehrheit hinausgehend. Demzufolge ist auch deren Beseitigung nicht erforderlich, um die bezweckte Rechtsfolge herbeizuführen.

*Bayer*[445] rechtfertigt die Forderung nach dem Nachweis des Fehlens sonstiger Beherrschungsmittel gar mit der Schlussfolgerung, es sei im Falle einer bloßen Kapitalmehrheit naheliegend, dass beherrschender Einfluss im Wege kombinierter Beherrschung[446] ausgeübt werde. Eine derartige Schlussfolgerung ist keinesfalls zwingend, denn bei der durch Vorzugsaktien aufgebauten Kapitalmehrheit müssen keine weiteren Umstände tatsächlicher Art gegeben sein, die im Zusammenspiel mit der Beteiligung eine beherrschende Stellung begründen[447]. Insbesondere für den Fall, dass die Kapitalmehrheit ausschließlich auf stimmrechtslosen Vorzugsaktien beruht, ist das Vorliegen einer kombinierten Beherrschung kaum denkbar.

---

1973, 487 (489); *Hirschmann*, in: Hölters AktG, § 17 Rdnr. 16. Andere Stimmen in der Literatur schränken den Nachweis des Fehlens anderweitiger Beherrschungsmittel dagegen auf Situationen ein, in denen die in Mehrbesitz stehende Gesellschaft substantiierte Umstände vorträgt, die auf eine darüber hinausgehende Abhängigkeit schließen lassen (*Emmerich*, in: Emmerich/Habersack KonzernR, § 17 Rdnr. 39; *Bayer*, in: MünchKomm AktG, § 17 Rdnrn. 95 f.; dahingehende auch *Peres/Walden*, in: NomosKomm AktG, § 17 Rdnr. 19.) oder „Anhaltspunkte für anderweitige Beherrschungsmöglichkeiten bestehen" (*Krieger*, in: MünchHdb. AG, § 69 Rdnr. 60.).

442 Vgl. hierzu F.I.

443 Vgl. hierzu F.II.2.b).

444 Siehe die Ausführungen unter B.II.1.b).

445 *Bayer*, in: MünchKomm AktG, § 17 Rdnr. 95.

446 Zum Begriff der kombinierten Beherrschung vgl. B.II.2.; für die Anforderungen an die Widerlegung der Abhängigkeit vgl. F.V.

447 Im Ergebnis so auch *Koppensteiner*, in: KölnKomm AktG, § 17 Fn 290.

Es bleibt festzuhalten, dass im Anwendungsbereich ausschließlicher Kapitalmehrheit der Nachweis fehlender Stimmrechtsmehrheit in Bezug auf das Gesamtstimmrecht genügt, um die vermuteten Abhängigkeit aus §§ 17 Abs. 2, 16 Abs. 1 Alt. 1 AktG zu widerlegen.

## 2. Beseitigung der Beherrschung (Entherrschung)

Jedoch sind die Vertragsparteien in aller Regel auch daran interessiert, neben der Widerlegung der Vermutung eine tatsächliche Entherrschung herbeizuführen, um die mit der Abhängigkeit einhergehenden Rechtsfolgen[448] zu verhindern. Hierfür ist der soeben dargestellte Nachweis des mit Kapitalmehrheit beteiligten Unternehmens nicht ausreichend, weniger Stimmrechte als fünfzig Prozent im Verhältnis zur Gesamtstimmenanzahl ausüben zu können. Die Anforderungen, die an eine Widerlegung der Abhängigkeit zu stellen sind, hängen dabei von dem Umstand ab, ob die die Kapitalmehrheit begründenden Anteile des Mehrheitsaktionärs-Unternehmens allesamt oder nur in Teilen stimmrechtslos ausgestaltet sind.

### *a) Kapitalmehrheit verbunden mit einer Stimmrechtsminderheit*

Zunächst soll die Situation beleuchtet werden, bei der sich die Kapitalmehrheit des vermutet herrschenden Unternehmens sowohl aus stimmrechtslosen Vorzugsaktien, als auch aus Anteilen zusammensetzt, die zur Ausübung des Stimmrechts berechtigen. Dabei kann die Höhe des ausübbaren Stimmrechts – in Abgrenzung zur kumulativen Stimmrechts- und Kapitalmehrheit[449] – allerdings höchstens fünfzig Prozent im Verhältnis zum Gesamtstimmrecht betragen.

Lässt man die Fallgruppe der kombinierten Beherrschung[450] für die Frage der Abhängigkeit aus § 17 Abs. 1 AktG außer Betracht, so sind zwei Faktoren maßgeblich. Zum einen spielt die regelmäßige Hauptversammlungspräsenz der vermutet abhängigen Aktiengesellschaft eine entscheidende Rolle. Zum anderen kommt der Höhe des Stimmrechts, das durch das vermutet herrschende Unternehmen ausgeübt werden kann, maßgebliche Bedeutung zu. Das Zusammenspiel von regelmäßiger Hauptversammlungspräsenz einerseits und Stimmrechtsanteil andererseits entscheidet somit über die Frage der Abhängigkeit.

---

448 Vgl. hierzu B.III. und F.I.

449 Zu den Anforderungen bei kumulativ vorliegender Stimmrechts- und Anteilsmehrheit vgl. unter F.IV.2.

450 Vgl. F.V. und I.VI.

Zwar kommt dem vermutet herrschenden Unternehmen nicht die absolute Stimmrechtsmehrheit zu. Angesichts der durchschnittlichen Hauptversammlungspräsenz deutscher Aktiengesellschaften zwischen fünfzig und sechzig Prozent[451] müsste die Unternehmensleitung[452] des vermutet abhängigen Unternehmens dennoch ab einer gewissen Stimmrechtsquote befürchten, dass dem vermutet herrschende Unternehmen aufgrund der regelmäßig vorliegenden faktischen Hauptversammlungsmehrheit Personalentscheidungsgewalt zukommt. Die nach § 17 Abs. 1 AktG geforderte Möglichkeit zur Herrschaftsausübung beinhaltet auch eine gewisse Wahrscheinlichkeit[453] in Form einer Intensität der Ausübbarkeit von Personalentscheidungsgewalt. Demzufolge werden die Leitungsorgane der in Mehrbesitz stehenden Aktiengesellschaft ihre Geschäftspolitik umso eher den Interessen des vermutet herrschenden Unternehmens anpassen, je niedriger die durchschnittliche Hauptversammlungspräsenz ausfällt und je mehr sich der Stimmrechtsanteil des Kapitalmehrheitsaktionärs der Grenze der durchschnittlichen Hauptversammlungspräsenz oder gar der absoluten Stimmrechtsmehrheit annähert[454].

Jedenfalls kann aufgrund der Erfahrungen mit dem Interesse der Anteilseigner an der Teilnahme der Hauptversammlungen der vermutet abhängigen Gesellschaft in der näheren Vergangenheit im Einzelfall ein bestimmter Richtwert ermittelt werden[455]. Der *BGH* hat beispielsweise im Falle der Volkswagen AG bei einer über mehrere Jahre hinweg gegebenen, durchschnittlichen Hauptversammlungspräsenz von siebenunddreißig Prozent eine Beteiligung des Landes Niedersachsen von zwanzig Prozent für eine herrschende Stellung ausreichen lassen[456]. Kommt dem Kapitalmehrheitsaktionär also bei Berücksichtigung der durchschnittlichen Hauptversammlungspräsenz eine sichere Hauptversammlungsmehrheit zu, so ist

451 Siehe hierzu F.II.2.b).

452 Für die Beurteilung der Abhängigkeit aus der Perspektive der Unternehmensleitung vgl. nur F.II.

453 *Krieger*, in: FS Semler, S. 503 (505); *Adler/Düring/Schmaltz*, in: Rechnungslegung, § 17 AktG Rdnr. 13; *Koppensteiner*, in: KölnKomm AktG, § 17 Rdnr. 21.

454 Darauf ebenfalls hinweisend: *Emmerich*, in: Emmerich/Habersack KonzernR, § 17 Rdnr. 18.

455 Dahingehend auch: BGH, Urteil vom 13.10.1977, II ZR 123/76, NJW 1978, 104 (107); OLG Düsseldorf, Urteil vom 22.07.1993, 6 U 84/92, DB 1993, 2222 (2223); *Koppensteiner*, in: KölnKomm AktG, § 17 Rdnr. 41.

456 BGH, Urteil vom 17.03.1997, II ZB 3/96, NJW 1997, 1855 (1857), so auch BGH, Urteil vom 15.12.2011, II ZR 123/76, AG 2012, 594 (595).

der Abschluss eines Entherrschungsvertrages erforderlich, um die dadurch begründete Abhängigkeit[457] zu beseitigen.

Zwar mag die Unternehmensleitung des in Mehrbesitz stehenden Unternehmens bei sehr geringen Stimmrechtsanteilen des vermutet herrschenden Unternehmens und einer regelmäßig hohen Hauptversammlungspräsenz keine unmittelbare Gefahr der Personalentscheidungsgewalt des vermutet herrschenden Unternehmens sehen. Dennoch sollte – unabhängig von der Quote des Stimmrechtsanteils des mit Kapitalmehrheit beteiligten Unternehmens – ein Entherrschungsvertrag mit denselben inhaltlichen Anforderungen wie bei einer ausschließlichen Stimmrechtsmehrheit[458] abgeschlossen werden, um die Abhängigkeit aus § 17 Abs. 1 AktG zu widerlegen. Durch einen Entherrschungsvertrag wird der Unternehmensleitung des vermutet abhängigen Unternehmens die Sicherheit gegeben, dass dem mit Kapitalmehrheit beteiligten Unternehmen auch bei noch so geringer Hauptversammlungspräsenz keine Hauptversammlungsmehrheit und damit keine Personalentscheidungsgewalt zukommen wird.

Der Kapitalmehrheitsaktionär sollte auf sein Stimmrecht in Höhe von fünfzig Prozent plus einer Stimme für den Beschlussgegenstand der Bestellung und in Höhe von fünfundzwanzig Prozent plus einer Stimme für den Beschlussgegenstand der Abberufung der Mehrheit der Aufsichtsratsmitglieder, jeweils bezogen auf die jeweilig vorliegende Hauptversammlungspräsenz, verzichten[459]. Dabei muss innerhalb der Vertragslaufzeit des Entherrschungsvertrages zumindest eine Bestellung der Mehrheit der Aufsichtsratsmitglieder und eine Bestellung der Vorstandsmitglieder stattfinden, ohne dass zuvor eine ordentliche Kündigung des Vertragsverhältnisses möglich ist[460]. Weitergehende Anforderungen, sei es die Absicherung der Vertragstreue oder gar eine bestimmte Motivation des am Kapital mehrheitlich beteiligten Aktionärs, bestehen ebenso wenig wie für die Fallgruppe der alleinigen Stimmrechtsmehrheit[461].

---

457 So auch BGH, Urteil vom 13.10.1977, II ZR 123/76, NJW 1978, 104 (107); *Emmerich*, in: Emmerich/Habersack KonzernR, § 17 Rdnr. 19; *Schall*, in: Spindler/Stilz AktG, § 17 Rdnr. 30; *Weßling*, in: Praxishandbuch Handels- und Gesellschaftsrecht, § 9 Rdnr. 20.

458 Vgl. hierzu F.II.

459 Zur Begründung vgl. die Ausführungen unter F.II.1. und F.II.2.

460 F.II.3. und F.II.4.

461 Siehe hierzu F.II.6. und F.II.7.

### *b) Kapitalmehrheit ohne Stimmrecht*

Setzten sich die Aktien des mit Anteilsmehrheit beteiligten Unternehmens ausschließlich aus stimmrechtslosen Vorzugsaktien zusammen und liegt auch kein Fall kombinierter Beherrschung vor[462], so besteht keine Möglichkeit der Herrschaftsausübung durch das mit Kapitalmehrheit beteiligte Unternehmen[463]. Kommt dem vermutet herrschenden Unternehmen eine Herrschaftsposition erst gar nicht zu, so bedarf es auch keiner vertraglichen Regelung zur Widerlegung derselben.

Aus diesem Grund sollten das mit Kapitalmehrheit beteiligte Unternehmen und das in Mehrbesitz stehende Unternehmen lediglich einen Vertrag zur Widerlegung der aus §§ 17 Abs. 2, 16 Abs. 1 Alt. 1 AktG resultierenden Abhängigkeitsvermutung, die auch ohne Stimmrecht eingreift, abschließen, um die ursprüngliche Beweislastverteilung wiederherzustellen. Hierfür genügt der Nachweis, dass die Kapitalmehrheit im konkreten Einzelfall keine Stimmrechtsmehrheit begründet.

## IV. Kumulative Stimmrechts- und Anteilsmehrheit

Baut die Abhängigkeitsvermutung – wie im Regelfall – kumulativ sowohl auf Stimmrechts- als auch auf Anteilsmehrheit auf, so stellt sich die Frage, ob sich hieraus modifizierte Anforderungen an eine Vermutungswiderlegung aus §§ 17 Abs. 2, 16 Abs. 1 AktG oder eine Widerlegung der Abhängigkeit (§ 17 Abs. 1 AktG) ergeben.

Zum Teil wird angenommen, dass eine positive Regelung für das Fehlen anderweitiger Beherrschungsmerkmale erforderlich ist[464], um die Abhängigkeitsvermutung aus § 17 Abs. 2 AktG zu widerlegen, ohne dass zwischen den Voraussetzungen für eine Vermutungswiderlegung und einer vertraglichen Entherrschung oder den unterschiedlichen Varianten der Abhängigkeitsvermutung

---

462 Zu den Anforderungen im Anwendungsbereich der kombinierten Beherrschung vgl. F.V.

463 Vgl. bereits B.II.1.b).

464 *Bayer*, in: MünchKomm AktG, § 17 Rdnr. 95; *Koch*, in: Hüffer/Koch AktG, § 17 Rdnrn. 19 f., Rdnr. 53; einschränkend nur für den Fall substantiierter Anhaltspunkte für das Vorliegen weiterer, die Abhängigkeit begründender Merkmale einen Nachweis fordernd: *Emmerich*, in: Emmerich/Habersack KonzernR, § 17 Rdnr. 39 und *Krieger*, in: MünchHdb. AG, § 69 Rdnrn. 60 f.

differenziert wird. Einmal mehr[465] kann die Frage nicht beantwortet werden, ohne auf die von den Parteien beabsichtigte Reichweite der vertraglichen Regelung einzugehen.

## 1. Widerlegung der Abhängigkeitsvermutung

Überlegungen zu weiteren Erfordernissen erscheinen für die behandelte Fallkonstellation nicht fernliegend zu sein, da die Vermutung der Abhängigkeit sowohl auf einer Stimmrechtsmehrheit als auch auf einer Anteilsmehrheit beruht.

Jedoch führt die Kapitalmehrheit als solche noch nicht zu einer eigenständigen Beherrschungsmöglichkeit durch den Kapitalmehrheitsaktionär[466]. Daher genügt auch der Nachweis, dass eine Stimmrechtsmehrheit für die maßgeblichen Beschlussgegenstände[467] nicht gegeben ist, um die Abhängigkeitsvermutung zu widerlegen, die durch eine reine Kapitalmehrheit ausgelöst wurde[468].

Derselbe Nachweis muss für die Variante der isolierten Stimmrechtsmehrheit geführt werden, wobei dies aufgrund der tatsächlich gegebenen Stimmrechtsmehrheit durch einen partiellen Stimmrechtsverzicht für die Beschlussgegenstände der Bestellung und Abberufung der Mehrheit der Aufsichtsratsmitglieder[469] in Höhe von fünfzig Prozent plus einer Stimme im Verhältnis zum Gesamtstimmrecht[470] erfolgt.

Für die Anforderung, die an die Widerlegung der Abhängigkeitsvermutung aus §§ 17 Abs. 2, 16 Abs. 1 AktG zu stellen sind, macht es demnach keinen Unterschied, ob die Vermutung ausschließlich durch eine Stimmrechtsmehrheit oder durch eine kumulativ gegebene Stimmrechts- und Anteilsmehrheit ausgelöst wird. In beiden Fällen ist ein Stimmrechtsverzicht in Höhe von fünfzig Prozent minus einer Stimme in Bezug auf das Gesamtstimmrecht für die Bestellung und Abberufung der Mehrheit der Aufsichtsratsmitglieder erforderlich[471]. Dabei müssen auch die dargelegten Anforderungen an die Mindestdauer und

---

465 Zum Erfordernis der Differenzierung zwischen der reinen Widerlegung der Abhängigkeitsvermutung und der vertraglich Widerlegung der Abhängigkeit vgl. bereits F.I.

466 Vgl. hierzu insbesondere B.II.1.b).

467 Siehe hierzu F.II.1.

468 Vgl. F.III.1.

469 Siehe F.II.1.

470 Vgl. hierzu F.II.2.b).

471 An dieser Stelle kann auf die Ausführungen unter F.II.1. und F.II.2. verwiesen werden.

die Kündigungsmöglichkeit des Vertrages beachtet werden[472]. Weitergehende Voraussetzungen, namentlich Maßnahmen zur Absicherung der Vertragstreue oder eine besondere Motivation des vermutet herrschenden Unternehmens, sind an den Vertrag zur Widerlegung der Abhängigkeitsvermutung dagegen nicht zu stellen[473].

### 2. Beseitigung der Beherrschung (Entherrschung)

Entsprechend verhält es sich mit den Voraussetzungen, die für einen Vertrag zu fordern sind, durch den die Abhängigkeit beseitigt werden soll, die aus einer kumulativen Stimmrechts- und Anteilsmehrheit resultiert (§ 17 Abs. 1 AktG). Kann aus der Kapitalmehrheit keine Machtposition begründet werden, die über die aus der Stimmrechtsmehrheit abgeleitete Herrschaftsmacht hinausgeht, so sind an die Widerlegung im Vergleich zur alleinigen Stimmrechtsmehrheit auch keine weiterreichenden Anforderungen zu stellen. Für den zwingenden Inhalt des Vertrages und die argumentative Herleitung dieser Anforderungen kann somit auf die Ausführungen zur alleinigen Stimmrechtsmehrheit verwiesen werden[474].

## V. Anforderungen bei kombinierter Beherrschung

Letztlich verbleibt noch die Fallgruppe der kombinierten Beherrschung[475]. Ist der Stimmrechtsanteil des mit Mehrheit beteiligten Unternehmens nicht derart ausgeprägt, dass eine absolute Stimmrechtsmehrheit oder zumindest eine für gewisse Dauer gesicherte, faktische Hauptversammlungsmehrheit[476] gegeben ist, so kann sich eine Beherrschung nur durch Hinzutreten weiterer, faktischer Umstände ergeben.

Steht dem Unternehmen, das aufgrund kombinierter Beherrschung als herrschendes Unternehmen im Sinne des § 17 Abs. 1 AktG eingestuft werden muss, keine Stimmrechts- und/oder Anteilsmehrheit zu, so kann der Abschluss eines Entherrschungsvertrages mit den dargelegten Inhalten nicht zu einer Entherrschung führen. Vielmehr bedarf es anderer Mittel, die im Folgenden in aller Kürze beleuchtet werden sollen.

---

472 Vgl. hierzu F.II.3. und F.II.4.

473 Zur argumentativen Auseinandersetzung vgl. F.II.6. und F.II.7.

474 Siehe F.II.

475 Für die Frage der Begründung von Abhängigkeit in dieser Fallkonstellation vgl. die Ausführungen unter B.II.2.

476 Hierzu schon F.II.2.a).

## 1. Widerlegung der vermuteten Abhängigkeit

Es mag verwundern, dass auch im Anwendungsbereich kombinierter Beherrschung eine vertragliche Widerlegung vermuteter Abhängigkeit möglich ist. Wie bereits dargelegt, wird im Falle alleiniger Anteilsmehrheit ohne hiermit einhergehender Stimmrechtsmehrheit keine Abhängigkeit des in Mehrbesitz stehenden Unternehmens begründet[477]. Ebenso verhält es sich im Falle von abweichenden Satzungsregelungen, die für die maßgeblichen Beschlussgegenstände erhöhte Quoren für die Beschlussfassung oder die Beschlussfähigkeit vorsehen. Gleichwohl löst die Anteilsmehrheit bereits für sich genommen den Vermutungstatbestand der §§ 17 Abs. 2, 16 Abs. 1 Alt. 1 AktG aus.

An die Widerlegung dieser Vermutung sind, da es allein der Beseitigung der die Vermutung auslösenden Umstände bedarf, jedoch dieselben Anforderungen zu stellen wie im Falle bloßer Anteilsmehrheit. Demzufolge genügt der vertragliche Nachweis, dass mit der Anteilsmehrheit eine Stimmrechtsmehrheit nicht verbunden ist[478].

## 2. Beseitigung bestehender Abhängigkeit (Entherrschung)

Führt die Kombination aus einer Stimmrechtsminderheit (bzw. Stimmrechtsmehrheit bei statutarisch qualifizierten Mehrheiten[479]) und den tatsächlichen Umständen im Einzelfall zu einer kombinierten Beherrschung im Sinne des § 17 Abs. 1 AktG, so ist der Abschluss eines Entherrschungsvertrages kein geeignetes Mittel, um eine Entherrschung herbeizuführen. Vielmehr müssen die tatsächlichen Umstände beseitigt werden, die die Minderheitsbeteiligung zu einer herrschenden Stellung verstärken[480].

Im Falle einer personellen Verflechtung der Leitungs- und Aufsichtsorgane der beiden Gesellschaften bedarf es daher beispielsweise der Vornahme einer aktiven Entflechtung. Sind Teile des Vorstandes oder des Aufsichtsrates mit Interessenvertreter des herrschenden Unternehmens besetzt, so bedarf es entweder der Abberufung dieser Vorstandsmitglieder durch den Aufsichtsrat oder einer Amtsniederlegung durch das Organmitglied selbst. Für die Abberufung von Vorstandsmitgliedern ist jedoch § 84 Abs. 3 S. 1 AktG zu berücksichtigen,

---

477 Vgl. hierzu mit ausführlicher Auseinandersetzung B.II.1.b).

478 Siehe F.III.1.

479 Siehe F.II.2.c).

480 Im Ergebnis so auch *Becker*, der die Frage weiterer Beherrschungsmittel jedoch unter dem Aspekt der Seriosität des Vertragsschlusses abhandelt (*ders.*, in FS Möschel, S. 1119 (1120)).

wonach eine vorzeitige Abberufung nur bei Vorliegen eines wichtigen Grundes möglich ist.

Im Gegensatz hierzu ist eine vertragliche Verpflichtung zur Vornahme der notwendigen Entflechtungsmaßnahmen nicht zielführend. Wie bereits aufgezeigt, bedarf es für die Abberufung von Vorstandsmitgliedern eines wichtigen Grundes. Aufsichtsratsmitglieder können gemäß § 103 Abs. 1 S. 1 AktG nur aufgrund eines mehrheitlichen Beschlusses von drei Viertel der abgegebenen Stimmen vorzeitig durch die Hauptversammlung abberufen werden. Da dem herrschenden Minderheitsaktionär diese Mehrheit in der Hauptversammlung der abhängigen Aktiengesellschaft regelmäßig nicht zukommt, entfaltet eine entsprechende Verpflichtung im Hinblick auf das Abhängigkeitsverhältnis auch keine rechtliche Wirkung.

Kommt dem herrschenden Unternehmen für die Besetzung des Aufsichtsrates ein statutarisches Entsendungsrechts zu[481], bedarf es schließlich einer Satzungsänderung. Das Entsendungsrecht stellt ein Sonderrecht im Sinne des § 35 BGB dar[482] und kann allein durch Satzungsänderung aufgehoben oder eingeschränkt werden[483], wobei hierfür zwingend die Zustimmung des Betroffenen erforderlich ist. Ein vertraglicher Verzicht des herrschenden Aktionärs genügt demzufolge ebenso wenig zur Herbeiführung einer Entherrschung.

Es zeigt sich, dass Entherrschungsverträge im Fall kombinierter Beherrschung ausschließlich Wirkung entfalten können, wenn tatsächliche Umstände, die eine Abhängigkeit auch in Verbindung mit einer Minoritätsbeteiligung begründen können, nicht vorliegen oder vor Abschluss des Entherrschungsvertrages beseitigt werden[484]. Einer vertraglichen Regelung sind diese Umstände hingegen nicht zugänglich.

---

481 Zu den rechtlichen Grenzen des Entsendungsrechts in der Satzung der Aktiengesellschaft vgl. § 101 Abs. 2 AktG.

482 *Mertens/Cahn*, in: KölnKomm AktG, § 101 Rdnr. 51; *Habersack*, in: MünchKomm AktG, § 101 Rdnr. 31; *Koch*, in: Hüffer/Koch AktG, § 101 Rdnr. 10; *Spindler*, in: Spindler/Stilz AktG, § 101 Rdnr. 50; *Drygala*, in: Schmidt/Lutter AktG, § 101 Rdnr. 13.

483 Vgl. die Nachweise in Fn 482.

484 Zur Frage der Dauer der herrschaftsausschließenden Wirkung bzw. zum Eintreten der bezweckten Rechtsfolge im Sonderfall der kombinierten Beherrschung vgl. I. VI.1. und I.VI.2.

## VI. Ergebnis

Die an einen Entherrschungsvertrag zu stellenden inhaltlichen Anforderungen sind – mit Ausnahme des Anwendungsbereichs der kombinierten Beherrschung[485] – für die Alternativen der Stimmrechts- und/oder Anteilsmehrheit deckungsgleich. So muss das (vermutet) herrschende Unternehmen auf die mehrheitliche Ausübung des Stimmrechts für die Beschlussgegenstände der Bestellung und Abberufung der Mehrheit der Aufsichtsratsmitglieder verzichten.

Dabei hängt die Definition der mehrheitlichen Ausübung maßgeblich von der Reichweite ab, die die Parteien der vertraglichen Regelung beimessen wollen. Begnügen diese sich mit einer Umkehr der Beweislast aus § 17 Abs. 2 AktG, so genügt der Verzicht auf die mehrheitliche Stimmausübung in Bezug auf das Gesamtstimmrecht. Sind die Vertragsparteien jedoch daran interessiert, die vorhandene Abhängigkeit (§ 17 Abs. 1 AktG) zu beseitigen, so muss der vertragliche Stimmrechtsausübungsverzicht variabel ausgestaltet sein und für die Wahl der Mehrheit der Aufsichtsratsmitglieder eine Hauptversammlungsmehrheit und für die Abberufung eine qualifizierte Hauptversammlungsmehrheit von fünfundsiebzig Prozent des herrschenden Unternehmens verhindern.

Dieser Verzicht allein kann jedoch weder eine tatsächlich gegebene Abhängigkeit beseitigen noch deren Vermutung widerlegen. Vielmehr muss bereits zum Zeitpunkt des Vertragsschlusses feststehen, dass während der Laufzeit des Entherrschungsvertrages zumindest je eine Bestellung der Vorstandsmitglieder und der Mehrheit der Aufsichtsratsmitglieder stattfinden wird. Die Festsetzung einer Mindestvertragsdauer von fünf Jahren ist dabei wegen der gesetzlich festgelegten Amtszeithöchstdauer der betreffenden Organmitglieder jedenfalls ausreichend. Für den wirksamen Eintritt der mit dem Vertrag bezweckten Rechtsfolgen muss für diesen Zeitraum das Recht des herrschenden Unternehmens zur ordentlichen Kündigung ausgeschlossen sein.

Weitergehende Anforderungen, insbesondere eine Absicherung der Vertragstreue des herrschenden Unternehmens oder eine bestimmte Motivation zum Vertragsschluss sind für eine wirksame Entherrschung bzw. zur Widerlegung der vermuteten Abhängigkeit nicht erforderlich.

485 Vgl. die Ausführungen unter F.V.2.

Im Bereich der kombinierten Beherrschung ist der Abschluss eines Entherrschungsvertrages in aller Regel nicht zielführend. Vielmehr müssen die tatsächlichen Umstände, die in Kombination mit einer Minderheitsbeteiligung die Beherrschung begründen, aktiv beseitigt werden. Nur für den Fall, dass Elemente kombinierter Beherrschung neben einer Mehrheitsbeteiligung gegeben sind, bedarf es über die Beseitigung der tatsächlichen Elemente hinaus noch des Abschlusses eines Entherrschungsvertrages. Dessen Inhalt ist in diesem Fall identisch mit dem Inhalt bei Vorliegen einer Stimmrechts- und/oder Anteilsmehrheit.

# G. Satzungsermächtigung, Form- und Publizitätserfordernisse

Die Erkenntnisse über die inhaltlichen Anforderungen an die Beseitigung der Abhängigkeit aus § 17 Abs. 1 und der Widerlegung der Abhängigkeitsvermutung aus §§ 17 Abs. 2, 16 Abs. 1 AktG sagen nichts darüber aus, welche Anforderungen an die Satzung des (vermutet) herrschenden Unternehmens zu stellen sind und welche Voraussetzungen in formeller Hinsicht oder zur Erfüllung von Publizitätsvorschriften erforderlich sind.

## I. Anforderungen an die Satzung

Fraglich ist, ob für den Abschluss eines Entherrschungsvertrages Besonderheiten für die Ausgestaltung der Satzung des vermutet herrschenden Unternehmens gelten. Dabei ist zu berücksichtigen, dass das mehrheitlich beteiligte Unternehmen nicht in einer bestimmten Rechtsform organisiert sein muss[486], sodass im Folgenden zwischen den einzelnen Gesellschaftsformen differenziert wird.

### 1. Kapitalgesellschaften als herrschende Gesellschaft

Handelt es sich bei dem (vermutet) herrschenden Unternehmen um eine Aktiengesellschaft, so muss die Satzung nach § 23 Abs. 3 Nr. 2 Hs. 1 AktG den Unternehmensgegenstand der Gesellschaft definieren. In § 3 Abs. 1 Nr. 2 GmbHG findet sich für den Gesellschaftsvertrag bei der GmbH eine entsprechende Norm. Schließt die vermutet herrschende Kapitalgesellschaft als Mehrheitsaktionär mit der beherrschten Aktiengesellschaft einen die Abhängigkeit tatsächlich beseitigenden Entherrschungsvertrag, so tangiert dies den Gegenstand des Unternehmens. Die aus der Möglichkeit der Einflussnahme auf die Unternehmensleitung folgende unternehmerische Beteiligung reduziert sich für den Zeitraum der entherrschenden Wirkung[487] auf eine rein kapitalistische Beteiligung, sodass der Unternehmensgegenstand in der Statutenregelung der herrschenden Gesellschaft für den Fall, dass

---

486 Vgl. zur rechtsformunabhängigen Begrifflichkeit des abhängigen Unternehmens bereits unter A.

487 Zur Frage der Dauer der die Beherrschung ausschließenden Wirkung vgl. I.

die Mehrheitsbeteiligung den einzigen Vermögensgegenstand der herrschenden Gesellschaft darstellt, als rein kapitalistisch bezeichnet sein muss[488].

Ungeachtet dessen hat eine unterbliebene Satzungsänderung keinen Einfluss auf die Wirksamkeit des Entherrschungsvertrages oder den Eintritt der entherrschenden Wirkung. Da die dem anglo-amerikanischen Rechtskreis entstammende „Ultra-Vires-Doktrin", die die Rechtsfähigkeit von Gesellschaften auf den durch Gesetz oder Statut festgelegten Verbandszweck begrenzt, im deutschen Gesellschaftsrecht keine Anwendung findet[489], stehen selbst anders lautende Bestimmungen im Gesellschaftsvertrag einer wirksamen Verpflichtung der herrschenden Gesellschaft aus dem Entherrschungsvertrag nicht entgegen.

Zwar bildet der Unternehmensgegenstand (§ 23 Abs. 3 Nr. 2 AktG, § 3 Abs. 1 Nr. 2 GmbHG) zugleich auch die Grenze der Geschäftsführungsbefugnis des Vorstandes nach § 82 Abs. 2 AktG bzw. des Geschäftsführers der Gesellschaft nach § 37 Abs. 1 GmbHG[490]. Dies hat zur Folge, dass das jeweilige Exekutivorgan bei fehlender Satzungsermächtigung im Innenverhältnis gegenüber den Gesellschaftern zum Abschluss eines Entherrschungsvertrages nicht berechtigt ist und sich möglicherweise gegenüber der Gesellschaft aus § 93 Abs. 2 AktG bzw. § 43 Abs. 2 GmbHG schadenersatzpflichtig macht.

Hiervon strikt zu trennen ist jedoch die Frage der Vertretungsmacht des Organs im Außenverhältnis und damit die wirksame Verpflichtung des herrschenden Unternehmens aus der vertraglichen Vereinbarung[491]. Die dem Leitungsorgan der Gesellschaft aus § 78 Abs. 1 AktG und § 35 Abs. 1 GmbHG

---

488 Erstmals *Hommelhoff*, Die Konzernleitungspflicht, S. 84 f.; so auch *Koppensteiner*, in: KölnKomm AktG, § 17 Rdnr. 114; *Vetter*, in: Schmidt/Lutter AktG, § 17 Rdnr. 64; *Adler/Düring/Schmaltz*, in: Rechnungslegung, § 17 AktG Rdnr. 119; *Schall*, in: Spindler/Stilz AktG, § 17 Rdnr. 52; *Raiser/Veil*, in: Recht der Kapitalgesellschaften, § 51 Rdnr. 59; *Bayer*, in: MünchKomm AktG, § 17 Rdnr. 109; *Krieger*, in: MünchHdb. AG, § 69 Rdnr. 63; *Ziemons*, in: Hdb. der AG, I Rdnr. 12.158; *Kropff*, ZGR 1984, 112 (128); *Rehbinder*, ZHR 147 (1983), 464 (468); *Holzborn*, in: Spindler/Stilz AktG, § 179 Rdnr. 66; **offen lassend**: *Emmerich*, in: Emmerich/Habersack KonzernR, § 17 Rdnr. 44; *Windbichler*, in: GroßKomm AktG, § 17 Rdnr. 82; ausdrücklich **ablehnend** dagegen: *Jäger*, DStR 1995, 1113 (1117).

489 Zur Ultra-Vires-Doktrin im deutschen Gesellschaftsrecht und zur Ablehnung derselben vgl. nur *Karsten Schmidt*, in: Gesellschaftsrecht, § 8 V.2, S. 214 ff. und die Begründung des Regierungsentwurfs bei *Kropff*, Aktiengesetz 1965, S. 103.

490 Siehe hierzu auch *Pentz*, in: MünchKomm AktG, § 23 Rdnr. 78; *Koch*, in: Hüffer/Koch AktG, § 23 Rdnr. 21.

491 Zur Frage des Erfordernisses eines Zustimmungsbeschlusses durch die Hauptversammlung und sich hieraus eventuell ergebender Auswirkungen vgl. unter H.II.1.

zukommende, unbeschränkte Vertretungsmacht ist im Außenverhältnis gemäß § 82 Abs. 1 AktG bzw. § 37 Abs. 2 GmbHG unbeschränkbar. Demzufolge kann selbst die mangelnde Berechtigung der Geschäftsführung die Vertretungsbefugnis zum Abschluss eines Entherrschungsvertrages nicht beschränken[492]. Der Frage der Satzungsermächtigung bzw. der Regelung im Gesellschaftsvertrag kommt daher für den Entherrschungsvertrag nur eine untergeordnete Bedeutung zu[493].

Die Forderung nach einer diesbezüglichen Regelung in den Statuten der Kapitalgesellschaft beschränkt sich zudem auf einen Vertrag, der die Abhängigkeit beseitigt. Beabsichtigen die Parteien, die Abhängigkeitsvermutung aus §§ 17 Abs. 2, 16 Abs. 1 AktG zu widerlegen, so geht damit keine Veränderung des Unternehmensgegenstandes einher. Liegt tatsächlich eine Beherrschung im Sinne des § 17 Abs. 1 AktG vor, so bewirkt der Abschluss des Vermutungswiderlegungsvertrages keine Veränderung der beherrschenden Stellung der Gesellschaft und hat demzufolge auch keine Auswirkung auf den Unternehmensgegenstand. Ebenso verhält es sich, wenn eine Abhängigkeit von Beginn an nicht gegeben ist, da der Vertrag keinerlei Einfluss auf die Art der Beteiligung als Unternehmensgegenstand hat.

## 2. Personenhandelsgesellschaften als herrschende Gesellschaft

Ist die herrschende Gesellschaft dagegen in der Rechtsform der Personenhandelsgesellschaft[494] organisiert, so ist im Gegensatz zu den Kapitalgesellschaften auch im Innenverhältnis eine Regelung des Unternehmensgegenstandes nicht zwingend gesetzlich gefordert, gleichwohl jedoch regelmäßig gegeben. Selbst für den Fall einer entgegenstehenden gesellschaftsvertraglichen Regelung im Innenverhältnis ist

---

492 *Pentz*, in: MünchKomm AktG, § 23 Rdnr. 86; *Röhricht*, in: GroßKomm AktG, § 23 Rdnr. 83; *Holzborn*, in: Spindler/Stilz AktG, § 179 Rdnr. 56; *Seibt*, in: Schmidt/Lutter AktG, § 23 Rdnr. 38; eine Ausnahme hiervon gilt lediglich bei Vorliegen der Grundsätze des Missbrauchs der Vertretungsmacht, die im Falle von Evidenz oder Kollusion gegeben sind (vgl. hierzu für den speziellen Anwendungsbereich des Vorstandes: *Koch*, in: Hüffer/Koch AktG, § 82 Rdnrn. 6 ff.; *Seibt*, in: Schmidt/Lutter AktG, § 23 Rdnr. 38; für organschaftliche Vertretungsmacht generell: *Karsten Schmidt*, in: Gesellschaftsrecht, § 10 II.2.

493 Ähnlich *Windbichler*, in: GroßKomm AktG, § 17 Rdnr. 82; *Adler/Düring/Schmaltz*, in: Rechnungslegung, § 17 AktG Rdnr. 119; *Koppensteiner*, in: KölnKomm AktG, § 17 Rdnr. 114; vgl. dennoch zur sich anschließenden Frage, inwieweit die fehlende Reglung in der Satzung bzw. im Gesellschaftsvertrag durch einen Gesellschafterbeschluss ersetzt werden kann oder ein Gesellschafterbeschluss zur Herbeiführung einer Satzungsänderung erforderlich ist unter H.IV.

494 Zur Besonderheit der herrschenden Gesellschaft in der Form einer Personengesellschaft vgl. die Ausführungen unter K.III.4.

eine Vertretungsmacht, die dem geschäftsführenden Gesellschafter eingeräumt ist, gemäß § 126 Abs. 2 HGB (i.V.m. § 161 Abs. 2 HGB) im Rechtsverkehr gegenüber Dritten unbeschränkt und unbeschränkbar. Gesellschaftsvertragliche Regelungen schlagen folglich ebenso wenig auf die Wirksamkeit eines Entherrschungsvertrages durch, der nicht im Einklang mit dem Unternehmensgegenstand des Gesellschaftsvertrages steht.

### 3. Außen-GbR als herrschende Gesellschaft

Anders verhält es sich jedoch im – wenngleich seltenen – Fall der Beherrschung durch eine werbende Außengesellschaft[495] bürgerlichen Rechts. Die Vertretungsmacht des vertretungsberechtigten Gesellschafters richtet sich ausschließlich nach den getroffenen Regelungen im Gesellschaftsvertrag[496]. Die von einer Mindermeinung[497] herangezogene Analogie zu § 126 Abs. 2 HGB ist mit der herrschenden Lehre abzulehnen[498].

Demzufolge kann der Gesellschaftsvertrag die Vertretungsmacht der Gesellschafter mit Rechtswirkung nach außen beschränken. Für die rechtswirksame Verpflichtung der herrschenden GbR ist demzufolge – mit Ausnahme von Anscheins- oder Duldungsvollmachten – entweder eine unbeschränkte Vertretungsmacht oder eine ausdrückliche Ermächtigung des vertragsschließenden Gesellschafters im Gesellschaftsvertrag erforderlich.

## II. Formerfordernisse

In Zusammenhang mit der Absicherung der Vertragstreue und der Ernsthaftigkeit des Vertragsschlusses[499] steht die Frage, ob für einen wirksamen Abschluss des Entherrschungsvertrages eine besondere Form einzuhalten ist.

---

495 Die GbR als reine Innengesellschaft kommt mangels Rechtsfähigkeit nicht als Partei eines Entherrschungsvertrages in Betracht. Zur Rechtsfähigkeit der nach außen tätig werdenden Gesellschaft bürgerlichen Rechts grundlegend: BGH, Urteil vom 29.01.2001, II ZR 331/00, NJW 2001, 1056 ff.

496 Vgl. nur *Schäfer*, in: MünchKomm BGB, § 714 Rdnr. 24; *Armbrüster*, ZGR 2005, 34 (38 f.); *Canaris*, ZGR 2004, 69 (80 ff.); *Westermann*, in: FS Konzen, S. 957 (964) m.w.N.; *Windbichler*, Gesellschaftsrecht, S. 73 f.; diese Wertung ist auch in einem obiter dictum eines Urteils des BGH enthalten, vgl. BGH, Urteil vom 14.02.2005, II ZR 11/03, NZG 2005, 345.

497 *Schäfer*, ZIP 2003, 1225 (1233 f.); *Schöne*, in: Bamberger/Roth BGB, § 714 Rdnr. 7.

498 Vgl. die Nachweise in Fn 496.

499 Siehe hierzu F.II.6. und F.II.7.

Als Ausgangspunkt der Überlegung steht der aus § 311 Abs. 1 BGB ableitbare Grundsatz der Formfreiheit schuldrechtlicher Vereinbarungen[500]. Erhöhte Formanforderungen bedürfen demnach einer gesetzlichen Grundlage. Zum Teil wird aus einer Gesamtanalogie zu den Unternehmensverträgen aus § 293 Abs. 3 AktG[501], teilweise zur Bekräftigung der Ernsthaftigkeit des Vertragsschlusses[502] oder zu Beweiszwecken[503] der Abschluss des Entherrschungsvertrages unter Einhaltung der Schriftform gefordert[504].

Ob eine Abwägung zwischen der Vertragsfreiheit und der Beweisfunktion der Schriftform[505] zwingend die schriftliche Abfassung des Entherrschungsvertrages als Wirksamkeitsvoraussetzung erfordert, erscheint fraglich. Jedenfalls zum Nachweis der Ernsthaftigkeit des Vertragsschlusses ist die Schriftform des Vertrages nicht zwingend[506]. Rein vorsorglich sowie zu Beweiszwecken sollte der Vertragsschluss im Interesse der vertragsschließenden Parteien – insbesondere der (vermutet) abhängigen Gesellschaft – allerdings dem Schriftformerfordernis des § 126 BGB entsprechen. Auch spricht eine scharfe Trennung von der einseitigen Verzichtserklärung[507], die für die Widerlegung nicht ausreicht, für die schriftliche Abfassung des Vertrages[508]. Letztlich kann für die Unternehmensleitung, aus deren

---

500 *Emmerich*, in: MünchKomm BGB, § 311 Rdnr. 1; *Stadler*, in: Jauernig BGB, § 311 Rdnr. 7; *Gehrlein*, in: Bamberger/Roth BGB, § 311 Rdnr. 9.

501 *Möhring*, in: FS Westermann, S. 427 (435); *Götz*, S. 76; *Barz*, in: FS Bärmann, S. 185 (200 f.); dahingehend wohl auch: *Koppensteiner*, in: KölnKomm AktG, § 17 Rdnr. 116.

502 *Emmerich*, in: Emmerich/Habersack KonzernR, § 17 Rdnr. 43; *Barz*, in: FS Bärmann, S. 185 (201).

503 *Bayer*, in: MünchKomm AktG, § 17 Rdnr. 106; *Koppensteiner*, in: KölnKomm AktG, § 17 Rdnr. 116.

504 Im Ergebnis nahezu einhellige Ansicht, vgl. nur *Adler/Düring/Schmaltz*, in: Rechnungslegung, § 17 AktG Rdnr. 119; *Schall*, in: Spindler/Stilz AktG, § 17 Rdnr. 52; *Krieger*, in: MünchHdb. AG, § 69 Rdnr. 62; *Ziemons*, in: Hdb. der AG, I Rdnr. 12.155; *Koch*, in: Hüffer/Koch AktG, § 17 Rdnr. 22; *Tebben*, in: Kölner Handbuch, Kapitel 6 Rdnr. 60.

505 Siehe zur Beweisfunktion der Schriftform nur: *Einsele*, in: MünchKomm BGB, § 125 Rdnr. 9.

506 Zur Ablehnung überspannter Anforderungen an die Ernsthaftigkeit des Vertragsschlusses, siehe bereits F.II.7.

507 Vgl. hierzu C.II.4.b).

508 Ähnlich bereits der Hinweis des Sachverständigen *Johannes Zahn* im Wirtschaftsausschuss des Aktiengesetzes von 1965, wonach nicht jede vage Absprache zur Widerlegung der Abhängigkeitsvermutung genügen solle, sondern klare schriftlich fixierte und nachprüfbare Verträge erforderlich seien (vgl. Kurzprotokolle des

Sicht das Vorliegen der Abhängigkeit zu beurteilen ist[509], durch die Einhaltung der Schriftform Rechtssicherheit geschaffen werden, im Streitfall den Nachweis der vertraglichen Vereinbarung ohne Mühe führen zu können. Demzufolge ist den Parteien in jedem Fall zu einem Vertragsschluss unter Beachtung von § 126 BGB zu raten.

Entgegen *Werner* ist eine notarielle Beurkundung des Entherrschungsvertrages weder gesetzlich erforderlich noch aufgrund der überragenden Bedeutung des Vertrages geboten[510]. Jedenfalls mit schriftlichem Abschluss des Entherrschungsvertrages kann die Unternehmensleitung des in Mehrbesitz stehenden Unternehmens davon ausgehen, dass dem herrschenden Unternehmen keine Stimmrechtsmehrheit bei Personalentscheidungen mehr zukommt. Die Notwendigkeit der notariellen Beurkundung lässt sich auch nicht aus dem Umstand ableiten, dass damit eine Rückdatierung des Vertragsschlusses verhindert werden kann[511]. Da die Unternehmensleitung am Abschluss des Entherrschungsvertrages beteiligt ist, hat sie auch Kenntnis von dem Zeitpunkt, ab dem die widerlegende Wirkung des Vertrages eintritt. Eine objektive Rückdatierung kann demzufolge den subjektiv geprägten Abhängigkeitsbegriff nicht beeinflussen.

Die verschärfte Form schadet zwar nicht, da das Schriftformerfordernis durch die notarielle Beurkundung ersetzt wird (§ 126 Abs. 4 BGB). Sie ist jedoch keine Wirksamkeitsvoraussetzung, um die entherrschende bzw. vermutungswiderlegende Wirkung herbeizuführen.

## III. Handelsregistereintragung

Neben dem Schriftformerfordernis werden an den Entherrschungsvertrag darüber hinaus vereinzelt noch Publizitätsanforderungen gestellt. So wird vertreten, der Entherrschungsvertrag bedürfe zu seiner Wirksamkeit einer Eintragung in das Handelsregister[512]. Hierfür müsste der Abschluss des Entherrschungsvertrages entweder eine anmeldepflichtige, jedenfalls aber eine eintragungsfähige Tatsache darstellen.

---

Wirtschaftsausschusses (16. Ausschuss) der vierten Wahlperiode des Deutschen Bundestages, Sitzung sechsunddreißig.

509 Vgl. hierzu F.II.

510 *Werner*, S. 177.

511 So *Götz*, S. 76; *Werner*, S. 177.

512 Vgl. *Hommelhoff*, Die Konzernleitungspflicht, S. 101 f.

## 1. Anmeldungspflichtige Tatsache

Fraglich ist zunächst, ob der Abschluss des Entherrschungsvertrages eine anmeldungspflichtige Tatsache darstellt. Eine Pflicht zur Anmeldung kann sich entweder aus einer ausdrücklichen gesetzlichen Anordnung, aufgrund einer Auslegung gesetzlicher Vorschriften oder aus einer Analogie zu vergleichbaren Fällen ergeben, in denen der Gesetzgeber die Anmeldung der Tatsache verlangt[513].

Für den Entherrschungsvertrag könnten allein §§ 293, 294 AktG eine gesetzliche Pflicht zur Anmeldung des Entherrschungsvertrages zur Eintragung in das Handelsregister begründen. Allerdings stellt der Entherrschungsvertrag keinen Unternehmensvertrag im Sinne der §§ 291, 292 AktG dar[514]. Daher wurde auch im Gesetzgebungsverfahren zum Aktiengesetz 1965 die Notwendigkeit der Hinterlegung des Vertrages beim Registergericht für eine wirksame Widerlegung erwogen, schlussendlich aber abgelehnt wurde[515]. Selbst für den Fall der analogen Anwendung der Vorschriften über Unternehmensverträge für die Frage der Zustimmung der Anteilseigner[516] verbleiben für eine Pflicht zur Handelsregistereintragung erhebliche Zweifel an der Planwidrigkeit der Regelungslücke, da der Gesetzgeber sich bewusst gegen die Hinterlegung als eine Form der Publizität ausgesprochen hat[517].

## 2. Eintragungsfähige Tatsache

Offen geblieben ist, ob der Entherrschungsvertrag zumindest eine eintragungsfähige Tatsache darstellt, d.h. ob eine freiwillige Anmeldung des Entherrschungsvertrages zur Eintragung in das Handelsregister führen wird oder ob das Registergericht die Eintragung ablehnen wird.

Der Rechtsprechung ist insoweit beizupflichten, als eine Eintragung einer Tatsache bei fehlender gesetzlicher Anordnung oder Analogie nur für den Fall

---

513 *Schaub*, in: Ebenroth/Boujong/Joost/Strohn HGB, § 8 Rdnrn. 62 ff.; *Wamser*, in: Henssler/Strohn GesR, § 8 HGB Rdnrn. 5 f.; *Hopt*, in: Baumbach/Hopt HGB, § 8 Rdnr. 5.

514 Vgl. zur schuldrechtlichen Rechtsnatur des Entherrschungsvertrages bereits die Ausführungen unter D.III.

515 *Kropff*, Aktiengesetz 1965, S. 29.

516 Zur Frage der analogen Anwendung der Normen auf den Entherrschungsvertrag vgl. ausführlich unter H.II.1.a)aa) und H.II.1.a)bb).

517 Im Ergebnis ebenso: *Emmerich*, in: Emmerich/Habersack KonzernR, § 17 Rdnr. 43; *Becker*, in: FS Möschel, S. 1119 (1121); *Karsten Schmidt*, in: FS Hommelhoff, S. 985 (995).

erfolgen soll, dass dies dem Schutz des Rechtsverkehrs dient, wobei solche Ausnahmefälle im Interesse der Übersichtlichkeit des Handelsregisters restriktiv zu handhaben sind[518].

Legt man diesen Maßstab zugrunde, muss neben der Anmeldungspflicht auch die Eintragungsfähigkeit des Entherrschungsvertrages abgelehnt werden[519]. Von der Eintragung geht zumeist eine positive Publizität aus, wodurch das Vertrauen des Rechtsverkehrs auf die eingetragene Tatsache geschützt wird. Eine solche Publizität ergibt sich beispielsweise nach § 15 Abs. 2 HGB für im Handelsregister eingetragene und bekanntgemachte Tatsachen. Ist eine Tatsache im Handelsregister eingetragen und bekanntgemacht, so muss ein Dritter sie grundsätzlich gegen sich gelten lassen.

Die Eintragung des Entherrschungsvertrages im Handelsregister könnte demzufolge ein Vertrauen der Unternehmensleitung auf die Beseitigung der Abhängigkeit begründen. Da die Vertragslaufzeit allerdings nicht zwingend mit der durch den Vertrag ausgelösten Beseitigung der Abhängigkeit identisch ist[520], kann es Situationen geben, in denen trotz Eintragung im Handelsregister die durch den Vertrag beabsichtige Rechtswirkung nicht (mehr) vorliegt. Viel schwerer wiegt noch der Umstand, dass der alleinige Abschluss des Entherrschungsvertrages in Fällen kombinierter Beherrschung[521] kein taugliches Mittel zur Beseitigung der Abhängigkeit aus § 17 Abs. 1 AktG darstellt. Der mit der Publizität verfolgte Zweck, Vertrauen auf den Bestand der eingetragenen Tatsache zu schaffen, greift im Anwendungsbereich des Entherrschungsvertrages nicht ein.

Aus den genannten Gründen ist daher auch die Eintragungsfähigkeit des Entherrschungsvertrages im Handelsregister abzulehnen.

---

518 BGH, Beschluss vom 30.01.1992, II ZB 15/91, NJW 1992, 1452, (1454); so auch *Wamser*, in: Henssler/Strohn GesR, § 8 HGB Rdnr. 5; *Schaub*, in: Ebenroth/Boujong/Joost/Strohn HGB, § 8 Rdnr. 67.

519 A.A. jedoch *Becker*, in: FS Möschel, S. 1119 (1121); *Emmerich*, in: Emmerich/Habersack KonzernR, § 17 Rdnr. 43.

520 Vgl. hierzu noch unten unter I.

521 Zur Widerlegung der Abhängigkeit bei Abhängigkeit aufgrund kombinierter Beherrschung, vgl. F.V.

# H. Erfordernis der Mitwirkung der Anteilseigner

Weitgehend ungeklärt – jedenfalls im Rahmen einer ausführlichen dogmatischen Analyse – ist die Frage, ob für die Wirksamkeit des Entherrschungsvertrages neben den dargelegten inhaltlichen Anforderungen auch eine Beteiligung der Anteilseigner des (vermutet) beherrschten oder des (vermutet) abhängigen Unternehmens notwendig ist.

Die nachfolgende Untersuchung beleuchtet zunächst das gesetzlich verankerte System zustimmungspflichtiger Maßnahmen in der Aktiengesellschaft. Hieran schließen sich Überlegungen an, inwieweit sich Abschluss und Aufhebung eines Entherrschungsvertrages in das bestehende Regelungssystem zustimmungspflichtiger Rechtsgeschäfte einfügen oder den Anteilseigener aufgrund anderweitiger Wertungen eine Mitwirkungskompetenz zukommt.

## I. Generelle Mitwirkungskompetenzen der Hauptversammlung

Die Aktiengesellschaft[522] als (vermutet) abhängiges Unternehmen ist durch den Grundsatz der Fremdorganschaft und das dem Vorstand nach § 76 Abs. 1 AktG eingeräumte, weite unternehmerische Ermessen sowie der hiermit verbundenen Weisungsfreiheit gekennzeichnet. Dem entspricht es, dass die Hauptversammlung gemäß § 119 Abs. 2 AktG zur Entscheidung über Fragen der Geschäftsführung nur für den Fall zuständig ist, dass der Vorstand eine Geschäftsführungsmaßnahme der Hauptversammlung zur Entscheidung vorlegt. Demzufolge kommt dem Vorstand als Leitungsorgan der Gesellschaft ein umfassendes Recht im Sinne einer Allzuständigkeit zu, die Gesellschaft zu leiten und daher auch zu vertreten.

Die nach § 82 Abs. 1 AktG unbeschränkbare Vertretungsbefugnis findet ihre Grenzen in der Vornahme von Maßnahmen, die anderen Gesellschaftsorganen ex lege zugewiesen sind[523]. Neben dem Maßnahmenkatalog des § 119 Abs. 1 AktG sieht das Aktienrecht an verschiedenen Stellen Mitwirkungserfordernisse

522 Die Frage der Zustimmungspflicht bei anderen Gesellschaftsformen wird für die einzelnen Gesellschaftsformen unter K. beleuchtet.

523 *Koch*, in: Hüffer/Koch AktG, § 82 Rdnr. 4; *Kubis*, in: MünchKomm AktG, § 119 Rdnr. 40; *Seibt*, in: Schmidt/Lutter AktG, § 82 Rdnr. 4; *Fleischer*, in: Spindler/Stilz

der Hauptversammlung vor. So ist für einen Verzicht auf Ansprüche gegen die Gründer der Gesellschaft nach § 50 AktG, für eine wirksame Nachgründung gemäß § 52 AktG und zu einem Verzicht von Ansprüchen gegenüber dem Vorstand nach § 93 Abs. 4 S. 3 AktG die Zustimmung der Hauptversammlung erforderlich. Des Weiteren ergibt sich für den Ausschluss eines Minderheitsaktionärs nach § 327a AktG (sog. Squeeze-out), bei der Verpflichtung zur Übertragung des gesamten Gesellschaftsvermögens gemäß § 179a AktG sowie für den Abschluss und die Änderung von Unternehmensverträgen gemäß §§ 293, 295 AktG eine Pflicht, die Hauptversammlung zu beteiligen.

## II. Abschluss des Entherrschungsvertrages

Weder die erwähnten gesetzlichen Kompetenzverlagerungen auf die Hauptversammlung noch der Katalog des § 119 Abs. 1 AktG sehen explizit eine Kompetenz der Anteilseigener beim Abschluss eines Entherrschungsvertrages vor.

Für die weitere Untersuchung muss zwischen dem Erfordernis der Mitwirkung der Anteilseigner des (vermutet) herrschenden Unternehmens und der Aktionäre der (vermutet) abhängigen Aktiengesellschaft differenziert werden. Eine weitere Unterscheidung ist noch anhand der von den Vertragsparteien beabsichtigten Reichweite vorzunehmen, also zwischen einer Widerlegung der Abhängigkeitsvermutung aus § 17 Abs. 2 AktG und der Beseitigung der aus § 17 Abs. 1 AktG resultierenden Abhängigkeit.

### 1. Entherrschungsvertrag zur Beseitigung der Abhängigkeit

Zunächst soll die Kompetenz zur Mitwirkung der Anteilseigner für den Abschluss eines Vertrages beleuchtet werden, der die Abhängigkeit beseitigt. Hierbei wird zunächst der Frage nachgegangen, inwieweit für die Wirksamkeit die Zustimmung der Gesellschafter des herrschenden Unternehmens erforderlich ist.

#### *a) Zustimmung der Gesellschafter des herrschenden Unternehmens*

Als Anknüpfungspunkte für ein Mitwirkungserfordernis der Gesellschafter des herrschenden Unternehmens kommen dabei insbesondere die Vorschriften über Unternehmensverträge (§§ 291 ff. AktG), Überlegungen aus einer möglichen Konzernleitungspflicht der Unternehmensleitung, eine entsprechende Anwendung

---

AktG, § 82 Rdnr. 9; *Habersack/Foerster*, in: GroßKomm AktG, § 82 Rdnrn. 22 ff., insbesondere Rdnrn. 27 f.

sonstiger Kompetenzvorschriften zugunsten der Gesellschafterversammlung sowie die Anwendung der Grundsätze aus den „Gelatine“-Entscheidungen des *BGH* in Betracht.

### *aa) Analoge Anwendung des § 291 Abs. 1 AktG (i.V.m. § 293 Abs. 1 AktG)*

In §§ 291 ff. AktG sind Zustimmungserfordernisse der Gesellschafter beim Abschluss eines Unternehmensvertrages normiert. Aus § 293 Abs. 1 AktG ergibt sich das Erfordernis, die Zustimmung der Hauptversammlung der sich verpflichtenden Aktiengesellschaft einzuholen. § 291 Abs. 1 deklariert als Unternehmensverträge Beherrschungs- und Gewinnabführungsverträge. Als weitere Unternehmensverträge im Sinne der §§ 291 ff. AktG nennt § 292 Abs. 1 AktG noch die Gewinngemeinschaft, Teilabführungsverträge und schließlich Betriebspacht- und Betriebsüberlassungsverträge. Da Entherrschungsverträge bereits terminologisch nicht dem unmittelbaren Anwendungsbereich der §§ 291 ff. AktG unterfallen, könnte sich eine Zustimmungsbedürftigkeit seitens der Anteilseigner der herrschenden Gesellschaft aus einer analogen Anwendung der Vorschriften über Unternehmensverträge ergeben.

Das Vorliegen einer planwidrigen Regelungslücke wird man rasch bejahen können. Die Vorschriften der §§ 291 ff. AktG und der §§ 15 ff. AktG wurden zeitgleich kodifiziert. Wie bereits dargelegt, war sich der Gesetzgeber der Möglichkeit von Entherrschungsverträgen bei der Schaffung des Aktiengesetzes von 1965 nicht bewusst[524]. Demzufolge wurden auch keine Überlegungen zu Mitwirkungserfordernissen der Anteilseigner beim Abschluss solcher Verträge angestellt.

Die analoge Anwendung einer Rechtsnorm erfordert neben einer planwidrigen Regelungslücke noch die Vergleichbarkeit der jeweiligen Interessenlage[525]. Einer Analogie steht nicht bereits entgegen, dass die Aufzählung der Unternehmensverträge in §§ 291 ff. AktG ganz herrschend[526] als numerus clausus eingeordnet wird und somit abschließender Natur ist. Im Falle der analogen Anwendung einer Rechtsnorm erfolgt keine unmittelbare Subsumtion eines

524 Vgl. D.I.

525 Vgl. hierzu bereits unter E.II.3., dort insbesondere Fn 220.

526 Eine abschließende Aufzählung der Unternehmensverträge annehmend: *Altmeppen*, in: MünchKomm AktG, § 291 Rdnrn. 42 f.; *Ballerstedt*, ZHR 137 (1973), 388 (392 f.); v. *Godin/Wilhelm*, AktG, Vorbem. §§ 291 bis 328 Anm. 14 a.E.; *Mülbert*, in: GroßKomm AktG, Vor §§ 291 ff Rdnr. 7; offen lassend dagegen *Emmerich*, in: Emmerich/Habersack KonzernR, § 292 Rdnr. 7; a.A. *Hommelhoff*, Die Konzernleitungspflicht, S. 86; *Bachmayr*, BB 1967, 135 (137).

bestimmten Anwendungsfalles unter einen abschließenden Anwendungsbereich. Vielmehr wird eine abschließende Regelung aufgrund der Gleichartigkeit der gelagerten Fälle lediglich entsprechend auf einen vergleichbaren Lebenssachverhalt angewendet.

Viel schwerer wiegt jedoch, dass eine Analogie die Planwidrigkeit der gesetzlichen Lücke erfordert. Hat der Gesetzgeber hinsichtlich der betroffenen Fallkonstellation keine Überlegungen angestellt, so kann der numerus clausus nicht der Begründung dienen, die seitens der Legislative abschließend kodifizierten Fälle schlössen eine Analogie zugunsten eines nicht bedachten Anwendungsfalles aus[527]. Vielmehr muss dann der Frage nachgegangen werden, ob der historische Gesetzgeber – unterstellt, er hätte Kenntnis von der zeitlich später aufkommenden Fallkonstellation gehabt – diese aufgrund der Vergleichbarkeit der Interessenlage ebenfalls dem Zustimmungserfordernis unterworfen hätte. Aufgrund der numerus-clausus-Regelung müssen an einen Analogie allerdings hohe Anforderungen gestellt werden, um der Intention des Gesetzgebers Rechnung zu tragen.

Die Bezeichnung des Unternehmensvertrages fand im Aktiengesetz von 1937 noch keine Entsprechung. Vielmehr begnügte sich § 256 AktG 1937 mit dem Begriff der Gewinngemeinschaft. Erst mit dem Aktiengesetz von 1965 fand die Bezeichnung des Unternehmensvertrages Eingang ins Gesetz. Maßgeblicher Beweggrund für die Kodifikation des Begriffs des Unternehmensvertrages war dabei das Bedürfnis, den regelmäßig mit einem Unternehmensvertrag verbundenen Eingriff in die Unternehmensstruktur begrifflich deutlich zu machen[528].

Für eine vergleichbare Interessenlage des Entherrschungsvertrages mit den kodifizierten Unternehmensverträgen und damit für die Annahme einer Rechtsanalogie müsste mit dem Abschluss eines Entherrschungsvertrages also eine Veränderung der Unternehmensstruktur des herrschenden Unternehmens verbunden sein[529]. Da es sich bei den in § 291 Abs. 1 AktG geregelten

527 Im Ergebnis ebenso: *Hommelhoff*, Die Konzernleitungspflicht, S. 87 ff., S. 91; *Emmerich*, in: Emmerich/Habersack KonzernR, § 292 Rdnr. 7; widersprüchlich *Götz*, S. 96 und S. 97; *Koppensteiner*, in: KölnKomm AktG, Vorb. § 291 Rdnr. 162.

528 *Kropff*, Aktiengesetz 1965, S. 376; *Koch*, in: Hüffer/Koch AktG, § 291 Rdnr. 2; *Altmeppen*, in: MünchKomm AktG, Vor 291 Rdnrn. 1 f.

529 *Windbichler*, in: GroßKomm AktG, § 17 Rdnr. 82; *Bayer*, in: MünchKomm AktG, § 17 Rdnr. 110; *Koppensteiner*, in: KölnKomm AktG, § 17 Rdnr. 115; *Hüttemann*, ZHR 156 (1992), 314 (328).

Unternehmensverträgen des Weiteren um Organisationsverträge handelt[530], müsste auch insoweit eine Vergleichbarkeit gegeben sein.

Im Anwendungsbereich von Entherrschungsverträgen wird eine Gesetzesanalogie teilweise mit der Begründung abgelehnt, dasselbe Ergebnis könne auch mit dem Abschluss eines Stimmbindungsvertrages erreicht werden, der zur Wirksamkeit aufgrund seines rein schuldrechtlichen Charakters nicht der Mitwirkung der Gesellschafterversammlung bedürfe. Demzufolge sei auch für den Entherrschungsvertrag die Mitwirkung der Hauptversammlung des herrschenden Unternehmens nicht erforderlich[531].

Diese Begründung verkennt, dass der Entherrschungsvertrag selbst ein Unterfall des Stimmbindungsvertrages darstellt. Aufgrund der rein schuldrechtlichen Qualität des Stimmbindungsvertrages handelt es sich beim Entherrschungsvertrag nicht um einen Organisationsvertrag, sondern um eine schuldrechtliche Absprache[532].

Zwar erfährt der Entherrschungsvertrag in seinem typischen Anwendungsbereich, bei dem der Vertrag zwischen dem in Mehrbesitz stehenden und dem mehrheitlich beteiligten Unternehmen abgeschlossen wird, eine Annäherung an eine organschaftliche Regelung. Entgegen dem typischen Stimmbindungsvertrag, der gemäß § 136 Abs. 2 AktG mit der Gesellschaft selbst nicht zulässigerweise abgeschlossen werden kann, wird das herrschende Unternehmen aus dem Entherrschungsvertrag als Vertragspartei selbst berechtigt und verpflichtet. Demzufolge wird nicht nur ein Gesellschafter allein, sondern die Gesellschafter werden aus dem Entherrschungsvertrag mittelbar in ihrer gesellschaftsrechtlichen Verbundenheit durch die abhängige Gesellschaft berechtigt und verpflichtet, womit weitreichende Konsequenzen verbunden sind.

So kann die Unternehmensleitung des abhängigen Unternehmens mit dem herrschenden Unternehmen jederzeit einen Aufhebungsvertrag abschließen,

---

530 *Emmerich*, in: Emmerich/Habersack KonzernR, § 291 Rdnr. 25; *Koch*, in: Hüffer/Koch AktG, § 291 Rdnr. 17; BGH, Urteil vom 14.12.1987, II ZR 170/87, NJW 1988, 1326; *Altmeppen*, in: MünchKomm AktG, § 291 Rdnrn. 27 f.; *Langenbucher*, in: Schmidt/Lutter AktG, § 291 Rdnr. 18; *Veil*, in: Spindler/Stilz AktG, Vor § 291 Rdnr. 26; *v. Godin/Wilhelmi*, in: AktG, Vorbem. §§ 291 bis 328 Anm. 8; wohl auch *Koppensteiner*, in: KölnKomm AktG, Vorb. § 291 Rdnrn. 156 f.; a.A. allerdings insbesondere *Mülbert*, in: GroßKomm AktG, § 291 Rdnrn. 20 ff.

531 LG Mainz, Urteil vom 16.10.1990, 22 U 72/92, AG 1991, 30 (32); *Barz*, in: FS Bärmann, S. 185 (200); *Windbichler*, in: GroßKomm AktG, § 17 Rdnr. 82; *Koppensteiner*, in: KölnKomm AktG, § 17 Rdnr. 115.

532 Vgl. D.III.

sodass dem Vorstand der abhängigen Gesellschaft eine Machtposition zukommt, die im Anwendungsbereich des typischen Stimmbindungsvertrages nicht gegeben ist.

Darüber hinaus besteht beim Entherrschungsvertrag die Kompetenz der abhängigen Gesellschaft, auf die Einhaltung des Stimmrechtsausübungsverzichts hinzuwirken und die Vertragsdurchführung durchzusetzen[533]. Diese Befugnis besteht bei einem zwischen zwei Gesellschaftern geschlossenen Stimmbindungsvertrag nicht. Es wird ersichtlich, dass durch die Verlagerung der Person des Vertragspartners von der Ebene des einzelnen Gesellschafters auf die Ebene der abhängigen Gesellschaft, die jedenfalls im typischen Anwendungsfall des Entherrschungsvertrages erfolgt, der als schuldrechtlich einzuordnende Stimmrechtsausübungsverzicht eine Annäherung an eine organschaftliche Regelung erfährt.

Der von *Barz*[534] ins Spiel gebrachte Vergleich des Abschlusses eines Entherrschungsvertrages mit einem ohne Mitwirkung der Aktionäre durchführbaren Anteilsverkauf[535] kann als Argument nicht überzeugen, um die analogen Anwendung der Vorschriften über Unternehmensverträge abzulehnen. Ebenso wie der Verkauf von Anteilen bedarf auch der Zukauf oder der erstmalige Erwerb von Aktien an der dann beherrschten Aktiengesellschaft in herrschaftsbegründender Höhe nicht der Zustimmung der übrigen Aktionäre, obwohl die Beherrschung als Rechtsfolge des Anteilskaufs ebenso durch den Abschluss eines Beherrschungsvertrages herbeiführbar ist. Für den Abschluss des Beherrschungsvertrages ist die Mitwirkung der Anteilseigner gemäß §§ 291 Abs. 1, 293 Abs. 1 AktG hingegen unverzichtbar.

*Möhring*[536] sieht den Entherrschungsvertrag dagegen in einem Umkehrverhältnis – *Karsten Schmidt* bezeichnet ihn auch als „actus contrarius[537]" – zum Beherrschungsvertrag angesiedelt und leitet daraus das Bedürfnis zur Zustimmung der Anteilseigner der herrschenden Gesellschaft ab. Zwar sei die Aufzählung von

---

533 Zur Durchsetzbarkeit der Verpflichtung aus dem Entherrschungsvertrag vgl. die Ausführungen unter D.IV.

534 *Barz*, in: FS Bärmann, S. 185 (200).

535 Zur Dauer der die Beherrschung ausschließenden Wirkung im Falle der Veräußerung der Mehrheitsbeteiligung durch das Mehrheitsaktionärs-Unternehmen vgl. I.IV.

536 *Möhring*, in: FS Westermann, S. 427 (435 f.).

537 *Karsten Schmidt*, in: FS Hommelhoff, S. 985 (996), der daraus allerdings nicht die (analoge) Anwendbarkeit des § 291 AktG herleitet („muss man den Entherrschungsvertrag nicht mit quasi-satzungsändernden Verträgen nach § 291 AktG auf eine Stufe stellen").

Unternehmensverträgen in §§ 291 ff. AktG erschöpfend geregelt. Vom Schutzzeck her empfehle sich für die Form[538] und das Zustimmungserfordernis jedoch eine analoge Anwendung der Vorschriften über Unternehmensverträge[539]. Bestehe beim Beherrschungsvertrag die Gefahr, dass die Aktionäre des beherrschten Unternehmens Konzerninteressen geopfert werden, so bestehe für die Anteilseigner des verzichtenden Unternehmens die Gefahr, dass das herrschende Unternehmen weniger Gewinn als im Falle vorhandener Einflussnahme erwirtschaftet[540].

Dem wird zu Recht entgegengehalten, das von *Möhring* beschworene Szenario sei keine Gefahr, sondern im Anwendungsbereich der Vorschriften über den faktischen Konzern[541] Ausdruck der gesetzlichen Wertung[542]. Sinn und Zweck der in §§ 311 ff. AktG angesiedelten Schutzvorschriften liegen in der Vermeidung einer einseitigen und nur an den Gewinninteressen des herrschenden Unternehmens ausgerichteten Geschäftspolitik durch das herrschende Unternehmen[543]. Entweder beschränkt sich das herrschende Unternehmen auf Rechtsgeschäfte, die aus Sicht des abhängigen Unternehmens nicht nachteilig sind, oder das Gesetz sieht eine zwingende Nachteilsausgleichungspflicht des herrschenden Unternehmens in § 311 Abs. 1 letzter Hs. AktG bzw. für den nicht durchgeführten Ausgleich einen Schadensersatzanspruch aus § 317 AktG vor.

Dennoch fehlt es an der Vergleichbarkeit der Interessenlage mit den in § 291 Abs. 1 S. 1 AktG geregelten Unternehmensverträgen, die für eine Gesetzesanalogie erforderlich sind. Zwar enthält der Entherrschungsvertrag im Gegensatz zum rein schuldrechtlich und inter partes zwischen zwei Gesellschaftern wirkenden Stimmbindungsvertrag aufgrund der Verlagerung auf die Ebene der Gesellschaft Elemente organisationsrechtlicher Regelungen. Jedoch ist im Gegensatz zur Rechtslage bei Unternehmensverträgen mit Abschluss eines Entherrschungsvertrages keine

---

538 Vgl. hierzu bereits G.II.

539 So im Ergebnis auch *Jäger*, DStR 1995, 1113 (1117).

540 *Möhring*, in: FS Westermann, S. 427 (435 f.).

541 Die Bezeichnung des faktischen Konzerns hat sich durchgesetzt, auch wenn die Schutzvorschriften bereits bei Vorliegen von Abhängigkeit im Sinne des § 17 Abs. 1 AktG einsetzen, einen Konzern gemäß § 18 AktG also nicht voraussetzen (vgl. hierzu nur: *Altmeppen*, in MünchKomm AktG, Vor § 311 Rdnr. 4.).

542 *Werner*, S. 176; *Koppensteiner*, in: KölnKomm AktG, § 17 Rdnr. 115; *Barz*, in: FS Bärmann, S. 185 (200).

543 Siehe *Kropff*, Aktiengesetz 1965, S. 407; *Habersack*, in: Emmerich/Habersack KonzernR, § 311 Rdnrn. 2 ff.; *Koch*, in: Hüffer/Koch AktG, § 311 Rdnr. 1; *Koppensteiner*, in: KölnKomm AktG, § 311 Rdnr. 1; *Altmeppen*, in: MünchKomm AktG, Vor § 311 Rdnr. 2; *Würdinger*, in: GroßKomm AktG, § 311 Vorbemerkung; *Langenbucher*, in: Schmidt/Lutter AktG, § 291 Rdnr. 7; *Veil*, in: Spindler/Stilz AktG, Vor § 291 Rdnr. 4.

Veränderung der Unternehmensstruktur verbunden[544]. Dem herrschenden Unternehmen steht weiterhin die Möglichkeit zur – wenn auch vertragswidrigen – Ausübung seiner Stimmrechtsmehrheit zu[545]. Der Entherrschungsvertrag greift nicht in das Stimmrecht als Mitgliedschaftsrecht ein[546], sondern begründet lediglich die Verpflichtung, das uneingeschränkt eingeräumte Stimmrecht nicht mehrheitlich auszuüben. Demzufolge scheidet eine analoge Anwendung des § 291 Abs. 1 i.V.m. § 293 Abs. 1 AktG aus.

*bb) Analoge Anwendung des § 292 Abs. 1 AktG (i.V.m. § 293 Abs. 1 AktG)*

Möglicherweise ist die Interessenlage beim Entherrschungsvertrag jedoch mit den Interessenlagen bei den in § 292 Abs. 1 AktG normierten, anderen Unternehmensverträgen (Gewinngemeinschaft, Teilgewinnabführungsvertrag und Betriebspacht- bzw. Betriebsüberlassungsvertrag) vergleichbar. Die Begründung einer Gesetzesanalogie erscheint für die in § 292 Abs. 1 AktG normierten Unternehmensverträge viel naheliegender. Handelt es sich bei Gewinnabführungs- und Beherrschungsverträgen noch um Organisationsverträge[547], kommt den als „andere Unternehmensverträge" bezeichneten Verträgen nicht eine so weitreichende Qualität zu. Vielmehr handelt es sich um schuldrechtliche Verträge mit Austausch von Leistung und Gegenleistung[548], also um schuldrechtliche Austauschverträge[549].

Die Vergleichbarkeit der Interessenlage für eine Rechtsanalogie zu den Unternehmensverträgen des § 292 Abs. 1 AktG scheitert im Gegensatz zu § 291 Abs. 1 AktG somit nicht bereits an der schuldrechtlichen Qualität des Entherrschungsvertrages. Fraglich ist demzufolge, ob der Entherrschungsvertrag den Unternehmensverträgen des § 292 Abs. 1 AktG vergleichbare organisationsrechtliche

---

544 So auch *Bayer*, in: MünchKomm AktG, § 17 Rdnr. 110; *Windbichler*, in: GroßKomm AktG, § 17 Rdnr. 82; *Götz*, S. 102; *Koppensteiner*, in: KölnKomm AktG, § 17 Rdnr. 115.

545 Vgl. hierzu F.II.6.a).

546 Vgl. hierzu D.III.

547 Vgl. die Nachweise in Fn 530.

548 So die Gesetzesbegründung, vgl. *Kropff*, Aktiengesetz 1965, S. 378.

549 *Langenbucher*, in: Schmidt/Lutter AktG, § 291 Rdnr. 19; *Emmerich*, in: Emmerich/Habersack KonzernR, § 292 Rdnr. 4; *Koch*, in: Hüffer/Koch AktG, § 292 Rdnr. 2; *Altmeppen*, in: MünchKomm AktG, § 292 Rdnr. 7; *Mülbert*, in: GroßKomm AktG, § 292 Rdnr. 11; *v. Godin/Wilhelmi*, in: AktG, § 292 Anm. 2; zweifelnd: *Koppensteiner*, in: KölnKomm AktG, Vorb. § 291 Rdnr. 161; a.A. *Veil*, in: Spindler/Stilz AktG, Vor § 291 Rdnr. 26.

Elemente enthält und einen ähnlich intensiven Eingriff in die Unternehmensstruktur des sich verpflichtenden (also herrschenden) Unternehmens darstellt.

### (1) Gewinngemeinschaft, § 292 Abs. 1 Nr. 1 AktG

In Betracht kommt eine Analogie zur Gewinngemeinschaft. Bei der Gewinngemeinschaft verpflichtet sich ein Unternehmen, seinen Gewinn vollständig oder teilweise mit dem Gewinn eines anderen Unternehmens zur Aufteilung des gemeinschaftlichen Gewinns zusammenzulegen (§ 292 Abs. 1 Nr. 1 AktG). Organisationsrechtliche Elemente enthält dieser Unternehmensvertrag aufgrund der Besonderheit, dass mit dem Vertragsschluss eine Innen-GbR gegründet wird und damit der Abschluss eines Gesellschaftsvertrages als Organisationsakt verbunden ist[550].

Des Weiteren ist zu berücksichtigen, dass die Entscheidung über die Verwendung des Bilanzgewinns gemäß §§ 119 Abs. 1 Nr. 2, 174 AktG in die originäre und unabdingbare[551] Kompetenz der Hauptversammlung fällt. Zwar kann eine Gewinngemeinschaft lediglich gegründet werden, wenn eine angemessene Aufteilung des angefallenen Gewinns vereinbart wird. Darüber hinaus muss jede Vertragspartei der GbR über den ihr zustehenden Gewinnanteil frei verfügen können, den sie aufgrund des vereinbarten Verteilungsschlüssels erhält[552]. Dennoch kann die Höhe des im Rahmen einer Gewinngemeinschaft zurückfallenden Gewinns – in den Grenzen der Angemessenheit – geringer ausfallen als der der Gemeinschaft zur Verfügung gestellte Gewinn[553]. Mit Abschluss eines solchen Vertrages ist also die Gefahr eines Eingriffs in die Organisation der beteiligten Unternehmen gegeben, da den Gesellschaftern ihre originären Befugnis, einen Beschluss über die Verwendung des Bilanzgewinns fassen zu können, eventuell

---

550 Vgl. statt Vieler: *Emmerich*, in: Emmerich/Habersack KonzernR, § 292 Rdnr. 14; *Veil*, in: Spindler/Stilz AktG, § 292 Rdnr. 6; *Langenbucher*, in: Schmidt/Lutter AktG, § 292 Rdnr. 4; *Koch*, in: Hüffer/Koch AktG. § 292 Rdnr. 2; siehe auch OLG Frankfurt, Urteil vom 23.03.1988, 9 U 80/84, AG 1988, 267 (269 f.).

551 Allgemeine Ansicht, vgl. nur *Drygala*, in: Schmidt/Lutter AktG, § 174 Rdnr. 3; *Euler*, in: Spindler/Stilz AktG, § 174 Rdnr. 7; *Kropff*, in: MünchKomm AktG, § 174 Rdnr. 4.

552 Vgl. nur *Langenbucher*, in: Schmidt/Lutter AktG, § 292 Rdnr. 8; *Altmeppen*, in: MünchKomm AktG, § 292 Rdnr. 19; *Veil*, in: Spindler/Stilz AktG, § 292 Rdnr. 8; *Koppensteiner*, in: KölnKomm AktG, § 292 Rdnrn. 37 f.

553 So ausdrücklich *Emmerich*, in: Emmerich/Habersack KonzernR, § 292 Rdnr. 12 („[…] dass jedes beteiligte Unternehmen einen Teil des Gewinns zurückerhält"); *Langenbucher*, in: Schmidt/Lutter AktG, § 292 Rdnr. 9; eingehend: *Schubert/Küting*, Unternehmenszusammenschlüsse, § 12 D, S. 190 ff.

nicht vollumfänglich, nämlich nicht in Höhe des tatsächlich erwirtschafteten Gewinns, zusteht und damit teilweise vereitelt wird. Demzufolge muss dieser potentielle Eingriff dadurch kompensiert werden, dass die Anteilseigner der beteiligten Unternehmen am Vertragsschluss mitwirken müssen[554].

Mit dem Abschluss eines Entherrschungsvertrages ist weder ein vergleichbarer Automatismus für den Abschluss eines Gesellschaftsvertrages noch ein ähnlich intensiver Eingriff in die Organisationsverfassung der herrschenden Gesellschaft verbunden. Wird im Anwendungsbereich der Gewinngemeinschaft der Beschluss über die Verwendung des Bilanzgewinns aus § 119 Abs. 1 Nr. 2 AktG tangiert, so betrifft der Entherrschungsvertrag zur Beseitigung der Abhängigkeit die mehrheitliche Ausübung des Stimmrechts für die Bestellung und die Ausübung von fünfundzwanzig Prozent des Stimmrechts im Vergleich zur jeweiligen Hauptversammlungspräsenz für die Abberufung der Mehrheit der Mitglieder des Aufsichtsrates[555] gemäß § 119 Abs. 1 Nr. 1 AktG. Schließlich steht auch die Kompetenz zur Bestellung der Aufsichtsratsmitglieder durch die Hauptversammlung nicht zur Disposition der Gesellschafter[556].

Darin beschränken sich jedoch die Gemeinsamkeiten der beiden Vereinbarungen. Ein wesentlicher Unterschied ergibt sich aus dem Umfang des Rechts, das der verpflichtenden Gesellschaft verbleibt. Wird der Gewinn der Gewinngemeinschaft zur Verfügung gestellt, so endet die Kompetenz zur Beschlussfassung über die Gewinnverwendung. Für den Entherrschungsvertrag genügt hingegen der Verzicht auf fünfzig bzw. fünfundzwanzig Prozent plus einer Stimme im Vergleich zur jeweiligen Hauptversammlungsmehrheit[557], sodass dem herrschenden Unternehmen die Kompetenz aus § 119 Abs. 1 Nr. 1 AktG nicht vollumfänglich genommen wird.

Letztlich folgt ein wesentlicher Unterschied der Eingriffsintensität noch aus dem Umstand, dass sich der partielle Stimmrechtsausübungsverzicht im Rahmen des Entherrschungsvertrages nicht auf die Gesamtheit der durch die Anteilseigner bestellten Aufsichtsratsmitglieder beziehen muss. Erfasst die vertragliche Vereinbarung die Kompetenz zur Entscheidung über die Gewinnverwendung bei der Gewinngemeinschaft vollumfänglich, so beschränkt sich der

---

554 In diese Richtung im Ergebnis auch: *Veil*, in: Spindler/Stilz AktG, § 292 Rdnr. 9; *Langenbucher*, in: Schmidt/Lutter AktG, § 292 Rdnr. 3.

555 Vgl. F.II.1.a).

556 *Habersack*, in: MünchKomm AktG, § 101 Rdnr. 11; *v. Godin/Wilhelmi*, in: AktG, § 101 Rdnr. 2; *Hopt/Roth*, in: GroßKomm AktG, § 101 Rdnr. 9.

557 Vgl. zu den inhaltlichen Anforderungen F.II.2.d).

Verzicht auf die Ausübung auf die Mehrheit[558] der seitens der Anteilseigner zu bestellenden Aufsichtsratsmitglieder.

Als Fazit lässt sich festhalten, dass mit dem Abschluss eines Entherrschungsvertrages und dem damit verbundenen, partiellen Stimmrechtsausübungsverzicht bei weitem kein so tiefgehender Eingriff in die Organisationsstruktur der herrschenden Gesellschaft einhergeht wie im Falle einer Gewinngemeinschaft. Demzufolge ist eine analoge Anwendung des § 292 Abs. 1 Nr. 1 AktG und damit auch ein Mitwirkungserfordernis der Anteilseigner der herrschenden Gesellschaft aus § 293 Abs. 1 AktG im Anwendungsbereich des Entherrschungsvertrages zur Beseitigung der Abhängigkeit aus § 17 Abs. 1 AktG nicht zu rechtfertigen.

#### (2) Teilgewinnabführungsvertrag, § 292 Abs. 1 Nr. 2 AktG

Das Gesetz ordnet den Teilgewinnabführungsvertrag gemäß § 292 Abs. 1 Nr. 2 AktG noch als anderen Unternehmensvertrag mit der Folge ein, dass § 293 Abs. 1 AktG anwendbar ist. Der Teilgewinnabführungsvertrag verpflichtet die Gesellschaft, einen Teil des periodisch ermittelten Gewinns an den Vertragspartner abzuführen.

Vergleichbar mit der zuvor behandelten Gewinngemeinschaft beschneidet der Teilgewinnabführungsvertrag – jedenfalls im Umfang der Gewinnabführung – die zwingend der Hauptversammlung zugewiesene Befugnis aus §§ 119 Abs. 1 Nr. 2, 174 AktG, über die Verwendung des Bilanzgewinns zu entscheiden. Der mit dem Teilgewinnabführungsvertrag verbundene Kompetenzentzug wird durch das Mitwirkungserfordernis der Hauptversammlung der verpflichtenden Aktiengesellschaft aus § 293 Abs. 2 AktG kompensiert.

Wie bereits bei der Gewinngemeinschaft dargestellt[559], kann die Reichweite des Eingriffs in das Recht, über die Verwendung des Bilanzgewinns zu entscheiden, der Beeinträchtigung der Organisationsverfassung der herrschenden Gesellschaft bei Abschluss eines Entherrschungsvertrages nicht gleichgestellt werden. Zwar beschränkt der Teilgewinnabführungsvertrag die Pflicht zur Überlassung des erwirtschafteten Gewinns auf einen Teil des Gewinns, sodass die Kompetenz der Hauptversammlung auch nur in Teilen betroffen ist. Die mit dem Vertragsschluss einhergehende Beeinträchtigung der Rechte der sich verpflichtenden Gesellschaft besteht jedoch in der endgültigen Überlassung des Gewinns, sodass die aus §§ 119 Abs. 1 Nr. 2, 174 AktG resultierende Befugnis unabwendbar vereitelt wird. Demzufolge kann eine Mitwirkungserfordernis der

---

558 Vgl. hierzu F.II.1.a).

559 Vgl. H.II.1.a)bb)(1).

Aktionäre der herrschenden Gesellschaft im Bereich des Entherrschungsvertrages auch nicht aus analoger Anwendung der §§ 292 Abs. 1 Nr. 2, 293 Abs. 2 AktG abgeleitet werden.

(3) Betriebspacht- und Betriebsüberlassungsvertrag, § 292 Abs. 1 Nr. 3 AktG

Das Konzernrecht sieht in §§ 292 Abs. 1 Nr. 3, 293 Abs. 1 AktG noch eine Kompetenz der Hauptversammlung für den Fall vor, dass ein Betriebspacht- oder Betriebsüberlassungsvertrag abgeschlossen wird. Nach ganz überwiegender Ansicht werden die Vorschriften der §§ 292 Abs. 1 Nr. 3, 293 Abs. 2 AktG entsprechend auf den Abschluss eines Betriebsführungsvertrages angewendet[560].

Der Betriebspachtvertrag ist dadurch gekennzeichnet, dass der Verpächter sich zur Überlassung von Teilen oder der Gesamtheit des Betriebs an den Pächter verpflichtet, der den Betrieb *in eigenem Namen* und auf eigene Rechnung fortführt[561].

Der Betriebsüberlassungsvertrag unterscheidet sich davon ausschließlich durch die Perspektive der Tätigkeit. Wird der Pächter beim Betriebspachtvertrag in eigenem Namen tätig, so handelt der Pächter im Anwendungsbereich des Betriebsüberlassungsvertrages aufgrund einer entsprechenden Vollmacht im Namen der verpachtenden Gesellschaft, also *in fremdem Namen*[562].

Der Betriebsführungsvertrag ist schließlich dadurch kennzeichnet, dass der andere Vertragsteil den Betrieb der Eigentümergesellschaft für deren Rechnung aufgrund eines (unentgeltlichen) Auftrages oder eines (entgeltlichen) Geschäftsbesorgungsvertrages übernimmt[563]. Ob dies im eigenen Namen oder im Namen

560 *Koppensteiner*, in: KölnKomm AktG, § 292 Rdnr. 81; *Emmerich*, in: Emmerich/Habersack KonzernR, § 292 Rdnr. 58; *Altmeppen*, in: MünchKomm AktG, § 292 Rdnr. 149; *Koch*, in: Hüffer/Koch AktG, § 292 Rdnr. 20; *Langenbucher*, in: Schmidt/Lutter AktG, § 292 Rdnr. 35; *Veil*, in: Spindler/Stilz AktG, § 292 Rdnr. 54.

561 *Langenbucher*, in: Schmidt/Lutter AktG, § 292 Rdnr. 30; *Emmerich*, in: Emmerich/Habersack KonzernR, § 292 Rdnr. 40; *Koch*, in: Hüffer/Koch AktG, § 292 Rdnr. 18; *Veil*, in: Spindler/Stilz AktG, § 292 Rdnr. 38.

562 *Emmerich*, in: Emmerich/Habersack KonzernR, § 292 AktG, Rdnr. 43 *Veil*, in: Spindler/Stilz AktG, § 292 Rdnr. 38; *Langenbucher*, in: Schmidt/Lutter AktG, § 292 Rdnr. 36; *Koch*, in: Hüffer/Koch AktG, § 292 Rdnr. 19; *Hommelhoff*, Die Konzernleitungspflicht, S. 282.

563 *Koppensteiner*, in: KölnKomm AktG, § 292 Rdnr. 79; *Langenbucher*, in: Schmidt/Lutter AktG, § 292 Rdnr. 35; *Veil*, in: Spindler/Stilz AktG, § 292 Rdnr. 52; *Koch*, in: Hüffer/Koch AktG, § 292 Rdnr. 20.

der Eigentümergesellschaft geschieht, spielt für die Einordnung der Vereinbarung als Betriebsführungsvertrag keine Rolle[564].

Da die Entscheidungskompetenz über den operativen Betrieb des Unternehmens mit dem Abschluss eines Unternehmensvertrages im Sinne des § 292 Abs. 1 Nr. 3 AktG auf den Pächter übertragen wird und dem Verpächter ausschließlich noch die Entscheidung über die Verwendung des vereinbarten Pachtzinses verbleibt, kommt diesen Verträgen eine den Gewinnabführungs- und Beherrschungsverträgen vergleichbare „Eingliederungswirkung[565]" zu. Aufgrund des beschriebenen Eingriffs dieser Verträge in die Struktur der verpachtenden Gesellschaft – *Emmerich*[566] reduziert die verpachtende Gesellschaft gar auf eine „Rentnergesellschaft" – werden diese Verträge überwiegend den Organisationsverträgen aus § 291 AktG zugerechnet bzw. ihnen gleichgestellt[567].

Wie bereits bei der Frage der analogen Anwendbarkeit des § 291 AktG ausgeführt[568], geht mit dem Abschluss eines Entherrschungsvertrages kein den Organisationsverträgen vergleichbar intensiver Eingriff in die Struktur der sich verpflichtenden Gesellschaft einher. Verzichtet die verpachtende Gesellschaft im Rahmen des § 292 Abs. 1 Nr. 3 AktG auf die operative Betriebsführung, so beschränkt sich der Verzicht der Stimmrechtsausübung bei einem Entherrschungsvertrag auf die – einfache bzw. für die Abberufung qualifizierte – Hauptversammlungsmehrheit bezogen auf die Mehrheit der von Anteilseignerseite zu bestellenden Aufsichtsratsmitglieder[569]. Daher fehlt es auch für eine Rechtsanalogie zu §§ 292 Abs. 1 Nr. 3, 293 Abs. 1 AktG an einer vergleichbaren Interessenlage.

---

564 Ein Betriebsführungsvertrag auch bei Wahrnehmung der Tätigkeit im eigenen Namen bejahend: BGH, Urteil vom 05.10.1981, II ZR 203/80, NJW 1982, 1817.

565 So *Langenbucher*, in: Schmidt/Lutter AktG, § 292 Rdnr. 29.

566 HansOLG Hamburg, Urteil vom 29.10.1999, 11 U 45/99, NZG 2000, 421 (422); *Emmerich*, in: Emmerich/Habersack KonzernR, § 292 Rdnr. 39; *ders.*, in: Scholz GmbHG, Anhang § 13 Rdnr. 216; so auch *Liebscher*, in: MünchKomm GmbHG, Anhang § 13 Rdnr. 699; *Altmeppen*, in: MünchKomm AktG, § 292 Rdnr. 6.

567 HansOLG Hamburg, Urteil vom 29.10.1999, 11 U 45/99, NZG 2000, 421 (422); *Veil*, in: Spindler/Stilz AktG, § 292 Rdnrn. 36 f.; *Veil*, Unternehmensverträge, S. 287 ff.; *Langenbucher*, in: Schmidt/Lutter AktG, § 292 Rdnr. 29; *Emmerich*, in: Emmerich/Habersack KonzernR, § 292 Rdnr. 39; *Hommelhoff*, Die Konzernleitungspflicht, S. 275 ff.

568 Vgl. hierzu H.II.1.a)aa).

569 Siehe F.II.1.a) und F.II.2.d).

### cc) *Entgegenstehende Konzernleitungspflicht*

Lässt sich ein Zustimmungserfordernis der Anteilseigner der herrschenden Gesellschaft nicht aus analoger Anwendung der Vorschriften über Unternehmensverträge herleiten, könnte sich dieses aus einer Pflicht zur Konzernleitung des Vorstandes der herrschenden Aktiengesellschaft ergeben[570]. Wäre der Vorstand aus § 76 Abs. 1 AktG nicht ausschließlich zur Leitung der herrschenden Aktiengesellschaft, sondern darüber hinaus auch zur Leitung des abhängigen Unternehmens gegenüber der herrschenden Gesellschaft verpflichtet, so würde der Abschluss des Entherrschungsvertrages in Vertretung des herrschenden Unternehmens außerhalb des ihm zugewiesenen Kompetenzbereichs liegen. Durch Abschluss des Entherrschungsvertrages würde sich die Unternehmensleitung nämlich der einzigen Einwirkungsmöglichkeit auf die Personalkompetenz in der abhängigen Gesellschaft entledigen. Dieses Kompetenzdefizit könnte allein durch eine Ermächtigung seitens der Hauptversammlung behoben werden. Im Folgenden ist daher zu untersuchen, ob der Vorstand des herrschenden Unternehmens einer Pflicht zur Konzernleitung unterfällt.

Ausgangspunkt der Überlegung stellt dabei § 76 AktG dar. Demnach obliegt dem Vorstand einer jeden Aktiengesellschaft, also auch der Unternehmensleitung der abhängigen Aktiengesellschaft, im Grundsatz die eigenverantwortliche Leitung der Gesellschaft, was einer Konzernleitungspflicht entgegenstünde. Die Vorschrift des § 76 AktG differenziert dabei nicht zwischen den Vorstandsmitglieder verbundener und unverbundener Unternehmen.

Im Anwendungsbereich des Vertragskonzerns und der eingegliederten Gesellschaft kommt der Vorschrift des § 76 AktG für die Tochtergesellschaft jedoch nur eine sehr eingeschränkte Reichweite zu, da der Vorstand der Konzernobergesellschaft nach § 308 Abs. 1 AktG gegenüber der beherrschten Gesellschaft weisungsbefugt ist. Der Vorstand der Hauptgesellschaft kann gemäß § 323 Abs. 1 AktG umfassend[571] Weisungen gegenüber der eingegliederten

---

570 Grundlegend hierzu: *Hommelhoff*, Die Konzernleitungspflicht, S. 1 ff; ihm explizit auch für den Anwendungsbereich des Abschlusses eines Entherrschungsvertrages folgend: *Karsten Schmidt*, in: FS Hommelhoff, S. 985 (995 f.).

571 Im Gegensatz zu § 308 Abs. 1 S. 2 AktG bedürfen Weisungen, die für die Gesellschaft nachteilig sind, im Anwendungsbereich eines Eingliederungsverhältnisses keiner Rechtfertigung durch Belange der herrschenden Gesellschaft (Allgemeine Ansicht, vgl. nur: *Habersack*, in: Emmerich/Habersack KonzernR, § 323 Rdnr. 2; *Kropff*, Aktiengesetz 1965, S. 427; *Koppensteiner*, in: KölnKomm AktG, § 323 Rdnr. 2; *Koch*, in: Hüffer/Koch AktG, § 323 Rdnr. 3.). *Grunewald* geht zwar grundsätzlich auch von der Unanwendbarkeit des § 308 Abs. 1 S. 2 AktG aus (*ders.*, in: MünchKomm AktG, § 323

Gesellschaft erteilen. Im Anwendungsbereich des Vertragskonzerns und der eingegliederten Gesellschaft kollidieren diese Weisungsrechte denknotwendig mit dem Recht zur eigenverantwortlichen Leitung der Konzernuntergesellschaft und führen daher zu einer Beschränkung dieses Rechts. Ob sich das Recht zur Leitung der eingegliederten bzw. der beherrschten Gesellschaft durch Ausübung des Weisungsrechts letztlich zu einer Pflicht der Konzernleitung ausweiten lässt, kann jedoch dahinstehen[572], da der Entherrschungsvertrag durch die Verankerung in § 17 AktG im faktischen Konzern verortet ist.

Im Unterschied zum Vertragskonzern und zur eingegliederten Gesellschaft verbleibt es dagegen im faktischen Konzernverhältnis oder im reinen Abhängigkeitsverhältnis nach § 17 Abs. 1 AktG aufgrund der Unanwendbarkeit der §§ 308, 323 AktG bei der eigenverantwortlichen Leitung der Gesellschaft durch den Vorstand des abhängigen Unternehmens. Entgegen *Hommelhoff*[573] ist die Annahme einer – wenn auch nur beschränkten[574] – Konzernleitungspflicht in faktischen Konzernierungsgeflechten mit den Wertungen des Gesetzes nicht in Einklang zu bringen.

Zunächst einmal besteht in der Beziehung der herrschenden Gesellschaft zur abhängigen Aktiengesellschaft kein Weisungsrecht. § 323 Abs. 1 AktG ist in seinem Anwendungsbereich aufgrund der systematischen Stellung ebenso auf die eingegliederte Aktiengesellschaft wie die Vorschrift des § 308 AktG auf den Vertragskonzern begrenzt. Dieser Unterschied zeigt sich auch in § 323 Abs. 1 S. 2 AktG, der die Vorschriften aus §§ 311 bis 318 AktG für nicht anwendbar erklärt. Mangels bestehendem Recht zur Weisungsausübung kann eine „Verstärkung" des Leitungsrechts hin zu einer Pflicht der Weisungserteilung und damit zu einer

---

Rdnr. 2.). Durch die Einstufung dieser Weisungen als „vielfach pflichtwidrig" wird jedoch der Versuch unternommen, ein mit der Rechtslage des § 308 Abs. 1 S. 2 AktG vergleichbares Ergebnis zu erzielen.

572 Grundlegend und eine Konzernleitungspflicht bejahend: *Hommelhoff*, Die Konzernleitungspflicht, S. 1 ff.; *Karsten Schmidt*, in: Gesellschaftsrecht, § 31 II, S. 947; *Wiesner*, in: MünchHdb. AG, § 19 Rdnr. 38; *Krieger*, in: MünchHdb. AG, § 69 Rdnr. 63 und § 70 Rdnr. 27; *Schneider*, ZGR 144 (1980), 511 (532 ff.); *ders.*, ZGR 143 (1979), 485 (506 ff.); dagegen lehnt die ganz überwiegende Ansicht eine Konzernleitungspflicht ab, vgl. *Altmeppen*, in: MünchKomm AktG, § 309 Rdnrn. 50 ff.; *Flume*, Die Juristische Person, S. 90, Fn 97; *Koch*, in: Hüffer/Koch AktG, § 76 Rdnr. 47; *Koppensteiner* in: KölnKomm AktG, § 309 Rdnr. 6; *Fleischer*, in: Spindler/Stilz AktG, § 76 Rdnr. 86; *Langenbucher* in: Schmidt/Lutter, § 291 Rdnr. 40.

573 *Hommelhoff*, Die Konzernleitungspflicht, S. 109 ff.

574 *Hommelhoff*, Die Konzernleitungspflicht, S. 147.

Pflicht der Konzernleitung im Verhältnis zur abhängigen Gesellschaft gegenüber der herrschenden Aktiengesellschaft nicht angenommen werden[575].

Des Weiteren steht die Konzernleitungspflicht des herrschenden Unternehmens mangels Weisungsbefugnis[576] in Widerspruch zu dem Grundsatz eigenverantwortlicher Leitung der abhängigen Gesellschaft durch deren Vorstand aus § 76 Abs. 1 AktG. Wie bereits aufgezeigt sind Sondervorschriften, die eine Einschränkung dieses Charakteristikums des deutschen Aktienrechts[577] rechtfertigen würden, im Anwendungsbereich des faktischen Konzerns oder der Abhängigkeit nicht gegeben.

Damit verbleibt es innerhalb des faktischen Konzerns bei der uneingeschränkten Anwendung des § 76 Abs. 1 AktG auf den Vorstand der verbundenen Gesellschaften[578]. Dem Vorstand der herrschenden Aktiengesellschaft steht demzufolge bei Entscheidungen, die in Bezug auf das abhängige Unternehmen zu treffen sind, ein weiter Ermessensspielraum in Form eines „Konzernleitungsermessens[579]" zu. Dieser Ermessensspielraum umfasst auch die Entscheidung, mit dem abhängigen Unternehmen einen Entherrschungsvertrag abzuschließen.

### *dd) Analoge Anwendung anderer Normen*

Ebenso wenig kann die analoge Gesetzesanwendung anderer, im Aktienrecht[580] oder im Umwandlungsrecht[581] geregelter Hauptversammlungszuständigkeiten das Erfordernis begründen, die Zustimmung der Hauptversammlung der

575 *Habersack*, in: Emmerich/Habersack KonzernR, § 311 Rdnr. 11; § 311 Rdnr. 8; *Müller*, in: Spindler/Stilz AktG, Vor § 311 Rdnr. 7; *Koppensteiner*, in: KölnKomm AktG, Vorb. § 291 Rdnr. 72.

576 Zur Besonderheit des Weisungsrechts bei Mehrheitsbeteiligung an einer GmbH vgl. die Ausführungen unter K.I.6.a)cc).

577 So *Spindler*, in: MünchKomm AktG, § 76 Rdnr. 1; *Habersack*, in: Emmerich/Habersack KonzernR, § 311 Rdnr. 11; *Müller*, in: Spindler/Stilz AktG, Vor § 311 Rdnr. 7.

578 *Bayer*, in: MünchKomm AktG, § 18 Rdnr. 20; *Mertens/Cahn*, in: KölnKomm AktG, § 76 Rdnr. 67; *Kort*, in: GroßKomm AktG, § 76 Rdnr. 189; *Seibt*, in: Schmidt/Lutter AktG, § 76 Rdnr. 17; *Fleischer*, in: Spindler/Stilz AktG, § 76 Rdnr. 102.

579 *Mertens*, in: KölnKomm AktG, 2. Auflage, § 76 Rdnr. 54.

580 Für eine Übersicht der im Aktienrecht geregelten Hauptversammlungszuständigkeiten vgl. Fn 611.

581 Zuständigkeiten im Umwandlungsrecht ergeben sich bei der Verschmelzung durch Aufnahme aus §§ 50, 65 UmwG, bei der Verschmelzung zur Neugründung aus §§ 56, 50, 73, 65 UmwG. Bei der Spaltung zur Aufnahme bemisst sich die Pflicht zur Zustimmung der Hauptversammlung nach §§ 125, 50, 65 UmwG, bei der Spaltung zur Neugründung gemäß §§ 135, 50, 65 UmwG und beim Formwechsel ergibt sich die

herrschenden Aktiengesellschaft einzuholen. Den weit überwiegenden Vorschriften mangelt es bereits offensichtlich an der Vergleichbarkeit des geregelten Falles mit dem Anwendungsbereich des Entherrschungsvertrages.

Zur näheren Anschaulichkeit soll allein die Vorschrift des § 179a AktG beleuchtet werden. Gemäß §§ 179a, 179 AktG bedarf ein Vertrag, durch den sich die Aktiengesellschaft verpflichtet, das gesamte Gesellschaftsvermögen zu übertragen, einen zustimmenden Hauptversammlungsbeschluss mit einer Mehrheit von drei Viertel des in der Hauptversammlung vertretenen Grundkapitals. Dabei ist die Übertragung des gesamten Gesellschaftsvermögens entgegen des eindeutigen Wortlauts nach einhelliger Ansicht nicht erforderlich. Vielmehr kann ein unwesentlicher Teil bei der Gesellschaft verbleiben, ohne dass der Anwendungsbereich der Vorschrift des § 179a AktG verschlossen wäre[582].

Dennoch ist der Eingriff in die Rechte der Aktionäre, der mit dem Abschluss eines Entherrschungsvertrages für die herrschende Gesellschaft einhergeht, bei weitem nicht so tiefgreifend wie im Falle der fast vollständigen Übertragung des Gesellschaftsvermögens. Das Gesellschaftsvermögen und die Mitgliedschaftsrechte bleiben auch nach Abschluss eines Entherrschungsvertrages vollumfänglich zugunsten der Aktionäre erhalten. Im typischen Anwendungsbereich des Entherrschungsvertrages wird ausschließlich die Stimmrechtsausübung in Bezug auf die Bestellung und Abberufung der Mehrheit der Aufsichtsratsmitglieder ausgeschlossen[583].

Dagegen verbleiben im Falle des § 179 AktG zwar die Mitgliedschaftsrecht der Aktionäre der sich verpflichtenden Aktiengesellschaft von dem Vorgang unberührt. Wird jedoch (beinahe) das gesamte Vermögen der Gesellschaft auf einen Dritten übertragen, stellen die Mitwirkungsrechte – jedenfalls im Hinblick auf den ursprünglichen Unternehmensgegenstand – lediglich noch eine inhaltsleere Hülle dar.

Demzufolge kann auch eine Gesetzesanalogie zu §§ 179a, 179 AktG ein Erfordernis zur Mitwirkung der Hauptversammlung für den Abschluss eines Entherrschungsvertrages nicht begründen[584].

---

Hauptversammlungszuständigkeit der Pflicht zur Durchführung eines Umwandlungsbeschlusses aus § 193 UmwG.

582 BGH, Urteil vom 25.02.1982, II ZR 174/80, NJW 1982, 1703 (1704); *Koch*, in: Hüffer/Koch AktG, § 179a Rdnr. 5; *Stein*, in: MünchKomm AktG, § 179a Rdnr. 17; *Seibt*, in: Schmidt/Lutter AktG, § 179a Rdnr. 8; *Holzborn*, in: Spindler/Stilz AktG, § 179a Rdnr. 19.

583 Vgl. hierzu die Ausführungen unter F.II.1 und F.II.2.

584 So aber *Becker*, in: FS Möschel, S. 1119 (1126).

*ee) „Holzmüller" bzw. „Gelatine"*

Lässt sich weder aus einer Gesetzesanalogie zu den Vorschriften über Unternehmensverträge ein Zustimmungserfordernis begründen[585], noch eine Konzernleitungspflicht des Vorstandes der herrschenden Aktiengesellschaft außerhalb des Vertragskonzerns herleiten[586], so stellt sich die Frage, ob die durch die höchstrichterliche Rechtsprechung zunächst in der „Holzmüller"-Entscheidung[587] begründeten und in den „Gelatine"-Entscheidungen[588] fortentwickelten Grundsätze eine Zustimmung der Hauptversammlung der herrschenden Aktiengesellschaft zum Entherrschungsvertrag erforderlich machen.

(1) Die „Holzmüller"-Entscheidung (1982)

Die Grundlage für Mitwirkungserfordernisse, die über die gesetzlich verankerten Kompetenzen hinausgehen, hat der *BGH* im Jahre 1982 in der sog. „Holzmüller"-Entscheidung gelegt[589]. In dem dort entschiedenen Fall gliederte eine Aktiengesellschaft den Seehafenbetrieb, der ihren wesentlichen Unternehmensgegenstand darstellte, auf eine neu gegründete KGaA gegen Übernahme der Aktien aus, ohne dass der Vorstand der Aktiengesellschaft zuvor die Hauptversammlung mit dieser Entscheidung befasst hatte. Die Aktiengesellschaft hielt sowohl alle Aktien der KGaA als auch das gesamte Stammkapital der eigens zu diesem Zwecke gegründeten GmbH, der persönlich haftenden Gesellschafterin der KGaA. Zum Zeitpunkt der Entscheidung des *BGH* existierte das erst am 01.01.1995 in Kraft getretene Umwandlungsgesetz[590] noch nicht, wonach im Falle der Ausgliederung der Ausgliederungsvertrag der Zustimmung der Hauptversammlung des übertragenden und des übernehmenden Rechtsträgers mit qualifizierter Mehrheit von jeweils 75 % des vertreten Grundkapitals bedarf (vgl. §§ 123 Abs. 3, 125 UmwG i.V.m. §§ 13, 65, 73 UmwG).

Der *BGH* führte aus, es stehe zwar grundsätzlich im Ermessen des Vorstands, ob er nach § 119 Abs. 2 AktG eine Entscheidung der Hauptversammlung herbeiführen wolle. Es gebe jedoch grundlegende Entscheidungen, die durch die Außenvertretungsmacht des Vorstands [...] noch gedeckt seien, gleichwohl aber so tief

585 Vgl. hierzu H.II.1.a)aa) und H.II.1.a)bb).

586 Siehe H.II.1.a)cc).

587 BGH, Urteil vom 25.02.1982, II ZR 174/80, NJW 1982, 1703.

588 BGH, Urteil vom 26.04.2004, II ZR 155/02, NJW 2004, 1860 ff. und BGH, Beschluss vom 20.11.2006, II ZR 226/05, NZG 2007, 234.

589 BGH, Urteil vom 25.02.1982, II ZR 174/80, NJW 1982, 1703 (1705 ff.).

590 BGBl. I S. 3210.

in die Mitgliedsrechte der Aktionäre und deren im Anteilseigentum verkörpertes Vermögensinteresse eingreifen würden, dass der Vorstand vernünftigerweise nicht annehmen könne, er dürfe sie in ausschließlich eigener Verantwortung treffen, ohne die Hauptversammlung zu beteiligen[591]. Die Rechtsprechung sah bei derart tiefgreifenden Entscheidungen demzufolge – vergleichbar der im öffentlichen Recht anerkannten „Ermessensreduzierung auf null[592]" – eine Verdichtung des aus § 119 Abs. 2 AktG gegebenen Ermessens hin zu einer Handlungspflicht gegeben.

(2) Die „Gelatine"-Entscheidungen (2004)

Eine nähere Ausgestaltung und Präzisierung sowie auch eine gewisse Einschränkung dieser Rechtsfortbildung erfolgte durch die sog. „Gelatine"-Entscheidungen des *BGH* im Jahre 2004[593]. Der *BGH* hatte in den beiden Parallelentscheidungen über die Einbringung unmittelbarer Beteiligungen sowie eines wesentlichen Grundstücks in Tochtergesellschaften der beklagten Aktiengesellschaft zu entscheiden und lehnte eine Kompetenz der Hauptversammlung jeweils ab.

In der ersten „Gelatine"-Entscheidung brachte der Vorstand einer Aktiengesellschaft – zunächst ohne Beteiligung der Hauptversammlung – zwei (ausländische) Unternehmensbeteiligungen der Aktiengesellschaft im Wege einer Sachkapitalerhöhung in eine GmbH ein, deren Geschäftsanteile allesamt der Aktiengesellschaft zustanden. Aufgrund von Meinungsverschiedenheiten über die hierfür notwendigen Anforderungen fand im Nachgang an die vorgenannten Maßnahmen eine Hauptversammlung der Aktiengesellschaft statt, die u.a. auch über die Genehmigung dieser Maßnahmen entscheiden sollte. Die Hauptversammlung genehmigte die Einbringung der beiden Gesellschaften in die GmbH mit einer Mehrheit von knapp 70 % des vertretenen Kapitals, woraufhin der Versammlungsleiter die Genehmigung der Einbringungen feststellte[594].

In der zweiten „Gelatine"-Entscheidung befasste sich der *BGH* mit der Einbringung von Kommanditanteilen sowie der Beteiligung an der Komplementärin der Kommanditgesellschaft und eines Betriebsgrundstücks ebenfalls in eine Tochtergesellschaft der beklagten Aktiengesellschaft, die diese Anteile hielt bzw. Eigentümerin des Betriebsgrundstücks war. Für diesen Umstrukturierungsvorschlag

591 BGH, Urteil vom 25.02.1982, II ZR 174/80, NJW 1982, 1703 (1705 ff.).

592 Vgl. hierzu nur die Ausführungen von *W.-R. Schenke*, in: Kopp/Schenke VwGO, § 114 Rdnr. 6 m.w.N. und *Kopp/Ramsauer*, in: VwVfG, § 40 Rdnrn. 69 ff. m.w.N.

593 BGH, Urteil vom 26.04.2004, II ZR 155/02, NJW 2004, 1860 ff. und BGH, Urteil vom 26.04.2004, II ZR 154/02, NZG 2004, 575 ff.

594 BGH, Urteil vom 26.04.2004, II ZR 155/02, NJW 2004, 1860 (1861).

stimmte eine Mehrheit von 66,4 % des vertretenen Grundkapitals, woraufhin der Versammlungsleiter ebenfalls das Zustandekommen des Beschlusses feststellte[595].

In den Urteilsgründen der beiden „Gelatine"-Entscheidungen stellte der *BGH* zunächst einmal klar, dass die „Holzmüller"-Entscheidung nicht dahingehend (miss-)zu verstehen ist, dass die Hauptversammlung berechtigt ist, an allen grundlegenden Aufgaben der Geschäftsführung mitzuwirken, da dies mit der „wohlaustarierten Kompetenzverteilung in der Aktiengesellschaft nicht in Einklang zu bringen sei[596]". Zwar hat der *BGH* wie bereits in seiner „Holzmüller"-Entscheidung auch in den „Gelatine"-Entscheidungen explizit offen gelassen, bei welchen einzelnen Geschäftsführungsmaßnahmen der Vorstand gehalten ist, die Zustimmung der Hauptversammlung einzuholen[597]. Er hat jedoch den Ausnahmecharakter der Hauptversammlungszuständigkeit hervorgehoben (der *BGH* erwähnt in der „Gelatine"-Entscheidung das Wort „ausnahmsweise" fünf Mal im Zusammenhang mit der Kompetenz der Hauptversammlung) und sie auf solche Fälle beschränkt, in denen mit der Maßnahme ein sog. Mediatisierungseffekt einhergeht, d.h. der Einfluss der Aktionäre durch Einfügung einer weiteren hierarchischen Ebene erheblich geschmälert wird und die Gefahr einer Verwässerung mitgliedschaftlicher Rechte besteht, sofern dabei eine gewisse Wesentlichkeitsschwelle überschritten wird. Für das Erreichen der vorgenannten Schwelle seien Auswirkungen der jeweiligen Maßnahme erforderlich, die einem Zustand nahezu entsprechen, der allein durch Satzungsänderung herbeigeführt werden könne[598]. Aufgrund dieser Annäherung an eine Änderung der Verfassung der Aktiengesellschaft sei auch eine Dreiviertelmehrheit bei der entsprechenden Beschlussfassung in der Hauptversammlung erforderlich[599].

---

595 BGH, Urteil vom 26.04.2004, II ZR 154/02, NZG 2004, 575 (576).

596 BGH, Urteil vom 26.04.2004, II ZR 155/02, NJW 2004, 1860 (1862).

597 BGH, Urteil vom 26.04.2004, II ZR 155/02, NJW 2004, 1860 (1863).

598 BGH, Urteil vom 26.04.2004, II ZR 155/02, NJW 2004, 1860 (1864).

599 BGH, Urteil vom 26.04.2004, II ZR 155/02, NJW 2004, 1860 (1864); so auch die überwiegende Ansicht im Schrifttum, vgl. *Habersack*, in: Emmerich/Habersack KonzernR, Vor § 311 Rdnr. 50; *Kubis*, in: MünchKomm AktG, § 119 Rdnr. 55; *Spindler*, in: Schmidt/Lutter AktG, § 119 Rdnr. 45; *Henze*, in: FS Ulmer, S. 211 (220 f.); *Krieger*, in: MünchHdb. AG, § 70 Rdnr. 14; *Hoffmann*, in: Spindler/Stilz AktG, § 119 Rdnr. 28; *Koch*, in: Hüffer/Koch AktG, § 119 Rdnr. 29; *Götze*, NZG 2004, 585 (588).

(3) „Stuttgarter Hofbräu" (2006)

Im Jahr 2006 wies der *BGH* eine Nichtzulassungsbeschwerde gegen ein Urteil des *OLG Stuttgart*[600] zurück, das in seiner Entscheidung die Anwendung der Grundsätze aus den „Gelatine"-Entscheidungen auf den zugrundeliegenden Sachverhalt ablehnte.

Eine Aktiengesellschaft hatte den von ihr geführten Brauereibetrieb auf eine Kommanditgesellschaft auf Aktien ausgelagert (und in diesem Zusammenhang auch den Unternehmensgegenstand der Gesellschaft in der Satzung entsprechend angepasst), die Hälfte der Kommanditanteile sowie die hälftigen Miteigentumsanteile an den betriebsnotwendigen Brauereigrundstücken veräußert und der erwerbenden Vertragspartei eine Kaufoption für die andere Hälfte der Kommanditanteile, dem verbleibenden Miteigentumsanteil an den Brauereigrundstücken sowie den Aktien an der persönlich haftendenden Gesellschafterin der KGaA eingeräumt.

Das Gericht lehnte die Anwendung der Grundsätze aus den „Gelatine"-Entscheidungen des *BGH* mit der Begründung ab, der Beteiligungsveräußerung komme kein der Zwischenschaltung einer Tochtergesellschaft vergleichbarer Mediatisierungseffekt zu[601]. Zwar verneinte das *OLG Stuttgart* nicht grundsätzlich weitere Anwendungsbereiche für ungeschriebene Hauptversammlungszuständigkeiten. Es hob jedoch zugleich hervor, dass den Entscheidungen des *BGH* – jedenfalls bislang – ausnahmslos Sachverhalte zugrunde lagen, in denen ein solcher Mediatisierungseffekt vorlag[602].

Der *BGH* wies die Nichtzulassungsbeschwerde gegen das Urteil des *OLG Stuttgart* mit der knappen Begründung zurück, dass „ein Mediatisierungseffekt [...] bei der hier vorliegenden Beteiligungsveräußerung nicht gegeben ist[603]". Damit wurde auch die bis dato noch höchst umstrittene[604] Frage der Beteiligungsveräußerung als „Holzmüller"- bzw. „Gelatine"-Fall durch die höchstrichterliche Rechtsprechung geklärt.

600 OLG Stuttgart, Urteil vom 13.07.2005, 20 U 1/05, WM 2005, 1708 ff.
601 Vgl. hierzu BGH, Beschluss vom 20.11.2006, II ZR 226/05, NZG 2007, 234.
602 OLG Stuttgart, Urteil vom 13.07.2005, 20 U 1/05, WM 2005, 1708, (1710 f.).
603 BGH, Beschluss vom 20.11.2006, II ZR 226/05, NZG 2007, 234.
604 Vgl. nur *Habersack*, AG 2005, 137 (144 ff.) und andeutungsweise *Goette*, AG 2006, 522 (527).

(4) Stellungnahme

Die Rechtsfortbildung durch den *BGH* stieß in weiten Teilen des juristischen Schrifttums – wenn auch nur dem Grunde nach – auf Zustimmung[605]. Dagegen wurde die ursprüngliche, durch die „Gelatine"-Entscheidung längst überholte Herleitung des Zustimmungserfordernisses aus § 119 Abs. 2 AktG in der Holzmüller-Entscheidung einhellig abgelehnt[606]. Eine umfassende Untersuchung und Würdigung der „Gelatine"-Entscheidung kann und soll an dieser Stelle nicht erfolgen. Vielmehr beschränken sich die nachfolgenden Darstellungen auf die Frage, inwieweit die gewonnenen Erkenntnisse eine Hauptversammlungszuständigkeit der Aktionäre der herrschenden Gesellschaft bei Abschluss eines Entherrschungsvertrages begründen können.

Die der „Holzmüller"-Entscheidung und den „Gelatine"-Entscheidungen zugrundliegenden Lebenssachverhalte betreffen das Spannungsverhältnis zwischen der im Gesetz klar zum Ausdruck kommenden Verfassung der Aktiengesellschaft und dem ebenfalls gesetzlich verankerten Prinzip eines umfassenden Aktionärsschutzes. Wesensmerkmal des Aktienrechts stellt die strikte Aufteilung der Kompetenzen zwischen den drei obligatorischen Gesellschaftsorganen – Vorstand, Aufsichtsrat und Hauptversammlung – dar. Dem Vorstand als Leitungsorgan der Gesellschaft kommt dabei die weisungsfreie[607] und eigenverantwortliche Befugnis zur umfassenden Leitung der Aktiengesellschaft zu (§ 76 AktG).

Andererseits ist auch der durch den *BGH* in den zitierten Entscheidungen aufgestellte Schutzzweck[608], nämlich Schutz der Aktionäre vor einem Eingriff in die Mitgliedschaftsrechte und die im Anteilseigentum verkörperten Vermögensinteressen[609], tief im Aktiengesetz verankert. So sind an unterschiedlichen Stellen

---

605 Vgl. statt aller nur die große Anzahl von Nachweisen bei *Habersack*, in: Emmerich/Habersack KonzernR, Vor § 311 Fn 164 und *Koppensteiner*, in: KölnKomm AktG, Vorb. § 291 Fn 83; ablehnend dagegen: *Flume*, Die Juristische Person, § 8 V 4. S. 313 f.; *Koppensteiner*, in: KölnKomm AktG, Vorb. § 291 Rdnrn. 44 ff.; *Götz*, S. 90 ff.; *Paefgen*, ZHR 172 (2008), 42 (66 ff.).

606 Beispielhaft seien nur genannt: *Habersack*, in: Emmerich/Habersack KonzernR, Vor § 311 Rdnr. 39; *Karsten Schmidt*, Gesellschaftsrecht, § 28 V, S. 871 f.; *Kubis*, in: MünchKomm AktG, § 119 Rdnrn. 39 ff.; *Mülbert*, in: GroßKomm AktG, § 119 Rdnr. 23. Weitere Nachweise bei *Habersack*, in: Emmerich/Habersack KonzernR, Vor § 311 Rdnr. 39 Fn 190.

607 Eine Ausnahme gilt im Falle des vorliegend nicht zu behandelnden Vertragskonzerns, bei dem der Vorstand der abhängigen Aktiengesellschaft den Weisungen des herrschenden Unternehmens gemäß § 308 Abs. 1 S. 1 AktG Folge zu leisten hat.

608 So *Habersack*, in: Emmerich/Habersack KonzernR, Vor § 311 Rdnr. 34.

609 BGH, Urteil vom 25.02.1982, II ZR 174/80, NJW 1982, 1703 (1705).

des Aktienrechts Schutzvorschriften zugunsten der Aktionärsrechte normiert, von denen nur das Bezugsrecht im Zusammenhangmit Kapitalerhöhungen zum Schutz vor einer Anteilsverwässerung aus § 186 Abs. 1 S. 1 AktG, die zwingende Gleichbehandlung der Aktionäre beim Rückerwerb und der Wiederveräußerung eigener Aktien gemäß §§ 71 Abs. 1 Nr. 8 S. 3, 53a AktG (Chancengleichheit[610]) sowie die in § 293 Abs. 1 AktG und § 293 Abs. 2 AktG normierten Mitwirkungserfordernisse zum Schutze der Anteilseigner genannt seien.

Ausgangspunkt der Überlegungen ist die Vorschrift des § 119 Abs. 1 AktG, die eine Entscheidungskompetenz der Hauptversammlung lediglich in den gesetzlich vorgesehen Ausnahmefällen[611] vorsieht[612]. Der Entscheidung des Gesetzgebers für eine umfassende Vorstandszuständigkeit in Geschäftsführungsangelegenheiten müssen demnach sehr gewichtige Aktionärsinteressen gegenüberstehen, die eine Ausnahme dieses Grundsatzes rechtfertigen. Inhaltlich bedarf es sowohl in quantitativer als auch in qualitativer Hinsicht strengen Anforderungen, um eine Abweichung von der Grundwertung des § 119 Abs. 1 AktG rechtfertigen zu können[613]. Dem *BGH* folgend[614] ist in qualitativer Hinsicht ein Zustand zu fordern, der in seinen Auswirkungen dem Erfordernis einer Satzungsänderung sehr nahe kommt, mithin eine „fundamentale Strukturentscheidung[615]" darstellt[616]. Sofern es sich dabei – wie in den vom *BGH* entschiedenen

610 Vgl. hierzu nur BT-Drucks 13/9712, S. 13 und *Oechsler*, in: MünchKomm AktG, § 71 Rdnr. 22.

611 Die gesetzlich geregelten Anwendungsfälle beschränken sich auf Auflösungs- und Fortsetzungsbeschlüsse nach § 262 AktG bzw. § 274 AktG, die Zustimmung zum Abschluss und zur Änderung von Unternehmensverträgen gemäß § 293 AktG (vgl. hierzu bereits H.II.1.a)aa) und H.II.1.a)bb)) und § 295 AktG, Eingliederungsbeschlüsse nach §§ 319 f. AktG, die Zustimmung zur Verschmelzung nach §§ 65, 73 UmwG, die Zustimmung zur Vermögensübertragung aus §§ 179a, 174 ff. UmwG und auf Umwandlungsbeschlüsse nach §§ 226 ff. UmwG.

612 Vgl. zum zwingenden Charakter der Vorschrift nur die Gesetzesbegründung bei *Kropff*, Aktiengesetz 1965, S. 165.

613 Diese beiden Elemente ebenfalls explizit fordernd: *Kubis*, in: MünchKomm AktG, § 119 Rdnrn. 44 ff.; *Spindler*, in: Schmidt/Lutter AktG, Vor § 311 Rdnrn. 30 f.; *Koch*, in: AktG, § 119 Rdnr. 25.; *Fleischer*, NJW 2004, 2335 (2337); *Götze*, NZG 2004, 585 (586 ff.); *Mertens/Cahn*, in: KölnKomm AktG, § 76 Rdnr. 62.

614 Vgl. BGH, Urteil vom 26.04.2004, II ZR 155/02, NJW 2004, 1860 (1864).

615 So *Spindler*, in: Schmidt/Lutter AktG, § 119 Rdnr. 30.

616 In diese Richtung gehend auch: *Habersack*, in: Emmerich/Habersack KonzernR, Vor § 311 Rdnrn. 39 f.; *Götze* NZG 2004, 585 (586); Fleischer, NJW 2004, 2335 (2337); ebenso *Karsten Schmidt*, der jedenfalls in wirtschaftlicher Hinsicht einen

Fällen[617] – um Umstrukturierungen innerhalb eines Konzerngeflechts handelt, ist darüber hinaus eine Eingriffsschwelle in Form einer Wesentlichkeitsgrenze[618] als quantitative Anforderung zu überschreiten.

Es ist jedoch zu berücksichtigen, dass die in den „Gelatine"-Entscheidungen präzisierten Grundsätze kein Spezifikum des Konzernrechts darstellen, auch wenn den bisher ergangenen höchstrichterlichen Entscheidungen ausschließlich Sachverhalte aus dem Konzernverbund zugrunde lagen und Umstrukturierungsmaßnahmen im Konzern den häufigsten Anwendungsbereich dieser Grundsätze darstellen dürften. Vielmehr finden diese Grundsätze ihre Rechtfertigung im Schutz der Mitgliedschaftsrechte und Vermögensinteressen der Aktionäre, die den Anteilseigner im unverbundenen Unternehmen ebenso zugutekommen wie im konzernrechtlichen Unternehmensverbund[619].

### (5) Reichweite der „Gelatine"-Zuständigkeit

Zunächst einmal bleibt festzuhalten, dass ein qualitativer Unterschied zwischen einer Gesetzesanalogie zu §§ 291 ff. AktG und der Anwendung der Grundsätze der „Gelatine"-Entscheidungen besteht. Schlägt die fehlende Zustimmung der Hauptversammlung im Anwendungsbereich der Unternehmensverträge auf das Außenverhältnis und somit auf die Wirksamkeit des Unternehmensvertrages durch[620], so beschränkt sich die fehlende Zustimmung im Rahmen der „Gelatine"-Entscheidungen nach nahezu einhelliger[621] Ansicht auf das Innenverhältnis,

Vergleich mit Maßnahmen vornimmt, die eine Satzungsänderung erfordern (*ders.*, in: Gesellschaftsrecht, § 28 V.2, S. 870.).

617 Zur Darstellung der Sachverhalte vgl. H.II.1.a)ee)(1), H.II.1.a)ee)(2) und H.II.1.a) ee)(3).

618 BGH, Urteil vom 26.04.2004, II ZR 155/02, NJW 2004, 1860 (1856); *Spindler*, in: Schmidt/Lutter AktG, § 119 Rdnr. 31; *Habersack*, in: Emmerich/Habersack KonzernR, Vor § 311 Rdnr. 46.

619 Vgl. BGH, Urteil vom 25.05.1982, II ZR 174/80, NJW 1982, 1703 (1705); so auch *Kubis*, in: MünchKomm AktG, § 119 Rdnr. 63; *Habersack*, in: Emmerich/Habersack KonzernR, Vor § 311 Rdnr. 34; *Spindler*, in: Schmidt/Lutter AktG, § 119 Rdnrn. 33 ff.; *Koch*, in: Hüffer/Koch AktG, § 119 Rdnr. 19; *Fleischer*, NJW 2004, 2335 (2336).

620 *Emmerich*, in: Emmerich/Habersack KonzernR, § 293 Rdnr. 24; BGH, Urteil vom 26.04.2004, II ZR 155/02, NJW 2004, 1860 (1862); *Koppensteiner*, in: KölnKomm AktG, § 293 Rdnrn. 11 und 28; *Koch*, in: Hüffer/Koch AktG, § 293 Rdnr. 24; *Altmeppen*, in: MünchKomm AktG, § 293 Rdnrn. 17 und 19.

621 Andere Ansicht aber: *Koppensteiner*, in: KölnKomm AktG, Vorb. § 291 Rdnr. 58.

namentlich auf die Geschäftsführungsbefugnis des Vorstandes[622]. Dies ist dem Umstand geschuldet, dass dem Kapitalgesellschaftsrecht eine Beschränkung der Vertretungsmacht des Vorstandes im Außenverhältnis grundsätzlich fremd ist. Das Prinzip der Unbeschränkbarkeit der organschaftlichen Vertretungsmacht der Vorstandsmitglieder im Außenverhältnis wird im Aktienrecht – neben der Anwendung allgemeiner Grundsätze wie dem Missbrauch der Vertretungsmacht – ausschließlich durch § 293 AktG[623] und § 179a AktG[624] durchbrochen. Gegen eine weitreichende Beschränkung der Vertretungsmacht spricht neben dem Grundsatz der Sicherheit des Rechtsverkehrs[625] noch der Umstand, dass Ausnahmevorschriften aufgrund ihres Charakters per se restriktiv handzuhaben sind[626] und bei Zweifeln im Zusammenhang mit deren Anwendbarkeit erst recht Zurückhaltung geboten ist.

Diese Erkenntnis reduziert damit bereits die Bedeutung der Frage nach der Zustimmung der Hauptversammlung der sich verpflichtenden Aktiengesellschaft für den wirksamen Abschluss eines Entherrschungsvertrages, wobei allerdings Fälle anders zu behandeln sind, in denen ein Missbrauch der Vertretungsmacht vorliegt[627]. Im Anwendungsbereich von Konzernsachverhalten besteht eine erhöhte Gefahr von „Wissensgemeinschaften[628]", die auf Rechtsfolgenebene zu einem

622 BGH, Urteil vom 25.02.1982, II ZR 174/80, NJW 1982, 1703 (1705); BGH, Urteil vom 26.04.2004, II ZR 155/02, NJW 2004, 1860 (1862); *Kubis*, in: MünchKomm AktG, § 119 Rdnrn. 59 und 97; *Krieger*, in: MünchHdb. AG, § 70 Rdnr. 15; *Henze*, in: FS Ulmer, S. 211 (221); *Koch*, in: Hüffer/Koch AktG, § 82 Rdnr. 4; *Spindler*, in: Schmidt/Lutter AktG, § 119 Rdnr. 46; zweifelnd: *Habersack*, in: Emmerich/Habersack KonzernR, Vor § 311 Rdnr. 53.

623 Vgl. statt aller: *Emmerich*, in Emmerich/Habersack KonzernR, § 293 Rdnr. 24.

624 *Koch*, in: Hüffer/Koch AktG, § 179a Rdnr. 13; *Stein*, in: MünchKomm AktG, § 179a Rdnr. 40; *Holzborn*, in: Spindler/Stilz, § 179a Rdnr. 16.

625 Für die Sicherheit des Rechtsverkehrs als maßgebliche Überlegung einer unbeschränkten organschaftlichen Vertretungsmacht vgl. nur: *Habersack/Foerster*, in: GroßKomm AktG, § 82 Rdnr. 1; *Kropff*, Aktiengesetz 1965, S. 103; *Koch*, in: Hüffer/Koch AktG, § 82 Rdnr. 1; *Spindler*, in: MünchKomm AktG, § 82 Rdnr. 1; *Mertens/Cahn*, in: KölnKomm AktG, § 82 Rdnr. 1.

626 So schon RG, Urteil vom 14.11.1936, I 124/36, RGZ 153, 1 (23); BGH, Urteil vom 15.12.1951, II ZR 108/51, NJW 1952, 223; BGH, Urteil vom 29.05.1951, I ZR 87/50, NJW 1951, 601 (602); einschränkend: *Larenz/Canaris*, Methodenlehre, S. 175 f.

627 Vgl. hierzu *Adolff/Adolff*, in: FS Mailänder, S. 289 (293 ff.); *Habersack*, in: MünchKomm AktG, § 82 Rdnrn. 9 ff.

628 *Kubis*, in: MünchKomm AktG, § 119 Rdnr. 97.

überproportional häufig vorliegenden Missbrauch der Vertretungsmacht führen dürfte[629].

Für die Wirksamkeit des Entherrschungsvertrages ist eine Zustimmung der Hauptversammlung auf Grundlage der durch den *BGH* in den „Gelatine"-Entscheidungen aufgestellten Anforderungen jedenfalls – mit Ausnahme der Grundsätze über den Missbrauch der Vertretungsmacht – nicht erforderlich[630]. Vielmehr beschränkt sich die Bedeutung dieser Frage auf die Rechtmäßigkeit des Handelns des Vorstandes gegenüber der herrschenden Aktiengesellschaft und damit auf die Haftung des Leitungsorgans gegenüber der Gesellschaft im Innenverhältnis (§ 93 Abs. 2 AktG), sofern diese trotz entgegenstehender Verpflichtung des Vorstandes nicht beteiligt wird.

### (6) Übertragung auf den Abschluss eines Entherrschungsvertrages

Es stellt sich die Frage, ob und inwieweit der Abschluss eines Entherrschungsvertrages durch den Vorstand der herrschenden Aktiengesellschaft die durch die „Gelatine"-Entscheidungen aufgestellten Voraussetzungen erfüllt, womit das Erfordernis verbunden wäre, den Anteilseignern den Entherrschungsvertrag zur Entscheidung vorzulegen.

Wie bereits aufgezeigt, sind an die Einordnung einer Maßnahme als „Gelatine"-Fallgestaltung grundsätzlich hohe Anforderungen in quantitativer und qualitativer Hinsicht zu stellen[631]. Im Folgenden ist ein Vergleich zwischen der Eingriffsintensität der Fallgestaltungen, die den Entscheidungen des *BGH* zugrunde liegen, mit der Beeinträchtigung der Mitgliedschafts- und Vermögensrechte der Aktionäre vorzunehmen, die mit dem Abschluss eines Entherrschungsvertrages verbunden sind.

In der „Holzmüller"-Entscheidung erfolgte eine Ausgliederung des wesentlichen Betriebs auf eine Tochtergesellschaft, den „Gelatine"-Entscheidungen lagen Einbringungen unmittelbarer Beteiligungen sowie von Grundstücken in die Tochtergesellschaft im Wege einer Kapitalerhöhung zugrunde[632]. In allen entschiedenen

---

629 Hierauf ebenfalls hinweisend: *Habersack*, in: Emmerich/Habersack KonzernR, Vor § 311 Rdnr. 53; *Kubis*, in: MünchKomm AktG, § 119 Rdnr. 97.

630 Zur vergleichbaren Situation der beschränkten Auswirkung der entgegen den Satzungsregelungen vorgenommenen Veränderung des Unternehmensgegenstandes durch Abschluss eines Entherrschungsvertrages siehe bereits G.I.1.

631 Vgl. hierzu H.II.1.a)ee)(1), H.II.1.a)ee)(2) und H.II.1.a)ee)(3).

632 Zur Darstellung der Sachverhalte vgl. H.II.1.a)ee).

Fällen trat demnach ein „Mediatisierungseffekt[633]" ein, da das Einflusspotential der ursprünglich unmittelbar Einfluss nehmenden Gesellschaft sich für die Zukunft auf eine nur über die Tochtergesellschaft vermittelte Einflussnahme reduzierte. Im Falle der Betriebsausgliederung („Stuttgarter Hofbräu") verzichtet die Leitungsebene der ausgliedernden Gesellschaft zudem vollumfänglich auf die operative Leitung des Betriebes. Mit Durchführung dieser Maßnahmen werden die Vermögensgegenstände dem Gesellschaftsvermögen und somit mittelbar auch den Aktionären entzogen. Letztlich erfolgte mit der Entscheidung auf Vorstandsebene ein Eingriff in die Struktur der ausgliedernden bzw. einbringenden Aktiengesellschaft.

Dagegen stellt sich die Lage bei Abschluss eines Entherrschungsvertrages gänzlich anders dar. Weder verändert sich mit dem partiellen Stimmrechtsausübungsverzicht des Mehrheitsaktionärs-Unternehmens das Gesellschaftsvermögen noch wird der den Aktionären zustehende Einfluss durch Zwischenschaltung einer weiteren rechtsfähigen Einheit mediatisiert. Den Aktionären steht weiterhin die vollumfängliche Geltendmachung ihrer Mitgliedschaftsrechte zu. Allein in Bezug auf einen sehr begrenzten Anwendungsbereich von Beschlussgegenständen, nämlich hinsichtlich der Bestellung und Abberufung der Mehrheit der Aufsichtsratsmitglieder kann die Gesellschaft das ihr zustehende Stimmrecht nicht mehr in herrschendem Umfang ausüben.

Wie bereits dargestellt[634], führt der Abschluss eines Entherrschungsvertrages des Weiteren auch nicht zu einem Eingriff in die Unternehmensstruktur der Obergesellschaft. Durch den Vertragsschluss wird allein auf schuldrechtlicher Ebene eine Verpflichtung geschaffen, das Stimmrecht bezüglich der Beschlussgegenstände der Bestellung und Abberufung der Mehrheit der Aufsichtsratsmitglieder in Zukunft nicht mehr herrschend auszuüben. Ungeachtet dieser vertraglichen Vereinbarung ist das Mehrheitsaktionärs-Unternehmen weiterhin in der Lage, das ihm aus dem Anteilsbesitz zukommende Stimmrecht – wenn auch vertragswidrig – vollumfänglich wirksam[635] ausüben. Demzufolge kann ein Eingriff in die Struktur des Stimmrechts als Mitgliedschaftsrecht ebenso wenig wie im Rahmen der abgelehnten Analogie zu den Vorschriften über Unternehmensverträge aus §§ 291, 293 AktG angenommen werden. Dies unterscheidet diese Maßnahmen fundamental von solchen Vorgängen, die den Aktionären die

---

633 Vgl. BGH, Urteil vom 26.04.2004, II ZR 155/02, NJW 2004, 1860 (1863); BGH, Urteil vom 26.04.2004, II ZR 155/02, NJW 2004, 1860 (1863) und BGH, Urteil vom 26.04.2004, II ZR 154/02, NZG 2004, 575 (578).

634 Vgl. die Ausführungen zur fehlenden Strukturveränderung unter H.II.1.a)aa).

635 Zur Wirksamkeit der vertragswidrigen Stimmrechtsausübung vgl. F.II.6.a).

Möglichkeit nehmen, auf den nach der betreffenden Maßnahme lediglich noch mediatisierten Vermögensgegenstand der Gesellschaft zuzugreifen.

Darüber hinaus tangiert der Abschluss des Entherrschungsvertrages das Vermögen der herrschenden Gesellschaft jedenfalls nicht unmittelbar. Sie hält weiterhin unverändert die Anteile an der abhängigen Gesellschaft. Unverändert besteht zudem die Möglichkeit, die Mitgliedschaftsrechte zum Schutze der Vermögensinteressen in der Hauptversammlung der abhängigen Aktiengesellschaft geltend zu machen. Die Rechteausübung wird lediglich dadurch beschränkt, dass dem herrschenden Unternehmen durch den Entherrschungsvertrag das Druckmittel der Personalentscheidungskompetenz genommen wird. Diese Einschränkung kommt hinsichtlich der von ihr ausgehenden Intensität bei weitem nicht an eine zu fordernde fundamentale Strukturentscheidung[636] heran. Demzufolge kann auch aus den Grundsätzen, die der *BGH* in der „Holzmüller"-Entscheidung aufgestellt und in den „Gelatine"-Entscheidungen präzisiert hat, keine Kompetenz der Hauptversammlung zur Entscheidung über den Abschluss eines Entherrschungsvertrages abgeleitet werden.

### *ff) Sonderfall der Mehrheitsbeteiligung als einziger Vermögensgegenstand*

Für die besondere Konstellation, dass die Mehrheitsbeteiligung der herrschenden Aktiengesellschaft den einzigen Vermögensgegenstand der Gesellschaft darstellt und eine rein kapitalistische Beteiligung statutarisch nicht vorgesehen ist, könnte sich ein Erfordernis zur Mitwirkung der Hauptversammlung der herrschenden Gesellschaft ergeben. Wie bereits aufgezeigt, muss die Satzung für diese Fallkonstellation die Möglichkeit einer rein kapitalistischen Beteiligung vorsehen[637]. Ist dies nicht der Fall, so ist vor Abschluss des Entherrschungsvertrages eine Satzungsänderung durch Beschluss der Hauptversammlung herbeizuführen[638].

Diese Kompetenz der Hauptversammlung ist jedoch kein Spezifikum des Entherrschungsvertrages, sondern stellt allein einen Reflex dar, der mit dem beabsichtigten Abschluss eines Entherrschungsvertrages durch den Vorstand der herrschenden Aktiengesellschaft einhergeht. Dies wird bereits aus dem Umstand ersichtlich, dass eine zwingende Beteiligung der Hauptversammlung in diesen Fällen lediglich dann in Betracht kommt, wenn der Unternehmensgegenstand in

---

636 *Spindler*, in: Schmidt/Lutter AktG, § 119 Rdnr. 30; siehe auch H.II.1.a)ee)(4).

637 Vgl. G.I.1.

638 Allerdings tangiert die fehlende Satzungsermächtigung zur Veränderung der Unternehmensstruktur hin zu einer rein kapitalistischen Beteiligung nicht die Wirksamkeit des Entherrschungsvertrages (vgl. hierzu G.I.1).

der Satzung der herrschenden Aktiengesellschaft keine rein kapitalistische Beteiligung vorsieht.

### *gg) Fazit*

De lege lata lässt sich ein Recht der Anteilseigner auf Zustimmung zum Entherrschungsvertrag – mit Ausnahme des dargelegten Sonderfalls der Unterschreitung des Unternehmensgegenstandes, bei dem sich der Beschluss der Aktionäre allerdings auf eine Satzungsänderung bezieht[639] – nicht herleiten. Weder kann eine analoge Anwendung bestehender Hauptversammlungszuständigkeiten noch die Anwendung der Grundsätze aus den „Gelatine"-Entscheidungen eine solche Kompetenzverschiebung begründen. Vielmehr verbleibt es bei der Zuständigkeit des Vorstandes für Geschäftsführungsmaßnahmen aus § 76 Abs. 1 AktG.

Den Vorstandsmitgliedern des herrschenden Unternehmens ist eine Beteiligung der Hauptversammlung durch Herbeiführung eines zustimmenden Beschlusses dennoch anzuraten. Zwar besteht keine originäre Kompetenz der Hauptversammlung. Allerdings ist mit dem Abschluss eines Entherrschungsvertrages die vorübergehende Abgabe des herrschenden Einflusses gegenüber der beherrschten Gesellschaft verbunden. Aus Gründen umfassender Legitimation des Vorstandshandelns und zur Abwendung potentieller Schadensersatzansprüche (§ 93 Abs. 4 S. 1 AktG[640]) sollte die Leitungsebene von ihrem Ermessen aus § 119 Abs. 2 AktG Gebrauch machen und die Entscheidung über den Abschluss des Entherrschungsvertrages der Hauptversammlung zur Beschlussfassung vorlegen.

Dabei muss jedoch berücksichtigt werden, dass die Vorstandsmitglieder, sollten sie die Entscheidung der Hauptversammlung suchen, an den Beschluss der Hauptversammlung gebunden sind (vgl. § 83 Abs. 2 AktG). Stimmt die Hauptversammlung dem Abschluss des Entherrschungsvertrages zu, muss der Vorstand die beschlossene Geschäftsführungsmaßnahme durchführen. Wird der Beschlussgegenstand dagegen abgelehnt, so hat der Vorstand die abgelehnte Maßnahme gemäß § 83 Abs. 2 AktG[641] zu unterlassen[642].

---

639 Vgl. hierzu G.I.1 und H.II.1.a)gg).

640 Siehe auch schon H.I.

641 Die Vorschrift des § 83 Abs. 2 AktG findet auch für den Fall Anwendung, dass der Vorstand bei originär nicht in die Hauptversammlungszuständigkeit fallenden Maßnahmen über § 119 Abs. 2 AktG eine Entscheidung der Hauptversammlung herbeigeführt hat (vgl. *Koch*, in: Hüffer/Koch AktG, § 83 Rdnr. 5; *Spindler*, in: MünchKomm AktG, § 83 Rdnr. 21; *Kubis*, in: MünchKomm AktG, § 119 Rdnr. 27.).

642 Allerdings hat die Ablehnung der Maßnahme durch die Hauptversammlung keine Auswirkung auf die unbeschränkte organschaftliche Vertretungsmacht der

Anders als im Anwendungsbereich des § 179 Abs. 2 S. 1 AktG und entgegen den Quoren, die der *BGH* in den „Gelatine"-Entscheidungen zugrunde gelegt hat, bedarf es für den Eintritt der Bindungswirkung allerdings keiner Mehrheit von drei Viertel des vertretenen Grundkapitals. Vielmehr verbleibt es mangels anderweitiger Regelung bei der Grundnorm des § 133 Abs. 1 AktG, nach der bereits die einfache Mehrheit der abgegebenen Stimmen genügt[643].

### *b) Zustimmung der Hauptversammlung der beherrschten Gesellschaft*

Zu prüfen ist, ob sich die Sachlage aus Sicht des abhängigen Unternehmens und dessen Aktionäre so maßgeblich unterscheidet, dass eine Zustimmung der Hauptversammlung der beherrschten Aktiengesellschaft erforderlich ist[644].

#### *aa) Analoge Anwendung der Vorschriften über Unternehmensverträge*

Eine Kompetenz der Hauptversammlung des abhängigen Unternehmens könnte zunächst aus den Vorschriften über Unternehmensverträge abgeleitet werden.

*Möhring* nimmt in entsprechender Anwendung des § 293 Abs. 2 AktG eine Kompetenz der Hauptversammlung der abhängigen Gesellschaft an[645]. § 293 Abs. 2 AktG sieht im Anwendungsbereich der Unternehmensverträge auch das Erfordernis zur Mitwirkung des „anderen Vertragsteils[646]" vor, falls dieses Unternehmen in der Rechtform einer Aktiengesellschaft organisiert ist.

---

Vorstandsmitglieder (siehe *Koch*, in: Hüffer/Koch AktG, § 119 Rdnr. 15; *Spindler*, in: Schmidt/Lutter AktG, § 119 Rdnr. 25; *Mülbert*, in: GroßKomm AktG, § 119 Rdnr. 58.).

643 Dies steht nicht in Widerspruch zur Annahme einer qualifizierten Mehrheit im Falle der Vorstandsvorlage für den Sonderfall des Erfordernisses einer Satzungsänderung (vgl. H.II.1.a)gg)), da eine Satzungsänderung außerhalb des Sonderfalles nicht erforderlich und damit auch ein Rückgriff auf die Mehrheit aus § 179 AktG nicht zwingend ist.

644 Von den Autoren, die den Entherrschungsvertrag beleuchten, beziehen überhaupt nur sehr wenige Stimmen zu der Frage einer Mitwirkungspflicht der Hauptversammlung der abhängigen Aktiengesellschaft Stellung.

645 *Möhring*, in: FS Westermann, S. 427 (435); offen lassend: *Hentzen*, ZHR 157 (1993), 65 (70) und *Adler/Düring/Schmaltz*, in: Rechnungslegung, § 17 Rdnr. 119, die vorsorglich eine Zustimmung der Hauptversammlung der abhängigen Gesellschaft empfehlen.

646 Aus einem Umkehrschluss zu § 293 Abs. 1 AktG ergibt sich, dass „anderer Vertragsteil" in § 293 Abs. 2 AktG die Aktiengesellschaft meint, die sich in dem abzuschließenden Unternehmensvertrag gerade nicht vertraglich verpflichtet, den Gewinn abzuführen oder den Betrieb zu verpachten etc. (vgl. nur: *Koch*, in: Hüffer/

Ohne eingehende Untersuchung der jeweils betroffenen Interessenlage führt *Möhring* zur Begründung seiner Analogie ausschließlich die konträre Wirkung des Entherrschungsvertrages zum Beherrschungsvertrag an[647]. Wie bereits dargelegt, ist mit dem Abschluss eines Entherrschungsvertrages, der eine bestehende Abhängigkeit beseitigen soll, kein dem Beherrschungsvertrag vergleichbarer Eingriff in die Unternehmensstruktur des herrschenden Unternehmens verbunden. Entsprechendes gilt für das sich aus der Abhängigkeit lösende Unternehmen.

Der Abschluss des Entherrschungsvertrages führt aus Sicht des abhängigen Unternehmens zur Wiederherstellung der Unabhängigkeit und mindert somit die Gefahr von Maßnahmen, die die Mitgliedsrechte und Vermögensinteressen der Gesellschafter nachteilig berühren könnten[648]. Sinn und Zweck der §§ 291 ff. AktG, die primär dem Schutz der Aktionäre dienen[649], sind demzufolge im Anwendungsbereich eines Entherrschungsvertrages aus Sicht der abhängigen Gesellschaft nicht erfüllt. Vielmehr steht der Abschluss des Entherrschungsvertrages im Interesse der Anteilseigner des beherrschten Unternehmens. Zwar beendet der Abschluss des Vertrages auch die Pflicht zum Nachteilsausgleich des herrschenden Unternehmens aus § 311 AktG und zum Schadensersatz nach § 317 Abs. 1 AktG. Allerdings kann dieses zukünftig auch keine nachteiligen Rechtsgeschäfte mehr veranlassen.

#### *bb) Eingriff in die horizontale Organstruktur der Aktiengesellschaft*

Ein Zustimmungserfordernis der Hauptversammlung der bislang abhängigen Aktiengesellschaft könnte jedoch für den Fall angenommen werden, dass der Abschluss des Entherrschungsvertrages so tiefgreifend in die Rechte der Aktionäre des abhängigen Unternehmens eingreift, dass damit ein Eingriff in die Organkompetenz der Hauptversammlung verbunden wäre, der ausschließlich durch eine entsprechende Mitwirkungskompetenz im Zusammenhang mit dem Abschluss des Entherrschungsvertrages kompensiert werden könnte.

*Hüttemann* leitet aus einem Vergleich zu den Regelungen über Höchststimmrechte ab, die nur zulässigerweise innerhalb der Grenzen des § 134 Abs. 1 S. 2 AktG vereinbart werden können, dass jedenfalls dem Vorstand keine Kompetenz

---

Koch AktG, § 293 Rdnr. 3.). Für eine analoge Anwendung auf Entherrschungsverträge wäre der „andere Vertragsteil" also die nicht verzichtende und in Abhängigkeit stehende Aktiengesellschaft.

647 Siehe hierzu bereits H.II.1.a)aa).

648 So auch *Götz*, S. 106; *Hüttemann*, ZHR 156 (1992), S. 314 (328).

649 Vgl. die Nachweise in Fn 543.

zum Abschluss eines Entherrschungsvertrages zukommt, da das Aktiengesetz – aufgrund der Vorschrift des § 23 Abs. 5 AktG – abschließend die Möglichkeit von Regelungen zu Stimmrechtsbeschränkungen der Hauptversammlung im Rahmen von Satzungsänderungen zugewiesen hat[650]. *Hüttemann* geht gar soweit, auch der Hauptversammlung die Kompetenz zum Abschluss eines Entherrschungsvertrages zwischen herrschendem und abhängigem Unternehmen abzusprechen, weil dieser nicht von § 134 Abs. 1 S. 2 AktG umfasst sei[651].

Einmal mehr kommen an dieser Stelle die Rechtsnatur des Entherrschungsvertrages sowie die Anforderungen an die Beschlussgegenstände zum Tragen, die an einen Entherrschungsvertrag zu stellen sind. Wie bereits dargelegt[652], kommt dem Entherrschungsvertrag rein schuldrechtlicher Charakter zu, wodurch dieser sich bereits maßgeblich von dinglich wirkenden Stimmrechtsbeschränkungen unterscheidet, die in § 134 Abs. 1 S. 2 AktG normiert sind. Des Weiteren wird die Stimmrechtsmacht des herrschenden Unternehmens durch den Entherrschungsvertrag im Gegensatz zum Höchststimmrecht nur für die Bestellung und die Abberufung der Mehrheit der Aufsichtsratsmitglieder des abhängigen Unternehmens beschnitten, sodass jedenfalls aus § 134 Abs. 1 S. 2 AktG entgegen den Ausführungen von *Hüttemann* nicht ein Verstoß gegen die aktienrechtliche Kompetenzordnung abgeleitet werden kann, wenn der Vorstand des abhängigen Unternehmens den Entherrschungsvertrag abschließt.

Als Ausgangspunkt der Fragestellung, ob der Abschluss des Entherrschungsvertrages durch den Vorstand des abhängigen Unternehmens in die horizontale Organstruktur der Aktiengesellschaft eingreift, dienen wiederum die Vorschriften der §§ 76 Abs. 1, 119 Abs. 2 AktG, wonach dem Vorstand ein weites unternehmerisches Ermessen zusteht und der Hauptversammlung für Fragen der Geschäftsführung nur bei entsprechender Konsultation durch den Vorstand eine Entscheidungskompetenz zukommt. Maßgeblich ist also die Beurteilung, ob der Abschluss eines Entherrschungsvertrages aus Sicht des abhängigen Unternehmens noch eine Maßnahme der Geschäftsführung darstellt oder bereits eine solche Strukturmaßnahme, die zwingend die Mitwirkung der Hauptversammlung erfordert.

Legt man die in diesem Abschnitt erörterten geschriebenen und ungeschriebenen Hauptversammlungszuständigkeiten und die hierbei jeweils angestellten Überlegungen zugrunde, so fehlt es dem Abschluss des Entherrschungsvertrages

650 *Hüttemann*, ZHR 156 (1992), S. 314 (324 ff.).

651 *Hüttemann*, ZHR 156 (1992), S. 314 (328 f.).

652 Vgl. die Darstellungen unter D.III.

in vielfältiger Hinsicht an den qualitativen Anforderungen an eine Strukturmaßnahme und damit an einen Eingriff in das Aktionariat. Vielmehr begründet der Entherrschungsvertrag lediglich eine schuldrechtliche Verpflichtung und greift nicht in das Stimmrecht als Mitgliedschaftsecht des Aktionärs ein, sodass das Stimmrecht durch das ehemals herrschende Unternehmen unter Verstoß gegen den Entherrschungsvertrag weiterhin wirksam ausgeübt werden kann. Eine vom Vorstand der abhängigen Aktiengesellschaft zwingend einzuhaltende Mitwirkungskompetenz der Hauptversammlung des abhängigen Unternehmens kann daher auch aus Überlegungen eines Eingriffs in die horizontale Organstruktur der Aktiengesellschaft nicht hergeleitet werden[653].

## 2. Vertrag zur Widerlegung der Abhängigkeitsvermutung

Kann eine Mitwirkungskompetenz der betroffenen Hauptversammlungen bereits für einen Vertrag zur Beseitigung der Abhängigkeit aus § 17 Abs. 1 AktG nicht begründet werden, so gilt dies umso mehr für einen Vertrag, der lediglich die Abhängigkeitsvermutung aus § 17 Abs. 2 AktG widerlegt (Vermutungswiderlegungsvertrag).

Der Vertrag zur Widerlegung der Abhängigkeitsvermutung[654] verändert – im Gegensatz zum Entherrschungsvertrag – in aller Regel noch nicht einmal das faktische Abhängigkeitsverhältnis. Der Verzicht auf die Stimmrechtsausübung in Höhe von fünfzig Prozent zuzüglich einer Stimme im Verhältnis zum Gesamtstimmrecht ist nicht ausreichend, um die Abhängigkeit zu beseitigen[655]. Der Abschluss dieses Vertrages bewirkt ausschließlich eine Beweislastumkehr bei der Frage der Abhängigkeit der in Mehrbesitz stehenden Gesellschaft. Demzufolge ist mit Abschluss eines Vertrages noch viel weniger ein Eingriff in die Unternehmensstruktur bzw. eine Gefahr für die Mitgliedsrechte und Vermögensinteressen der Aktionäre der herrschenden Gesellschaft verbunden, die eine Mitwirkung der Hauptversammlung erfordern würde. Eine Kompetenz der Hauptversammlung der herrschenden oder beherrschten Aktiengesellschaft lässt sich für den

---

653 Im Ergebnis ebenso: *Barz*, in: FS Bärmann, S. 185 (200); *Vetter*, in: Schmidt/Lutter AktG, § 17 Rdnr. 64; *Becker*, in: FS Möschel, S. 1119 (1126); *Götz*, S. 106; *Schall*, in: Spindler/Stilz AktG, § 17 Rdnr. 52; nicht ausdrücklich, aber bereits mit dem Ausschluss einer Pflicht zur Beteiligung der Gesellschafter der verzichtenden Gesellschaft eine Mitwirkungspflicht ablehnend: *Koppensteiner*, in KölnKomm AktG, § 17 Rdnr. 115; *Windbichler*, in: GroßKomm AktG, § 17 Rdnr. 82; *Krieger*, in: MünchHdb. AG, § 70 Rdnr. 63; *Bayer*, in: MünchKomm AktG, § 17 Rdnr. 110.

654 Zu den inhaltlichen Anforderungen eines solchen Vertrages vgl. F.II.

655 Siehe F.II.2.b).

Abschluss eines Vertrages zur Widerlegung der vermuteten Abhängigkeit aus §§ 17 Abs. 2, 16 Abs. 1 AktG demzufolge erst recht nicht begründen.

## III. Beendigung des Entherrschungsvertrages

Bedarf der Abschluss eines Entherrschungsvertrages – sei er auf die Beseitigung der Abhängigkeit oder die Widerlegung deren Vermutung gerichtet – keiner Mitwirkung der Anteilseigner, so stellt sich die Frage, ob den Anteilseignern eine Kompetenz bei der Beendigung des Entherrschungsvertrages zusteht.

### 1. Zustimmung der Hauptversammlung der herrschenden Gesellschaft

Die Hauptversammlung der herrschenden Aktiengesellschaft muss bei der Beendigung des Entherrschungsvertrages ebenso wenig mitwirken wie beim Abschluss des Entherrschungsvertrages[656]. Zwar lebt die Nachteilsausgleichspflicht aus § 311 AktG und die Pflicht zum Schadensersatz bei unterbliebenem Nachteilsausgleich gemäß § 317 Abs. 1 AktG für die herrschende Gesellschaft wieder auf, sobald der Entherrschungsvertrag beendet wird. Diesen Nachteilen steht jedoch der Vorteil gegenüber, dass die Gesellschaft durch den Aufhebungsvertrag die Herrschaftsmacht, die sich aus ihrer Beteiligung ergibt, wieder vollumfänglich ausüben kann. Aufgrund der Wiedererlangung der mittelbaren Personalentscheidungsgewalt wird das herrschende Unternehmen in der Folgezeit seine Interessen in der operativen Geschäftstätigkeit wieder durchsetzen können. Hinzu kommt, dass eine Nachteilsausgleichspflicht nur für den Fall besteht, dass das herrschende Unternehmen seine Herrschaftsmacht gegenüber dem beherrschten Unternehmen entsprechend ausgeübt hat. Daher erscheint eine Mitwirkung der Anteilseigner der herrschenden Gesellschaft zur Beendigung des Entherrschungsvertrages nicht erforderlich.

### 2. Zustimmung der Hauptversammlung der beherrschten Gesellschaft

Fraglich ist, ob den Vorstand des vormals beherrschten Unternehmens die Pflicht trifft, der Hauptversammlung den Aufhebungsvertrag zur Entscheidung vorzulegen.

*Hentzen* nimmt an, der Abschluss eines Aufhebungsvertrages bedürfe der Zustimmung der Hauptversammlung der abhängigen Gesellschaft, wobei in

656 Vgl. hierzu H.II.1.a).

entsprechender Anwendung des § 293 Abs. 1 AktG eine qualifizierte Mehrheit von drei Viertel des vertretenen Grundkapitals erforderlich sei[657].

Für eine analoge Anwendung des § 293 Abs. 1 AktG bedarf es zunächst einmal einer vergleichbaren Interessenlage, die im Rahmen der §§ 291 ff. AktG einen Eingriff in die Unternehmensstruktur[658] der abhängigen Gesellschaft erfordert. Durch den Abschluss des Aufhebungsvertrages endet die unabhängige Stellung des in Mehrbesitz stehenden Unternehmens und die ursprüngliche Abhängigkeit wird wieder begründet.

Die Situation scheint auf den ersten Blick mit den Rechtsfolgen vergleichbar, die mit dem Abschluss eines Beherrschungsvertrages verbunden sind. Jedoch sind wesentliche Unterschiede zwischen den beiden Verträgen vorhanden, die eine Vergleichbarkeit ausschließen. Zwar ging dem Vertragsschluss sowohl bei der Aufhebung des Entherrschungsvertrages als auch im Falle des Beherrschungsvertrages[659] im Regelfall eine Abhängigkeit voraus. Jedoch sind die jeweils eintretenden Rechtsfolgen nach Abschluss der beiden Varianten völlig unterschiedlich ausgestaltet.

Kommt dem herrschenden Unternehmen bei Abschluss eines Beherrschungsvertrages ein umfassendes Weisungsrecht zu (§ 308 Abs. 1 AktG), was dazu führt, dass der Vorstand gemäß § 308 Abs. 2 AktG verpflichtet ist, den Weisungen des herrschenden Unternehmens Folge zu leisten[660], steht dem herrschenden Unternehmen im faktischen Konzern kein Weisungsrecht zu. Auch ist den Vorschriften der §§ 311 ff. AktG ein pauschales Schutzsystem zugunsten der beherrschten Gesellschaft und deren Anteilseigner fremd, wie es in §§ 300 ff. AktG für den Unternehmensvertrag vorgesehen ist. Vielmehr bedarf jede Einzelmaßnahme einer gesonderten Überprüfung, um von ihr ausgehende Nachteile und deren Ausgleich festzustellen[661].

---

657 *Hentzen*, ZHR 157 (1993), S. 65 (69).

658 Vgl. zu diesem Erfordernis bereits H.II.1.a)aa).

659 Unternehmensverträge im Sinne des § 291 werden in der Praxis fast ausschließlich zwischen abhängigem und herrschendem Unternehmen geschlossen, vgl. nur *Koppensteiner*, in: KölnKomm AktG, § 291 Rdnr. 3.

660 Eine Ausnahme von der Pflicht zur Befolgung der erteilten Weisungen liegt gemäß § 308 Abs. 1 S. 2 AktG nur vor, wenn die Weisung offensichtlich nicht den Belangen des herrschenden Unternehmens oder eines Unternehmens im Konzernverbund dient.

661 *Kropff*, Aktiengesetz 1965, S. 409; *Koch*, in: Hüffer/Koch AktG, § 311 Rdnr. 2; *Habersack*, in: Emmerich/Habersack KonzernR, § 311 Rdnr. 3; *Altmeppen*, in: MünchKomm AktG, Vor § 311 Rdnr. 5.

Der mit Aufhebung des Entherrschungsvertrages verbundene Eingriff reicht daher bei weitem nicht so weit wie im Falle des Abschlusses eines Beherrschungsvertrages. Allein die Möglichkeit zur herrschenden Stimmrechtsausübung bei der Bestellung der Mehrheit der Aufsichtsratsmitglieder ist dem Mehrheitsaktionärs-Unternehmen für die Zukunft nicht mehr vertraglich verwehrt.

Letztlich kann eine Kompetenz der Hauptversammlung auch nicht aus den von der höchstrichterlichen Rechtsprechung begründeten „Gelatine"-Grundsätzen[662] abgeleitet werden. Ein Eingriff in die Mitgliedschaftsrechte und Vermögensinteressen der Aktionäre, der zur Anwendbarkeit der „Gelatine"-Grundsätze führen würde, ist mit dem Wiederaufleben der beherrschenden Stellung des herrschenden Unternehmens nicht verbunden. Darüber hinaus wird auch die zu fordernde Wesentlichkeitsschwelle[663] nicht überschritten.

Es bleibt festzuhalten, dass die Beendigung des Entherrschungsvertrages ebenso wenig die Zustimmung der Anteilseigner der beteiligten Gesellschaften bedarf wie dessen Abschluss[664].

## IV. Ersetzung einer fehlenden Satzungsermächtigung

Lässt sich die zwingende Beteiligung der Hauptversammlungen der Vertragspartner des Entherrschungsvertrages nicht herleiten, so verbleibt für eine Kompetenz der Hauptversammlung allenfalls noch für den Fall Raum, dass durch die Zustimmung eine fehlende Satzungsermächtigung zugunsten der Unternehmensleitung ersetzt wird.

Eine Satzungsänderung vor Abschluss eines Entherrschungsvertrages kommt in Betracht, wenn die Satzung der herrschenden Gesellschaft keine rein kapitalistische Beteiligung vorsieht und die Mehrheitsbeteiligung den einzigen Vermögensgegenstand der mehrheitlich beteiligten Gesellschaft darstellt (§ 23 Abs. 3 Nr. 2 Hs. 1 AktG)[665]. Wie bereits aufgezeigt, hat der Satzungsinhalt, der dem Abschluss des Entherrschungsvertrages durch das herrschende Unternehmen

662 Vgl. hierzu bereits die Darstellungen bei der Frage nach der Pflicht zur Mitwirkung der Hauptversammlung der herrschenden Gesellschaft bei Abschluss des Entherrschungsvertrages unter H.II.1.a)ee).

663 Siehe die Nachweise in Fn 618.

664 Explizit eine Zustimmung bei Beendigung des Entherrschungsvertrages ablehnend: *Götz*, S. 106; *Barz*, in: FS Bärmann, S. 185 (200); *Werner*, S. 177.

665 Zu den an die Satzung in diesem Fall zu stellenden Anforderungen vgl. bereits die Darstellungen unter G.I.1.; für die Frage der Pflicht zur Zustimmung der Gesellschafter des herrschenden Unternehmens siehe H.II.1.a)gg).

entgegensteht, keine Auswirkung auf die Vertretungsmacht des Vorstandes und somit auf die Wirksamkeit des Entherrschungsvertrages[666].

Eine „Heilung“ des Satzungsverstoßes kann weder durch langandauernde Übung[667] noch aufgrund einer Duldung der satzungswidrigen Maßnahme durch die Aktionäre angenommen werden. Die hierfür häufig verwendete Bezeichnung der faktischen Satzungsänderung ist irreführend[668], da eine Änderung der Satzung ohne Einhaltung der zwingenden Verfahrens- und Formvorschriften nicht angenommen werden kann.

Eine Satzungsänderung fällt in den Zuständigkeitsbereich der Hauptversammlung (§ 119 Abs. 1 Nr. 5 AktG) und bedarf eines Beschlusses mit einer qualifizierten Mehrheit von drei Viertel des vertretenen Grundkapitals (§ 179 AktG). Zu prüfen ist nun, inwieweit ein der Maßnahme zustimmender Hauptversammlungsbeschluss mit der Mehrheit des § 179 Abs. 2 S. 1 AktG die fehlende Satzungsermächtigung heilen oder gar ersetzen kann (sog. Satzungsdurchbrechung[669]).

Ausgangspunkt der Überlegungen ist der Umstand, dass eine Änderung der Satzung ausdrücklich als Satzungsänderung durch die Hauptversammlung beschlossen werden muss, insbesondere der Wortlaut der vorgeschlagenen Satzungsänderung gemäß § 124 Abs. 2 S. 2 AktG in der Tagesordnung enthalten sein muss. Außerdem muss die Satzungsänderung zu ihrer Wirksamkeit in das Handelsregister des Sitzes der Gesellschaft eingetragen werden (§ 181 Abs. 3 AktG)[670].

---

666 Vgl. G.I.1, insbesondere die Nachweise in Fn 492.

667 BGH, Urteil vom 07.06.1993, II ZR 81/92, NJW 1993, 2246 (2247); OLG Köln, Urteil vom 11.10.1995, 2 U 159/94, NJW-RR 1996, 1439 (1441); *Holzborn*, in: Spindler/Stilz AktG, § 179 Rdnr. 55; *Zöllner*, in: KölnKomm AktG, § 179 Rdnr. 110; *Koch*, in: Hüffer/Koch AktG, § 179 Rdnr. 9; *Stein*, in: MünchKomm AktG, § 179 Rdnr. 103.

668 So auch *Stein*, in: MünchKomm AktG, § 179 Rdnr. 103; *Koch*, in: Hüffer/Koch AktG, § 179 Rdnr. 9; *Holzborn*, in: Spindler/Stilz AktG, § 179 Rdnr. 55; *Zöllner*, in: KölnKomm AktG, § 179 Rdnr. 109. *Semler* ordnet die feststehende Begrifflichkeit der faktischen Satzungsänderung als „etwas unglücklich“ ein (vgl. *Austmann*, in: MünchHdb. AG, § 40 Rdnr. 77.).

669 Grundlegend für die GmbH: *Priester*, ZHR 151 (1987), 40 ff.; vgl. für die Einordnung dieser Fallkonstellation als Satzungsdurchbrechung auch: *Wiedemann*, in: GroßKomm AktG, § 179 Rdnr. 93; *Stein*, in: MünchKomm AktG, § 179 Rdnr. 38; *Koch*, in: Hüffer/Koch AktG, § 179 Rdnrn. 7 f.; *Holzborn*, in: Spindler/Stilz AktG, § 179 Rdnr. 46.

670 Vgl. hierzu nur *Zöllner*, in: KölnKomm AktG, § 179 Rdnr. 110; *Stein*, in: MünchKomm AktG, § 179 Rdnr. 40; *Koch*, in: Hüffer/Koch AktG, § 179 Rdnr. 8; *Hüffer/*

Vereinzelt wird vertreten, dass bei Beschlüssen, deren Wirkung sich auf einen Einzelakt beschränkt (sog. punktuelle Satzungsdurchbrechungen[671]), eine Satzungsdurchbrechung auch ohne Einhaltung des förmlichen Satzungsänderungsverfahrens wirksam durchgeführt werden kann[672]. Jedenfalls bei Beschlüssen, deren Wirkung sich nicht auf einen punktuellen Einzelakt beschränkt, sondern denen dauerhafte Wirkung zukommt, bedarf es nach einhelliger Ansicht der Einhaltung des förmlichen Satzungsänderungsverfahrens[673].

Eine Heilung des Satzungsverstoßes kann durch einen zustimmenden Hauptversammlungsbeschluss nicht angenommen werden, wenn die zwingenden Form- und Verfahrensvorschriften über Satzungsänderungen nicht eingehalten werden. Die rechtliche Bedeutung der Zustimmung durch die Hauptversammlung beschränkt sich in diesem Fall daher auf den Ausschluss der Haftung der Vorstandsmitglieder gemäß § 93 Abs. 4 S. 1 AktG. Da die Handlung des Vorstandes auf einem Beschluss der Hauptversammlung beruhen muss, ist eine nach Abschluss des Entherrschungsvertrages durchgeführte Billigung durch die Hauptversammlung nicht ausreichend. Vielmehr ist eine vorgelagerte Zustimmung seitens der Hauptversammlung erforderlich[674].

Der im Interesse des Vorstandes herbeizuführende Beschluss bedarf entgegen §§ 93 Abs. 4 S. 1, 133 Abs. 1 Hs. 1 AktG einer qualifizierten Mehrheit von drei Viertel des auf der Hauptversammlung vertretenen Grundkapitals. Zwar ist für die Entlastungswirkung des § 93 Abs. 4 S. 1 AktG mangels anderweitiger Bestimmung

*Schäfer*, in: MünchKomm AktG, § 243 Rdnr. 21; *Wiedemann*, in: GroßKomm AktG, § 179 Rdnr. 99; *Seibt*, in: Schmidt/Lutter AktG, § 179 Rdnr. 20; *Holzborn*, in: Spindler/Stilz AktG, § 179 Rdnr. 50.

671 Siehe nur *Hüffer/Schäfer*, in: MünchKomm AktG, § 243 Rdnr. 21; *Stein*, in: MünchKomm AktG, § 179 Rdnr. 39; für die GmbH: *Hoffmann*, in: Michalski GmbHG, § 53 Rdnrn. 35 f.

672 *Priester*, ZHR 151 (1987), 40 (53 f.).

673 Vgl. die Nachweise in Fn 669; entsprechend für die GmbH: BGH, Urteil vom 07.06.1993, II ZR 81/92, NJW 1993, 2246 (2247).

674 Allgemeine Ansicht, vgl. *Spindler*, in: MünchKomm AktG, § 93 Rdnr. 213; OLG München, Urteil vom 27.08.2008, 7 U 5678/07, AG 2008, 864 (865); *Mertens/Cahn*, in: KölnKomm AktG, § 93 Rdnr. 153; *Fleischer*, in: Spindler/Stilz AktG, § 93 Rdnr. 267; *Koch*, in: Hüffer/Koch AktG, § 93 Rdnr. 73; *Krieger/Sailer-Coceani*, in: Schmidt/Lutter AktG, § 93 Rdnr. 46; a.A. aber *Raiser/Veil*, die eine Ersetzung der fehlenden Satzungsänderung durch einen Hauptversammlungsbeschluss mit einer qualifizierten Mehrheit von drei Viertel des vertretenen Grundkapitals genügen lassen wollen (*dies.*, in: Recht der Kapitalgesellschaften, § 51 Rdnr. 59; wohl auch *Hirschmann*, in: Hölters AktG, § 17 Rdnr. 18.).

regelmäßig die einfache Stimmenmehrheit (§ 133 Abs. 1 Hs. 1 AktG) ausreichend. Legt man Sinn und Zweck des § 179 Abs. 2 AktG zugrunde, so wird das Erfordernis einer qualifizierten Mehrheit für den Beschluss der Hauptversammlung den Schutzinteressen der Gesellschafter viel eher gerecht. Durch die Regelung eines qualifizierten Mehrheitserfordernisses in § 179 Abs. 2 S. 1 AktG soll der Minderheit eine Einflussmöglichkeit auf die Bestimmung des Unternehmensgegenstandes erhalten bleiben.

Es würde einer Umgehung der gesetzlichen Wertung des § 179 Abs. 2 S. 1 AktG gleichkommen, könnte der Vorstand mit Zustimmung der einfachen Mehrheit (§ 133 Abs. 1 Hs. 1 AktG) entgegen des festgelegten Unternehmensgegenstandes Maßnahmen beschließen, ohne eine Inanspruchnahme aus § 93 Abs. 2 AktG befürchten zu müssen. In der dargelegten Sonderkonstellation ergibt sich noch die Besonderheit, dass das Mehrheitsaktionärs-Unternehmen eine faktische Änderung des Unternehmensgegenstandes vornehmen könnte und der Vorstand sich bei der Ausführung der Maßnahme nicht einmal einer Ersatzpflicht ausgesetzt sehen würde.

Um eine Umgehung der Wertung des § 179 Abs. 2 AktG zu verhindern und um den Besonderheiten der Mehrheitsbeteiligung des herrschenden Unternehmens Rechnung zu tragen, bedarf der Beschluss aus § 93 Abs. 4 S. 1 AktG in der dargelegten Sonderkonstellation daher ebenfalls einer Mehrheit von drei Viertel des in der entsprechenden Hauptversammlung vertretenen Grundkapitals.

## V. Resümee

Eine Pflicht zur Beteiligung der Hauptversammlungen der am Vertragsschluss teilhabenden Aktiengesellschaften lässt sich de lege lata weder für den Abschluss noch für die Beendigung eines Entherrschungsvertrages – sei er auf die Widerlegung der Abhängigkeit aus § 17 Abs. 1 AktG oder deren Vermutung aus § 17 Abs. 2 AktG gerichtet – begründen. Die Leitungsorgane der Gesellschaften sollten aus Gründen der Legitimation des Entherrschungsvertrages und zur Vermeidung von eventuellen Regressansprüchen von ihrem Ermessen Gebrauch machen und eine bindende Entscheidung der jeweiligen Hauptversammlung herbeiführen (§ 119 Abs. 2 AktG). Dieser Beschluss bedarf keiner qualifizierten Hauptversammlungsmehrheit, vielmehr genügt nach § 133 Abs. 1 AktG die einfache Mehrheit der abgegebenen Stimmen.

# I. Dauer der Wirkung des Entherrschungsvertrages

In engem Zusammenhang mit den Anforderungen, die an die zeitliche Mindestvertragsdauer des Entherrschungsvertrages zu stellen sind[675], steht die Frage, für welchen Zeitraum die mit dem Entherrschungsvertrag angestrebte Rechtsfolge, also die Beendigung des Abhängigkeitsverhältnisses oder die Widerlegung der Vermutung gegeben ist. Die Mindestvertragslaufzeit des Entherrschungsvertrages muss zumindest eine Bestellung der Mehrheit der Aufsichtsratsmitglieder[676] und eine Bestellung aller Vorstandsmitglieder[677] umfassen. Während dieser Zeitspanne kann – mit Ausnahme der Fälle kombinierter Beherrschung[678] – jedenfalls durch den Abschluss des Entherrschungsvertrages die bestehende Abhängigkeit beseitigt bzw. die Vermutung der Abhängigkeit widerlegt werden. Fraglich ist also, ob Ereignisse denkbar sind, die die Rechtsfolgen des Entherrschungsvertrages entfallen lassen.

Da sich die Frage der zeitlichen Begrenzung der mit dem Vertragsschluss bezweckten Rechtsfolgen für einen Vertrag zur Widerlegung der Abhängigkeit (§ 17 Abs. 1 AktG) und zur Widerlegung der Abhängigkeitsvermutung aus § 17 Abs. 2 AktG gleichermaßen stellt, wird im Folgenden zwischen den beiden Varianten nicht differenziert.

## I. Letzte Aufsichtsratswahl der Vertragslaufzeit

Es gilt zu berücksichtigen, dass nicht zwingend ein Gleichlauf zwischen der Vertragslaufzeit des Entherrschungsvertrages und der entherrschenden oder vermutungswiderlegenden Wirkung des Entherrschungsvertrages gegeben sein muss. Der Zeitpunkt, an dem der Entherrschungsvertrag endet, ist lediglich dann mit dem Zeitpunkt identisch, an dem die soeben beschriebene Wirkung desselben entfällt, wenn der Entherrschungsvertrag zeitgleich mit der Hauptversammlung endet, die die Bestellung der Mehrheit der Aufsichtsratsmitglieder zum Beschlussgegenstand hat.

675 Vgl. hierzu bereits F.II.3.

676 Vgl. hierzu F.II.3.c)aa).

677 Vgl. hierzu F.II.3.c)bb).

678 Vgl. hierzu B.II.2. sowie F.V.

Endet der Entherrschungsvertrag dagegen vor oder nach der maßgeblichen Aufsichtsratswahl, so wird sich die Unternehmensleitung den Interessen des mehrheitlich beteiligten Unternehmens ab dem Zeitpunkt der letzten Aufsichtsratswahl nicht mehr entziehen können. Bereits ab diesem Zeitpunkt wird die Unternehmensleitung darauf bedacht sein, möglichst frühzeitig den am Interesse des Mehrheitsaktionärs-Unternehmens orientierten Aufsichtsrat wohlgesonnen zu sein, um die eigene Wiederwahl nicht zu gefährden. Daher endet die Wirkung der Entherrschung stets mit der letzten, in die Laufzeit des Entherrschungsvertrages fallenden Aufsichtsratswahl[679].

Entgegen *Krieger*[680] kann nichts anderes gelten, wenn der Entherrschungsvertrag nach Ablauf der Mindestvertragslaufzeit auf unbestimmte Zeit weitergilt. Auch für diesen Fall endet die jeweilige Wirkung des Entherrschungsvertrages mit der letzten Bestellung der Mehrheit der Aufsichtsratsmitglieder. Bereits zum Zeitpunkt jedes einzelnen operativen Entschlusses der Vorstandsmitglieder nach Abschluss des Entherrschungsvertrages muss feststehen, ob der Mehrheitsaktionär bei der nächsten Aufsichtsratswahl in herrschender Weise von seinem Stimmrecht Gebrauch machen kann[681]. Nur wenn außer Zweifel steht, dass das mit Stimmrechtsmehrheit ausgestattete Unternehmen von seiner Stimmenmehrheit keinen Gebrauch macht, kann die Leitungsebene des in Mehrbesitz stehenden Unternehmens frei von den Einflüssen des Mehrheitsaktionärs agieren.

Ein auf unbestimmte Zeit geschlossener Entherrschungsvertrag ist daher nicht zur vertraglichen Entherrschung geeignet. Die entherrschende Wirkung des Vertrages endet mit Ablauf der letzten Bestellung der Mehrheit der Aufsichtsratsmitglieder, die innerhalb der Vertragslaufzeit stattfindet. Dies gilt umso mehr, als der Entherrschungsvertrag durch ordentliche Kündigung[682] seitens des Mehrheitsaktionärs-Unternehmens jederzeit einseitig beendet werden könnte.

Da sowohl die Mindestvertragslaufzeit[683] als auch der Mindestumfang der Vertragsverlängerung[684] an die Bestellung der Mehrheit der die Anteilseigner

---

679 *Bayer*, in: MünchKomm AktG, § 17 Rdnr. 104; *Koppensteiner*, in: KölnKomm AktG, § 17 Rdnr. 111; *Götz*, S. 61; *Hentzen*, ZHR 157 (1993), 65 (71); *Ziemons*, in: Hdb. der AG, I Rdnr. 12.155; *Vetter*, in: Schmidt/Lutter AktG, § 17 Rdnr. 62; *Larisch/Bunz*, NZG 2013, 1247 (1249).

680 *Krieger*, in: MünchHdb. AG, § 69 Rdnr. 62.

681 Vgl. bereits F.II.2.

682 Vgl. zum Ausschluss des ordentlichen Kündigungsrechts bereits F.II.4.a) und zu den Anforderungen an eine Vertragsverlängerung F.II.5.

683 Siehe die Ausführungen unter F.II.3.

684 Vgl. F.II.5.

repräsentierenden Aufsichtsratsmitglieder gekoppelt ist, bietet sich eine Verknüpfung zwischen Vertragslaufzeit und der Bestellung der Aufsichtsratsmitglieder an. So erscheint es sinnvoll, die Rechtswirkungen des Entherrschungsvertrages bis nach der Abstimmung auf der Hauptversammlung über die Bestellung der Mehrheit der Aufsichtsratsmitglieder zu befristen. Im Anschluss hieran kann dann im Rahmen eines weiteren Tagesordnungspunktes über die Verlängerung des Entherrschungsvertrages beraten werden, da die Vertreter der Vertragsparteien im Regelfall ohnehin anwesend sein werden.

## II. Eintritt eines außerordentlichen Kündigungsgrundes

Neben der letzten Aufsichtsratswahl, die während der Laufzeit des Vertrages stattfindet, könnte auch der Eintritt eines außerordentlichen Kündigungsgrundes zu einem – jedenfalls temporären – Wegfall der Wirkungen des Entherrschungsvertrages führen.

Wie bereits aufgezeigt, steht es nicht zur Disposition der Vertragsparteien, das Recht zur außerordentlichen Kündigung als ultima ratio abzubedingen[685]. Tritt ein zur außerordentlichen Kündigung berechtigender Grund ein, so steht den Parteien ab diesem Zeitpunkt die Möglichkeit zu, sich jederzeit einseitig vom Vertrag zu lösen, also ohne Mitwirkung der jeweils anderen Partei. Zwar kann dieses außerordentliche Kündigungsrecht aufgrund der Verwirkung[686] und im Hinblick auf den aus § 314 Abs. 3 BGB ableitbaren und verallgemeinerungsfähigen[687] Rechtsgedanken nur innerhalb einer angemessenen Frist ab Kenntnis des außerordentlichen Kündigungsgrundes ausgeübt werden. Dennoch besteht innerhalb dieser Frist bei der Unternehmensleitung im Falle der Kenntnis des außerordentlichen Kündigungsgrundes die Ungewissheit, ob von dem außerordentlichen Kündigungsrecht Gebrauch gemacht wird oder nicht. Die Vorstandsmitglieder müssen zu jeder Zeit befürchten, dass der Entherrschungsvertrag gekündigt wird, was dazu führt, dass das vormals herrschende Unternehmen seine beherrschende Stellung wieder zurückerlangt. Vor diesem Hintergrund wird die Unternehmensleitung geneigt sein, ihr Handeln – für den Fall des Falles – bereits vor dem Ausspruch

---

685 Siehe hierzu bereits F.II.4.b).

686 Die Verwirkung erfordert jedenfalls neben einem Zeitmoment auch stets ein Umstandsmoment, vgl. nur BGH, Urteil vom 15.09.2010, XII ZR 148/09, NJW 2010, 3714 (3715 ff.) und *Schubert*, in: MünchKomm BGB, § 242 Rdnrn. 356 ff.

687 Inzident hierauf auch abstellend: *Schulze*, in: NomosKomm BGB, § 314 Rdnr. 4; *Grüneberg*, in: Palandt BGB, § 314 Rdnr. 10.

der außerordentlichen Kündigung präventiv an den Interessen des mehrheitlich beteiligten Unternehmens auszurichten.

Innerhalb dieses Zeitraums ist die Situation demzufolge identisch mit der Konstellation, die vorliegt, wenn das Recht zur ordentlichen Kündigung nicht ausgeschlossen wäre. Als letzter Schritt fehlt lediglich noch der Ausspruch der Kündigung. Damit ist die entherrschende Wirkung des Vertrages ab dem Eintritt eines solchen Kündigungsgrundes bis zur nicht mehr zulässigen Ausübung der außerordentlichen Kündigung unterbrochen.

Die Vertragsparteien können diesen Schwebezustand zwar mangels Disponibilität des außerordentlichen Kündigungsrechts nicht im Voraus vermeiden, ihn aber bei dessen Eintritt unmittelbar beenden. Rechtsklarheit kann der Unternehmensleitung durch den Abschluss eines Vertrages zwischen den Vertragsparteien gegeben werden, der einen Verzicht des herrschenden Unternehmens auf das außerordentliche Kündigungsrecht enthält, das aus dem eingetretenen wichtigen Grund resultiert. Der Wirksamkeit eines solchen Vertrages steht auch nicht die Unabdingbarkeit des außerordentlichen Kündigungsrechts entgegen, sofern die Parteien auf ein konkret bestehendes und auf einen ganz bestimmten Grund gestütztes Kündigungsrecht ex post verzichten[688].

## III. Vertragswidrig ausgeübtes Stimmrecht durch den Mehrheitsaktionär

Wie bereits festgestellt, führt der Entherrschungsvertrag die beabsichtigte Rechtsfolge auch ohne rechtliche Absicherung der Vertragstreue herbei[689]. Hiervon zu trennen ist jedoch die Frage, wie sich die vertragswidrige Ausübung des Stimmrechts für die Bestellung und/oder die Abberufung der Mehrheit der den Anteilseignern zuzurechnenden Aufsichtsratsmitgliedern auf die abhängigkeitsausschließende oder vermutungswiderlegende Wirkung des Entherrschungsvertrages auswirkt. Der vertragswidrigen Stimmrechtsausübung kommt dabei eine Zäsurwirkung zu, sodass im Folgenden zwischen dem Zeitraum vor und nach dem begangenen Vertragsbruch differenziert werden muss.

688 Vgl. zu § 626 BGB als lex specialis gegenüber § 314 BGB: *Henssler*, in: MünchKomm BGB, § 626 Rdnr. 277; *Preis*, in: Staudinger BGB, § 626 Rdnrn. 70, 113; für die Möglichkeit des nachträglichen Verzichts im Arbeitsrecht, vgl. BAG, Urteil vom 06.03.2003, 2 AZR 128/02, NZA 2003, 1388 (1389).

689 Vgl. hierzu F.II.6.c).

## 1. Auswirkungen bis zum Vertragsbruch

Bis zum Zeitpunkt des vertragswidrigen Verhaltens des Mehrheitsaktionärs-Unternehmens entfaltet der Entherrschungsvertrag seine beabsichtigte Wirkung. Dies folgt aus dem Umstand, dass sich die Frage, ob ein Abhängigkeitsverhältnis gegeben ist, aus der Perspektive der Leitungsorgane des vermutet abhängigen Unternehmens beurteilt[690]. Für den Zeitraum bis zum erstmalig vertragswidrigen Verhalten des mit Mehrheit beteiligten Unternehmens müssen und können die handelnden Leitungsorgane davon ausgehen, dass das Mehrheitsaktionärs-Unternehmen bei künftig anstehenden Personalentscheidungen von seiner Stimmenmacht nicht vertragswidrig Gebrauch machen wird. Sie werden bei ihrer Aufgabenwahrnehmung somit das ihnen durch § 76 Abs. 1 AktG eingeräumte Ermessen ausschöpfen und sich nicht aus der Besorgnis personeller Konsequenzen von den Interessen des Mehrheitsaktionärs leiten lassen. Demzufolge führt die Ausübung des herrschenden Stimmrechtsanteils entgegen der vertraglichen Vereinbarung keinesfalls zu einem rückwirkenden Entfallen der Wirkungen des Entherrschungsvertrages ex tunc, da ein Vertragsbruch nicht vorhersehbar sein wird[691].

*Hentzen*[692] geht noch einen Schritt weiter, indem er den Vertragsbruch als Indiz für den Abschluss eines Scheingeschäfts im Sinne des § 117 Abs. 1 BGB heranzieht und hieraus die Unwirksamkeit des Vertrages ex tunc ableitet. Dabei bleibt jedoch unberücksichtigt, dass für die Frage der Abhängigkeit die Sicht der Leitungsorgane der in Mehrbesitz stehenden Gesellschaft ex ante[693] maßgeblich ist und sich damit eine pauschalierte Betrachtungsweise verbietet. Demzufolge kann eine Unwirksamkeit vom Zeitpunkt des Vertragsschlusses an nur ausnahmsweise für den Fall angenommen werden, dass die Leitungsorgane positive Kenntnis von der fehlenden Ernsthaftigkeit des Vertrages haben.

## 2. Zeitraum nach vertragswidriger Stimmrechtsausübung

Fraglich ist jedoch, welche Rechtsfolgen damit verbunden sind, wenn das mehrheitlich beteiligte Unternehmen erstmals den herrschenden Anteil des Stimmrechts entgegen der vertraglichen Vereinbarung wirksam[694] ausübt. Endet der

690 Vgl. hierzu F.II.

691 Im Ergebnis, jedoch mit weiteren Einschränkungen ebenfalls: *Hentzen*, ZHR 157 (1993), 65 (71).

692 Vgl. Fn 691.

693 Siehe auch die Ausführungen unter F.II.4.a), wonach sich die Frage der Abhängigkeit zu jedem Zeitpunkt ex ante beurteilen lassen muss.

694 Vgl. hierzu F.II.6.a).

Entherrschungsvertrag ohnehin direkt im Anschluss an die Bestellung der Mehrheit der Aufsichtsratsmitglieder, so stellt sich die Frage nach den Auswirkungen der vertragswidrigen Stimmrechtsausübung für die Zukunft nicht.

Ist der Entherrschungsvertrag dagegen auf eine längere Laufzeit als die einer Amtsperiode der Vorstandsmitglieder und der Mehrheit der Aufsichtsratsmitglieder angelegt oder wird er im Anschluss an die Beendigung in Zukunft nochmals mit demselben Mehrheitsaktionärs-Unternehmen abgeschlossen[695], so kann die bezweckte Rechtsfolge nicht mehr herbeigeführt werden[696]. Die Leitungsorgane des vermutet abhängigen Unternehmens können aufgrund der Erfahrungen aus der Vergangenheit nicht mehr auf die Vertragstreue des mehrheitlich beteiligten Unternehmens vertrauen. Dementsprechend wird die Leitungsebene wieder eine den Interessen des Mehrheitsaktionärs angepasste Geschäftspolitik betreiben, womit der mit dem Entherrschungsvertrag verfolgte Zweck konterkariert wird. Jedenfalls besteht eine entsprechende Gefahr, die für die Erfüllung des Abhängigkeitstatbestandes bereits ausreicht. Eine Entherrschung kann demzufolge bereits nach einmaliger, vertragswidriger Stimmrechtsausübung nicht erneut durch Abschluss eines Entherrschungsvertrages mit demselben Mehrheitsaktionär herbeigeführt werden.

Eine Entherrschung kann in diesem Sonderfall schließlich auch nicht durch das Ergreifen von Absicherungsmaßnahmen, speziell durch die Hinterlegung der Aktien bei einem Notar mit einer hiermit verbundenen Stimmrechtsvollmacht, erreicht werden. Wie bereits dargelegt[697], steht einer Hinterlegung von Aktien insbesondere die Ungewissheit hinsichtlich der Anzahl der für eine Entherrschung zwingend zu hinterlegenden Aktien entgegen. Die Widerlegung der Abhängigkeit aus §§ 17 Abs. 2, 16 Abs. 1 AktG erfordert einen variablen Verzicht auf die Stimmrechtsausübung im Verhältnis zur Stimmrechtsmehrheit in der jeweils maßgebenden[698] Hauptversammlung[699]. Eine auf Dauer vorgesehene Hinterlegung von Aktien kann hingegen nicht variabel erfolgen, sondern muss einen starren Aktienbestand erfassen, sodass das Instrument der Hinterlegung auch zur Absicherung der Vertragstreue des bereits einmal vertragsbrüchigen Mehrheitsaktionärs-Unternehmens nicht geeignet ist.

---

695 Zu den an eine Verlängerung des Vertragsverhältnisses zu stellenden Anforderungen, vgl. F.II.5.

696 Dies ebenso andeutend: *Karsten Schmidt*, in: FS Hommelhoff, S. 985 (998).

697 Vgl. hierzu F.II.6.c).

698 Zu den Beschlussgegenständen, die zwingend von einem Stimmrechtsausübungsverzicht umfasst sein müssen, vgl. F.II.1.

699 Siehe F.II.2.d).

Diese Überlegungen lassen sich hingegen nicht auf eine Absprache übertragen, die allein die Widerlegung der vermuteten Abhängigkeit aus §§ 17 Abs. 2, 16 Abs. 1 AktG zum Gegenstand hat. Im Anwendungsbereich der vertraglichen Widerlegung vermuteter Abhängigkeit genügt der Verzicht auf die Ausübung eines festen Stimmrechtsanteils unabhängig von der Ungewissheit der Hauptversammlungspräsenz[700]. Demzufolge kann bei vertragsbrüchigem Verhalten des Mehrheitsaktionärs im Fall eines vermutungswiderlegenden Vertrages durch Hinterlegung der Anteile in Höhe von fünfzig Prozent der Stimmrechte zuzüglich einer Stimme die widerlegende Wirkung des Entherrschungsvertrages auch für die Zukunft aufrechterhalten werden. Allerdings sind auch für diesen Fall die praktischen Probleme zu berücksichtigen, die mit der Hinterlegung verbunden sind[701].

## IV. Veräußerung der Mehrheitsbeteiligung

Die herrschaftsausschließende oder vermutungswiderlegende Wirkung des abgeschlossenen Entherrschungsvertrages könnte durch eine Veräußerung der Mehrheitsbeteiligung – sei es en bloc oder begrenzt auf den mehrheitsbegründenden Anteil – zerstört werden.

Der zwischen dem abhängigen Unternehmen und dem Mehrheitsaktionärs-Unternehmen abgeschlossene Entherrschungsvertrag ist schuldrechtlicher Natur[702]. Insbesondere ist mit dem Vertragsschluss keine Einwirkung auf das Mitgliedschaftsrecht des Stimmrechts verbunden. Vielmehr ergibt sich aus dem Entherrschungsvertrag allein eine schuldrechtliche Verpflichtung des herrschenden Unternehmens, keinen herrschenden Gebrauch von der Stimmrechtsmehrheit für die Bestellung (Stimmenmacht in Höhe von fünfzig Prozent) und Abberufung der Mehrheit der Aufsichtsratsmitglieder (Stimmenmacht in Höhe von fünfundzwanzig Prozent, sofern die betreffenden Aufsichtsratsmitglieder ohne Bindung an einen Wahlvorschlag der Hauptversammlung gewählt wurden, anderenfalls in Höhe von fünfzig Prozent) zu machen[703].

Mit der Übertragung der Anteile geht auch das Recht zur Stimmrechtsausübung auf den Erwerber über. Die sich aus dem Entherrschungsvertrag ergebenden Beschränkungen gehen aufgrund der inter partes Wirkung hingegen nicht auf den Erwerber über. Um die Rechte und Pflichten aus dem Entherrschungsvertrag

700 Vgl. hierzu die Ausführungen unter F.II.2.b).
701 Siehe hierzu F.II.6.c).
702 Vgl. bereits D.III.
703 Grundlegend hierzu F.II.1 und F.II.2.

auf den Erwerber überzuwälzen, bedarf es daher einer Vertragsübernahme[704]. Die erforderliche Zustimmung der in Mehrbesitz stehenden Gesellschaft kann dabei auch im Wege der Einwilligung im Entherrschungsvertrag selbst bereits (antizipiert) für den Fall einer Vertragsübernahme durch einen beliebigen Dritten geregelt werden.

Da die Abhängigkeit aus der Sichtweise der Leitungsorgane des abhängigen Unternehmens beurteilt wird[705] und die Rechte und Pflichten aus dem Entherrschungsvertrag nicht übergehen, endet die Wirkung des Entherrschungsvertrages mit dem Zeitpunkt, in dem der Vorstand des widerlegt abhängigen Unternehmens sichere Kenntnis von der Veräußerung der Anteile und des erwerbenden Unternehmens erhält. Ab diesem Zeitpunkt wird die Unternehmensleitung die Geschäftsführung bereits an den Interessen des zukünftigen Mehrheitsaktionärs-Unternehmens ausrichten, um personellen Konsequenzen in der Zukunft frühzeitig entgegenzutreten. Kenntnis erlangt die Unternehmensleitung dabei entweder durch eine Vorabmitteilung der Veräußerung seitens des Mehrheitsaktionärs-Unternehmens oder durch die Mitteilungspflicht aus § 20 AktG[706].

Es sind jedoch zwei Konstellationen denkbar, in denen die durch den Entherrschungsvertrag verhinderte Abhängigkeit auch bei einer Veräußerung der Anteile nicht wieder auflebt.

Veräußert der Mehrheitsaktionär die ihm zustehenden Anteile lediglich in einer Höhe, die seine Mehrheitsbeteiligung zwar unterschreitet, die jedoch beim Erwerber keine Mehrheitsbeteiligung begründet, oder überträgt er die Anteile vollumfänglich an mehrere Erwerber, ohne dabei einem Erwerber eine Mehrheitsbeteiligung einzuräumen, so bleibt die noch in Mehrbesitz stehende Gesellschaft auch nach der Anteilsübertragung unabhängig.

---

704 Die Vertragsübernahme kann auf zwei Wegen erfolgen. Einerseits kann eine dreiseitige Vereinbarung zwischen den bisherigen Vertragsparteien und der die Rechte und Pflichten des Vertrages übernehmenden Partei getroffen werden. Alternativ hierzu besteht die Möglichkeit, eine Vereinbarung zwischen der ausscheidenden und der eintretenden Partei abzuschließen und eine Zustimmung (Einwilligung oder Genehmigung) der Vereinbarung seitens der verbleibenden Gesellschaft einzuholen (vgl. zu diesen Varianten nur: *Roth/Kieninger*, in: MünchKomm BGB, § 398 Rdnr. 184.).

705 Vgl. hierzu F.II.

706 Nach § 20 Abs. 1 AktG hat ein Unternehmen, sobald ihm mehr als der vierte Teil der Aktien einer Aktiengesellschaft mit Sitz im Inland gehört, den Beteiligungserwerb der Gesellschaft unverzüglich schriftlich mitzuteilen. § 20 Abs. 4 AktG regelt die Mitteilungspflicht bei Erreichen einer Mehrheitsbeteiligung, gemäß § 20 Abs. 5 AktG bedarf auch das Unterschreiten der genannten Beteiligungen einer Mitteilung.

Die abhängigkeitsausschließende Wirkung des Entherrschungsvertrages bleibt auch für den Fall erhalten, dass die Rechte und Pflichten aus dem Entherrschungsvertrag im Wege der Vertragsübernahme[707] wirksam auf den Erwerber der Mehrheitsbeteiligung übertragen werden. In dieser Konstellation muss der Vorstand der in Mehrbesitz stehenden Aktiengesellschaft keine personellen Konsequenzen befürchten, wenn er die Geschäfte der Gesellschaft nicht unter Berücksichtigung der Interessen des neuen Mehrheitsaktionärs führt. Eine Abhängigkeit aus § 17 Abs. 1 AktG ist in diesem Falle daher nicht gegeben.

## V. Vertrag zur Aufhebung des Entherrschungsvertrages

Der Vollständigkeit halber sei noch erwähnt, dass ein Vertrag, der die Aufhebung des Entherrschungsvertrages zum Gegenstand hat[708], dazu führt, dass die Abhängigkeit aus § 17 Abs. 1 AktG oder die Vermutung der Abhängigkeit aus § 17 Abs. 2 AktG mit allen hiermit im Zusammenhang stehenden Rechtsfolgen[709] wieder auflebt. Entsprechend der Rechtslage bei der Veräußerung der Mehrheitsbeteiligung endet die abhängigkeitsausschließende Wirkung des Entherrschungsvertrages, sobald die Unternehmensleitung der abhängigen Aktiengesellschaft vom Abschluss des Aufhebungsvertrages mit hoher Wahrscheinlichkeit ausgehen kann.

## VI. Sonderfall der kombinierten Beherrschung

Schließlich gilt es noch zu untersuchen, für welchen Zeitraum eine Beherrschung im Anwendungsbereich kombinierter Beherrschung widerlegt werden kann. Wie bereits ausgeführt, ist der Abschluss eines Entherrschungsvertrages bei kombinierter Beherrschung nicht zielführend, da dem herrschenden Unternehmen keine Stimmrechtsmehrheit zukommt[710].

Praxisrelevant sind dabei insbesondere zwei Konstellationen. Die Frage der Dauer entherrschender Wirkung stellt sich für den Fall, dass nachträglich Umstände hinzutreten, die eine kombinierte Beherrschung begründen. Eine weitere Variante ist denkbar, wenn die Umstände, die die kombinierte Beherrschung auslösen, nachträglich entfallen.

---

707 Zu den Möglichkeiten der Durchführung vgl. bereits Fn 704.

708 Vgl. H.III. zur Frage der Zustimmungspflicht der Gesellschafter der vertragsschließenden Gesellschaften.

709 Zu den an die Abhängigkeit anknüpfenden Rechtsfolgen, vgl. B.III.

710 Vgl. hierzu ausführlich unter F.V.

Für die Frage des Zeitraums, innerhalb dessen die vermutete Abhängigkeit aus §§ 17 Abs. 2, 16 Abs. 1 AktG widerlegt ist, spielen diese Überlegungen nur für die Sonderfälle eine Rolle, dass eine Anteilsmehrheit mit einer Stimmrechtsminderheit einhergeht oder die Satzung erhöhte Mehrheitserfordernisse für die Bestellung und Abberufung von Aufsichtsratsmitglieder festschreibt[711]. Ansonsten begründet die Stimmrechtsmehrheit bereits isoliert eine Abhängigkeit nach § 17 Abs. 1 AktG.

## 1. Nachträgliches Hinzutreten von Elementen kombinierter Beherrschung

Liegen bei Abschluss des Entherrschungsvertrages keine tatsächlichen Elemente kombinierter Beherrschung[712] vor, so führt der Abschluss eines den dargelegten Anforderungen[713] entsprechenden Vertrages zur Beseitigung der Abhängigkeit aus § 17 Abs. 1 AktG.

Treten während der Laufzeit des Vertrages Umstände hinzu, insbesondere personelle Verflechtungen aufgrund statutarischer Entsenderechte oder enge und umfassende wirtschaftliche Beziehungen, so entfällt ab diesem Zeitpunkt die entherrschende Wirkung des abgeschlossenen Vertrages. Zwar kommt dem herrschenden Unternehmen weiterhin keine Hauptversammlungsmehrheit für die entscheidenden Beschlussgegenstände der Bestellung und Abberufung der Aufsichtsratsmitglieder zu. Jedoch führt das Hinzutreten tatsächlicher Umstände, sofern diese die bestehenden Minderheitsrechte hin zu einem herrschenden Einfluss verstärken, zu einer kombinierten Beherrschung aus § 17 Abs. 1 AktG[714].

Da sich die Abhängigkeit stets aus Sicht der Vorstandsmitglieder der abhängigen Aktiengesellschaft beurteilt[715], müssen die Vorstandsmitglieder die hinzutretenden herrschaftsbegründenden Umstände auch kennen. Zwar löst in diesem Sonderfall nicht die Personalentscheidungsgewalt des herrschenden Gesellschafters dessen Stellung aus. Allerdings kann die Gefahr, dass die Unternehmensleitung die Geschäftspolitik an die Interessen des Mehrheitsaktionärs-Unternehmens aus Furcht vor personellen Konsequenzen anpasst, nicht

---

711 Vgl. bereits F.V.1.

712 Als Elemente kombinierter Beherrschung kommen insbesondere personelle oder enge wirtschaftliche Verflechtungen in Betracht (siehe hierzu auch B.II.2.).

713 Vgl. hierzu F.II., F.III. und F.IV.

714 Vgl. B.II.2.

715 Siehe F.II.

angenommen werden, wenn es an der Kenntnis der Unternehmensführung von den abhängigkeitsbegründenden Umständen fehlt.

### 2. Nachträgliches Entfallen von Elementen kombinierter Beherrschung

Die Ausgangslage der nachfolgenden Erörterungen stellt sich wie folgt dar. Die herrschende und die beherrschte Gesellschaft schließen ungeachtet einer kombinierten Beherrschung – bewusst oder in irrtümlicher Annahme, dass eine kombinierte Beherrschung nicht gegeben ist – einen Entherrschungsvertrag. Zu einem späteren Zeitpunkt fallen die die kombinierte Beherrschung auslösenden Umstände weg[716].

Entfallen die Elemente, die die kombinierte Beherrschung begründen, nach Abschluss des Entherrschungsvertrages und vor der Bestellung der Vorstands- und Aufsichtsratsmitglieder, so tritt die mit dem Vertragsschluss bezweckte Rechtsfolge der Entherrschung ein[717]. Entsprechend den Überlegungen zum nachträglichen Hinzutreten von Umständen der kombinierten Beherrschung[718] bedarf es jedoch zum Eintritt der entherrschenden Wirkung ebenfalls der Kenntnis der Unternehmensleitung, dass die herrschaftsbegründenden Umstände weggefallen sind.

Lediglich in Fällen, in denen zum Zeitpunkt des Vertragsschlusses sicher feststeht, dass die Voraussetzungen der kombinierten Beherrschung bereits vor Durchführung der nächsten Aufsichtsrats- und Vorstandswahl nicht mehr vorliegen werden, entfaltet der Entherrschungsvertrag bereits mit Vertragsschluss die angestrebte Wirkung. Als Anwendungsbeispiel sei hier der Fall eines statutarischen Entsenderechts zugunsten des Mehrheitsaktionärs-Unternehmens genannt. Endet die Amtszeit der entsandten Mitglieder vor der Bestellung der Mehrheit der übrigen Organmitglieder und wird dem herrschenden Unternehmen das Entsenderecht durch Satzungsänderung für die Zukunft entzogen, so tritt die entherrschende Wirkung bereits mit Vertragsschluss ein.

## VII. Fazit

Die Rechtsfolgen des Entherrschungsvertrages enden grundsätzlich mit der letzten, in die Vertragslaufzeit fallenden Bestellung der Mehrheit der Aufsichtsratsmitglieder. Allerdings lassen der Eintritt eines außerordentlichen Kündigungsgrundes,

---

716 Zur praktischen Umsetzung der Beseitigung dieser Elemente vgl. die Ausführungen unter F.V.2.

717 Hierauf für den Fall noch vorhandener Interessenvertreter des Mehrheitsaktionärs im Aufsichtsrat abstellend: *Windbichler*, in: GroßKomm AktG, § 17 Rdnr. 77.

718 Vgl. I.VI.1.

die vertragswidrige Ausübung des Stimmrechts in Bezug auf die Bestellung oder die Abberufung der Mehrheit der Aufsichtsratsmitglieder sowie eine Veräußerung der Mehrheitsbeteiligung die bezweckte Wirkung ebenfalls entfallen. Letztlich führen auch der Abschluss eines Aufhebungsvertrages sowie das nachträgliche Hinzutreten von Elementen, die eine kombinierte Beherrschung begründen, zum Wiederaufleben der Abhängigkeit des in Mehrbesitz stehenden Unternehmens.

# J. Das mehrstufige Abhängigkeitsverhältnis

Die bisherigen Überlegungen haben die in einer Konzernstruktur durchaus naheliegende und in der Praxis weit verbreitete[719] Konstellation eines mehrstufigen Abhängigkeitsverhältnisses außer Acht gelassen. Abhängigkeit ist nicht nur aufgrund unmittelbarer Beteiligung denkbar, sondern ebenso durch Zurechnung fremder Anteile (§ 16 Abs. 4 AktG) in Form mehrstufiger Abhängigkeit. Dabei ist der Anwendungsbereich der Abhängigkeitsvermutung des § 17 Abs. 2 AktG nach einhelliger Ansicht[720] auch für den Fall mehrstufiger Beherrschung eröffnet.

Die Besonderheit ergibt sich in dieser Zusammensetzung aus dem Umstand, dass neben der Abhängigkeit der unmittelbar in Mehrbesitz stehenden Tochtergesellschaft eine weitere Abhängigkeit eines dritten (Enkel-)Unternehmens vom Mutterunternehmen gegeben ist.

Kommt dem (vermutet) herrschenden Mutterunternehmen dabei auch originäre Herrschaftsmacht gegenüber dem Enkelunternehmen zu, so liegt eine unmittelbare Abhängigkeit des Enkelunternehmens gegenüber dem Mutterunternehmen vor. Für diesen Fall kann auf die Ausführungen zur Beseitigung der Beherrschung im Allgemeinen Bezug genommen werden[721]. Die folgenden Überlegungen beschränken sich daher auf Konstellationen, in denen die Herrschaftsmacht nur mittelbar aufgrund der Beherrschung des Enkelunternehmens durch das Tochterunternehmen und der Zurechnung der Anteile an das Mutterunternehmen über § 16 Abs. 4 Var. 1 AktG gegeben ist.

Ausgangspunkt der Überlegungen ist dabei der Umstand, dass mit der Zurechnung keine Absorptionswirkung[722] verbunden ist. Ungeachtet der Zurechnung der Anteile des Tochterunternehmens an das Mutterunternehmen bleibt die herrschende Stellung des Tochterunternehmens gegenüber dem Enkel bestehen, sodass zwei Unternehmen als herrschende Unternehmen des Enkelunternehmens

719 Siehe *Altmeppen*, in: MünchKomm AktG, Anh. zu § 311 Rdnr. 1; *Görling*, AG 1993, 538 (542 ff.).

720 Vgl. nur *Windbichler*, in: GroßKomm AktG, § 17 Rdnr. 85; *Bayer*, in: MünchKomm AktG, § 17 Rdnr. 114; *Geßler*, in: Geßler/Hefermehl/Eckardt/Kropff, § 17 Rdnr. 110; *Koppensteiner*, in: KölnKomm AktG, § 17 Rdnr. 126.

721 Vgl. die Ausführungen unter F.

722 Allg. Meinung, vgl. hierzu *Schall*, in: Spindler/Stilz AktG, § 17 Rdnr. 56; *Koch*, in: Hüffer/Koch AktG, § 16 Rdnr. 13; *Koppensteiner*, in: KölnKomm AktG, § 16 Rdnr. 35; *Windbichler*, in: GroßKomm AktG, § 17 Rdnr. 85; *Vetter*, in: Schmidt/Lutter AktG, § 16 Rdnr. 18; a.A. *Schäfer*, BB 1966, 229 (230).

zu qualifizieren sind. Daher genügt zur Widerlegung auch nicht der Verweis auf das Abhängigkeitsverhältnis zwischen Mutter und Enkel. Das Enkelunternehmen ist demzufolge sowohl von der Tochter- als auch von der Muttergesellschaft abhängig.

Dabei spielt es keine Rolle, ob sich die Herrschaftsmacht des Mutterunternehmens gegenüber dem Enkelunternehmen ausschließlich aus der Zurechnung der durch das Tochterunternehmen gehaltenen Anteile oder durch ein Zusammenspiel von eigenen Anteilen und zugerechneten, fremden Anteile ergibt (§ 16 Abs. 4 AktG).

Es stellt sich demnach die Frage, welche Anforderungen an eine Beseitigung der Abhängigkeit bzw. an die Widerlegung der Abhängigkeitsvermutung zu stellen sind und wie sich etwaige Vereinbarungen auf das Abhängigkeitsverhältnis mit dem Unternehmen auswirken, das nicht Partei des Entherrschungsvertrages ist.

## I. Abrede zwischen Mutter und Enkel

Zunächst ist denkbar, dass Mutter- und Enkelunternehmen einen Entherrschungsvertrag bzw. Vermutungswiderlegungsvertrag abschließen. Durch die Zurechnung der dem Tochterunternehmen zustehenden Anteile wird die Abhängigkeit des Enkelunternehmens von der Muttergesellschaft gemäß §§ 17 Abs. 2, 16 Abs. 1, Abs. 4 AktG vermutet. Darüber hinaus kann auch ohne die Voraussetzungen des § 17 Abs. 2 AktG über §§ 17 Abs. 1, 16 Abs. 1, Abs. 4 AktG eine Beherrschung durch das Mutterunternehmen gegeben sein. An einen solchen Vertrag sind dabei dieselben Anforderungen zu stellen wie im Rahmen der unmittelbaren Beherrschung[723]. Der Vertragsschluss hat auf die Abhängigkeitsverhältnisse zwischen Tochter und Enkel sowie zwischen Mutter und Tochter keinen Einfluss, sondern beschränkt sich allein auf das Verhältnis zwischen den Vertragsparteien.

## II. Abrede zwischen Tochter und Enkel

Im Gegensatz zu einer Vereinbarung zwischen Mutter und Enkel kommt einer vertraglichen Vereinbarung eines partiellen Stimmrechtsverzichts zwischen Tochter und Enkel unter bestimmten Voraussetzungen weiterreichende Bedeutung zu. Dies folgt bereits daraus, dass Regelungen auf der Ebene zwischen Tochter und Enkel mittelbar über § 16 Abs. 1 AktG auch Auswirkungen auf das

---

723 Vgl. die Anforderungen unter F.

Verhältnis zwischen Mutter und Enkel haben. Für die an eine vertragliche Absprache zwischen Tochter und Enkel anknüpfenden Rechtsfolgen ist maßgeblich, ob die Abhängigkeit bzw. die Abhängigkeitsvermutung von der Muttergesellschaft auch aus eigenen Anteilen der Mutter oder ausschließlich aus zugerechneten Anteilen der Tochter (§ 16 Abs. 4 AktG) besteht.

## 1. Abhängigkeit ausschließlich aus zugerechneten Anteilen (§ 16 Abs. 4 AktG)

Hält das Mutterunternehmen an der Enkelgesellschaft unmittelbar keine Anteile und resultiert die Abhängigkeitsvermutung bzw. die Abhängigkeit allein auf der Fiktion[724] des § 16 Abs. 4 Var. 1 AktG, so tangiert jede vertragliche Abrede zwischen Tochter und Enkel spiegelbildlich auch das Verhältnis zwischen Mutter und Enkel. Für die Frage, wie sich der Abschluss eines Entherrschungsvertrages zwischen Tochter und Enkel auf das Verhältnis zwischen Mutter und Enkel auswirkt, ist zwischen einem Vertrag zur Widerlegung der Abhängigkeitsvermutung und zur Beseitigung der Abhängigkeit zu differenzieren.

Der Abschluss eines Vertrages zur Widerlegung der aus §§ 17 Abs. 2, 16 Abs. 1 AktG resultierenden Abhängigkeitsvermutung zwischen Tochter- und Enkelunternehmen führt auch im Verhältnis zwischen Mutter und Enkel zur Widerlegung der Abhängigkeitsvermutung der §§ 17 Abs. 2, 16 Abs. 1, Abs. 4 AktG[725].

Treffen Tochter und Enkel dagegen eine vertragliche Vereinbarung, die zu einem Ausschluss der Abhängigkeit aus § 17 Abs. 1 AktG in ihrem Verhältnis führt, hat dies ebenfalls Konsequenzen für das Abhängigkeitsverhältnis zwischen der Muttergesellschaft und der Enkelgesellschaft. Zwar erfolgt gemäß § 16 Abs. 4 Var. 1 AktG weiterhin eine Zurechnung der von der Tochter gehaltenen Anteile an die Muttergesellschaft. Da die Befugnisse aus den Anteilen jedoch nicht weiter reichen als deren tatsächlicher Inhalt, beschränkt sich der durch § 16 Abs. 4 Var. 1 AktG erreichte Zugriff der Muttergesellschaft auf die durch den Entherrschungsvertrag nicht betroffenen Stimmrechte[726].

---

724 So auch *Geßler*, in: Geßler/Hefermehl/Eckardt/Kropff, § 17 Rdnr. 110; *Bayer*, in: MünchKomm AktG, § 17 Rdnr. 75; zur vertieften Auseinandersetzung zwischen der Einstufung des § 16 Abs. 4 AktG als Fiktion oder als unwiderlegliche Vermutung vgl. *Zilias*, WPg 1967, 465 (467 ff.).

725 So auch *Emmerich*, in: Emmerich/Habersack KonzernR, § 17 Rdnr. 41; *Krieger*, in: MünchHdb. AG, § 69 Rdnr. 65; *Geßler*, in: Geßler/Hefermehl/Eckardt/Kropff, § 17 Rdnr. 110; *Vetter*, in: Schmidt/Lutter AktG, § 17 Rdnr. 59.

726 Ähnlich auch *Adler/Düring/Schmaltz*, in: Rechnungslegung, § 17 AktG Rdnr. 122.

Demzufolge beseitigt ein derartiger Vertragsschluss auch die Abhängigkeit zwischen Mutter und Enkel.

## 2. Abhängigkeit durch Kombination aus eigenen und zugerechneten Anteilen

Ergibt sich die Abhängigkeit bzw. deren Vermutung dagegen aus einem Zusammenspiel von eigenen Anteilen (§ 16 Abs. 2 AktG) und nach § 16 Abs. 4 Var. 1 AktG zugerechneten Anteilen, so ist für Rechtsfolgen, die an eine vertragliche Absprache zwischen Tochter und Enkel anknüpfen, eine Einzelfallbetrachtung erforderlich. Im Schrifttum wurde bisher – soweit ersichtlich – noch nicht beleuchtet, ob sich der Abschluss eines Entherrschungsvertrages auf das Verhältnis zwischen Mutter und Enkel auswirkt, wenn sich die Beherrschung des Enkels durch die Mutter aus einer Kombination von eigenen und zugerechneten Anteilen ergibt.

Erreicht das Quorum des Stimmrechtsverzichts zwischen Tochter und Enkel die erforderliche Höhe, um die Abhängigkeit zu beseitigen[727] bzw. die Vermutung zu widerlegen[728], so scheitert die mit dem Vertragsschluss beabsichtigte Rechtsfolge im Verhältnis zwischen Mutter- und Enkelunternehmen bereits in dem Fall, in dem die Mutter Stimmrechte aus eigenen Anteilen ausüben kann.

Durch Addition der nach § 16 Abs. 4 AktG zuzurechnenden Anteile und des hieraus ausübbaren Stimmrechts in Höhe von fünfzig Prozent minus einer Stimme und dem der Mutter originär zustehenden Stimmrecht an der Enkelgesellschaft ist die Hürde für die Beseitigung der Abhängigkeit bzw. für die Widerlegung der Abhängigkeitsvermutung im Verhältnis zur Mutter wieder überstiegen. Die Rechtswirkungen der zwischen dem Enkel- und Tochterunternehmen geschlossenen Vereinbarung schlagen insofern nicht auf die Beziehung zwischen Mutter und Enkel durch[729].

---

727 Vgl. hierzu F.II.2.d).

728 Siehe F.II.2.b).

729 Ohne Differenzierung auf das Durchschlagen der widerlegenden Wirkung des Vertrages auf das Verhältnis zwischen Mutter und Enkel abstellend: *Adler/Düring/Schmaltz*, in: Rechnungslegung, § 17 AktG Rdnr. 122; *Windbichler*, in: GroßKomm AktG, § 17 Rdnr. 85; *Koch*, in: Hüffer/Koch AktG, § 17 Rdnr. 23; *Bayer*, in: MünchKomm AktG, § 17 Rdnr. 114; *Koppensteiner*, in: KölnKomm AktG, § 17 Rdnr. 126; das Durchschlagen jedenfalls für den Fall alleiniger Beherrschung der Enkelgesellschaft durch die Mutter ausdrücklich verneinend: *Emmerich*, in: Emmerich/Habersack KonzernR, § 17 Rdnr. 41; *Schall*, in: Spindler/Stilz AktG, § 17 Rdnr. 56;

Nur für den Fall, dass Tochter und Enkel einen überobligatorischen Stimmrechtsausübungsverzicht vereinbaren, sei es aus Gründen der Vorsicht[730] oder weil die Mutter dahingehend auf den Inhalt des Vertrages einwirkt[731], ist im Einzelfall zu prüfen, ob durch Addition der eigenen und der nach § 16 Abs. 4 AktG zuzurechnenden Stimmrechte das maßgebliche Stimmrechtsquorum nicht überschritten wird. Nur für diesen Fall schlägt die zwischen Tochter und Enkel herbeigeführte Rechtsfolge auf das Verhältnis zwischen Mutter- und Enkelgesellschaft durch.

## III. Vertrag zwischen Mutter und Tochter

Beschränkt sich eine vertragliche Absprache auf das Verhältnis zwischen der herrschenden Mutter und der abhängigen Tochter, so ist nach der von den Beteiligten bezweckten Rechtsfolge zu unterscheiden.

Begnügen sich Mutter und Tochter mit dem Abschluss eines Vertrages, der allein die Vermutung der Abhängigkeit der Tochter von der Mutter nach § 17 Abs. 2 AktG widerlegt, so hat dies keine Auswirkungen auf das Abhängigkeitsverhältnis zwischen Mutter und Enkel. Die Zurechnung der Anteile aus § 16 Abs. 4 Var. 1 AktG setzt nach dem Gesetzeswortlaut Abhängigkeit voraus. Durch den Abschluss des Vertrages zur Widerlegung der Abhängigkeitsvermutung wird lediglich eine Beweislaständerung für die Frage der Abhängigkeit herbeigeführt. An der Abhängigkeit selbst ändert sich hierdurch nichts, sodass nach § 16 Abs. 4 Var. 1 AktG weiterhin die Anteile der Tochter am Enkelunternehmen der Mutter zugerechnet werden.

Nur für den Fall, dass das zwischen Mutter und Tochter vorhandene Abhängigkeitsverhältnis durch Abschluss eines Entherrschungsvertrages beendet wird[732], endet auch die Zurechnung aus § 16 Abs. 4 Var. 1 AktG und damit die

---

*Ziemons*, in: Hdb. der AG, I Rdnr. 12.169; *Fett*, in: Heidelberger Kommentar AktG, § 17 Rdnr. 31.

730 Einen solchen Sicherheitsabschlag generell fordernd: *Hentzen*, ZHR 157 (1993), 64 (69); zustimmend: *Hoffmann-Becking*, Münchener Vertragshandbuch Bd. I, S. 1545 (1547); vgl. hierzu auch unter F.II.2.e).

731 Eine Einwirkung der Mutter auf den Umfang des Stimmrechtsausübungsverzichts macht vor allem dann Sinn, wenn der Mutter selbst an der Enkelgesellschaft nur ein geringer Stimmrechtsanteil zusteht und die Mutter an der Widerlegung der Abhängigkeit bzw. der Abhängigkeitsvermutung gegenüber der Enkelgesellschaft interessiert ist.

732 Zu den Anforderungen an einen derartigen Vertragsschluss vgl. F.

Abhängigkeit der Enkelgesellschaft von der Muttergesellschaft bzw. deren Vermutung.

## IV. Ergebnis

Es wird deutlich, dass im Anwendungsbereich mehrstufiger Abhängigkeitsverhältnisse den Unternehmen im Vergleich zu einstufigen Abhängigkeitsverhältnissen ein größerer Spielraum bei der Beseitigung der Abhängigkeit bzw. der Abhängigkeitsvermutung zukommt. Allerdings ist in jedem Einzelfall zu prüfen, ob die Wirkungen der Vereinbarung auf das jeweils andere Abhängigkeitsverhältnis tatsächlich durchschlagen sollen und ob dies mit der getroffenen Vereinbarung auch erreicht werden kann.

Wird der Entherrschungsvertrag zwischen Mutter und Enkel abgeschlossen, beschränken sich die Wirkungen inter partes auf diese beiden Gesellschaften. Die Vereinbarung schlägt nicht auf das Verhältnis zwischen Mutter und Tochter oder zwischen Tochter und Enkel durch.

Bei einem Entherrschungsvertrag zwischen Tochter und Enkel ist zu differenzieren, ob die Abhängigkeit des Enkels von der Mutter allein aus zugerechneten Anteilen der Tochter besteht oder aus einer Kombination aus zugerechneten und eigenen Anteilen. Im Falle ausschließlich zugerechneter Anteile wirkt sich der Entherrschungsvertrag zwischen Tochter und Enkel auch auf das Beherrschungsverhältnis zwischen Mutter und Enkel aus. Bei einer Kombination aus eigenen und zugerechneten Anteile schlägt sich die Vereinbarung hingegen nicht auf das Mutter-Enkel-Verhältnis durch.

Schließlich muss bei der Frage nach den Folgen eines Vertragsschlusses zwischen Mutter und Tochter danach unterschieden werden, welche Rechtsfolgen die Vertragsparteien herbeiführen wollen. Beschränken sich Mutter und Tochter mit der Widerlegung der vermuteten Abhängigkeit, so lässt dies die Frage der (vermuteten) Abhängigkeit zwischen Mutter und Enkel unberührt. Führt die Vereinbarung jedoch zu einer Entherrschung zwischen Mutter und Tochter, so endet damit auch die Beherrschung der Mutter über den Enkel.

# K. Übertragung der Erkenntnisse auf andere Gesellschaftsformen

Bislang wurden die Anforderungen, die an eine vertragliche Entherrschung zu stellen sind, ausschließlich für die Rechtsform der Aktiengesellschaft als die in Mehrbesitz stehende Gesellschaft beleuchtet. Diese Betrachtungsweise verkürzt jedoch den Anwendungsbereich des rechtsformunabhängig ausgestalteten Konzernrechts[733].

Die gewonnenen Erkenntnisse können nicht unreflektiert auf jede Rechtsform eines beherrschten Unternehmens übertragen werden. Bei der Aktiengesellschaft als beherrschtes Unternehmen wurde für die Beseitigung der Abhängigkeit bzw. die Widerlegung deren Vermutung auf die Möglichkeit der Einflussnahme durch den Mehrheitsgesellschafter abgestellt[734]. Nur bei Beseitigung der relevanten Merkmale wurde eine Widerlegung durch den Abschluss eines Entherrschungsvertrages angenommen.

Im Folgenden soll nun untersucht werden, welche Einflussmöglichkeiten dem (vermutet) herrschenden Unternehmen unter Berücksichtigung der Besonderheiten der jeweiligen Gesellschaftsformen zukommen. Aus den gewonnenen Erkenntnissen können Rückschlüsse für den zwingenden Inhalt vertraglicher Vereinbarungen zur Beseitigung der Abhängigkeit bzw. zur Widerlegung der vermuteten Abhängigkeit im Anwendungsbereich der jeweiligen Gesellschaftsform gezogen werden. Zunächst soll mit den neben der Aktiengesellschaft verbleibenden Kapitalgesellschaften begonnen werden, bevor auf die Besonderheiten der Personengesellschaften und der Societas Europaea eingegangen wird.

## I. GmbH

Der Gesellschaft mit beschränkter Haftung kommt für die Bildung von Konzernstrukturen große Bedeutung zu[735]. Die Beliebtheit der Gesellschaftsform der GmbH als abhängiges Unternehmen ergibt sich aus den noch darzulegenden,

---

733 Vgl. hierzu bereits A.

734 Siehe F.II.1.a).

735 Einigkeit besteht in der rechtstatsächlichen Bedeutung der Gesellschaft mit beschränkter Haftung als beherrschte Unternehmensform. Die Schätzungen über die Konzerneinbindung von GmbHs gehen jedoch weit auseinander (vgl. hierzu *Emmerich*, in:

strukturellen Unterschieden zur Aktiengesellschaft, insbesondere durch ein Primat der Gesellschafterversammlung[736], wodurch diese sich in besonderer Form als beherrschtes Unternehmen eignet, da dem herrschenden Unternehmen über die Gesellschafterversammlung weitreichender Einfluss auf die Geschäftsführung zukommt[737].

Zunächst bleibt festzuhalten, dass die allgemeine Vorschriften des Konzernrechts (§§ 15 bis 19 AktG) auch auf Abhängigkeits- und Konzernverhältnisse anwendbar sind, an denen eine Gesellschaft in der Rechtsform der GmbH beteiligt ist. Dieser Abschnitt, der dem weiteren Konzernrecht als allgemeiner Teil[738] vorangestellt ist, ist aufgrund des verwendeten Begriffs des „Unternehmens" rechtsformneutral[739] ausgestaltet, sodass die Normen auch auf die herrschende und abhängige Gesellschaft mit beschränkter Haftung Anwendung finden[740].

Das gefundene Ergebnis lässt sich auch aus Normen ableiten, die im GmbH-Recht erst nach der Kodifikation des Konzernrechts 1965 in Kraft getreten sind[741]. So knüpft § 51a Abs. 2 GmbHG an den Begriff des verbundenen Unternehmens an, der im GmbH-Gesetz selbst an keiner Stelle definiert ist. Durch den Rückgriff auf die Legaldefinition des § 15 AktG bestätigt der Gesetzgeber die rechtsformübergreifende Ausgestaltung der §§ 15 ff. AktG. Dabei beschränkt sich die Anwendung nicht nur auf § 15 AktG, sondern umfasst im Anwendungsbereich der (vermutet)

---

Scholz GmbHG, Anhang § 13 Rdnr. 3; *Grauer*, Konzernbildungskontrolle im GmbH-Recht, S. 8; *Liebscher*, in: MünchKomm GmbHG, Anhang § 13 Rdnr. 9).

736 *Emmerich*, in: Scholz GmbHG, Anhang § 13 Rdnr. 19; *ders.*, in: Emmerich/Habersack KonzernR, § 17 Rdnr. 45; *Bayer*, in: MünchKomm AktG, § 17 Rdnr. 123.

737 *Karsten Schmidt*, Gesellschaftsrecht, § 17 IV, S. 508; *Grauer*, Konzernbildungskontrolle im GmbH-Recht, S. 8; *Emmerich*, in: Scholz GmbHG, Anhang § 13 Rdnr. 1; *Liebscher*, in: MünchKomm GmbHG, Anhang § 13 Rdnr. 9; *Koppensteiner/Schnorbus*, in: Rowedder/Schmidt-Leithoff GmbHG, Anh. nach § 52 Rdnr. 1; *Lutter/Hommelhoff*, in: Lutter/Hommelhoff GmbHG, Anh § 13 Rdnr. 1.

738 Vgl. hierzu bereits B.III.1.

739 Siehe auch die Ausführungen unter A., dort insbesondere die Fn 7.

740 Explizit für das Recht der GmbH: *Casper*, in: GroßKomm GmbHG, Anh. § 77 Rdnr. 17; *Emmerich*, in: Emmerich/Habersack KonzernR, § 17 Rdnr. 45; *Liebscher*, in: MünchKomm GmbHG, Anhang § 13 Rdnr. 51; *Karsten Schmidt*, in: Gesellschaftsrecht, § 39 I, S. 1212; *Koppensteiner/Schnorbus*, in: Rowedder/Schmidt-Leithoff GmbHG, Anh. nach § 52 Rdnr. 6; *Servatius*, in: Michalski GmbHG, Syst. Darst. 4 Rdnr. 7; *Lutter/Hommelhoff*, in: Lutter/Hommelhoff GmbHG, Anh § 13 Rdnrn. 6 ff.; *Vogt*, in: Handbuch GmbH, § 17 Rdnr. 2; aus der Rechtsprechung: BGH, Urteil vom 16.02.1981, II ZR 168/79, NJW 1981, 1512 (1513).

741 dahingehend auch: *Koppensteiner/Schnorbus*, in: Rowedder/Schmidt-Leithoff GmbHG, Anh. nach § 52 Rdnr. 6.

abhängigen GmbH aufgrund der rechtsformübergreifenden Ausgestaltung auch § 17 Abs. 1 AktG und die Vermutungsregel des § 17 Abs. 2 GmbHG[742].

## 1. Herrschaftsmacht des Mehrheitsgesellschafters

Im Folgenden gilt es zu untersuchen, welche wesentlichen Strukturunterschiede zwischen einer GmbH und einer Aktiengesellschaft als (vermutet) beherrschtem Unternehmen bestehen. Besonderes Augenmerk ist wegen der Anwendbarkeit des § 17 AktG dabei auf die Herrschaftsmacht und die damit verbundene Einflussnahmemöglichkeit zu legen, die dem mit Mehrheit beteiligten Unternehmen zukommt.

Wie im Anwendungsbereich der (vermutet) abhängigen Aktiengesellschaft ist dabei zwischen der durch Anteilsmehrheit (§§ 17 Abs. 2, 16 Abs. 1 Alt. 1 AktG) und Stimmrechtsmehrheit (§§ 17 Abs. 2, 16 Abs. 1 Alt. 2 AktG) vermittelten Herrschaftsmacht zu differenzieren[743]. Dem allein mit Anteilsmehrheit ausgestatteten Mehrheitsgesellschafter kommt – mit Ausnahme des Hinzutretens anderweitiger Mittel der Beherrschung[744] – ungeachtet der Vermutung der §§ 17 Abs. 2, 16 Abs. 1 Alt. 1 AktG ebenso wenig Herrschaftsmacht zu[745] wie bei der Aktiengesellschaft[746].

### *a) Bestellung und Abberufung der Geschäftsführung*

Bestand bei der Aktiengesellschaft als abhängigem Unternehmen lediglich eine mittelbare Personalhoheit des Mehrheitsaktionärs über die Besetzung des Aufsichtsrates, der seinerseits den Vorstand bestellt und abberuft (§§ 84, 101 AktG)[747], kommt dem Mehrheitsgesellschafter bei der GmbH eine unmittelbare Einflussnahmemöglichkeit auf die Geschäftsführung zu.

---

742 Vgl. die Nachweise in Fn 740; explizit noch auf die Anwendbarkeit des § 17 AktG abstellend: *Emmerich*, in: Scholz GmbHG, Anhang § 13 Rdnr. 22; *ders.*, in: Emmerich/Habersack KonzernR, § 17 Rdnr. 45; *Koppensteiner*, in: KölnKomm AktG, § 17 Rdnr. 97; *Decher*, in: Hdb. Gesellschaftsrechts 3, § 67 Rdnr. 32; *Bayer*, in: MünchKomm AktG, § 17 Rdnr. 124; *Vetter*, in: Schmidt/Lutter AktG, § 17 Rdnr. 66.

743 Vgl. hierzu B.II.1.a) und B.II.1.b).

744 Vgl. K.I.2.

745 So jedenfalls im Ergebnis auch: *Casper*, in: GroßKomm GmbHG, Anh. § 77 Rdnr. 30; *Koppensteiner/Schnorbus*, in: Rowedder/Schmidt-Leithoff GmbHG, Anh. nach § 52 Rdnr. 14.

746 Vgl. B.II.1.b).

747 Vgl. für diesen Zusammenhang B.II.1.a).

Gemäß § 46 Nr. 5 Var. 1 und Var. 2 GmbHG fällt die Bestellung und Abberufung der Geschäftsführer der Gesellschaft in den Zuständigkeitsbereich der Gesellschafterversammlung, sodass dem Mehrheitsgesellschafter der GmbH im Vergleich zum Mehrheitsaktionär eine unmittelbare und damit ausgeprägtere Machtposition zukommt. Verstärkt wird die Machtstellung des mit Stimmrechtsmehrheit ausgestatteten Gesellschafters noch durch § 47 Abs. 1 GmbHG und § 38 Abs. 1 GmbHG.

Sowohl für die Bestellung als auch für die Abberufung der Geschäftsführer genügt nach § 47 Abs. 1 GmbHG die Mehrheit der abgegebenen Stimmen. Im Gegensatz hierzu sieht das Aktienrecht für den Fall der Abberufung eines Aufsichtsratsmitglieds, das ohne Bindung an einen Wahlvorschlag in den Aufsichtsrat gewählt worden ist, ein Quorum von drei Viertel der abgegebenen Stimmen vor (§ 101 Abs. 1 S. 2 AktG)[748]. Darüber hinaus fällt auch die dem Aktienrecht bei der Abberufung bekannte Restriktion des wichtigen Grundes für die jederzeitige Widerruflichkeit der Bestellung aus § 84 Abs. 3 S. 1 AktG bei der Abberufung eines GmbH-Geschäftsführers weg. § 38 Abs. 1 GmbHG ordnet vielmehr die jederzeitige Widerruflichkeit der Bestellung der Geschäftsführer an, ohne dass hierfür ein wichtiger Grund erforderlich wäre.

Etwas anderes gilt nur für den Sonderfall einer GmbH als abhängiges Unternehmen, die der Mitbestimmung nach dem Mitbestimmungsgesetz, dem Montan-Mitbestimmungsgesetz oder dem Mitbestimmungsergänzungsgesetz unterfällt. In diesen Fällen findet die Norm des § 84 Abs. 3 AktG auch auf diese GmbH mit der Folge Anwendung, dass ein wichtiger Grund zur Abberufung der Geschäftsführung erforderlich ist (vgl. hierzu die Verweise in § 31 Abs. 1 MitbestG, § 12 MontanmitbestG sowie in § 13 MontanMitbestErgG)[749]. Im Anwendungsbereich des Drittelbeteiligungsgesetztes verbleibt es nach § 38 Abs. 1 GmbHG hingegen bei der freien Widerruflichkeit der Bestellung der Geschäftsführer durch die Gesellschafterversammlung.

Folglich ist die Geschäftsführung aufgrund des erheblich größeren Einflusspotentials des Mehrheitsgesellschafters stärker dem „Wohlwollen" des mehrheitlich beteiligten Gesellschafters ausgesetzt als bei der Aktiengesellschaft, bei der lediglich eine mittelbare Personalhoheit besteht.

---

748 Dieses nicht zur Disposition stehende Quorum wirkt sich auch auf die an einen Entherrschungsvertrages zu stellenden Anforderungen bei der Höhe des Stimmrechtsverzichts aus, vgl. F.II.2.d)bb).

749 Zu den Besonderheiten eines vorhandenen Aufsichtsrates in der GmbH vgl. auch K.I.3.

### *b) Weisungsmöglichkeiten der Gesellschafterversammlung*

Die strikte Trennung der Kompetenzen der Gesellschafterversammlung von den Kompetenzen der Leitungsebene der Gesellschaft, wie sie in § 76 Abs. 1 AktG durch die Eigenverantwortlichkeit der Leitung der Gesellschaft seitens des Vorstandes zum Ausdruck kommt, findet im GmbH-Recht keine Entsprechung.

Vielmehr sieht § 37 Abs. 1 Alt. 2 GmbHG die Pflicht der Geschäftsführung vor, den durch die Gesellschafter vorgegebenen Rahmen einzuhalten. Dabei beschränkt sich der Anwendungsbereich des § 37 Abs. 1 GmbH nicht darauf, die Geschäftsführungsbefugnis – z.B. durch die Festlegung von Schwellenwerten für die Vornahme von Rechtsgeschäften – insgesamt zu begrenzen. Die Gesellschafterversammlung kann der Geschäftsführungen auch Weisungen im Einzelfall erteilen[750], also beispielsweise die Vornahme eines bestimmten Rechtsgeschäfts anordnen. Ebenso wenig erfährt die Vorschrift eine Einschränkung im faktischen Konzern[751].

Die Weisungsbefugnis gewährt dem mit Stimmrechtsmehrheit (§§ 37 Abs. 1 Alt. 2, 47 Abs. 1 GmbHG) ausgestatten Gesellschafter zwar keine Möglichkeit, auf die Vertretungsbefugnis der Geschäftsführer einzuwirken. Dies folgt aus der Trennung zwischen Geschäftsführungsbefugnis im Innenverhältnis gegenüber den Gesellschaftern und der Vertretungsmacht im Außenverhältnis gegenüber dem Rechtsverkehr (§ 37 Abs. 2 GmbHG), die im Rahmen organschaftlicher Vertretung vorzunehmen ist[752]. Allerdings unterliegt der eine Weisung missachtende Geschäftsführer der persönlichen Haftung aus § 43 Abs. 2 GmbHG[753], sodass die Geschäftsführung im Regelfall den Weisungen der Gesellschafterversammlung nachkommen wird.

---

750 *Zöllner/Noack*, in: Baumbach/Hueck GmbHG, § 37 Rdnr. 20; BGH, Urteil vom 14.12.1959, II ZR 187/57, NJW 1960, 285 (289); OLG Düsseldorf, Urteil vom 15.11.1984, 8 U 22/84, ZIP 1984, 1476 (1478); *Altmeppen*, in: Roth/Altmeppen GmbHG, § 37 Rdnr. 3; *Paefgen*, in: GroßKomm GmbHG, § 37 Rdnr. 40; *Koppensteiner/Gruber*, in: Rowedder/Schmidt-Leithoff GmbHG, § 37 Rdnr. 26.

751 *Altmeppen*, in: Roth/Altmeppen GmbHG, § 37 Rdnr. 12; *Drygala*, in: Oppenländer/Trölitzsch GmbH-Geschäftsführung, § 41 Rdnr. 24; *Koppensteiner/Schnorbus*, in: Rowedder/Schmidt-Leithoff GmbHG, Anh. nach § 52 Rdnr. 1.

752 Vgl. zu diesem Zusammenhang bei der AktG bereits G.I.1.; für die GmbH: *Zöllner/Noack*, in: Baumbach/Hueck GmbHG, § 35 Rdnr. 5 und *Altmeppen*, in: Roth/Altmeppen GmbHG, § 35 Rdnr. 37.

753 *Paefgen*, in: GroßKomm GmbHG, § 43 Rdnr. 30; *Altmeppen*, in: Roth/Altmeppen GmbHG, § 43 Rdnr. 7; *Zöllner/Noack*, in: Baumbach/Hueck GmbHG, § 43 Rdnr. 17.

Darüber hinaus wird die Geschäftsführung den Weisungen des mit Stimmrechtsmehrheit ausgestatteten Gesellschafters ohnehin Folge leisten, da derselbe Gesellschafter den die Weisung missachtenden Geschäftsführer jederzeit und ohne Grund jederzeit auf der folgenden Gesellschafterversammlung abberufen kann. Daher resultiert aus der Weisungsbefugnis der Gesellschafterversammlung für das mit Stimmrechtsmehrheit beteiligte Unternehmen eine unmittelbare Einflussnahmemöglichkeit auf das operative Geschäft der (vermutet) abhängigen GmbH.

### *c) Entlastung der Geschäftsführung*

Die Entscheidung über die Entlastung der Geschäftsführung fällt nach § 46 Nr. 5 Var. 3 GmbHG entsprechend der Rechtslage bei der Aktiengesellschaft (§ 119 Abs. 1 Nr. 3 Alt. 1 AktG) ebenso in den Zuständigkeitsbereich der Gesellschafterversammlung. Bei der Aktiengesellschaft als (vermutet) abhängigem Unternehmen kommt dem Entlastungsbeschluss keine herrschaftsbegründende Bedeutung zu, da an die Verweigerung der Entlastung keine die Person des Vorstandes unmittelbar tangierenden Rechtsfolgen geknüpft sind[754].

Das GmbH-Recht enthält keine dem § 120 Abs. 2 S. 2 AktG vergleichbare Vorschrift, die einen Rückschluss von der Entlastung hin zu einem Verzicht auf Ersatzansprüche der Gesellschaft verbietet. Die Präklusionswirkung des Entlastungsbeschlusses ist im Recht der GmbH anerkannt, da die Gesellschafterversammlung mit der Entlastungserklärung ihr Vertrauen gegenüber der Geschäftsführung bekundet[755]. Mit dem Beschluss über die Entlastung ist ein Verzicht auf die Ansprüche der Gesellschaft gegenüber dem Geschäftsführer verbunden[756]. Ausnahmen gelten nur, soweit Ansprüche auch bei sorgfältiger Prüfung nicht erkennbar waren[757] oder gar der Disposition der Gesellschafterversammlung entzogen sind[758].

---

754 Vgl. hierzu F.II.1.d).

755 Vgl. schon Fn 270.

756 Vgl. *Karsten Schmidt*, in: Gesellschaftsrecht, § 14 VI, S. 429; *Priester*, in: FS Rowedder, S. 368 (371 f.); BGH, Urteil vom 30.10.1958, II ZR 253/56, NJW 1959, 192 (193 f.); *Hüffer/Schürnbrand*, in: GroßKomm GmbHG, § 46 Rdnr. 73; *Römermann*, in: Michalski GmbHG, § 46 Rdnrn. 277 ff.; *Zöllner*, in: Baumbach/Hueck GmbHG, § 46 Rdnr. 41; *Koppensteiner/Gruber*, in: Rowedder/Schmidt-Leithoff GmbHG, § 46 Rdnr. 31; *Schmidt*, in: Scholz GmbHG, § 46 Rdnrn. 89 ff.

757 *Zöllner*, in: Baumbach/Hueck GmbHG, § 46 Rdnr. 41; *Hüffer/Schürnbrand*, in: GroßKomm GmbHG, § 46 Rdnr. 73; *Römermann*, in: Michalski GmbHG, § 46 Rdnrn. 280 f.

758 Der Disposition der Gesellschafterversammlung entzogen sind beispielweise Ansprüche der Gesellschaft gegen den Geschäftsführer wegen Verstoßes gegen die

Es stellt sich daher die Frage, ob die unterschiedlichen Rechtsfolgen, die mit dem Entlastungsbeschluss einhergehen, eine Rechtfertigung dafür bieten, den Entlastungsbeschluss im Anwendungsbereich der abhängigen GmbH als zusätzlichen abhängigkeitsbegründenden Beschlussgegenstand einzustufen.

Bereits die systematische Stellung des § 46 Nr. 5 Var. 3 GmbHG zeigt den Stellenwert und die Bedeutung dieses Beschlusses, da dort auch die Bestellung und Abberufung der Geschäftsführung verortet ist. Vergleicht man den Beschlussgegenstand der Entlastung mit der Bestellung und Abberufung der Geschäftsführung, so sind zwischen Reichweite und Art der mit der Entscheidung verbundenen Rechtsfolgen gewisse Parallelen erkennbar. Einerseits tangieren beide Beschlussgegenstände nicht ausschließlich das Organ- und Anstellungsverhältnis, sondern darüber hinaus auch die private Sphäre des Geschäftsführers. Im Falle der Abberufung oder nicht erneuten Bestellung verliert das Mitglied der Geschäftsführung seine Anstellung, was erwerbswirtschaftliche Konsequenzen nach sich zieht. Verweigert die Gesellschafterversammlung die Entlastung, so können weiterhin Ersatzansprüche der Gesellschaft gegen die Geschäftsführung geltend gemacht werden, womit ebenfalls ein tiefer Eingriff in das Privatvermögen des Geschäftsführers denkbar ist. Der Beschlussgegenstand der – im Gegensatz zum Aktienrecht – anspruchsausschließenden Entlastung verleiht dem Mehrheitsaktionärs-Unternehmen demzufolge eine der Personalhoheit vergleichbare Einflussnahmemöglichkeit auf die Unternehmensleitung.

Ein anderes Ergebnis könnte möglicherweise gerechtfertigt sein, wenn dem einzelnen Geschäftsführer ein im Wege der Leistungsklage einklagbarer Anspruch auf Erteilung der Entlastung zustehen würde. Die Möglichkeit einer derartigen Klage war bis zur entgegengesetzten Entscheidung des *BGH* im Jahre 1985[759] beinahe einhellig anerkannt[760]. Der veränderten höchstrichterlichen Rechtsprechung hat sich mittlerweile auch die herrschende Ansicht im Schrifttum angeschlossen[761].

---

Kapitalerhaltungsvorschrift aus § 30 GmbHG (§§ 43 Abs. 3 S. 1 Alt. 1, 9b Abs. 1 S. 1 GmbHG) oder wegen Verstoßes gegen das Verbot des Erwerbs eigener Anteile aus § 33 GmbHG (§§ 43 Abs. 3 S. 1 Alt. 2, 9b Abs. 1 S. 1 GmbHG), soweit der Ersatz zur Befriedigung der Gesellschaftsgläubiger erforderlich ist.

759 BGH, Urteil vom 20.05.1985, II ZR 165/84, NJW 1986, 129 (130).

760 Vgl. nur die Nachweise bei *Zöllner*, in: Baumbach/Hueck GmbHG, § 46 Rdnr. 46 Fn 113.

761 *Roth*, in: Roth/Altmeppen GmbHG, § 46 Rdnr. 41; *Bayer*, in: Lutter/Hommelhoff GmbHG, § 46 Rdnr. 28; *Schmidt*, in: Scholz GmbHG, § 46 Rdnrn. 101 ff.; *Römermann*, in: Michalski GmbHG, § 46 Rdnrn. 277 ff.; a.A.: *Zöllner*, in: Baumbach/

Eine vertiefte Auseinandersetzung mit der Frage kann dahinstehen, da selbst für den Fall, dass die Entlastung durch die Geschäftsführung eingeklagt werden kann, der Beschlussgegenstand der Entlastung vom Stimmrechtsausübungsverzicht umfasst sein müsste. Einmal mehr ist maßgeblich, dass sich die Abhängigkeit aus Sicht der Unternehmensleitung der abhängigen GmbH beurteilt[762].

Der Geschäftsführer wäre nach allgemeinen Beweisregeln für das Vorliegen der Entlastungsvoraussetzungen beweisbelastet. Allein die Furcht, die notwendigen Nachweise nicht zur Überzeugung des Gerichts erbringen zu können, begründet die Gefahr, dass die Geschäftsführung die Aufgaben unter alleiniger Berücksichtigung der Interessen des Mehrheitsgesellschafters wahrnimmt. Da diese Gefahr für die Begründung von Abhängigkeit im Sinne des § 17 Abs. 1 AktG ausreicht, kann dem Beschlussgegenstand der Entlastung aus § 46 Nr. 5 Var. 3 GmbHG die herrschaftsbegründende Wirkung nicht abgesprochen werden. Der Mehrheitsgesellschafter einer GmbH übt – im Gegensatz zur Aktiengesellschaft – mit seinem mehrheitlichen Stimmrecht bei der Frage der Entlastung also Herrschaftsmacht im Sinne des § 17 Abs. 1 AktG aus[763].

#### *d) Geltendmachung von Ersatzansprüchen gegenüber der Geschäftsführung*

Letztlich könnte noch die mehrheitliche und damit alleinige Entscheidungsbefugnis über die Geltendmachung von Ersatzansprüchen gegenüber Mitgliedern der Geschäftsführung aus § 46 Nr. 8 GmbHG Herrschaftsmacht im Sinne des § 17 Abs. 1 AktG begründen.

Auf den ersten Blick erscheint es naheliegend, die Frage des Verzichts auf und die Geltendmachung von Ansprüchen gegenüber der Geschäftsführung identisch zu behandeln. Dem stehen jedoch erhebliche quantitative und qualitative Unterschiede entgegen.

Quantitativ beurteilt der Entlastungsbeschluss die Tätigkeit der Geschäftsführung im abgelaufenen Geschäftsjahr, sodass von der Entscheidung über die Entlastung der Geschäftsführung eine Vielzahl potentieller Ersatzansprüche erfasst werden. Hingegen stellt der Beschluss nach § 46 Nr. 8 GmbHG eine Einzelfallentscheidung

Hueck GmbHG, § 46 Rdnr. 46; *Hüffer/Schürnbrand*, in: GroßKomm GmbHG, § 46 Rdnr 92.

762 Siehe bereits für den Anwendungsbereich der beherrschten Aktiengesellschaft unter F.II.

763 Zur Frage der an einen Entherrschungsvertrag zu stellenden inhaltlichen Anforderungen vgl. K.I.5.

dar, die allein darüber bestimmt, ob ein (potentieller) Anspruch gegenüber der Geschäftsführung geltend gemacht wird. Außerdem wird der mit Stimmrechtsmehrheit beteiligte Gesellschafter auch für den Fall Ersatzansprüche gegenüber den Geschäftsführern durchsetzen, wenn diese ihre Geschäftspolitik vollumfänglich seinen Interessen angepasst hat.

Auch in qualitativer Hinsicht unterscheiden sich die beiden Beschlussgegenstände erheblich. Kommt dem Entlastungsbeschluss umfassende Präklusionswirkung zu[764], so ist der Mehrheitsgesellschafter durch die unterbliebene Geltendmachung eines Ersatzanspruches im Sinne des § 46 Nr. 8 GmbHG nicht gehindert, den Anspruch zu einem späteren Zeitpunkt – etwa nach dem Laufzeitende des Entherrschungsvertrages oder nach Veräußerung der Mehrheitsbeteiligung – in den Grenzen der Verjährung, der Verwirkung und der Entlastung geltend zu machen.

Aufgrund der aufgezeigten Unterschiede kann aus einer Stimmenmehrheit für die Geltendmachung von Ersatzansprüchen gegenüber der Geschäftsleitung (§ 46 Nr. 8 GmbHG) keine Herrschaftsmacht abgeleitet werden.

## 2. Herrschaftsmacht außerhalb der Mehrheitsbeteiligung

Fraglich ist, ob bei der GmbH als beherrschtem Unternehmen neben der Mehrheitsbeteiligung weitere Möglichkeiten denkbar sind, herrschenden Einfluss auszuüben. Zu denken ist hierbei insbesondere an statutarische Regelungen sowie an rein tatsächliche Beziehungen.

### *a) Statutarische Sonderrechte bei der GmbH*

Neben der dem Mehrheitsgesellschafter zukommenden Herrschaftsmacht (§§ 17 Abs. 2, 16 Abs. 1 AktG) kann sich eine Abhängigkeit im Sinne des § 17 Abs. 1 AktG auch aus besonderen Stimmrechtsregelungen im Gesellschaftsvertrag der GmbH ergeben.

Wegen der weitreichenden, aus § 45 GmbHG abzuleitenden Satzungsautonomie sind bei der GmbH im Gegensatz zur Aktiengesellschaft[765] zahlreiche Möglichkeiten denkbar, eine Abhängigkeit außerhalb der Mehrheitsbeteiligung des § 16 Abs. 1 AktG zu begründen. Daher bestehen häufig Abweichungen zwischen der Kapitalbeteiligung und der satzungsmäßig ausübbaren Stimmrechtsquote.

---

764 Vgl. K.I.1.c).

765 Vgl. hierzu für den Anwendungsbereich der Aktiengesellschaft als beherrschte Gesellschaftsform bereits B.II.2.

Entgegen der Rechtslage bei der Aktiengesellschaft[766] kann der Gesellschaftsvertrag der GmbH für einzelne Beschlussgegenstände Mehrstimmrechte vorsehen, was sich aus der Satzungsautonomie des § 45 GmbHG i.V.m. § 47 GmbHG ergibt. Betreffen die Mehrstimmrechte dabei exakt die die Herrschaftsmacht des Mehrheitsgesellschafters auslösende Beschlussgegenstände[767], so wird damit eine beherrschende Stellung des Minderheitsgesellschafters begründet und die herrschende Stellung des Mehrheitsgesellschafters beendet[768].

Eine weitere Gestaltungsmöglichkeit im Gesellschaftsvertrag besteht darin, die maßgeblichen Beschlussgegenstände einem Zustimmungsvorbehalt zugunsten eines bestimmten Gesellschafters zu unterwerfen, was ebenso zu einer herrschenden Stellung des Gesellschafters führt, zu dessen Gunsten das Sonderrecht im Gesellschaftsvertrag geregelt ist[769]. Es kann keinen Unterschied ergeben, ob der Gesellschafter allein über die Personalie der Geschäftsführung bzw. über Weisungen oder die Entlastung der Geschäftsführung entscheiden kann oder ob er jeder Maßnahme explizit zustimmen muss. In beiden Fällen kann ein positiver Beschluss nicht ohne seine Mitwirkung zustande kommen[770].

Steht verschiedenen Gesellschaftern die Möglichkeit zur Entscheidung über jeweils einen herrschaftsbegründenden Beschlussgegenstand zu[771], so stellt sich die Frage, ob in diesem Fall mehreren Gesellschaftern eine herrschende Stellung zukommt, oder ob einer der Beschlussgegenstände die anderen dominiert und damit deren herrschaftsbegründende Wirkung beseitigt.

Da sich die Frage der Abhängigkeit aus der Perspektive des Geschäftsführers des (vermutet) abhängigen Unternehmens beurteilt[772], liegt der Schluss nahe,

---

766 § 12 Abs. 2 AktG sieht ein ausdrückliches Verbot von Mehrstimmrechten vor, vgl. hierzu auch E.II.3.

767 Vgl. hierzu K.I.1.a), K.I.1.b) und K.I.1.c).

768 Dahingehend auch: *Emmerich*, in: Scholz GmbHG, Anhang § 13 Rdnr. 26; *ders.*, in: Emmerich/Habersack KonzernR, § 17 Rdnr. 46; *Casper*, in: GroßKomm GmbHG, Anh. § 77 Rdnr. 30.

769 Ähnlich auch *Liebscher*, in: MünchKomm GmbHG, Anhang § 13 Rdnr. 105.

770 Siehe bereits F.II.1.a).

771 Dies ist denkbar, indem beispielsweise einem Gesellschafter im Gesellschaftsvertrag die alleinige Entscheidungsbefugnis hinsichtlich der Ausübung des Weisungsrechts übertragen wird, dem Mehrheitsgesellschafter aber die Stimmrechtsmehrheit über die Bestellung und Abberufung der Geschäftsführer verbleibt. Auch kann einem Minderheitsgesellschafter das Weisungsrecht und einem anderen Minderheitsgesellschafter die Wahl und Abberufung der Geschäftsführer statutarisch als Sonderrecht zugewiesen sein.

772 Vgl. hierzu F.II.

dass der Geschäftsführer sich in seinem künftigen Handeln den Interessen des Gesellschafters anpassen wird, dem die Personalentscheidungsgewalt als Sonderrecht zusteht, um persönliche Konsequenzen zu vermeiden. Dabei würde jedoch die Bedeutung der Weisung für die Geschäftsführung außer Acht gelassen werden.

Gemäß § 37 Abs. 1 Var. 2 GmbHG kann die Geschäftsführungsbefugnis durch Weisungen[773] eingeschränkt werden. Mit einer Weisung durch die Gesellschafterversammlung geht für die Geschäftsführung eine Folgepflicht einher. Missachtet die Geschäftsführung die erfolgte Weisung, wird ein Schadensersatzanspruch der Gesellschaft gegenüber den Geschäftsführern begründet[774]. Demzufolge wird die „Wahl[775]" zwischen der weisungsgerechten Aufgabenwahrnehmung und dem Handeln im entgegenstehenden Interesse des Mehrheitsgesellschafters stets auf die weisungserfüllende Amtsausübung fallen. Dies hat zur Folge, dass bei Auseinanderfallen abhängigkeitsbegründender Sonderrechte allein dem die Weisungsbefugnis obliegenden Gesellschafter herrschende Stellung im Sinne des § 17 Abs. 1 AktG zukommt.

### *b) Faktoren tatsächlicher Art*

Ebenso wie bei der abhängigen Aktiengesellschaft[776] sind auch bei der GmbH Elemente denkbar, die lediglich im Zusammenspiel mit einer Minderheitsbeteiligung zu einer herrschenden Stellung des Minderheitsgesellschafters führen. Auch an dieser Stelle seien beispielshaft nur die Fälle personeller oder erheblicher wirtschaftlicher Verflechtung genannt.

## 3. Besonderheiten bei der GmbH mit Aufsichtsrat

In aller Regel sind in der GmbH lediglich die Gesellschafterversammlung und Geschäftsführung als Gesellschaftsorgane obligatorisch vorgesehen. Im Gegensatz zur Aktiengesellschaft ist kein Aufsichtsrat erforderlich. Dies führt regelmäßig zu einer allumfassenden Machtposition der Gesellschafterversammlung.

---

773 Siehe bereits K.I.1.b).

774 Vgl. hierzu K.I.1.c).

775 Von einer echten Wahl kann keine Rede sein, da es sich bei der Einhaltung der ausgesprochenen Weisung um eine Rechtspflicht mit Schadensersatzrisiken handelt, das Agieren im Interesse des Mehrheitsgesellschafters dagegen gesetzeswidrig ist und lediglich den Interessen des Geschäftsführers, nicht dessen rechtlichen Pflichten dient.

776 Siehe zur kombinierten Beherrschung die Ausführungen unter B.II.2., F.V. und I.VI.

Dennoch kann auch bei der GmbH ein Aufsichtsrat als drittes Organ implementiert sein, sei es fakultativ[777], aufgrund zwingender Vorschriften des Mitbestimmungsrechts oder bei Kapitalanlagegesellschaften in der Rechtsform einer GmbH[778].

### a) *Fakultativer Aufsichtsrat*

Ausfluss der umfassenden Satzungsautonomie im Anwendungsbereich der GmbH stellt auch die Möglichkeit der Gesellschafter dar, im Gesellschaftsvertrag die Bestellung eines Aufsichtsrates vorzusehen (vgl. § 52 GmbHG). Haben die Gesellschafter eine derartige statutarische Regelung getroffen, so ist fraglich, ob sich etwas an der aufgezeigten[779] Herrschaftsmacht des Mehrheitsgesellschafters ändert.

Zwar finden die aktienrechtlichen Vorschriften über den Aufsichtsrat gemäß § 52 Abs. 1 GmbHG entsprechende Anwendung. Jedoch wird die Kompetenz der Bestellung und Abberufung des Leitungsorgans der Gesellschaft aus § 84 AktG nicht von dem Verweis in § 52 Abs. 1 GmbHG erfasst. Damit bleibt die Gesellschafterversammlung abweichend von der Rechtslage bei der Aktiengesellschaft für die Bestellung und Abberufung der Geschäftsführung gemäß § 46 Nr. 5 Var. 1 und 2 GmbHG zuständig, auch wenn ein fakultativer Aufsichtsrat implementiert wurde[780]. Dementsprechend ergibt sich für den Fall der freiwilligen Einrichtung eines Aufsichtsrates nicht bereits ipso iure eine Verlagerung der Herrschaftsverhältnisse innerhalb der (vermutet) abhängigen GmbH.

Wie bereits aufgezeigt[781], erlaubt die in der GmbH weit gefasste Satzungsautonomie aus § 45 Abs. 2 GmbHG i.V.m. § 46 Nr. 5 GmbHG eine Verlagerung der Zuständigkeit für die Gegenstände der Bestellung und Abberufung der Geschäftsführung. Hieraus ergibt sich die Möglichkeit, diesen Zuständigkeitsbereich dem Aufsichtsrat im Wege eines statutarischen Sonderrechts zukommen zu lassen. Allerdings wirkt sich die Verlagerung dieser Zuständigkeit nicht auf die herrschende Stellung des Mehrheitsgesellschafters aus. Der Mehrheitsgesellschafter hat nach wie vor die sich aus § 37 Abs. 1 Alt. 2 GmbHG ergebende, positive und negative Einzelweisungsbefugnis inne, der die entscheidende Stellung

777 Siehe hierzu K.I.3.a).
778 Vgl. K.I.3.b).
779 Vgl. hierzu K.I.1.
780 Siehe nur *Zöllner/Noack*, in: Baumbach/Hueck GmbHG, § 52 Rdnr. 122.
781 Vgl. K.I.2.a).

zukommt, wenn Personalentscheidungsgewalt und Weisungsbefugnis nicht in der Person eines Gesellschafters bzw. Organs vereint sind[782].

Neben der Personalentscheidungsgewalt kann auf den Aufsichtsrat allerdings auch das aus § 37 Abs. 1 Alt. 2 GmbHG abgeleitete Weisungsrecht der Gesellschafter übergehen oder an den Aufsichtsrat delegiert werden. Dabei kann die Übertragung gegenüber der Gesellschafterversammlung kompetenzverdrängend wirken, eine gleichrangige Kompetenz begründen oder eine Rangfolge der konkurrierenden Rechte vorsehen[783].

Wird dem Weisungsrecht des Aufsichtsrates dabei statutarisch eine Vorrangstellung gegenüber dem Weisungsrecht der Gesellschafterversammlung eingeräumt oder endet das Weisungsrecht der Gesellschafter mit der Übertragung[784], so wird dadurch ebenso wie bei der Delegation auf einen anderen Gesellschafter die Abhängigkeit beendet, die allein auf einer Stimmrechtsmehrheit des Mehrheitsgesellschafters beruht.

### b) *Obligatorischer Aufsichtsrat*

Der Gesetzgeber hat jedoch auch für die Rechtsform der Gesellschaft mit beschränkter Haftung für spezielle Konstellationen vorgesehen, dass die Gesellschaft zwingend einen Aufsichtsrat zu bilden hat. So ist nach den Vorschriften des Mitbestimmungsrechts in § 1 Abs. 1 Nr. 3 DrittelbG, in § 6 Abs. 1 MitbestG, in §§ 1, 3 MontanMitbestG und in §§ 1, 3 MitbestErgG i.V.m. § 3 MontanMitbestG ein Aufsichtsrat einzurichten. Darüber hinaus ergibt sich aus § 18 Abs. 2 S. 1 KAGB[785] noch eine Pflicht zur Einrichtung eines Aufsichtsorgans in Form eines Aufsichtsrates für externe Kapitalverwaltungsgesellschaften, die in der Rechtsform einer GmbH organisiert sind.

Wiederum ist danach zu differenzieren, inwieweit die genannten Vorschriften von den regelmäßig gegebenen Beherrschungsmöglichkeiten seitens des mit Stimmrechtsmehrheit beteiligten Unternehmens[786] abweichen. Teilweise verleihen die Vorschriften, die einen Aufsichtsrat obligatorisch anordnen,

782 Siehe bereits K.I.2.a) a.E.

783 *Lenz*, in: Michalski GmbHG, § 37 Rdnr. 17; *Paefgen*, in: GroßKomm GmbHG, § 37 Rdnr. 35; *Zöllner/Noack*, in: Baumbach/Hueck GmbHG, § 37 Rdnrn. 26 f.; *Koppensteiner/Gruber*, in: Rowedder/Schmidt-Leithoff GmbHG, § 37 Rdnr. 30; *Konzen*, NJW 1989, 2977 (2979).

784 *Paefgen*, in: GroßKomm GmbHG, § 37 Rdnr. 35; *Zöllner/Noack*, in: Baumbach/Hueck GmbHG, § 37 Rdnr. 26.

785 Kapitalanlagegesetzbuch, Gesetz vom 04.07.2013, BGBl I, S. 1981.

786 Vgl. hierzu K.I.1.

dem Aufsichtsrat vergleichbar mit der Rechtslage in der Aktiengesellschaft (§ 84 AktG) die Kompetenz zur Bestellung und Abberufung der Geschäftsführung[787]. Zum Teil beschränkt sich die Kompetenzzuweisung dagegen auf die Stellung, die dem fakultativ eingerichteten Aufsichtsrat aus § 52 GmbHG zukommt[788].

Unabhängig von der Frage der Kompetenz des Aufsichtsrates zur Bestellung und Abberufung der Geschäftsführung verbleibt dem Mehrheitsgesellschafter jedoch auch im Anwendungsbereich eines obligatorischen Aufsichtsrates die uneingeschränkte Weisungsbefugnis gegenüber der Geschäftsführung aus § 37 Abs. 1 Alt. 2 GmbHG. Dies gilt auch im Anwendungsbereich des Mitbestimmungsgesetzes[789]. Zwar gibt es noch vereinzelte Stimmen im Schrifttum, die den Verweis in § 25 Abs. 1 Nr. 2 MitbestG auf § 111 AktG dahingehend verstehen, dass die Organisationsverfassung der mitbestimmten GmbH der Struktur der Aktiengesellschaft beinahe gleichgesetzt wird und daher ein Weisungsrecht zu verneinen ist[790].

Gegen diese Auslegung spricht zunächst einmal der fehlende Verweis des Mitbestimmungsgesetzes in § 25 Abs. 1 Nr. 2 auf § 119 Abs. 2 AktG, wodurch der Gesellschafterversammlung der GmbH nach wie vor uneingeschränkt die Entscheidung über Geschäftsführungsmaßnahmen obliegt[791]. Darüber hinaus wurde das Mitbestimmungsgesetz ausweislich der Gesetzeshistorie „unter Beibehaltung des geltenden Gesellschafts- und Unternehmensrechts eingeführt[792]", sodass bei einer vom Gesetzgeber beabsichtigten Abweichung von diesem Grundsatz eine ausdrückliche Regelung hätte erfolgen müssen[793].

---

787 So in §§ 25 Abs. 1 Nr. 2, 31 MitbestG, §§ 3 Abs. 2, 12 MontanMitbestG und § 3 Abs. 1 S. 2 MitbestErgG i.V.m. § 3 Abs. 2 MontanMitbestG.

788 Siehe § 1 Abs. 1 Nr. 3 DrittelbG und § 18 Abs. 2 S. 1 KAGB.

789 BGH, Beschluss vom 06.03.1997, II ZB 4/96, NJW 1997, 1985, (1987); *Ulmer/Habersack*, in: Ulmer/Habersack/Henssler Mitbestimmungsrecht, § 30 MitbestG Rdnr. 19; *Altmeppen*, in: Roth/Altmeppen GmbHG, § 37 Rdnr. 3 und Rdnrn. 31 f.; *Oetker*, in: Erfurter Kommentar Arbeitsrecht, § 25 MitbestG Rdnr. 8; *Uwe H. Schneider/Sven H. Schneider*, in: Ulmer GmbHG, § 37 Rdnr. 50; *Stephan/Tieves*, in: MünchKomm GmbHG, § 37 Rdnr. 46.

790 *Reuter/Körnig*, Mitbestimmung und gesellschaftsrechtliche Gestaltung, ZHR 140 (1976), 494 (508 f.); *Vollmer*, Die mitbestimmte GmbH, ZGR 1979, 137ff., 247; *Reich/Lewerenz*, Das neue Mitbestimmungsgesetz, AuR 1976, 231 f.

791 *Schneider/Schneider*, in: Scholz GmbHG, § 37 Rdnr. 50.

792 Vgl. RegE BR-Drucks. 200/74, dort Seite 112.

793 Dahingehend auch: *Uwe H. Schneider/Sven H. Schneider*, in: Ulmer GmbHG, § 37 Rdnr. 50.

Wie bereits dargestellt, entscheidet bei einem Auseinanderfallen von Personalhoheit und Weisungsbefugnis das Weisungsrecht über die Frage der Abhängigkeit[794]. Demzufolge verbleibt es auch im Falle der obligatorischen Einrichtung eines Aufsichtsrates – mit Ausnahme der statutarischen Übertragung des Weisungsrechts auf den Aufsichtsrat[795] – bei der beherrschenden Stellung durch den mit Stimmrechtsmehrheit beteiligten Gesellschafter[796].

## 4. GmbH mit Beirat, Verwaltungsrat oder Gesellschafterausschuss

Die Satzungsautonomie im Recht der GmbH (§ 45 Abs. 1 GmbHG) erlaubt darüber hinaus, weitere Gremien zu schaffen. In der Praxis sind diese Organe zumeist als Beirat, Verwaltungsrat oder Gesellschafterausschuss anzutreffen[797]. Mangels gesetzlicher Kodifikation kommen diesen Gremien ex lege keine organschaftlichen Kompetenzen zu. Es besteht allerdings eine sehr weitreichende Freiheit der Gesellschafter, diesen Organen im Gesellschaftsvertrag der GmbH entsprechende Kompetenzen zuzuweisen.

Demzufolge kann im Wege der Statutenregelung ein solches Gremium implementiert und mit den Aufgaben der Bestellung und Abberufung der Geschäftsführung sowie mit einem Weisungsrecht ausgestattet werden, das im Vergleich zur Gesellschafterversammlung vorrangig ausgestaltet ist[798]. Ausschließlich die kumulierte Übertragung dieser Befugnisse auf ein weiteres Verwaltungsorgan führt zu einer Veränderung der beherrschenden Stellung des Mehrheitsgesellschafters.

---

794 Vgl. K.I.2.a).

795 Zur generellen Zulässigkeit der Kompetenzübertragung durch statutarische Sonderrechte, vgl. K.I.2.a); explizit zur Möglichkeit der statutarischen Übertragung des Weisungsrechts auf den Aufsichtsrat: *Emmerich*, in: Scholz GmbHG, Anhang § 13 Rdnr. 19; *Paefgen*, in: GroßKomm GmbHG, § 37 Rdnr. 35; *Zöllner/Noack*, in: Baumbach/Hueck GmbHG, § 37 Rdnr. 26.

796 So auch: *Liebscher*, in: MünchKomm GmbHG, Anhang § 13 Rdnr. 130; *Emmerich*, in: Scholz GmbHG, Anhang § 13 Rdnr. 19.

797 Siehe hierzu nur *Zöllner*, in: Baumbach/Hueck GmbHG, § 45 Rdnr. 18 f.; *Altmeppen*, in: Roth/Altmeppen GmbHG, § 52 Rdnr. 70.

798 *Giedinghagen*, in: Michalski GmbHG, § 52 Rdnr. 417; *Altmeppen*, in: Roth/Altmeppen GmbHG, § 52 Rdnrn. 76 ff.; *Zöllner*, in: Baumbach/Hueck GmbHG, § 46 Rdnr. 94.

## 5. Auswirkungen auf den Inhalt des Entherrschungsvertrages

Im Folgenden gilt es zu untersuchen, welche Auswirkungen den dargelegten Besonderheiten einer beherrschten GmbH auf die Anforderungen für eine Beseitigung der Abhängigkeit bzw. der Abhängigkeitsvermutung zukommen. Die Untersuchung beschränkt sich dabei auf Abweichungen zu den bereits dargestellten Anforderungen bei der Aktiengesellschaft.

### *a) Beseitigung der Abhängigkeit*

Für den Inhalt des Entherrschungsvertrages ist – wie bereits bei der (vermutet) beherrschten Aktiengesellschaft – zwischen der Widerlegung der Abhängigkeitsvermutung aus § 17 Abs. 2 AktG[799] und der Widerlegung der Abhängigkeit aus § 17 Abs. 1 AktG sowie zwischen den verschiedenen Grundlagen der Abhängigkeit(-svermutung) zu differenzieren.

#### *aa) Anforderungen bei alleiniger Stimmrechtsmehrheit*

Der Weisungsbefugnis der Gesellschafterversammlung aus § 37 Abs. 1 Var. 2 GmbHG kommt neben den Beschlussgegenständen der Bestellung und Abberufung der Geschäftsleitung herrschaftsbegründende Wirkung zugunsten des mit Stimmrechtsmehrheit beteiligten Unternehmens zu[800]. Daher muss auch die Weisungsbefugnis von den Beschlussgegenständen ausgenommen werden, über die der mit Stimmrechtsmehrheit beteiligte Gesellschafter ohne Mitwirkung Dritter beschließen kann[801].

Entgegen *Koppensteiner*[802] ist auch ein Verzicht auf den Beschlussgegenstand der Bestellung der Geschäftsführer aus § 45 Nr. 5 Var. 1 GmbHG zwingend erforderlich[803]. Selbst wenn dem Mehrheitsgesellschafter die Befugnis zur Abberufung

---

799 Zur Anwendbarkeit des § 17 Abs. 2 auf die in Mehrbesitz stehende Gesellschaft mit beschränkter Haftung, vgl. bereits K.I.

800 Vgl. die Ausführungen unter K.I.1.b).

801 *Vogt*, in: Handbuch GmbH, § 17 Rdnr. 8; *Vetter*, in: Schmidt/Lutter AktG, § 17 Rdnr. 66; *Bayer*, in: MünchKomm AktG, § 17 Rdnr. 125; *Emmerich*, in: Scholz GmbHG, Anhang § 13 Rdnr. 19; *Koppensteiner/Schnorbus*, in: Rowedder/Schmidt-Leithoff GmbHG, Anh. nach § 52 Rdnr. 13; *Casper*, in: GroßKomm GmbHG, Anh. § 77 Rdnr. 30; *Theisen*, Der Konzern, S. 670; *Franz*, in: Wachter AktG, § 17 Rdnr. 4; *Schall*, in: Spindler/Stilz AktG, § 17 Rdnr. 50.

802 *Koppensteiner*, in: KölnKomm AktG, § 17 Rdnr. 12.

803 Absolut herrschende Meinung: vgl. statt Vieler: *Emmerich*, in: Emmerich/Habersack KonzernR, § 17 Rdnr. 46; *ders.*, in: Scholz GmbHG, Anhang § 13 Rdnr. 29a; *Vetter*, in: Schmidt/Lutter AktG, § 17 Rdnr. 66; *Bayer*, in: MünchKomm AktG, § 17 Rdnr. 123.

nicht zukommt, besteht dennoch die Gefahr, dass sich die Geschäftsführung im Hinblick auf eine eventuell erwünschte Wiederbestellung an den Interessen des Mehrheitsgesellschafters orientieren wird. Dem steht auch nicht das anderweitig zugeordnete Weisungsrecht entgegen, denn außerhalb beschlossener Weisungen verbleibt die Entscheidung im unternehmerischen Ermessen der Geschäftsführung. Die Gefahr einer den Interessen des Mehrheitsgesellschafters angepassten Aufgabenwahrnehmung liegt in diesem Bereich, der nicht von Weisungen eingeschränkt wird, also auf der Hand. Letztlich korrespondiert mit dem Verzicht des Mehrheitsgesellschafters auf die mehrheitliche Stimmrechtsausübung in Bezug auf das Weisungsrecht nicht zwingend die mehrheitliche Ausübung des Weisungsrechts durch einen anderen Gesellschafter. Demzufolge steht auch der dargestellte Vorrang[804] des Weisungsrechts vor der Personalentscheidungsgewalt dem gefundenen Ergebnis nicht entgegen, wenn die vorgenannten Kompetenzen sich nicht bei denselben Gesellschaftern vereinen.

Entsprechend der Rechtslage bei der Aktiengesellschaft muss der partielle Verzicht auf das Stimmrecht in Bezug auf die genannten Beschlussgegenstände in Höhe von fünfzig Prozent zuzüglich einer Stimme im Vergleich zur Stimmrechtsmehrheit bei der jeweiligen Gesellschafterversammlung erfolgen. Abweichend hiervon ist für die Abberufung der Leitungsorgane kein geringerer Verzicht geboten, da eine dem § 103 Abs. 1 S. 2 AktG entsprechende Regelung für die GmbH nicht vorhanden ist. Gemäß § 47 Abs. 1 GmbHG genügt für die Abberufung der Leitungsorgane wie bei deren Bestellung die einfache Mehrheit.

Im Gegensatz zur Rechtslage der Aufsichtsratsmitglieder bei der Aktiengesellschaft kennt das GmbH-Recht – Ausnahmen sind zum Teil bei der mitbestimmten GmbH gegeben[805] – keine Amtszeithöchstdauer für die Mitglieder der Geschäftsführung. Demzufolge muss der Entherrschungsvertrag nicht für mindestens fünf Jahre abgeschlossen werden.

Entgegen *Liebscher*[806] ist die unreflektierte Übertragung des maßgeblichen Zeitraums von fünf Jahren aus der Aktiengesellschaft auf die Mindestdauer des Vertragsschlusses mit dem Hinweis auf einen nachhaltigen Ausschluss der Personalhoheit des Mehrheitsgesellschafters nicht überzeugend. Wie bereits dargelegt, ergibt sich die oftmals vorzufindende Mindestzeitspanne bei der Aktiengesellschaft

804 Vgl. die Ausführungen unter K.I.2.a).

805 So verweisen § 31 MitbestG, § 12 Montan-MitbestG und § 13 MitbestErgG für die Bestellung und Abberufung der Geschäftsführung auf die entsprechende Anwendung der Vorschrift des § 84 AktG, der die Amtszeithöchstdauer von Vorständen von ungefähr (vgl. F.II.3.b)) fünf Jahren vorsieht.

806 *Liebscher*, in: MünchKomm GmbHG, § 13 Anhang, Rdnr. 124.

von fünf Jahren aus der Höchstamtszeit der Aufsichtsrats- und Vorstandsmitglieder[807]. Mit diesem Erfordernis soll mittelbar erreicht werden, dass jedenfalls eine Aufsichtsratswahl und eine Vorstandswahl in die Vertragslaufzeit fällt, damit die vertraglichen Regelungen überhaupt greifen können[808]. Da im GmbH-Recht derartige Höchstfristen nicht vorhanden sind, greift die die Fünfjahresfrist tragende Überlegung bei der GmbH nicht ein.

Vielmehr muss zum Zeitpunkt des Vertragsschlusses die Vertragslaufzeit in Kombination mit dem Ausschluss des ordentlichen Kündigungsrechts jedenfalls auch die Bestellung der Geschäftsführung umfassen. Nur auf diese Weise kann sich der Geschäftsführer – aus dessen Sichtweise die Frage der Abhängigkeit zu beurteilen ist[809] – bis zur letzten, in die Vertragslaufzeit des Entherrschungsvertrages fallenden Geschäftsführerbestellung sicher sein, keine personellen Konsequenzen aus getroffenen Entscheidungen fürchten zu müssen.

Im Gegensatz zur Aktiengesellschaft genügt eine Beschränkung des Stimmrechtsausübungsverzichts für die Bestellung und Abberufung der Mehrheit der Geschäftsführer grundsätzlich nicht zur Widerlegung der Abhängigkeit aus § 17 Abs. 1 AktG. Aufgrund des gesetzlichen Regelfalls der Gesamtgeschäftsführungsbefugnis und Gesamtvertretungsmacht (vgl. §§ 35 Abs. 2 S. 2, 37 GmbHG) kann die Geschäftsführung nur einstimmig agieren. Daher kann bereits ein Geschäftsführer Beschlüsse und Rechtsgeschäfte im Interesse des mit Stimmrechtsmehrheit ausgestatteten Gesellschafters verhindern, sodass sich der vertragliche Verzicht auf die Bestellung und Abberufung aller Geschäftsführer erstrecken muss.

Letztlich muss der Entherrschungsvertrag noch die Möglichkeit verhindern, dass sich der Mehrheitsgesellschafter statutarische Sonderrechte einräumen kann, denen herrschaftsbegründende Wirkung zukommen, ohne dass er hierfür auf einen anderen Gesellschafter angewiesen wäre. Dieser Ausschluss muss sich daher auf statutarische Sonderrechte zur Bestellung und Abberufung der Geschäftsführung oder im Zusammenhang mit dem Weisungsrecht beziehen. Zwar bedarf eine Satzungsänderung gemäß § 53 Abs. 2 S. 1 GmbHG eines Quorums von drei Viertel der abgegebenen Stimmen. Dennoch kann dem Mehrheitsgesellschafter entweder aufgrund einer solchen Stimmenmacht im Verhältnis zum Gesamtstimmrecht oder durch eine niedrige Präsenz auf der maßgeblichen Gesellschafterversammlung die Möglichkeit zukommen, ein derartiges Sonderrecht allein zu begründen.

---

807 Vgl. F.II.3.c).

808 Vgl. zur Darstellung dieser Zusammenhänge F.II.3.c).

809 Siehe F.II.

Der Entherrschungsvertrag hat zur Beseitigung dieser Herrschaftsmöglichkeit daher noch einen partiellen Stimmrechtsausübungsverzicht für diese Art von Satzungsänderungen vorzusehen. Hierfür muss der Mehrheitsgesellschafter sich auf die Ausübung seines Stimmrechts in einer Höhe von fünfundsiebzig Prozent abzüglich einer Stimme im Verhältnis zum jeweils vertretenen Stimmrecht bei Beschlüssen der Satzungsänderung zur Einräumung statutarischer Sonderrechte zu seinen Gunsten vertraglich beschränken[810].

Weitergehende Anforderungen, etwa die Absicherung der Vertragstreue des Mehrheitsgesellschafters oder eine bestimmte Motivation des Mehrheitsgesellschafters sind eben so wenig erforderlich wie bei der (vermutet) abhängigen Aktiengesellschaft[811].

### *bb) Voraussetzungen bei ausschließlicher Kapitalmehrheit*

Für die Anforderungen zur Beseitigung der Abhängigkeit bei alleiniger Anteilsmehrheit kann auf die Ausführungen zur beherrschten Aktiengesellschaft verwiesen werden[812]. Da aus der isolierten Anteilsmehrheit ohne gleichzeitige Stimmrechtsmehrheit und ohne Elemente kombinierter Beherrschung keine eigenständige Herrschaftsmacht herrührt, ist für die Entherrschung auch eine vertragliche Regelung nicht erforderlich. Etwas anderes gilt nur für den Fall, dass mit der Kapitalmehrheit eine beherrschende Stimmrechtsminderheit in Form regelmäßiger Stimmrechtsmehrheiten auf Gesellschafterversammlungen verbunden sein sollte[813].

### *cc) Anforderungen bei kumulativer Stimmrechts- und Anteilsmehrheit*

Mangels autonomer Herrschaftsbegründung der reinen Anteilsmehrheit ist für die Frage der Anforderungen für die Beseitigung der auf kumulativer Stimmrechts- und Anteilsmehrheit beruhenden Abhängigkeit auf die Erfordernisse bei alleiniger Stimmrechtsmehrheit zu verweisen[814]. Entscheidend ist damit der über die Bestellung und Abberufung der Geschäftsführung hinausgehende partielle Stimmrechtsverzicht hinsichtlich des Weisungsrechts aus § 37 Abs. 1 Var. 2

---

810 Ebenfalls auf die Begrenzung der Herrschaftsmacht des mit Stimmrechtsmehrheit beteiligten Gesellschafters in Bezug auf herrschaftsbegründende Satzungsänderungen abstellend: *Koppensteiner*, in: KölnKomm AktG, § 17 Rdnr. 124.

811 Hierzu ausführlich unter F.II.6. und F.II.7.

812 Vgl. F.III.1.

813 Siehe die Ausführungen unter F.III.2.a).

814 Vgl. hierzu K.I.5.a)aa).

GmbHG sowie der Verzicht auf die alleinige Kompetenz zur Einräumung bestimmter[815] statutarischer Sonderrechte zu eigenen Gunsten.

#### *dd) Besonderheiten bei Beherrschung außerhalb der Mehrheitsbeteiligung*

Letztlich können die bei der abhängigen Aktiengesellschaft gewonnenen Erkenntnisse zur Beseitigung kombinierter Beherrschung unverändert auf die abhängige GmbH übertragen werden[816].

Bestehen neben einer Mehrheitsbeteiligung noch Elemente kombinierter Beherrschung, so genügt der Abschluss des Vertrages nicht zur Entherrschung. Zusätzlich müssen die tatsächlichen Umstände, die die kombinierte Beherrschung auslösen, beseitigt werden, um die Abhängigkeit zu beenden. Bei kombinierter Beherrschung ohne mehrheitliche Beteiligung des kombiniert herrschenden Unternehmens verfehlt der Entherrschungsvertrag hingegen seinen Zweck.

### *b) Widerlegung der Abhängigkeitsvermutung*

Die Vermutungsregel aus §§ 17 Abs. 2, 16 Abs. 1 AktG findet auch auf die in Mehrbesitz stehende GmbH Anwendung. Dabei ist wiederum zwischen den verschiedenen Anknüpfungspunkten zur Begründung der vermuteten Abhängigkeit zu differenzieren.

#### *aa) Anforderungen bei alleiniger Stimmrechtsmehrheit*

Vergleichbar zur Beseitigung der Abhängigkeit muss sich der Stimmrechtsverzicht bei der Widerlegung der Abhängigkeitsvermutung aus §§ 17 Abs. 2, 16 Abs. 1 Alt. 2 AktG auf die Beschlussgegenstände der Bestellung und Abberufung der Geschäftsführung sowie auf das Weisungsrecht[817] beziehen[818].

---

815 Vgl. K.I.2.a).

816 Siehe die unter F.V.1. angestellten Überlegungen.

817 Da dem der Gesellschafterversammlung zukommenden Weisungsrecht ebenfalls abhängigkeitsbegründende Wirkung zukommt (vgl. hierzu K.I.1.b)) und dieses auch auf der Stimmrechtsmehrheit beruht, muss die Ausübbarkeit der diesbezüglichen Stimmrechtsmehrheit entgegen *Emmerich* auch vom vertraglichen Ausschluss erfasst sein (*Emmerich*, in: Emmerich/Habersack KonzernR, § 17 Rdnr. 46.). Anderenfalls ist eine Widerlegung der Abhängigkeitsvermutung aus §§ 17 Abs. 2, 16 Abs. 1 Alt. 2 AktG nicht möglich.

818 Dahingehend auch *Schall*, in: Spindler/Stilz AktG, § 17 Rdnr. 50 a.E.; *Vetter*, in: Schmidt/Lutter AktG, § 17 Rdnr. 66; *Emmerich*, in: Scholz GmbHG, Anhang § 13 Rdnr. 29a; *Bayer*, in: MünchKomm AktG, § 17 Rdnrn. 123 f.; *Koppensteiner/Schnorbus*, in: Rowedder/Schmidt-Lutter GmbHG, Anh. nach § 52 Rdnr. 13; *Casper*, in:

Der alleinige Unterschied im Gegensatz zur vertraglichen Entherrschung liegt in der Höhe des Stimmrechtsverzichts. Entsprechend der Rechtslage bei der vermutet abhängigen Aktiengesellschaft[819] bedarf es aufgrund des eindeutigen Wortlauts des § 16 Abs. 1 Alt. 2 AktG, der sich explizit auf das Stimmrecht im Verhältnis zum Gesamtstimmrecht bezieht, lediglich des starren Verzichts auf fünfzig Prozent plus einer Stimme bezogen auf das Gesamtstimmrecht[820].

Werden dagegen höhere Anforderungen an die Widerlegung der vermuteten Abhängigkeit gestellt[821], so vermischt dies die Frage nach der Widerlegung der Abhängigkeitsvermutung (§ 17 Abs. 2 AktG) und der Beseitigung tatsächlich vorhandener Abhängigkeit (§ 17 Abs. 1 AktG)[822].

### *bb) Voraussetzungen bei ausschließlicher Kapitalmehrheit*

Wie zuvor aufgezeigt, kann aus der reinen Anteilsmehrheit ohne damit verbundener Stimmrechtsmehrheit eine Abhängigkeit des Mehrheitsgesellschafters nicht begründet werden[823]. Dennoch greift der Vermutungstatbestand der §§ 17 Abs. 2, 16 Abs. 1 Var. 1 AktG aufgrund seines eindeutigen Wortlauts auch im Falle der ausschließlichen Anteilsmehrheit ein.

Identisch zur Rechtslage bei der Aktiengesellschaft[824] ist zur Widerlegung der Vermutung lediglich der Nachweis zu erbringen, dass dem Anteils-Mehrheitsgesellschafter neben der Anteilsmehrheit keine Stimmrechtsmehrheit zukommt. Das Erfordernis der fehlenden Stimmrechtsmehrheit ist dabei auch im Falle ausschließlicher Kapitalmehrheit in Relation zum Gesamtstimmrecht zu sehen. Demzufolge genügt der Nachweis, dass der mehrheitlich am Kapital beteiligte Gesellschafter weniger als fünfzig Prozent des Stimmrechts im Verhältnis zum Gesamtstimmrecht ausüben kann, um die Abhängigkeitsvermutung aus §§ 17 Abs. 2, 16 Abs. 1 Alt. 1 AktG zu widerlegen.

---

GroßKomm GmbHG, Anh. § 77 Rdnr. 30; *Lutter/Hommelhoff*, in: Lutter/Hommelhoff GmbHG, Anh. § 13 Rdnr. 10.

819 Vgl. hierzu F.II.2.b).

820 So auch *Casper*, in: GroßKomm GmbHG, Anh. § 77 Rdnr. 30; vgl. auch die Nachweise in Fn 282 zur Rechtslage bei der Aktiengesellschaft.

821 Siehe die Nachweise zur vermutet abhängigen Aktiengesellschaft in Fn 371; dies explizit für den Anwendungsbereich der vermutet abhängigen GmbH fordernd: *Liebscher*, in: MünchKomm GmbHG, Anhang § 13 Rdnr. 124; wohl auch *Emmerich*, in: Scholz GmbHG, Anhang § 13 Rdnr. 29a.

822 Für eine vertiefte Darstellung des Problemzusammenhangs vgl. unter F.II.2.b).

823 Vgl. B.II.1.b).

824 Siehe hierzu F.III.1.

Dabei muss sich dieser Nachweis bei der GmbH sowohl auf die Beschlüsse der Bestellung und Abberufung der Geschäftsführung (§ 46 Nr. 5 GmbHG), als auch auf das Weisungsrecht der Gesellschafterversammlung gegenüber der Geschäftsführung (§ 37 Abs. 1 GmbHG) beziehen.

#### *cc) Anforderung bei kumulativer Anteils- und Stimmrechtsmehrheit*

Für die Anforderungen, die an eine Widerlegung der Abhängigkeitsvermutung aus §§ 17 Abs. 2, 16 Abs. 1 AktG zu stellen sind, macht es keinen Unterschied, ob die Vermutung ausschließlich durch eine Stimmrechtsmehrheit oder durch eine kumulativ gegebene Stimmrechts- und Anteilsmehrheit ausgelöst wird[825]. In beiden Fällen ist ein Stimmrechtsverzicht in Höhe von fünfzig Prozent plus einer Stimme in Bezug auf das Gesamtstimmrecht für die Bestellung und Abberufung der Geschäftsführer und hinsichtlich der Ausübung des Weisungsrechts erforderlich.

### *c) Besonderheiten bei Vorhandensein eines Aufsichtsrates*

Darüber hinaus stellt sich die Frage, welche Besonderheiten für den Abschluss eines Entherrschungsvertrages gelten, wenn die beherrschte GmbH mit einem Aufsichtsrat ausgestattet ist. Abweichungen von den dargelegten inhaltlichen Anforderungen sind dann nicht notwendig, wenn dem Überwachungsorgan nicht die Kompetenz zur Bestellung und Abberufung der Geschäftsführer zusteht[826].

Anders verhält es sich jedoch, wenn dem Aufsichtsrat entsprechend der Rechtslage bei der Aktiengesellschaft (§ 84 AktG) das Recht zur Bestellung und Abberufung der Leitungsorgane der Gesellschaft zukommt. Dieses Recht wird entweder durch eine entsprechende Kompetenzzuweisung im Gesellschaftsvertrag der GmbH vorgenommen oder es folgt aus mitbestimmungsrechtlichen Vorschriften[827]. In diesem Fall wird die Einflussmöglichkeit auf die Geschäftsführung, die bei der GmbH dem Mehrheitsgesellschafter innerhalb der Gesellschafterversammlung grundsätzlich unmittelbar zusteht, durch das

---

825 Vgl. bereits F.IV.1.

826 Dies ist entweder aufgrund seiner statutarischen Einrichtung oder mangels gesetzlicher Anordnung im Anwendungsbereich des obligatorischen Aufsichtsrates der Fall (vgl. K.I.3.).

827 Zur Übersicht über die mitbestimmungsrechtlichen Regelungen, die eine Übertragung der Personalkompetenz auf den Aufsichtsrat vergleichbar dem aktienrechtlichen Modell vorschlagen, siehe unter K.I.3.b).

dem Mehrheitsgesellschafter wohlgesonnene Aufsichtsorgan wahrgenommen, das gemäß § 52 Abs. 1 GmbHG i.V.m. § 101 Abs. 1 S. 1 AktG von der Gesellschafterversammlung bestellt und abberufen wird. Bei dieser Konstellation muss der partielle Stimmrechtsausübungsverzicht zur Beseitigung der Personalhoheit entsprechend der Rechtslage bei der Aktiengesellschaft[828] auch die Bestellung und Abberufung der Aufsichtsratsmitglieder umfassen[829].

Des Weiteren muss zumindest eine Aufsichtsratswahl und eine turnusgemäße Bestellung der Geschäftsführer während der von Beginn an bestimmten Vertragslaufzeit erfolgen, damit die – je nach Umfang des Stimmrechtsausübungsverzichts – vermutungswiderlegende oder die abhängigkeitsbeseitigende Wirkung des Entherrschungsvertrages herbeigeführt werden kann[830].

Im Gegensatz zur abhängigen GmbH ohne Aufsichtsrat oder mit einem Aufsichtsrat, dem keine Personalentscheidungskompetenz über die Geschäftsführung zukommt, muss der Stimmrechtsausübungsverzicht daher auch die Bestellung und die Abberufung des Aufsichtsrates zum Gegenstand haben. Der Stimmrechtsausschluss kann – wie bei der Aktiengesellschaft – auf die Mehrheit[831] der Aufsichtsratsmitglieder (fünfzig Prozent plus ein Mitglied) beziehen[832]. Für diesen Fall kann die für eine Geschäftsführerbestellung erforderliche Mehrheit nicht ohne Mitwirkung von Aufsichtsratsmitgliedern erreicht werden, die nicht durch eine herrschende Stimmrechtsausübung des Mehrheitsgesellschafters gewählt worden sind.

---

828 Vgl. F.II.1.a).

829 Zur Rechtslage bei der (vermutet) abhängigen GmbH dahingehend auch: *Emmerich*, in: Scholz GmbHG, Anhang § 13 Rdnr. 19 a.E.; *Bayer*, in: MünchKomm AktG, § 17 Rdnr. 123 a.E.; wohl auch *Koppensteiner*, in: Rowedder/Schmidt-Leithoff GmbHG, Anh. nach § 52 Rdnr. 13.

830 Zur Begründung des zwingenden Erfordernisses einer Aufsichtsratswahl und einer Bestellung der Leitungsebene der Gesellschaft, vgl. die Ausführungen bei der Aktiengesellschaft unter F.II.3.c).

831 Die Mehrheit ist bei den der Mitbestimmung unterliegenden Gesellschaften dabei ausschließlich im Verhältnis zu den von den Anteilseignern gewählten Aufsichtsratsmitgliedern zu ermitteln (vgl. hierzu F.II.1.a)).

832 Eine ausführliche Begründung hierzu findet sich für die Rechtsform der Aktiengesellschaft als abhängige Gesellschaft unter F.II.1.a).

## 6. Zustimmungserfordernisse

Letztlich stellt sich auch für die GmbH[833] als beherrschte Gesellschaft die Frage, ob die jeweilige Gesellschafterversammlung der Vertragsparteien dem Entherrschungsvertrag zustimmen muss. Wiederum muss zwischen der Gesellschafterversammlung der abhängigen GmbH und der Gesellschafterversammlung des herrschenden Unternehmens differenziert werden.

### *a) Mitwirkung der Gesellschafter des herrschenden Unternehmens*

Praktische Bedeutung erlangt die Frage nach der Beteiligung der Gesellschafter des herrschenden Unternehmens insbesondere in der Rechtsform der Aktiengesellschaft als herrschendes Rechtssubjekt. Bei der Aktiengesellschaft besteht im Gegensatz zur GmbH und dem dort verankerten Weisungsrecht der Gesellschafterversammlung keine Einwirkungsmöglichkeit auf die Geschäftsführung seitens des Vorstandes. Das Initiativrecht zur Beteiligung der Gesamtheit der Gesellschafter bei Fragen der Geschäftsführung liegt vielmehr beim Vorstand selbst (§ 119 Abs. 2 AktG).

Für das Erfordernis zur Beteiligung der Gesellschafter des herrschenden Unternehmens bei der Entscheidung über den Abschluss eines Entherrschungsvertrages kommen drei verschiedene Anknüpfungspunkte in Betracht. Eine entsprechende Anwendung der Vorschriften über Unternehmensverträge, eine Kompetenz aufgrund eines tiefgreifenden Eingriffs des Entherrschungsvertrages in die mitgliedschaftlichen Rechte der Gesellschafter („Holzmüller“ bzw. „Gelatine“) oder das Bestehen einer Konzernleitungspflicht des Leitungsorgans der Gesellschaft, die über die GmbH herrscht.

#### *aa) Analoge Anwendung der §§ 291 ff. AktG*

Zunächst kommt eine analoge Anwendung der §§ 291 ff. AktG in Betracht. Für die Herleitung müssten im Gegensatz zur Aktiengesellschaft, für die eine Analogie im Anwendungsbereich des Entherrschungsvertrages abgelehnt wurde[834], mit dem Abschluss des Entherrschungsvertrages ein stärkerer Eingriff in die Unternehmensstruktur der über die GmbH herrschenden Gesellschaft verbunden sein.

---

833 Zur Ablehnung einer Zustimmungspflicht sowohl auf Seiten der herrschenden als auch der abhängigen Gesellschaft im Anwendungsbereich einer abhängigen Aktiengesellschaft vgl. ausführlich unter H.

834 Vgl. die entsprechenden und Überlegungen zur Aktiengesellschaft unter H.II.1.a) aa) und H.II.1.a)bb).

Zwischen einer Aktiengesellschaft und einer GmbH bestehen wesentliche Strukturunterschiede. So misst das Aktienrecht dem Vorstand aufgrund einer umfassenden und nur durch den Unternehmensgegenstand und den Katalog des § 119 AktG eingeschränkte Geschäftsführung eine weitestgehend autonome Unternehmensführung bei. Hingegen sieht das Recht der GmbH mit einem umfassenden Weisungsrecht zugunsten der Gesellschafterversammlung (§ 37 Abs. 1 Var. 2 GmbHG) eine heteronome Stellung der Geschäftsführung mit erheblichen Einwirkungsmöglichkeiten durch die Gesellschafter vor. Wie bereits dargelegt, muss aus diesem Grund bei der abhängigen GmbH für eine wirksame Entherrschung auch die mehrheitliche Ausübung des Weisungsrechts durch das herrschende Unternehmen vom Stimmrechtsausschluss umfasst sein[835]. Zu prüfen ist daher, ob der Ausschluss des Weisungsrechts bereits einen so weitreichenden Eingriff in die Unternehmensstruktur begründet, dass eine Gesetzesanalogie zu den Vorschriften der §§ 291 ff. AktG gerechtfertigt erscheint.

Das Weisungsrecht der Gesellschafter stellt eines der Wesensmerkmale der GmbH dar. Mit dem Ausschluss des Weisungsrechts wird dem Mehrheitsgesellschafter daher die Einwirkungsmöglichkeit auf die operative Geschäftsführung des abhängigen Unternehmens genommen. Auch ist zu berücksichtigen, dass der Ausschluss des Weisungsrechts nicht auf bestimmte Teilbereiche oder einzelne Gegenstände der Geschäftsführung beschränkt werden kann, sondern für eine wirksame Entherrschung vollumfassend erfolgen muss.

Neben dem Umfang bedarf es für eine analoge Anwendung der §§ 291 ff. AktG auch einer Intensität des Eingriffs, dem eine organisationsrechtliche[836] oder quasi-organisationsrechtliche[837] Wirkung zukommt. An diesem Erfordernis scheitert jedoch auch bei der GmbH die Begründung einer Gesetzesanalogie für den Abschluss des Entherrschungsvertrages. Entsprechend den Überlegungen bei der Aktiengesellschaft kommt dem Entherrschungsvertrag – unabhängig von der Rechtsform des abhängigen Unternehmens – allein schuldrechtliche Wirkung zu. Dem Mehrheitsgesellschafter-Unternehmen steht nach Abschluss des Entherrschungsvertrages weiterhin die Möglichkeit zu, das Stimmrecht vertragswidrig auszuüben[838].

835 Vgl. hierzu K.I.1.b) und K.I.5.a)aa).

836 Für die Einordnung der Unternehmensverträge aus § 291 AktG als organschaftliche Verträge vgl. H.II.1.a)aa).

837 Siehe für die Einordnung der anderen Unternehmensverträge des § 292 AktG unter H.II.1.a)bb).

838 Zur Möglichkeit und zu den Rechtsfolgen eines vertragswidrig ausgeübten Stimmrechts vgl. bereits F.II.6.a).

Dieses Defizit findet auch keine Kompensation in der Reichweite des Stimmrechtsausübungsverzichts. Zwar erfolgt mit Einbeziehung des Weisungsrechts aus § 37 Abs. 1 Alt. 2 GmbHG ein stärkerer Eingriff in die gesetzliche Grundstruktur der GmbH. Viel schwerer wiegt jedoch, dass dem Eingriff allein schuldrechtlicher Charakter zukommt und das organisationsrechtliche Mitwirkungsrecht des Mehrheitsgesellschafters nicht tangiert wird. Demzufolge kann auch dahingestellt bleiben, ob die Vorschriften der §§ 291 ff. AktG überhaupt auf die GmbH (unreflektiert[839]) Anwendung finden[840]. Eine analoge Anwendung der Vorschriften über Unternehmensverträge (§§ 291 ff. AktG) auf den Entherrschungsvertrag scheidet jedenfalls mangels Vergleichbarkeit der zugrundeliegenden Interessenlage aus.

### *bb) „Holzmüller" bzw. „Gelatine"*

Die dargestellte Situation ist für die GmbH als beherrschtes Unternehmen somit anhand folgender Fragestellung zu untersuchen. Muss der Eingriff in das Weisungsrecht des herrschenden Unternehmens durch ein Mitwirkungsrecht am Vertragsschluss seitens des herrschenden Unternehmens kompensiert werden[841]?

Wie bereits dargelegt, kann durch den Abschluss des Entherrschungsvertrages eine der Situation des Unternehmensvertrags vergleichbare Eingriffsintensität auch im Anwendungsbereich der GmbH nicht angenommen werden. Eine Kompetenz der Gesellschafterversammlung könnte sich jedoch aus den Grundsätzen ergeben, die die höchstrichterliche Rechtsprechung in der „Holzmüller"-Entscheidung[842] begründet und in den „Gelatine"-Entscheidungen[843]

839 Für eine modifizierte Anwendung unter Berücksichtigung der Strukturunterschiede zwischen AG und GmbH vgl. nur *Emmerich*, in: Emmerich/Habersack KonzernR, Vor § 291 Rdnrn. 6 ff.; *Karsten Schmidt*, in: Gesellschaftsrecht, § 39 I.2, S. 1214; *Veil*, in: Spindler/Stilz AktG, § 291 Rdnr. 4.

840 Beispielshaft für eine analoge Anwendung: *Altmeppen*, in: MünchKomm AktG, § 291 Rdnr. 19; *Langenbucher*, in: Schmidt/Lutter AktG, § 291 Rdnr. 21 und *Zöllner*, in: Baumbach/Hueck GmbHG, SchlAnhKonzernR Rdnr. 52 ff.; gegen eine entsprechende Anwendung der §§ 291 ff. AktG: *Koppensteiner*, in: KölnKomm AktG, § 291 Rdnr. 7 und *Liebscher*, in: MünchKomm GmbHG, Anhang § 13 Rdnr. 40.

841 Diese Frage allein bejahend: *Schall*, in: Spindler/Stilz AktG, § 17 Rdnr. 52.

842 BGH, Urteil vom 25.02.1982, II ZR 174/80, NJW 1982, 1703 (1705 ff.).

843 BGH, Urteil vom 26.04.2004, II ZR 155/02, NJW 2004, 1860 ff. und BGH, Urteil vom 26.04.2004, II ZR 154/02, WM 2004, 1085 ff.

konkretisiert hat[844]". Gehen mit Geschäftsführungsmaßnahmen Auswirkungen einher, die dem Erfordernis einer Satzungsänderung in Form einer grundlegenden Strukturentscheidungen sehr nahe kommen, werden durch eine solche Entscheidung Mitgliedschaftsrechte mediatisiert und erreicht diese Geschäftsführungsmaßnahme eine entsprechende Wesentlichkeitsschwelle, so bedarf es zum Schutze der Gesellschafter vor Eingriffen in die Mitgliedschaftsrechte und der im Anteilseigentum verkörperten Vermögensinteressen einer Mitwirkung der Gesellschafterversammlung[845].

Begrenzt sich der Stimmrechtsausübungsverzicht des herrschenden Unternehmens bei der Aktiengesellschaft als Untergesellschaft auf die Beschlussgegenstände der Bestellung und Abberufung der Aufsichtsratsmitglieder[846], so erstreckt er sich bei der GmbH auch auf das Weisungsrecht. Der Ausschluss darf nicht auf eine bestimmte Art von Weisungen beschränkt sein oder sich nur auf bestimmte Gegenstände beziehen. Vielmehr bedarf es bei der abhängigen GmbH eines vollumfänglichen Verzichts des Mehrheits-Unternehmens auf das Weisungsrecht aus § 37 Abs. 1 Alt. 2 GmbHG[847].

Für eine Zuständigkeit der Hauptversammlung auf der Grundlage der „Gelatine"-Entscheidungen müsste der vertragliche Verzicht auf die mehrheitliche Ausübung des Weisungsrechts in qualitativer und quantitativer Hinsicht einer Änderung des Gesellschaftsvertrages sehr nahe kommen.

Gegen die Verortung des Verzichts in die Nähe einer gesellschaftsvertraglichen Regelung spricht – parallel zu den Überlegungen einer analogen Anwendung der §§ 291 ff. AktG – zunächst einmal die schuldrechtliche Qualität des Entherrschungsvertrages. Damit einher geht der Umstand, dass der Mehrheitsgesellschafter ungeachtet des vertraglichen Verzichts bei der Beschlussfassung über die Weisung gegenüber der Geschäftsführung wirksam[848] von seinem Stimmrecht Gebrauch machen kann. In qualitativer Hinsicht bestehen erhebliche Unterschiede zwischen einem schuldrechtlichen Verzicht auf die Ausübung

844 Zur Darstellung der grundlegenden Rechtsprechungsentscheidungen siehe H.II.1.a)ee)(1), H.II.1.a)ee)(2) und H.II.1.a)ee)(3).

845 Siehe für die Aktiengesellschaft bereits H.II.1.a)ee)(4); ebenfalls für die Aktiengesellschaft BGH, Urteil vom 26.04.2004, II ZR 155/02, NJW 2004, 1860 (1864) und BGH, Urteil vom 26.04.2004, II ZR 154/02, NZG 2004, 575 (578).

846 F.II.1.a).

847 Vgl. hierzu ausführlich unter K.I.1.b) und K.I.5.a)aa).

848 Zur Wirksamkeit entgegen den Regelungen des Entherrschungsvertrages abgegebenen Stimmen, vgl. F.II.6.a).

des Weisungsrechts und der statutarischen Zuweisung des Weisungsrechts an Dritte, was eine Änderung des Gesellschaftsvertrages erfordert.

Darüber hinaus betrifft der Abschluss eines Entherrschungsvertrages mit einer in Abhängigkeit stehenden GmbH für die herrschende Gesellschaft – mit Ausnahme des Sonderfalls der Beteiligung als alleiniger Vermögensgegenstand, wobei in diesem Fall die Kompetenz der Gesellschafterversammlung allerdings lediglich einen Reflex der Rechtsfolgen des Entherrschungsvertrages darstellt und von der konkreten Ausgestaltung des Gesellschaftsvertrages im Einzelfall abhängt[849] – keine Rechtsposition, die den Vertragsschluss in die Nähe einer Gesellschaftsvertragsänderung rücken würde. Aufgrund der fehlenden Vergleichbarkeit zu einer gesellschaftsvertraglichen Regelung und einer Strukturänderung auf Seiten des mehrheitlich beteiligten Unternehmens kann auch aus den Grundsätze der „Gelatine"-Entscheidungen ein Recht auf Beteiligung der Gesellschafter des herrschenden Unternehmens nicht begründet werden.

#### *cc) Konzernleitungspflicht bei Mehrheitsbeteiligung an einer GmbH*

Letztlich könnte sich das Erfordernis, einen Beschluss der Gesellschafterversammlung des herrschenden Unternehmens bei mehrheitlicher Beteiligung an einer GmbH herbeizuführen, noch aus einer Konzernleitungspflicht ergeben. Eine Pflicht zur einheitlichen Leitung des Konzerns gegenüber der Muttergesellschaft wurde bereits im Anwendungsbereich der Beteiligung an einer Aktiengesellschaft abgelehnt[850]. Zwar bestehen erhebliche strukturellen Unterschiede[851] zwischen der Aktiengesellschaft und der GmbH. Allerdings rechtfertigt dies nicht die Annahme einer Konzernleitungspflicht, zumal § 37 Abs. 1 Alt. 2 AktG gegenüber der Tochtergesellschaft allein ein Weisungsrecht und keine Pflicht zur Weisungsausübung durch das herrschende Unternehmen begründet.

### *b) Zustimmung der Gesellschafter des beherrschten Unternehmens*

Ebenso wenig ist für den Abschluss des Entherrschungsvertrages die Zustimmung der Gesellschafterversammlung der beherrschten GmbH erforderlich. Entsprechend der Sachlage bei der abhängigen Aktiengesellschaft[852] führt der

849 Zu diesem Sonderfall und den hieraus resultierenden Rechtsfolgen, vgl. die auf die GmbH übertragbaren Darstellungen bei der Aktiengesellschaft unter G.I. und H.II.1.a)gg).

850 Siehe H.II.1.a)cc).

851 Vgl. K.I.6.a)aa).

852 Vgl. hierzu H.II.1.b).

Abschluss des Vertrages zu einer unabhängigen Stellung der GmbH. Dem herrschenden Unternehmen kommt nicht mehr die alleinige Befugnis zur Besetzung der Geschäftsführung zu. Auch unterliegen die Geschäftsführer nicht länger den Weisungen des Mehrheitsgesellschafters aus § 37 Abs. 1 Alt. 2 GmbHG. Inwiefern die Gesellschafter der GmbH hierdurch in ihren mitgliedschaftlichen Rechten verletzt sein könnten, erschließt sich nicht.

## II. KGaA

Weitreichende Unterschiede zur typischen Aktiengesellschaft prägen die Kommanditgesellschaft auf Aktien. Es handelt es sich bei der KGaA um eine Kapitalgesellschaft und damit um eine juristische Person mit eigener Rechtspersönlichkeit[853].

### 1. Herrschaftsmacht des Mehrheitsaktionärs

Um zu ermitteln, welche Anforderungen an einen Entherrschungsvertrag im Anwendungsbereich einer KGaA zu stellen sind, müssen zunächst wesentliche Strukturunterschiede zur Aktiengesellschaft sowie das Einflusspotential des Mehrheitsaktionärs bei der KGaA untersucht werden.

An der KGaA sind gemäß § 278 Abs. 1 AktG zwingend zwei Gattungen von Gesellschaftern beteiligt, namentlich zumindest ein persönlich unbeschränkt haftender Gesellschafter und mindestens ein Kommanditaktionär, der keiner persönlichen Haftung unterfällt. Eine weitere Besonderheit besteht in der fehlenden Personalkompetenz des Aufsichtsrates. § 278 Abs. 2 AktG verweist für die Geschäftsführungs- und Vertretungsbefugnis auf die Regelungen über die Kommanditgesellschaft, sodass gemäß § 164 S. 1 Hs. 1 HGB die Kommanditaktionäre – mangels anderweitiger Satzungsregelung – von der Geschäftsführung und der Vertretung der KGaA ausgeschlossen sind. Gemäß § 278 Abs. 2 AktG i.V.m. §§ 114 Abs. 1, 161 Abs. 2 HBG sind die Komplementäre dagegen ipso iure geschäftsführungs- und vertretungsbefugt. Diese Besonderheit muss der nachfolgenden Betrachtung zugrunde gelegt werden.

#### *a) Einflussnahmemöglichkeit des Mehrheits-Kommanditaktionärs*

Dem mit Stimm- und/oder Anteilsmehrheit beteiligten Kommanditaktionär kommt im gesetzlichen Normalstatut der KGaA keine Herrschaftsmacht zu, die

---

853 *Assmann/Sethe*, in: GroßKomm AktG, § 278 Rdnr. 9; *Perlitt*, in: MünchKomm AktG, § 278 Rdnr. 2; *Koch*, in: Hüffer/Koch AktG, § 278 Rdnr. 4; *Mertens/Cahn*, in: KölnKomm AktG, § 278 Rdnrn. 4 und 10.

eine Abhängigkeit auslösen würde[854]. Mangels Personalhoheit des Aufsichtsrates über die Besetzung der Geschäftsführung hat der Mehrheits-Kommanditaktionär auch keine Herrschaftsposition in Form mittelbarer Personalhoheit inne. Die Entscheidungsbefugnis über außergewöhnliche Geschäftsführungsmaßnahmen nach § 278 Abs. 2 AktG i.V.m. § 164 S. 1 Hs. 2, 116 Abs. 2 HGB stellt dabei allein ein Blockaderecht in Form negativer Beherrschung dar. Die Möglichkeit zur Verhinderung von Maßnahmen begründet für sich genommen – jedenfalls aus gesellschaftsrechtlicher Betrachtung[855] – keine beherrschende Stellung im Sinne des § 17 Abs. 1 AktG[856].

Eine herrschende Stellung des Mehrheits-Kommanditaktionärs kommt demzufolge nur in Betracht, wenn statutarische Sonderrechte hinzutreten[857]. Insbesondere bei Annäherung der Verfassung der KGaA an die typische Aktiengesellschaft[858] ist eine Abhängigkeit des Mehrheits-Kommanditaktionärs anzunehmen.

### b) *Herrschaftsmacht des Komplementärs*

Ebenso wenig kommt dem persönlich haftenden Gesellschafter als Komplementär allein aufgrund seiner Komplementärstellung eine herrschaftsbegründende Machtposition zu.

Sind an einer KGaA mehrere Komplementäre beteiligt, so scheidet die Beherrschung durch einen Komplementär bereits aufgrund des Gleichrangs der Geschäftsführungsbefugnisse aller persönlich haftender Gesellschafter und dem

---

854 So auch *Born*, Die abhängige KGaA, S. 208 ff.; *Bayer*, in: MünchKomm AktG, § 17 Rdnr. 126; *Emmerich*, in: Emmerich/Habersack KonzernR, § 17 Rdnr. 47; *Adler/Düring/Schmaltz*, in: Rechnungslegung, § 17 AktG Rdnr. 127; *Fett*, in: Heidelberger Kommentar AktG, § 17 Rdnr. 35; wohl auch *Perlitt*, in: MünchKomm AktG, Vor § 278 Rdnr. 98a.

855 Vgl. zur Frage negativer Beherrschung aus kartellrechtlicher Sicht: *Thomas*, in: Immenga/Mestmäcker GWB, § 36 Rdnr. 105.

856 Speziell für die KGaA: *Emmerich*, in: Emmerich/Habersack KonzernR, § 17 Rdnr. 47; allgemeine Ansicht generell für die Frage der Beherrschung, vgl. statt Vieler: *Vetter*, in: Schmidt/Lutter AktG, § 17 Rdnr. 9; *Windbichler*, in: GroßKomm AktG, § 17 Rdnr. 20; *Koppensteiner*, in: KölnKomm AktG, § 17 Rdnr. 24; *Bayer*, in: MünchKomm AktG, § 17 Rdnr. 42; *Adler/Düring/Schmaltz*, in: Rechnungslegung, § 17 AktG Rdnr. 36; a.A. aber: *Werner*, S. 44; *Franz*, in: Wachter AktG, § 17 Rdnr. 5.

857 Vgl. die Nachweise in Fn 768.

858 Als Anwendungsbeispiel nennt *Born* die Übertragung der Kompetenz der Auswahl geschäftsführender Komplementäre auf ein von der Hauptversammlung abhängiges Organ (vgl. *Born*, Die abhängige KGaA, S. 210 ff.).

hiermit einhergehenden Einstimmigkeitsprinzip nach § 278 Abs. 2 AktG i.V.m. §§ 114 ff. und § 161 Abs. 2 HGB aus[859].

Selbst für den Fall eines einzigen Komplementärs kommt diesem im gesetzlichen Normalstatut der KGaA noch keine beherrschende Stellung nach § 17 Abs. 1 AktG zu. Zwar gewährt das Widerspruchsrecht, das dem Mehrheitskommanditist bei außergewöhnlichen Geschäften zusteht (§ 278 Abs. 2 AktG, § 164 S. 1 Hs. 2 HGB), keinen positiven Handlungsspielraum[860]. Dennoch begründet das Widerspruchsrecht die Möglichkeit, wichtige Gesellschaftsangelegenheiten jederzeit verhindern zu können, womit eine beherrschende Stellung des einzigen Komplementärs ausscheidet[861].

Demzufolge bedarf es über die reine Komplementärstellung hinausgehende Möglichkeiten der Einflussnahme für eine Abhängigkeit der KGaA von ihrem Komplementär bzw. ihren Komplementären. Zu denken ist dabei speziell an eine mehrheitliche[862] Beteiligung des alleinigen Komplementärs als Kommanditaktionär[863].

Eine weitere Möglichkeit besteht darin, die Geschäftsführungsbefugnis statutarisch zu erweitern. Die Kompetenz zur Geschäftsführung könnte durch Einbeziehung von Handlungen, die über den gewöhnlichen Betrieb hinausgehenden, ausgeweitet werden[864]. Dadurch wird das den Kommanditaktionären verbleibende und allein die Beherrschung durch den Komplementär

859 *Born*, Die abhängige KGaA, S. 54 f.; *Emmerich*, in: Emmerich/Habersack KonzernR, § 17 Rdnr. 47; *Assmann/Sethe*, in: GroßKomm AktG, Vor § 278 Rdnr. 80; a.A. aber *Fett*, in: Heidelberger Kommentar AktG, § 17 Rdnr. 35.

860 Vgl. *Adler/Düring/Schmaltz*, in: Rechnungslegung, § 17 AktG Rdnr. 84; im Ergebnis auch *Fett*, in: Heidelberger Kommentar AktG, § 17 Rdnr. 35; wohl auch *Bayer*, in: MünchKomm AktG, § 17 Rdnr. 126.

861 Dahingehend auch: *Emmerich*, in: Emmerich/Habersack KonzernR, § 17 Rdnr. 47; *Assmann/Sethe*, in: GroßKomm AktG, Vor § 278 Rdnr. 80; *Perlitt*, in: MünchKomm AktG, Vor § 278 Rdnr. 108.

862 Entsprechend den Überlegungen zur Aktiengesellschaft ist dabei eine Mehrheit in Relation zum Gesamtstimmrecht nicht zwingend erforderlich. Vielmehr genügt eine gesicherte Hauptversammlungsmehrheit (vgl. hierzu F.II.2.b)).

863 Für die Zulässigkeit dieser Satzungsregelung vgl. *Assmann/Sethe*, in: GroßKomm AktG, § 278 Rdnr. 18; *Emmerich*, in Emmerich/Habersack KonzernR, § 17 Rdnr. 47; *Koch*, in: Hüffer/Koch AktG, § 278 Rdnr. 5; *Mertens/Cahn*, in: KölnKomm AktG, § 278 Rdnr. 48; *Bachmann*, in: Spindler/Stilz AktG, § 278 Rdnr. 15; *Born*, Die abhängige KGaA, S. 51 f.

864 Vgl. hierzu ausführlich *Born*, Die abhängigen KGaA, S. 54 ff.

verhindernde Widerspruchsrecht aus § 278 Abs. 2 AktG i.V.m. § 164 S. 1 Hs. 2 HGB ausgehebelt[865] und eine Beherrschung des Komplementärs begründet.

Resümierend kann eine Beherrschung durch die Komplementärgesellschaft nur angenommen werden, wenn statutarische Sonderrechte oder eine mehrheitliche Beteiligung am Kommanditkapital hinzutreten.

## 2. Auswirkungen auf den Inhalt des Entherrschungsvertrages

Fraglich ist, wie sich die dargelegten Erkenntnisse auf den Inhalt des Entherrschungsvertrages auswirken.

### *a) Widerlegung der Abhängigkeitsvermutung aus § 17 Abs. 2 AktG*

Bevor auf die Frage der Voraussetzungen an eine Widerlegung der nach §§ 278 Abs. 3, 17 Abs. 2 AktG vermuteten Abhängigkeit eingegangen wird, müsste der Vermutungstatbestand überhaupt auf den an der KGaA mehrheitlich beteiligten Kommanditaktionär Anwendung finden.

Ein gewichtiges Indiz für die Eröffnung des Anwendungsbereichs des § 17 Abs. 2 AktG stellt zunächst einmal die Vorschrift des § 278 Abs. 3 AktG dar. Diese erklärt die Vorschriften des Ersten Buches über die Aktiengesellschaft sinngemäß für anwendbar, worunter auch die Vermutung des § 17 Abs. 2 AktG fällt. Daher wird zum Teil das Eingreifen des § 17 Abs. 2 AktG bejaht[866].

Gegen die Anwendbarkeit der Vermutungsregel auf den Kommanditaktionär sprechen jedoch Sinn und Zweck des Vermutungstatbestandes bei der Aktiengesellschaft. Entgegen der Rechtslage bei der Aktiengesellschaft ist der Aufsichtsrat bei der KGaA nicht zur Bestellung der Geschäftsleitung befugt und übt demzufolge keine Personalhoheit aus. Dies führt dazu, dass auch dem Kommandit-Mehrheitsaktionär keine mittelbare Personalgewalt zukommt.

Ist die Vermutung für die in Mehrbesitz stehende KGaA also bereits ipso iure widerlegt, so muss die KGaA vom Anwendungsbereich des § 17 Abs. 2 AktG entweder im Rahmen einer teleologischen Reduktion oder aufgrund der nur sinngemäßen Anwendung der Norm (vgl. § 278 Abs. 3 AktG) ausgenommen

865 Zur gesellschaftsvertraglichen Dispositivität des § 164 S. 1 Hs. 2 HGB vgl. nur: *Roth*, in: Baumbach/Hopt HGB, § 164 Rdnr. 6; BGH, Urteil vom 14.05.1956, II ZR 229/54, NJW 1956, 1198 ff.; *Grunewald*, in: MünchKomm HGB, § 164 Rdnr. 29.

866 So *Adler/Düring/Schmaltz*, in: Rechnungslegung, § 17 AktG Rdnr. 127; *Semler/Perlitt*, in: MünchKomm AktG, 2. Auflage 2000, Vor § 278 Rdnr. 98.

werden[867]. Da der Vermutungstatbestand bei der KGaA nicht greift, erübrigen sich demzufolge Ausführungen zu den Voraussetzungen einer Widerlegung der Vermutung aus § 17 Abs. 2 AktG.

### *b) Beseitigung der Abhängigkeit*

Wie bereits aufgezeigt[868], sind atypische Fallkonstellationen denkbar, die eine Abhängigkeit der KGaA von ihrem Komplementär nach §§ 278 Abs. 3, 17 Abs. 1 AktG begründen. Löst die mehrheitliche Beteiligung des Komplementärs am Kommanditkapital die Abhängigkeit der KGaA aus, so muss der Entherrschungsvertrag einen Verzicht des Komplementärs auf die mehrheitliche Ausübung der Stimmrechte in Bezug auf das in § 278 Abs. 2 AktG, § 164 S. 1 Hs. 2 HGB normierte Widerspruchsrecht für die Vornahme von Handlungen enthalten, die über den gewöhnlichen Betrieb hinausgehen.

Im Gegensatz zu den Anforderungen an eine Entherrschung in der Aktiengesellschaft bedarf es weder einer bestimmten Vertragslaufzeit noch eines Ausschlusses der ordentlichen Kündbarkeit des Vertrages[869]. Diese Abweichung folgt aus der Besonderheit der Personenidentität von Geschäftsführung und Kommandit-Mehrheitsaktionär, die bei der Aktiengesellschaft durch die strikte Trennung von Vorstand und Aufsichtsrat nicht denkbar ist (vgl. § 105 Abs. 1 AktG). Die Unternehmensleitung hat es aufgrund der Personenidentität stets selbst in der Hand, die Beschränkungen des Entherrschungsvertrages aufzuheben.

## III. Personengesellschaften

Neben den bereits erörterten Juristischen Personen ist noch denkbar, dass eine Personengesellschaft durch Stimmrechts- und/oder Anteilsmehrheit in Mehrbesitz eines anderen Unternehmens steht. Wiederum wird zunächst auf die Besonderheiten, die aus einer Mehrheitsbeteiligung resultieren, eingegangen, bevor die damit verbundenen Auswirkungen auf den Inhalt des Entherrschungsvertrages dargelegt werden.

---

867 Im Ergebnis die Anwendbarkeit des § 17 Abs. 2 AktG für den Kommandit-Mehrheitsaktionär ebenfalls ablehnend: *Perlitt*, in: MünchKomm AktG, Vor § 278 Rdnr. 98a; *Born*, S. 215 f.; *Assmann/Sethe*, in: GroßKomm AktG, Vor § 278 Rdnr. 79; *Fett*, in: Heidelberger Kommentar AktG, § 17 Rdnr. 35; *Mertens/Cahn*, in: KölnKomm AktG, Vorb. § 278 Rdnr. 22; ähnlich auch *Bachmann*, in: Spindler/Stilz AktG, § 278 Rdnr. 92, der die Vermutung bei der KGaA „als entkräftet" ansieht.

868 Vgl. K.II.1.b).

869 Siehe F.II.4.a).

Ein gravierender Unterschied zwischen Personen- und Kapitalgesellschaften besteht in der Unternehmensverfassung. Ist für die Kapitalgesellschaft das Prinzip der Fremdorganschaft prägend[870], so kommt bei den Personengesellschaften das Prinzip der Selbstorganschaft[871] zum Tragen. Im Gegensatz zur Kapitalgesellschaft müssen die Organe der Gesellschaft nicht erst besetzt werden, sondern sind kraft gesetzlicher Anordnung bereits vorhanden. Dieses Prinzip verpflichtet die Gesellschafter, den Gesellschaftsvertrag der Personengesellschaft derart auszugestalten, dass jedenfalls ein Gesellschafter ohne Mitwirkung eines gesellschafterfremden Dritten allein zur Geschäftsführung und Vertretung der Gesellschaft berechtigt ist[872]. Hingegen bedarf es bei den Kapitalgesellschaften zunächst eines Bestellungsaktes, wobei die Mitglieder der Leitungs- und Aufsichtsorgane der Gesellschaft nicht zwingend auch Gesellschafter derselben sein müssen.

## 1. Herrschaftsmacht des Mehrheitsgesellschafters

Im Gegensatz zum Aktienrecht ist im Personengesellschaftsrecht der Einstimmigkeitsgrundsatz verankert. So sehen sowohl §§ 709, 714 BGB für die BGB-Gesellschaft als auch §§ 114 Abs. 1, 125 Abs. 1 HGB (i.V.m. § 161 Abs. 2 HGB[873]) für die Offene Handelsgesellschaft und die Kommanditgesellschaft Gesamtgeschäftsführungs- und Vertretungsbefugnis der Gesellschafter vor. Ipso iure steht dem Mehrheitsgesellschafter somit keine Machtposition im Sinne einer Beherrschung zu. Allein die Möglichkeit zur Blockade von Maßnahmen aus §§ 116 Abs. 2, 164 S. 1 Hs. 2 HGB und zur Ausübung des Widerspruchrechts gemäß § 115 Abs. 1 HGB bzw. aus § 711 BGB begründet keine beherrschende Stellung des Mehrheitsgesellschafters[874].

---

870 Einhellig, vgl. nur: *Habersack/Foerster*, in: GroßKomm AktG, § 78 Rdnr. 14 und *Spindler*, in: MünchKomm AktG, § 76 Rdnr. 106; § 78 Rdnr. 5.

871 Ganz herrschende Meinung, vgl. statt aller mit vielen Nachweisen: *Schäfer*, in: MünchKomm BGB, § 709 Rdnr. 5.

872 *Karsten Schmidt*, in: MünchKomm HGB, § 125 Rdnr. 6; *ders.*, in: Gesellschaftsrecht, § 14 II.2, S. 409 f.; BGH, Urteil vom 25.05.1964, II ZR 42/62, NJW 1964, 1624; *Roth*, in: Baumbach/Hopt HGB, § 125 Rdnrn. 5 und 12; *Schäfer*, in: MünchKomm BGB, § 709 Rdnr. 5.

873 Zum Ausschluss des Kommanditisten von der Geschäftsführung und den hiermit verbundenen Auswirkungen auf die Herrschaftsmöglichkeit durch den am Kommanditkapital mehrheitlich beteiligten Kommanditisten vgl. bereits K.II.1.a).

874 Vgl. bereits K.II.1.a) für den Anwendungsbereich der in Mehrbesitz stehenden KGaA; speziell für den Fall einer Personengesellschaft siehe *Bayer*, in: MünchKomm AktG, § 17 Rdnr. 117; *Ulmer*, in: GroßKomm HGB, Anh. § 105 Rdnr. 27.

Vergleichbar mit der Rechtslage bei der KGaA müssen daher dem Mehrheitsgesellschafter durch den Gesellschaftsvertrag Sonderrechte eingeräumt werden, um eine beherrschende Stellung erst zu begründen. Insbesondere können die geschäftsführenden Gesellschafter aufgrund der beinahe schrankenlosen Autonomie bei der Ausgestaltung des Gesellschaftsvertrages an Weisungen des Gesellschafters[875] gebunden werden. Letztlich kann das in der Praxis[876] häufig vereinbarte Mehrheitsprinzip zu einer Beherrschung durch den Mehrheitsgesellschafter führen[877].

## 2. Besonderheiten bei der GmbH & Co. KG

Eine Besonderheit kann sich bei der Personengesellschaft in der Form der GmbH & Co. KG ergeben. Wie bereits aufgezeigt, kann der Mehrheitsgesellschafter einer in Mehrbesitz stehenden GmbH von weitreichenden Herrschaftsmöglichkeiten Gebrauch machen[878]. Darüber hinaus kommen der Komplementär-GmbH bei der typisch ausgestalteten GmbH & Co. KG als einzige Komplementärin umfassende Geschäftsführungs- und Vertretungsbefugnisse zu (vgl. §§ 161 Abs. 2, 114, 125 Abs. 1 HGB, § 164 S. 1 Hs. 1 HGB).

Allerdings können die Kommanditisten weiterhin von ihrem Widerspruchsrecht aus § 164 S. 1 Hs. 2 HGB bei Vornahme außergewöhnlicher Geschäfte Gebrauch machen. Wie bereits bei den Ausführungen zur KGaA dargelegt, steht dieses Widerspruchsrecht der herrschenden Stellung der alleinigen Komplementär-GmbH entgegen[879]. Demzufolge führt die Beherrschung der Komplementär-GmbH ohne eine gesellschaftsvertragliche Einschränkung des Widerspruchsrechts aus § 164 S. 1 Hs. 2 HGB noch nicht zu einer Beherrschung der GmbH & Co. KG.

Sind hingegen mehrere geschäftsführende Komplementäre vorhanden, so findet wiederum das Einstimmigkeitsprinzip aus §§ 114 Abs. 1, 125 Abs. 1 HGB

875 *Grunewald*, in: MünchKomm HGB, § 164 Rdnr. 23; *Roth*, in: Baumbach/Hopt HGB, § 164 Rdnr. 7; *Windbichler*, Gesellschaftsrecht, S. 176; *Franz*, in: Wachter AktG, § 17 Rdnr. 4.

876 So auch *Vetter*, in: Schmidt/Lutter AktG, § 17 Rdnr. 67.

877 Vgl. hierzu *Emmerich*, in: Emmerich/Habersack KonzernR, § 17 Rdnr. 48; *Adler/Düring/Schmaltz*, in: Rechnungslegung, § 17 AktG Rdnr. 125; *Bayer*, in: MünchKomm AktG, § 17 Rdnr. 116; *Ulmer*, in: GroßKomm HGB, Anh. § 105 Rdnr. 28; *Liebscher*, in: MünchKomm GmbHG, § 13 Anh. Rdnr. 1388; *Vetter*, in: Schmidt/Lutter AktG, § 17 Rdnr. 67; *Becker*, in: FS Möschel, S. 1119 (1127).

878 Vgl. hierzu K.I.1.

879 Vgl. K.II.1.b).

i.V.m. § 161 Abs. 2 HGB Anwendung, sodass ohne gesellschaftsvertragliche Abweichung eine Abhängigkeit der Personengesellschaft nicht gegeben ist[880].

### 3. Auswirkungen auf den Inhalt des Entherrschungsvertrages

Wiederum sind aus den Besonderheiten der in Mehrbesitz stehenden Gesellschaftsform der Personengesellschaft Rückschlüsse für die Anforderungen zu ziehen, die an eine Beendigung der Abhängigkeit bzw. an die Widerlegung deren Vermutung zu fordern sind.

#### *a) Widerlegung der Abhängigkeitsvermutung aus § 17 Abs. 2 AktG*

Zunächst einmal erscheint problematisch, ob der Vermutungstatbestand aus § 17 Abs. 2 AktG auf die in Mehrbesitz stehende Personengesellschaft überhaupt Anwendung findet.

Wie schon mehrfach ausgeführt, muss aufgrund der rechtsformneutralen Ausgestaltung von der Anwendbarkeit des § 17 AktG hinsichtlich jedweder Gesellschaftsrechtsform ausgegangen werden. Da im Personengesellschaftsrecht – mit Ausnahme der GmbH & Co. KG[881] – weder die Anteils- noch die Stimmrechtsmehrheit dem Mehrheitsgesellschafter bereits kraft Gesetz eine herrschende Stellung im Sinne des § 17 Abs. 1 AktG verschafft, ist die Vorschrift wie im Anwendungsbereich der in Mehrbesitz stehenden KGaA[882] für die Personengesellschaften teleologisch zu reduzieren[883].

Eine restriktive Auslegung der Vermutung aus § 17 Abs. 2 AktG hat auch nicht unter dem Gesichtspunkt der Rechtssicherheit[884] oder aufgrund der leicht möglichen Widerlegbarkeit der Vermutung[885] zu unterbleiben. Sinn und Zweck

---

880 Siehe K.III.1.

881 Vgl. hierzu K.III.2. Allerdings ist bei der typisch ausgestalten GmbH & Co. KG die geschäftsführende KG zumeist nicht mehrheitlich beteiligt, sodass auch hier der Vermutungstatbestand des § 17 Abs. 2 AktG leer läuft.

882 Siehe K.II.2.a).

883 Im Ergebnis auch *Bayer*, in: MünchKomm AktG, § 17 Rdnrn. 117 und 119; *Vetter*, in: Schmidt/Lutter AktG, § 17 Rdnr. 67; *Liebscher*, in: MünchKomm GmbHG, § 13 Anh. Rdnr. 1385; *Mülbert*, in: MünchKomm HGB, KonzernR Rdnr. 60; *Ulmer*, in: GroßKomm HGB, Anh. § 105 Rdnr. 28; *Windbichler*, in: GroßKomm AktG, § 17 Rdnr. 69: wohl auch *Emmerich*, in: Emmerich/Habersack KonzernR, § 17 Rdnr. 48; *Kuhlmann/Ahnis*, in: Konzern- und Umwandlungsrecht, § 2 III 3 Rdnr. 58; *Koch*, in: Hüffer/Koch AktG, § 16 Rdnr. 5.

884 So aber *Adler/Düring/Schmaltz*, in: Rechnungslegung, § 17 AktG Rdnr. 125.

885 Dies vertretend: *Koppensteiner*, in: KölnKomm AktG, § 17 Rdnr. 98.

einer Vermutungsregel liegt in der Festschreibung regelmäßig wiederkehrender Zusammenhänge und in der Erleichterung der Beweisbarkeit eines Sachverhalts für die eigentlich nach allgemeinen Grundsätzen beweisbelastete Partei[886]. Ist kein Fall denkbar, in dem der Tatbestand ohne Hinzutreten weiterer Umstände zu der vermuteten Rechtsfolge führt, entfallen Sinn und Zweck, sodass eine teleologische Reduktion des § 17 Abs. 2 AktG im Anwendungsbereich der in Mehrbesitz stehenden Personengesellschaft ebenfalls vorzunehmen ist. Rechtssicherheit ist auch über die konsequente Nichtanwendung einer Norm in bestimmten Fallkonstellationen zu erzielen.

Eine Ausnahme von der teleologischen Reduktion muss dagegen bei einer in Mehrbesitz stehenden GmbH & Co. KG gemacht werden[887]. Wie bereits dargelegt, kommt der alleinigen GmbH-Komplementärin und damit auch dem Mehrheitsgesellschafter der GmbH eine herrschaftsbegründende Machtposition gegenüber der Gesellschaft zu. Demzufolge greifen die Gründe im Anwendungsbereich der GmbH & Co. KG nicht ein, die eine teleologische Reduktion rechtfertigen. An eine Widerlegung der Abhängigkeitsvermutung sind dabei dieselben Anforderung zu stellen wie bei der in Mehrbesitz stehenden GmbH[888].

### *b) Beseitigung der Abhängigkeit*

Kommt einem Gesellschafter durch statutarische Regelung hingegen eine abhängigkeitsbegründende Machtposition zu, so können die im Gesellschaftsvertrag eingeräumten Sonderrechte durch vertragliche Regelung zwischen der Personengesellschaft und dem (Mehrheits-)Gesellschafter wieder entkräftet werden.

Weicht beispielsweise der Gesellschaftsvertrag vom gesetzlichen Einstimmigkeitsgrundsatz ab und lässt die Mehrheit der abgegebenen Stimmen für Gesellschafterbeschlüsse oder Geschäftsführungsmaßnahmen genügen, so bedarf es zum Ausschluss der hieraus resultierenden Abhängigkeit eines diesbezüglichen Stimmrechtsausübungsverzichts. Der Verzicht kann sich dabei auf fünfzig Prozent zuzüglich einer Stimme beschränken. Aufgrund des Prinzips der Selbstorganschaft

---

886 Vgl. hierzu die Ausführungen unter B.II.

887 *Koppensteiner*, in: KölnKomm AktG, § 17 Rdnr. 97; *Adler/Düring/Schmaltz*, in: Rechnungslegung, § 17 AktG Rdnr. 125; *Vetter*, in: Schmidt/Lutter AktG, § 17 Rdnr. 67; auch *Gekeler*, Der personengesellschaftliche Konzern, S. 141, der den Einzelnachweis aus § 17 Abs. 1 AktG an die Stelle der Vermutung aus § 17 Abs. 2 AktG treten lassen will.

888 Vgl. hierzu K.I.5.

im Recht der Personengesellschaft[889] ist eine zeitliche Mindestdauer des Vertrages ebenso wenig wie bei der abhängigen KGaA[890] erforderlich.

Zwar erscheint die praktische Bedeutung von Entherrschungsverträgen für Gesellschaftsformen, bei denen Abhängigkeit erst durch statutarische Sonderrechte und nicht bereits ex lege aufgrund der Mehrheitsbeteiligung eintritt, gering, begründet doch das Statut erst die Beherrschung. Dennoch kann ein Interesse bestehen, ohne Änderung des Gesellschaftsvertrages für einen zeitlich befristeten Zeitraum die Rechtsfolgen der Abhängigkeit[891] zu beseitigen. Für diesen Fall eignet sich ein Entherrschungsvertrag viel eher als eine Änderung des Gesellschaftsvertrages.

## 4. Personengesellschaft als herrschendes Unternehmen

Wird das abhängige Unternehmen hingegen von einer Personengesellschaft beherrscht, so stellt sich allein die Frage, ob eine Mitwirkung der Gesellschafter der Personengesellschaft erforderlich ist.

Bereits aus dem gesetzlich verankerten Einstimmigkeitsprinzip[892] ergibt sich das Erfordernis, alle Gesellschafter am Abschluss des Entherrschungsvertrages zu beteiligen. Selbst für den Fall, dass die Geschäftsführung entgegen dem gesetzlichen Regelfall nicht allen Gesellschaftern zusteht, handelt es sich beim Abschluss eines Entherrschungsvertrages aufgrund der weitreichenden Rechtsfolgen um eine Maßnahme, die der gewöhnliche Betrieb eines Handelsgewerbes nicht mit sich bringt[893]. Als Rechtsfolge sieht § 116 Abs. 2 HGB (i.V.m. § 161 Abs. 2 HGB) im Anwendungsbereich der herrschenden OHG oder KG in diesem Fall einen zustimmenden Beschluss sämtlicher Gesellschafter vor.

Es ist jedoch denkbar, dass der Gesellschaftsvertrag der herrschenden Personengesellschaft eine Mehrheitsklausel vorsieht, die – entweder ganz generell oder für den speziellen Fall des Abschlusses von Entherrschungsverträgen – von dem gesetzlich normierten Einstimmigkeitsprinzip abweicht. Eine solche Mehrheitsklausel bzw. der auf Grundlage der Mehrheitsklausel gefasste Beschluss der Gesellschafterversammlung der herrschenden Personengesellschaft, mit dem der Abschluss des Entherrschungsvertrages gebilligt wird, müsste allerdings

---

889 Zu Herleitung und Inhalt des Prinzips der Selbstorganschaft im Personengesellschaftsrecht vgl. nur *Karsten Schmidt*, in: Gesellschaftsrecht, § 14 II, S. 409 ff.

890 Vgl. hierzu K.II.2.b).

891 Vgl. hierzu B.III.

892 Vgl. K.III.1.

893 So auch *Gekeler*, Der personengesellschaftliche Konzern, S. 369 f.

einer gerichtlichen Überprüfung standhalten, um nicht wieder das Erfordernis eines einstimmigen Beschlusses aller Gesellschafter zu begründen.

Entsprechend der ständigen höchstrichterlichen Rechtsprechung, der weite Teile des Schrifttums gefolgt sind, mussten sich Mehrheitsklauseln in Gesellschaftsverträgen von Personengesellschaften am Prüfungsmaßstab der Kernbereichslehre und des Bestimmtheitsgrundsatzes messen lassen[894]. Mit der OTTO-Entscheidung des BGH[895], die durch die Schutzgemeinschaft II-Entscheidung[896] und durch ein weiteres Urteil aus dem Jahr 2014[897] konkretisiert wurde, rückte der BGH von seiner Rechtsprechung ab. Auf einer ersten Stufe kann eine Mehrheitsklausel als solche unter Verwendung allgemeiner Auslegungsregeln nur dahingehend überprüft werden, ob die Gesellschafter den betreffenden Beschlussgegenstand überhaupt „einer Mehrheitsentscheidung unterwerfen wollten"[898]. Erst auf der zweiten Stufe wird dann der konkrete Mehrheitsbeschluss anhand der gesellschaftsrechtlichen Treuepflicht unter Abwägung der widerstreitenden Interessen von Mehrheit und Minderheit einer Prüfung unterzogen[899]. Vermehrt ist das Schrifttum der neueren Rechtsprechung des BGH gefolgt[900], vereinzelt wurde die „endgültige Abwendung von der Kernbereichslehre und dem Bestimmtheitsgrundsatz im Personengesellschaftsrecht"[901] scharf kritisiert[902].

Unabhängig von der Entscheidung der Frage, ob Maßstab für die Überprüfung der Mehrheitsentscheidung nun die Kernbereichslehre oder die von der höchstrichterlichen Rechtsprechung über die „Zweistufenlösung"[903] herangezogene gesellschaftsrechtliche Treuepflicht ist, hält eine Mehrheitsklausel bzw. ein entsprechender Mehrheitsbeschluss der Gesellschafterversammlung der herrschenden Personengesellschaft über den Abschluss eines Entherrschungsvertrages einer rechtlichen Überprüfung stand. Weder ist der Kernbereich der

894 BGH, Urteil vom 29.03.1996, II ZR 263/94, NJW 1996, 1678 ff.; BGH, Urteil vom 10.10.1994, II ZR 18/94, NJW 1995, 194 ff.

895 BGH, Urteil vom 15.01.2007, II ZR 245/05, NJW 2007, 1685 ff.

896 BGH, Urteil vom 24.11.2008, II ZR 116/08, NJW 2009, 669 ff.

897 BGH, Urteil vom 21.10.2014, II ZR 84/13, NJW 2015, 859 ff.

898 BGH, Urteil vom 21.10.2014, II ZR 84/13, NJW 2015, 859, 861 f.

899 BGH, Urteil vom 21.10.2014, II ZR 84/13, NJW 2015, 859, 861 f.

900 Statt Vieler: *Schäfer*, in: MünchKomm BGB, § 709 Rdnrn. 90 ff.; *Servatius*, in: Henssler/Strohn GesR, § 705 Rdnrn. 54 ff.; *Goette/Goette*, DStR 2016, 74; *Enzinger*, in: MünchKomm HGB, § 119 Rdnr. 81; *Heckschen/Bachmann*, NZG 2015, 531, 537.

901 *Altmeppen*, NJW 2015, 2065.

902 *Ulmer*, ZIP 2015, 657; *Altmeppen*, NJW 2015, 2065; *Priester*, NZG 2015, 529.

903 *Goette/Goette*, DStR 2016, 74.

Gesellschafterrechte der Minderheit durch den Abschluss des Entherrschungsvertrages tangiert noch lässt sich aus der Treuepflicht der Mehrheit der Gesellschafter gegenüber der Minderheit eine Pflicht zur Abstimmung der Mehrheit gegen den Abschluss des Entherrschungsvertrages herleiten, denn der Entherrschungsvertrag beseitigt lediglich Einflussnahmemöglichkeiten der herrschenden Personengesellschaft auf das beherrschte Unternehmen und hat keinen unmittelbaren Einfluss auf unentziehbare Gesellschafterrechte der Minderheit bzw. deren durch Treueverpflichtungen der Mehrheit geschützte Interessen.

## IV. SE (Societas Europaea)

Die Societas Europaea (SE) kommt dem Gebilde der deutschen Aktiengesellschaft am nächsten. Dennoch stellt sich die Frage, ob im Einzelfall eine Modifikation der gewonnenen Erkenntnisse vorzunehmen ist, wenn es sich bei der (vermutet) beherrschten Gesellschaft um eine SE handelt.

Bei der Schaffung der SE wurde auf die Kodifikation eines europäischen Konzernrechts verzichtet. Auch das SE-Ausführungsgesetz (SEAG) enthält keine konzernrechtlichen Regelungen, sondern verweist in § 49 SEAG auf die §§ 308 ff. AktG. Hieraus und aus der Verweisungsregelung des Art. 9 Abs. 1 lit. c) ii SE-VO lässt sich die Anwendbarkeit der nationalen konzernrechtlichen Regelungen, also auch der §§ 15 ff. AktG, herleiten[904]. Es ist nicht erforderlich, zwischen den an eine Beseitigung der Abhängigkeit und an die Widerlegung deren Vermutung zu stellenden Anforderungen zu differenzieren, da für die Höhe des Stimmrechtsverzichts keine Besonderheiten im Vergleich zur (vermutet) abhängigen Aktiengesellschaft[905] gegeben sind. Allein die vom Stimmrechtsausübungsverzicht betroffenen Beschlussgegenstände variieren bei den unterschiedlichen Gesellschaftsformen.

Der maßgebliche Unterschied im Anwendungsbereich der SE besteht in einem in Art. 38 lit. b) SE-VO geregelten Wahlrecht zwischen monistischem und (dem nationalen Aktienrecht vergleichbar ausgestalteten) dualistischem System.

---

904 Ganz herrschende Meinung, vgl. nur *Schäfer*, in: MünchKomm AktG, Art. 9 SE-VO Rdnr. 4; *Veil*, in: KölnKomm AktG, Art. 9 SE-VO Rdnr. 23; *Verse*, in: Habersack/Drinhausen SE-Recht, § 49 SEAG Rdnr. 4; *Habersack/Verse*, in: Europäisches Gesellschaftsrecht, § 13 Rdnr. 49; *Casper*, in: FS Ulmer, S. 51 (67); *Teichmann*, ZGR 2002, 382 (445); *Teichmann*, in: Lutter/Hommelhoff, SE-Kommentar, Anh. Art. 43 SE-VO Rdnr. 2; a.A. aber *Hommelhoff*, AG 2003, 179, 182 ff.

905 Vgl. daher für die erforderlichen Quoren die Ausführungen unter F.II.2.b) und F.II.2.d).

Den beiden Verfassungen der SE ist im Gegensatz zur Aktiengesellschaft gemein, dass die Amtszeit der Gesellschaftsorgane zwingend[906] in der Satzung festzulegen ist, wobei gemäß Art. 46 Abs. 1 SE-VO ein Zeitraum von sechs Jahren nicht überschritten werden darf[907].

## 1. Dualistisches System

Das dualistische System der SE sieht nach Art. 38 lit. b) Alt. 1 SE-VO als Organe der Gesellschaft neben der Hauptversammlung ein Aufsichtsorgan und ein Leitungsorgan als zwingenden Bestandteil der Gesellschaft vor. Identisch zur Rechtslage bei der deutschen Aktiengesellschaft muss nach Art. 39 SE-VO eine Trennung von Aufsichtsrats- und Vorstandszugehörigkeit erfolgen. Die Bestellung der Leitungsorgane erfolgt durch den Aufsichtsrat und die Leitungsorgane entscheiden frei von Weisungen des Aufsichtsorgans. Darüber hinaus werden die Mitglieder des Aufsichtsorgans gemäß Art. 40 Abs. 2 S. 1 SE-VO ebenfalls von der Hauptversammlung bestellt.

Dementsprechend ist ein Gleichlauf der Umstände gegeben, die die Abhängigkeit der deutschen Aktiengesellschaft und der dualistisch verfassten SE auslösen. Die an einen Entherrschungsvertrag zur Beseitigung der Abhängigkeit oder zur Widerlegung der Abhängigkeitsvermutung zu stellenden Anforderungen[908] können daher ebenfalls unverändert auf die (vermutet) abhängige und dualistisch organisierte SE übertragen werden[909].

## 2. Monistisches System

Entscheiden sich die Gesellschafter dagegen für das dem nationalen Recht fremde monistische System, so verfügt die Gesellschaft gemäß Art. 38 lit. b) Alt. 2

---

906 Fehlt eine entsprechende Satzungsregelung, so besteht ein Eintragungshindernis (vgl. *Eberspächer*, in: Spindler/Stilz AktG, Art. 46 SE-VO Rdnr. 1; *Siems*, in: KölnKomm AktG, Art. 46 SE-VO Rdnr. 11; *Teichmann*, in: Lutter/Hommelhoff, SE-Kommentar, Art. 46 SE-VO Rdnr. 3; *Manz*, in: Nomos Kommentar SE, Art. 46 SE-VO Rdnr. 1.).

907 Zur Amtszeitberechnung für Vorstand und Aufsichtsrat in der Aktiengesellschaft, vgl. F.II.3.b).

908 Vgl. hierzu F.

909 Es macht dabei keinen Unterschied, dass die Amtszeithöchstdauer für die Organe in der SE sechs Jahre und bei der Aktiengesellschaft ungefähr fünf Jahre beträgt. Dies ergibt sich daraus, dass die Vertragslaufzeit und die Dauer des Ausschlusses des ordentlichen Kündigungsrechtes stets an die im Einzelfall geltende Amtszeit der Gesellschaftsorgane gekoppelt ist (vgl. F.II.3.c)).

SE-VO neben der Hauptversammlung nur noch über ein Verwaltungsorgan (vgl. auch Art. 43 SE-VO).

Bestellung und Abberufung der Mitglieder des Verwaltungsrates erfolgen wie bei der Aktiengesellschaft durch die Hauptversammlung. Ebenso (§ 103 Abs. 1 S. 2 AktG) greift für die Abberufung der Verwaltungsratsmitglieder gemäß § 29 Abs. 1 S. 2 SEAG ein erhöhtes Quorum von drei Viertel der abgegebenen Stimmen ein.

Dem Verwaltungsrat kommt dabei die Befugnis zur Bestellung und zur jederzeitigen Abberufung der geschäftsführenden Direktoren zu (vgl. § 40 Abs. 1 SEAG bzw. § 40 Abs. 5 SEAG), sodass die Personalhoheit über das Exekutivorgan durch den Verwaltungsrat ausgeübt wird. Entgegen der Rechtslage bei der Aktiengesellschaft bedarf es – mit Ausnahme abweichender Satzungsregelungen – jedoch keines wichtigen Grundes, um die geschäftsführenden Direktoren abzuberufen.

Eine weitere Besonderheit der monistisch verfassten SE im Gegensatz zur deutschen Aktiengesellschaft stellt das der Hauptversammlung zukommende Weisungsrecht gegenüber den geschäftsführenden Direktoren aus § 44 Abs. 2 SEAG dar. Dadurch verfügt der mit Stimmrechtsmehrheit beteiligte Gesellschafter über eine Einflussnahmemöglichkeit, die der Herrschaftsmacht des Mehrheitsgesellschafters in der GmbH gleichkommt. Letztlich ist dem Verwaltungsrat die umfassende Leitungsbefugnis und Letztentscheidungskompetenz aus Art. 43 Abs. 1 S. 1 SE-VO sowie aus § 22 Abs. 1 SEAG zugewiesen.

Demzufolge muss die mit Stimmrechtsmehrheit beteiligte Gesellschaft als (vermutet) herrschendes Unternehmen auf die mehrheitliche Stimmrechtsausübung verzichten. Der Verzicht muss sich dabei auf den Beschlussgegenstand der Bestellung und Abberufung der Mehrheit der Verwaltungsratsmitglieder beziehen und die Möglichkeit der alleinigen Ausübung des Weisungsrechts beseitigen.

# L. Schluss

Bevor zum Abschluss der Untersuchung ein Vorschlag für die Ausformulierung eines Entherrschungsvertrages unterbreitet wird, erfolgt eine Zusammenfassung der erarbeiteten Erkenntnisse in Thesen.

## I. Zusammenfassung in Thesen

1. Entherrschungsverträge verstoßen nicht gegen zwingende aktienrechtliche Vorschriften und sind demzufolge zulässig.
2. Für die Frage der inhaltlichen Anforderungen an einen Entherrschungsvertrag ist entscheidend, ob die Parteien die Widerlegung der Vermutung aus §§ 17 Abs. 2, 16 Abs. 1 AktG beabsichtigen oder eine tatsächlich vorhandene Abhängigkeit aus § 17 Abs. 1 AktG beseitigen wollen.
3. Bei der vermutet abhängigen Aktiengesellschaft bedarf es zur Widerlegung der Vermutung – unabhängig davon, ob diese auf einer Stimmrechts- und/oder Anteilsmehrheit (§ 16 Abs. 1 AktG) beruht – allein des Nachweises, dass dem herrschenden Unternehmen keine Stimmrechtsmehrheit zusteht.
4. Der Stimmrechtsverzicht muss im Anwendungsbereich der (vermutet) abhängigen Aktiengesellschaft qualitativ ausschließlich die Beschlussgegenstände der Bestellung und Abberufung der Mehrheit der (anteilseignervertretenden) Aufsichtsratsmitglieder umfassen.
5. Der Entherrschungsvertrag, der allein die Abhängigkeitsvermutung aus § 17 Abs. 2 AktG widerlegt, muss in quantitativer Hinsicht einen Verzicht der Stimmrechtsausübung in Höhe von fünfzig Prozent zuzüglich einer Stimme im Verhältnis zum Gesamtstimmrecht enthalten.
6. Im Gegensatz hierzu ist Bezugspunkt für den Umfang des Stimmrechtsverzichts im Anwendungsbereich des Entherrschungsvertrages, der eine tatsächlich vorhandene Abhängigkeit beseitigt, das auf der jeweiligen Hauptversammlung vertretene Stimmrecht. Nur für den Fall, dass die Satzung ausnahmsweise ein Quorum für die Beschlussfähigkeit der Hauptversammlung vorsieht, genügt der Verzicht auf eine feste Größe des Stimmrechts im Verhältnis zur Höhe der Beschlussfähigkeit der Hauptversammlung.
7. Eine Beseitigung tatsächlich vorliegender Beherrschung kann durch den vertraglichen Verzicht auf fünfzig Prozent zuzüglich einer Stimme hinsichtlich der Bestellung und auf fünfundzwanzig Prozent zuzüglich einer Stimme

in Bezug auf die Abberufung der Mehrheit der Aufsichtsratsmitglieder herbeigeführt werden.

8. Bereits zum Zeitpunkt des Vertragsschlusses muss feststehen, dass jedenfalls eine Bestellung der Vorstandsmitglieder und der Mehrheit der Aufsichtsratsmitglieder in die Vertragslaufzeit fällt. Eine fixe Vertragsdauer von fünf Jahren ist hingegen nicht erforderlich, jedoch stets ausreichend.
9. Die Möglichkeit der Vertragsparteien, sich während der maßgeblichen Vertragszeit ohne Vorliegen eines wichtigen Grundes von den vertraglichen Verpflichtungen einseitig lösen zu können, muss ausgeschlossen werden. Verbleiben muss jedoch das Recht zur außerordentlichen Kündigung.
10. Weitergehende Maßnahmen, sei es die Absicherung der Vertragstreue des (vermutet) herrschenden Unternehmens oder eine bestimmte Motivation der vertragsschließenden Parteien, sind keine Wirksamkeitsvoraussetzungen eines Entherrschungsvertrages.
11. Sind neben der Beteiligung weitere Umstände kombinierter Beherrschung gegeben, die die Abhängigkeit erst begründen oder noch verstärken, so bedarf es über den Abschluss des Entherrschungsvertrages hinaus noch der Vornahme aktiver Entflechtungsmaßnahmen zur Beseitigung der Beherrschung.
12. Stellt die Mehrheitsbeteiligung den einzigen Vermögensgegenstand dar, so muss der Unternehmensgegenstand in der Satzung des herrschenden Unternehmens eine rein kapitalistische Beteiligung vorsehen. Auswirkungen auf die Vertretungsmacht des Vorstandes zum Abschluss des Entherrschungsvertrages sind mit einem Verstoß gegen dieses Erfordernis jedoch nicht verbunden.
13. Eine Zustimmung der Gesellschafter zum Abschluss des Entherrschungsvertrages ist de lege lata weder auf Ebene der herrschenden Gesellschaft noch auf der Stufe des abhängigen Unternehmens erforderlich. Ebenso wenig bedarf die Beendigung oder Aufhebung des Entherrschungsvertrages der Zustimmung der jeweiligen Gesellschafterversammlung.
14. Die Wirkungen des Entherrschungsvertrages enden grundsätzlich mit der letzten, in die Vertragslaufzeit des Entherrschungsvertrages fallenden Bestellung der Mehrheit der Aufsichtsratsmitglieder. Weitere Ereignisse, die die Wirkungen des Entherrschungsvertrages ebenso entfallen lassen, stellen unter anderem der Eintritt eines außerordentlichen Kündigungsgrundes, die vertragswidrige Ausübung des Stimmrechts, die Veräußerung der Mehrheitsbeteiligung, der Abschluss eines Aufhebungsvertrages und das Hinzutreten von Umständen kombinierter Beherrschung dar.

15. Im Gegensatz zur Aktiengesellschaft muss bei der abhängigen GmbH der Stimmrechtsausübungsverzicht des herrschenden Unternehmens die Beschlussgegenstände der Bestellung und Abberufung der Geschäftsführung und das Weisungsrecht gegenüber der Geschäftsführung umfassen. Die quantitativen Anforderungen bedürfen hingegen keiner Modifikation.
16. Allein die Stellung als Mehrheitskomplementär oder als Mehrheits-Kommanditaktionär begründet noch keine Abhängigkeit der KGaA. Ist der alleinige Komplementär hingegen mehrheitlich als Kommanditaktionär beteiligt, so muss der Entherrschungsvertrag zur Beseitigung der Abhängigkeit den Verzicht auf die mehrheitliche Ausübung des Widerspruchsrechts für die Vornahme von über den gewöhnlichen Betrieb hinausgehenden Handlungen vorsehen. Eine Mindestvertragsdauer ist für diesen Fall nicht erforderlich.
17. Der Vermutungstatbestand des § 17 Abs. 2 AktG findet auf die in Mehrbesitz stehende KGaA ebenso wenig Anwendung wie auf die in Mehrbesitz befindliche Personengesellschaft.
18. Die Mehrheitsbeteiligung begründet auch an einer Personengesellschaft für sich genommen keine herrschende Einflussnahmemöglichkeit. Sind einem Gesellschafter in der Personengesellschaft statutarisch Sonderrechte eingeräumt, so bedarf es des vertraglichen Ausschlusses der mehrheitlichen Wahrnehmung dieser Rechte. Eine vertragliche Mindestdauer ist nicht notwendig.
19. Bei einer (vermutet) abhängigen SE kann bei dualistischer Ausgestaltung auf die Ausführungen zur Aktiengesellschaft verwiesen werden. Handelt es sich hingegen um eine monistische SE, so bedarf es eines Verzichts der mehrheitlichen Stimmrechtsausübung in Bezug auf die Bestellung der Mehrheit der Verwaltungsmitglieder und auf die Ausübung des Weisungsrechts gegenüber den geschäftsführenden Direktoren.

## II. Formulierungsvorschlag eines Entherrschungsvertrages

Wie bereits dargestellt, bestehen erhebliche qualitative Unterschiede der an einen Entherrschungsvertrag – sei es zur Beseitigung tatsächlich gegebener oder zur Widerlegung vermuteter Abhängigkeit – zu stellenden Anforderungen. So muss sowohl zwischen den einzelnen, in Betracht kommenden Gesellschaftsformen abhängiger Unternehmen als auch aufgrund der jeweiligen Ausgestaltungsmöglichkeiten im Gesellschaftsvertrag innerhalb der einzelnen Gesellschaftsverfassungen differenziert werden.

Ein alle Einzelfälle abdeckender Formulierungsvorschlag kann demzufolge an dieser Stelle nicht geleistet werden. Das nachfolgende Muster beschränkt sich daher auf eine Aktiengesellschaft, deren Abhängigkeit sich – ohne Hinzutreten weiterer, abhängigkeitsbegründender Umstände – aus einer Stimmrechtsmehrheit des Mehrheitsaktionärs ergibt. Für die jeweilige Sonderkonstellation ist demzufolge eine individuelle Anpassung des Musters unausweichlich.

Zwischen der

**[...]**, [*Sitz*], eingetragen unter HRA/HRB [...] des Amtsgerichts [...]

nachfolgend „**herrschende Gesellschaft**"

und der

[**... AG**], [*Sitz*], eingetragen unter HRB [...] des Amtsgerichts [...]

nachfolgend „**abhängige Gesellschaft**"

gemeinsam auch „**die Parteien**"

wird folgender

**ENTHERRSCHUNGSVERTRAG**

geschlossen:

**Präambel**: [*Ausführungen zu den gesellschaftsrechtlichen Beteiligungsverhältnissen, insbesondere zu den Umständen, aus denen sich die Stimmrechtsmehrheit der herrschenden Gesellschaft ergeben*].

§ 1
**Vertragsgegenstand**

Die Parteien schließen zur Beseitigung der herrschenden Stellung der herrschenden Gesellschaft einen Entherrschungsvertrag. Es wird eine tatsächliche Beseitigung der Abhängigkeit angestrebt, nicht nur eine Widerlegung der in § 17 Abs. 2 AktG geregelten Abhängigkeitsvermutung[910].

§ 2
**Stimmrechtsverzicht**

(1) Die herrschende Gesellschaft verzichtet auf die Ausübung des aus den ihr zustehenden Anteilen an der beherrschten Gesellschaft resultierenden Stimmrechts in nachfolgender Höhe.
(2) Der Verzicht der Ausübung des Stimmrechts beschränkt sich qualitativ auf die Beschlussgegenstände der Bestellung und Abberufung der Mehrheit der anteilseignervertretenden Aufsichtsratsmitglieder.
(3) Für die <u>Bestellung</u> des in Abs. (2) genannten Quorums an Aufsichtsratsmitgliedern verpflichtet sich die herrschende Gesellschaft, ihr Stimmrecht in der Hauptversammlung maximal bis zu fünfzig Prozent minus einer Stimme im Verhältnis zum gesamten, auf der jeweiligen Hauptversammlung vertretenen Stimmrecht auszuüben.
(4) Für die <u>Abberufung</u> des in Abs. (2) genannten Quorums an Aufsichtsratsmitgliedern verpflichtet sich die herrschende Gesellschaft,

  a) hinsichtlich Aufsichtsratsmitgliedern, die ohne Bindung an einen Wahlvorschlag von der Hauptversammlung gewählt wurden, ihr Stimmrecht in der Hauptversammlung maximal bis zu fünfundsiebzig Prozent minus einer Stimme
  b) hinsichtlich aller übrigen Aufsichtsratsmitglieder ihr Stimmrecht in der Hauptversammlung maximal bis zu fünfzig Prozent minus einer Stimme

im Verhältnis zum gesamten, auf der jeweiligen Hauptversammlung vertretenen Stimmrecht auszuüben.

---

910 Dies dient der Klarstellung, welche Reichweite dem Vertrag zukommen soll, um die Unsicherheit, die mit der Terminologie des Entherrschungsvertrages verbunden ist (vgl. hierzu F.I.), zu beseitigen.

## § 3
## Vertragslaufzeit, Kündigung

(1) Der Vertrag wird für eine Laufzeit von fünf Jahren abgeschlossen[911]. [*Alternativ: Die Laufzeit dieses Vertrages endet einen Tag, nachdem die Vorstandsmitglieder und die Mehrheit der Aufsichtsratsmitglieder jeweils erneut bestellt bzw. gewählt wurden, wobei das spätere Ereignis jeweils maßgeblich ist.*]

(2) Während dieser Laufzeit ist das Recht der herrschenden Gesellschaft zur ordentlichen Kündigung der Vereinbarung ausgeschlossen. Das Recht zur außerordentlichen Kündigung des Vertragsverhältnisses bleibt hiervon unberührt. [*Ein außerordentlicher Kündigungsgrund liegt insbesondere vor, wenn…*].

## § 4
## Mitwirkung von Gesellschaftsorganen

(1) Die [*Hauptversammlung/Gesellschafterversammlung*] der herrschenden Gesellschaft hat dem Abschluss des Entherrschungsvertrages [*zugestimmt/nicht zugestimmt*][912].

(2) Die Hauptversammlung der beherrschten Gesellschaft hat dem Abschluss des Entherrschungsvertrages [*zugestimmt/nicht zugestimmt*].

## § 5
## Inkrafttreten, Aufschiebende Bedingung

(1) Der Vertrag tritt am Tage der Unterzeichnung der Vereinbarung durch beide Parteien in Kraft.

(2) [*Für den Fall, dass die Mehrheitsbeteiligung den einzigen Vermögensgegenstand der herrschenden Gesellschaft darstellt*[913]:] Der Vertragsschluss steht unter der aufschiebenden Bedingung, dass [*die Satzung/der Gesellschaftsvertrag*] der herrschenden Gesellschaft als Unternehmensgegenstand die Möglichkeit einer rein kapitalistischen Beteiligung vorsieht.

---

911 Dies ist in jedem Fall ausreichend, überspannt jedoch die an eine wirksame Widerlegung der Beherrschung zu stellenden Anforderungen. Daher genügt auch die Koppelung der Vertragslaufzeit an die erneute Wahl der Vorstandsmitglieder und der Mehrheit der Aufsichtsratsmitglieder (vgl. hierzu F.II.3.c)aa) und F.II.3.c)bb)).

912 Eine Beteiligung der Gesellschaft der herrschenden und/oder der beherrschten Gesellschaft ist keine Wirksamkeitsvoraussetzung für den Abschluss des Entherrschungsvertrages. Es kann jedoch aus Gesichtspunkten der Legitimation des Handelns der Unternehmensleitung angezeigt sein, die Zustimmung der Gesellschafter dennoch einzuholen (siehe hierzu H.).

913 Vgl. zu dieser Sonderkonstellation die Ausführungen unter G.I.1.

## § 6
## Sonstiges

(1) [*Schriftformklausel*].
(2) [*Gerichtsstandvereinbarung*].

| | |
|---|---|
| [*Ort, Datum*] | [*Ort, Datum*] |
| ______________________ | ______________________ |
| **[…] (herrschende Gesellschaft), vertreten durch […]** | **[… AG] (abhängige Gesellschaft), vertreten den Vorstand […]** |

# Literaturverzeichnis

*Adler, Hans / Dürig, Walther / Schmaltz, Kurt*, Rechnungslegung und Prüfung der Unternehmen, 6. Auflage, Stuttgart 1996 (zit. *Adler/Düring/Schmaltz*, in: Rechnungslegung).

*Adler, Hans / Dürig, Walther / Schmaltz, Kurt*, Rechnungslegung und Prüfung der Unternehmen, 1. Auflage, Stuttgart 1938 (zit. *Adler/Düring/Schmaltz*, in: Rechnungslegung 1. Auflage 1938).

*Adolff, Peter / Adolff, Johannes*, Holzmüller-Kompetenzen der Hauptversammlung und Missbrauch der Vertretungsmacht durch die Vorstände der Aktiengesellschaft, Festschrift für Karl Peter Mailänder zum 70. Geburtstag, Berlin 2006, S. 289–300 (zit. *Adolff/Adolff*, in: FS Mailänder).

*Ahrens, Dieter H.*, Die Problematik des Mehrmütter-Konzerns in aktien- und mitbestimmungsrechtlicher Sicht, AG 1975, 151–155.

*Altmeppen, Holger*, Kernbereichslehre, Bestimmtheitsgrundsatz und Vertragsfreiheit in der Personengesellschaft, NJW 2015, S. 2065–2071.

*Armbrüster, Christian*, Die Schranken der „unbeschränkten" persönlichen Gesellschafterhaftung in der BGB-Gesellschaft, ZGR 2005, S. 34–62.

*Assmann, Heinz Dieter / Schneider, Uwe H.*, Kommentar zum WpHG, hrsg. von Heinz-Dieter Assmann und Uwe H. Schneider, 6. Auflage, Köln 2012 (zit. *Bearbeiter*, in: Assmann/Schneider WpHG).

*Bachmayr, Karl*, Der reine Verlustübernahmevertrag, ein Unternehmensvertrag im Sinne des Aktiengesetzes 1965, BB 1967, S. 135–139.

*Ballerstedt, Kurt*, Schranken der Weisungsbefugnis aufgrund eines Beherrschungsvertrages, ZHR 137 (1973), S. 388–403.

*Bamberger, Heinz Georg / Roth, Herbert*, Kommentar zum Bürgerlichen Gesetzbuch, Band 1 (§§ 1–610), 3. Auflage, München 2012, Band 2 (§§ 611–1296), 3. Auflage, München 2012 (zit. *Bearbeiter*, in: Bamberger/Roth BGB).

*Barz, Carl Hans*, Abhängigkeitsausschlussvertrag bei der Aktiengesellschaft, Recht und Wirtschaft in Geschichte und Gegenwart, Festschrift für Johannes Bärmann zum 70. Geburtstag, München 1975, S. 185–201 (zit. *Barz*, in: FS Bärmann).

*Baumbach, Adolf / Hopt, Klaus*, Beck'scher Kurzkommentar zum Handelsgesetzbuch, 37. Auflage, München 2016 (zit. *Bearbeiter*, in: Baumbach/Hopt HGB).

*Baumbach, Adolf / Hueck, Alfred*, Kommentar zum Gesetz betreffend die Gesellschaften mit beschränkter Haftung, 20. Auflage, München 2013 (zit. *Bearbeiter*, in: Baumbach/Hueck GmbHG).

*Baur, Jürgen / Stürner, Rolf / Baur, Fritz*, Sachenrecht Lehrbuch, 18. Auflage, München 2009, (zit. *Baur/Stürner*, in: Sachenrecht).

*Bausch, Helmut*, Die Beteiligung von Banken an Nichtbanken und das Konzernrecht, Freiburg 1982 (zit. *Bausch*, Die Beteiligung von Banken an Nichtbanken und das Konzernrecht).

*Becker, Michael*, Der Entherrschungsvertrag im Spiegel verschiedener Rechtsgebiete, Recht Ordnung und Wettbewerb – Festschrift zum 70. Geburtstag von Wernhard Möschel, Baden-Baden 2011, S. 1119–1134 (zit. *Becker*, in: FS Möschel).

Beck'sches Handbuch der AG, hrsg. von Welf Müller und Thomas Rödder, 2. Auflage, München 2009 (zit.: *Bearbeiter*, in: Handbuch AG).

Beck'sches Handbuch der GmbH, hrsg. von Welf Müller und Norbert Winkeljohann, 5. Auflage, München 2014 (zit. *Bearbeiter*, in: Handbuch GmbH).

*Bischoff, Thomas*, Sachliche Voraussetzungen von Mehrheitsbeschlüssen in Kapitalgesellschaften, BB 1987, S. 1055–1061.

*Born, Felix*, Die abhängige Kommanditgesellschaft auf Aktien, Tübingen 2004 (zit. *Born*, Die abhängige KGaA).

*Canaris, Claus-Wilhelm*, Die Übertragung des Regelungsmodells der §§ 125–130 HGB auf die Gesellschaft bürgerlichen Rechts als unzulässige Rechtsfortbildung contra legem, ZGR 2004, S. 69–125.

*Casper, Matthias*, Der Lückenschluss im Statut der Europäischen Aktiengesellschaft, Festschrift für Peter Ulmer zum 70. Geburtstag, Berlin 2003, S. 51–72 (zit. *Casper*, in: FS Ulmer).

*Decher, Christian*, Personelle Verflechtung im Aktienkonzern, Köln 1990 (zit. *Decher*, Personelle Verflechtung im Aktienkonzern).

*Dierdorf, Josef*, Herrschaft und Abhängigkeit einer Aktiengesellschaft auf schuldvertraglicher und tatsächlicher Grundlage, Bochum 1976 (zit. *Dierdorf*, Herrschaft und Abhängigkeit einer Aktiengesellschaft auf schuldvertraglicher und tatsächlicher Grundlage).

*Dietz, Detlev*, Bankkonzernrecht nach der Novelle zum Kreditwesengesetz (III), AG 1990, S. 376–392.

*Düringer, Adalbert / Hachenburg, Max*, Das Handelsgesetzbuch vom 10. Mai 1987, Band III, 1. Teil, 3. Auflage, Mannheim 1934 (zit. *Bearbeiter*, in: Düringer/Hachenburg HGB 1987).

*Ebenroth/Schaub/Joost/Strohn*, Handelsgesetzbuch Band 1 (§§ 1–342e), 3. Auflage, Karlsruhe und Hamburg 2014 (zit. *Bearbeiter*, in: Ebenroth/Schaub/Joost/Strohn HGB).

*Ederle, Anton*, Verdeckte Beherrschungsverträge, Tübingen 2010 (zit. *Ederle*, Verdeckte Beherrschungsverträge).

*Emmerich, Volker*, Über atypische und verdeckte Beherrschungsverträge, Festschrift für Uwe Hüffer zum 70. Geburtstag, München 2010, S. 179–186 (zit. *Emmerich*, in: FS Hüffer).

*Emmerich, Volker / Habersack, Mathias*, Kommentar zum Aktien- und GmbH-Konzernrecht, 7. Auflage, München 2013 (zit. *Bearbeiter*, in: Emmerich/Habersack KonzernR).

Erfurter Kommentar zum Arbeitsrecht, gegr. von Thomas Dieterich, Peter Hanau und Günter Schaub, hrsg. von Rudi Müller-Glöge, Ulrich Preis und Ingrid Schmidt, 16. Auflage, München 2016 (zit. *Bearbeiter*, in: Erfurter Kommentar ArbR).

*Exner, Werner*, Beherrschungsvertrag und Vertragsfreiheit, Göttingen 1983 (zit. *Exner*, Beherrschungsvertrag und Vertragsfreiheit).

*Fleischer, Holger*, Handbuch des Vorstandsrechts, hrsg. von Holger Fleischer, 1. Auflage, München 2006 (zit. *Bearbeiter*, in: Fleischer, Handbuch Vorstandsrecht).

*Flume, Werner*, Allgemeiner Teil des Bürgerlichen Rechts, Erster Band, Zweiter Teil – Die juristische Person, Enzyklopädie der Rechts- und Staatswissenschaft, Berlin u.a. 1983 (zit. *Flume*, Die juristische Person).

*Gattineau, Verena*, Der Beherrschungsvertrag in der Verschmelzung von Aktiengesellschaften, München 2004 (zit. *Gattineau*, Der Beherrschungsvertrag in der Verschmelzung von Aktiengesellschaften).

*Gekeler, Klaus-Christian*, Der personengesellschaftliche Konzern im Licht des aktienrechtlichen Konzernmodells, Tübingen 1992 (zit. *Gekeler*, Der personengesellschaftliche Konzern).

*Geßler, Ernst*, Aktiengesetz, hrsg. von Ernst Geßler, Wolfgang Hefermehl, Ulrich Eckardt und Bruno Kropff, Band I (§§ 1–75), München 1973 (zit. *Bearbeiter*, in: Geßler/Hefermehl/Eckardt/Kropff).

*Geßler, Ernst*, Einberufung und ungeschriebene Hauptversammlungszuständigkeiten, Festschrift für Walter Stimpel zum 68. Geburtstag, Berlin u.a. 1985, S. 771–790.

*Geßler, Ernst*, Probleme des neuen Konzernrechts, DB 1965, S. 1691–1696.

*Geßler, Jörg*, Kommentar Aktiengesetz, Loseblatt, hrsg. von Jörg Geßler und Markus Käpplinger, Stand 73. EGL (April 2016), Köln 2014 (zit. *Bearbeiter*, in: Geßler AktG).

*Godin, Reinhard Freiherr von / Wilhelmi, Hans*, Kommentar zum Aktiengesetz, Band I (§§ 1–178), 4. Auflage, Berlin u.a. 1971, Band II (§§ 179–410), 4. Auflage, Berlin u.a. 1971 (zit. *Godin/Wilhelmi*, in: AktG).

*Görling, Helmut*, Die Verbreitung zwei- und mehrstufiger Unternehmensverbindungen, AG 1993, S. 538–547.

*Goette. Wulf / Goette, Maximilian*, Mehrheitsklauseln im Personengesellschaftsrecht, DStR 2016, S. 74–84.

*Goette, Wulf*, Organisation und Zuständigkeit im Konzern, AG 2006, S. 522–527.

*Götz, Jürgen*, Der Entherrschungsvertrag im Aktienrecht, Frankfurt 1991 (zit. *Götz*).

*Götze, Cornelius*, „Gelatine" statt „Holzmüller" – Zur Reichweite ungeschriebener Mitwirkungsbefugnisse der Hauptversammlung, NZG 2004, 585–589.

*Grauer, Wolfram*, Konzernbildungskontrolle im GmbH-Recht, Konstanz 1992 (zit. *Grauer*, Konzernbildungskontrolle im GmbH-Recht).

Großkommentar zum Aktiengesetz, hrsg. von Klaus J. Hopt und Herbert Wiedemann, Band 1 (§§ 1–53), 4. Auflage, Berlin 2004, Band 1/1 (§§ 1–75), 3. Auflage, Berlin 1970, Band 4.1 (§§ 76–91), 5. Auflage, Berlin 2015 (hrsg. von Heribert Hirte, Peter O. Mülbert, Markus Roth), Band 4 (§§ 95–117), 4. Auflage 2011, Band 5 (Mitbestimmungsgesetz; §§ 118–149), 4. Auflage, Berlin 2012, Band 6 (150–220), 4. Auflage, Berlin 2011, Band 8 (§§ 278–310), 4. Auflage, Berlin 2013, (zit. *Bearbeiter*, in: GroßKomm AktG).

Großkommentar zum Gesetz betreffend die Gesellschaften mit beschränkter Haftung (GmbHG), hrsg. von Peter Ulmer, Mathias Habersack und Marc Löbbe, Band II (§§ 29–52), 2. Auflage, Tübingen 2014, Band III (§§ 53–87), 1. Auflage, Tübingen 2008 (zit. *Bearbeiter*, in: GroßKomm GmbHG).

Großkommentar zum Handelsgesetzbuch, begr. von Hermann Staub, hrsg. von Claus-Wilhelm Canaris, Mathias Habersack und Carsten Schäfer, Band 2 (§§ 105–160), 5. Auflage, Berlin 2008 (zit. *Bearbeiter*, in: GroßKomm HGB).

*Grüner, Michael*, Die Beendigung von Gewinnabführungs- und Beherrschungsverträgen, Bayreuth 2001 (zit. *Grüner*, Die Beendigung von Gewinnabführungs- und Beherrschungsverträgen).

*Habersack, Mathias*, Mitwirkungsrechte der Aktionäre nach Macrotron und Gelatine, AG 2005, S. 137–149.

*Habersack, Mathias / Drinhausen, Florian*, SE-Recht mit grenzüberschreitender Verschmelzung, München 2013 (zit. *Bearbeiter*, in: Habersack/Drinhausen SE-Recht).

*Habersack, Mathias / Verse, Dirk A.*, Europäisches Gesellschaftsrecht Lehrbuch, 4. Auflage, München 2011 (zit. *Habersack/Verse*, Europäisches Gesellschaftsrecht).

*Haesen, Wilfried*, Der Abhängigkeitsbericht im faktischen Konzern, Köln 1970 (zit. *Haesen*, Der Abhängigkeitsbericht im faktischen Konzern).

Handbuch der Aktiengesellschaft, Loseblatt, hrsg. Rudolf Nirk, Hildegard Ziemons und Burkhard Binnewies, Stand 72. EGL (Juni 2016), Köln (zit. *Bearbeiter*, in: Hdb. der AG).

Handbuch des Aktienrechts, begr. von Günter Henn, hrsg. von Jürgen Frodermann und Dirk Jannott, 8. Auflage, Heidelberg 2009 (zit. *Bearbeiter*, in: Hdb. Aktienrecht).

*Happ, Wilhelm*, Stimmbindungsverträge und Beschlussanfechtung, Urteilsbesprechung (BGH AG 1983, 242), ZGR 1984, S. 168–179.

*Heckschen, Heribert / Bachmann, Daniel*, Mehrheitsklauseln bei Personengesellschaften, NZG 2015 S. 531–537.

*Heidel, Thomas*, Aktienrecht und Kapitalmarktrecht, hrsg. Thomas Heidel, 4. Auflage, Baden-Baden 2014 (zit. *Bearbeiter*, in: NomosKomm AktG).

Heidelberger Kommentar zum Aktiengesetz, hrsg. von Tobias Bürgers und Torsten Körber, 3. Auflage, Heidelberg 2014 (zit. *Bearbeiter*, in: Heidelberger Kommentar AktG).

*Henssler, Martin / Strohn, Lutz*, Beck'scher Kurzkommentar Gesellschaftsrecht, 3. Auflage, München 2016 (zit. *Bearbeiter*, in: Henssler/Strohn GesR).

*Hentzen, Matthias*, Der Entherrschungsvertrag im Aktienrecht (Hüttemann), Rezension, ZHR 157 (1993), S. 65–73.

*Henze, Hartwig*, Holzmüller vollendet das 21. Jahrhundert, Festschrift für Peter Ulmer zum 70. Geburtstag, Berlin 2003, S. 211–242 (zit. *Henze*, in: FS Ulmer).

*Hölters, Wolfgang*, Kommentar zum Aktienrecht, hrsg. Wolfgang Hölters, 2. Auflage, München 2014 (zit. *Bearbeiter*, in: Hölters AktG).

*Hoffmann-Becking, Michael*, Der Einfluss schuldrechtlicher Gesellschaftervereinbarungen auf die Rechtsbeziehungen in der Kapitalgesellschaft, ZGR 1999, S. 442–464.

*Hommelhoff, Peter*, Die Konzernleitungspflicht, Bochum 1981, (zit. *Hommelhoff*, Die Konzernleitungspflicht).

*Hommelhoff, Peter*, Zum Konzernrecht in der Europäischen Aktiengesellschaft, AG 2003, S. 179–184.

*Hüffer, Uwe / Koch, Jens*, Beck'scher Kurzkommentar zum Aktiengesetz, 12. Auflage, München 2016 (zit. *Bearbeiter*, in: Hüffer/Koch AktG).

*Hüttemann, Rainer*, Der Entherrschungsvertrag im Aktienrecht, ZHR 156 (1992), S. 314–329.

*Immenga, Ulrich*, Schutz abhängiger Gesellschaften durch Bindung oder Unterbindung beherrschenden Einflusses?, ZGR 1978, 269–285.

*Immenga, Ulrich / Mestmäcker, Ernst-Joachim*, Kommentar zum Wettbewerbsrecht, 5. Auflage, Band 2/Teil 1 GWB (§§ 1–96, 130, 131), München 2014 (zit. *Bearbeiter*, in: Immenga/Mestmäcker GWB).

*Jäger, Axel*, Der Entherrschungsvertrag, DStR 1995, S. 1113–1117.

*Jahrbuch der Fachanwälte für Steuerrecht*, Aktuelle steuerrechtliche Beiträge, Referate und Diskussionen der 40. Steuerrechtlichen Jahresarbeitstagung, Wiesbaden vom 29. bis 31. Mai 1989 (zit. *Bearbeiter*, in: Jahrbuch der Fachanwälte für Steuerrecht).

*Jauernig, Othmar*, Kommentar zum Bürgerlichen Gesetzbuch, hrsg. von Othmar Jauernig, 16. Auflage, München 2015 (zit. *Bearbeiter*, in: Jauernig BGB).

*Kienzle, Philipp*, Verdeckte Beherrschungsverträge im Aktienrecht, Bayreuth 2010 (zit. *Kienzle*, Verdeckte Beherrschungsverträge im Aktienrecht).

*Kiethe, Kurt*, Anfechtbarer Beschluss über die Entlastung des Aufsichtsrats der AG durch unzureichende Berichterstattung, NZG 2006, S. 888–892.

*Köhler, Claudio*, Nebenabreden im GmbH- und Aktienrecht – Zulässigkeit und Wirkung, Köln 1992.

*Köhler, Helmut*, Der Schutz des abhängigen Unternehmens im Schnittpunkt von Kartell- und Konzernrecht, NJW 1978, S. 2473–2481.

Kölner Handbuch Gesellschaftsrecht, hrsg. von Dirk Eckhardt und Marc Herrmanns, 2. Auflage, Köln 2014 (zit. *Bearbeiter*, in: Kölner Handbuch).

Kölner Kommentar zum Aktiengesetz, hrsg. von Wolfgang Zöllner und Ulrich Noack, Band 1 (§§ 1–147), 1. Auflage, Köln u.a. 1985, Band 1 (§§ 1–75), 3. Auflage, Köln u.a. 2012, Band 2/1 (§§ 76–94), 3. Auflage, Köln u.a. 2010, Band 2/2 (§§ 95–117), 3. Auflage, Köln u.a. 2013, Band 5/1 (§§ 179–240), 2. Auflage, Köln u.a. 1995, Band 5/2 (§§ 278–290), 3. Auflage, Köln u.a. 2015, Band 5/3 (§§ 262–290), 2. Auflage, Köln u.a. 2004, Band 6 (§§ 15–22, §§ 291–328), 3. Auflage, Köln u.a. 2004, Band 8/1 (Art. 1–42 SE-VO), 3. Auflage, Köln u.a. 2012, Band 8/2 (Art. 43–70 SE-VO, §§ 1–47 SEBG), 3. Auflage, Köln u.a. 2010 (zit. *Bearbeiter*, in: KölnKomm AktG).

*Konzen, Horst*, Geschäftsführung, Weisungsrecht und Verantwortlichkeit in der GmbH und GmbH & Co. KG, NJW 1989, S. 2977–2987.

*Kopp, Ferdinand / Ramsauer, Ulrich*, Verwaltungsverfahrensgesetz, 17. Auflage, München 2016 (zit. *Kopp/Ramsauer*, in: VwVfG).

*Kopp, Ferdinand / Schenke, Wolf-Rüdiger*, Verwaltungsgerichtsordnung, 22. Auflage, München 2016 (zit. *Bearbeiter*, in: Kopp/SchenkeVwGO).

*Koppensteiner, Hans-Georg*, Abhängige Aktiengesellschaften aus rechtspolitischer Sicht, Festschrift für Ernst Steindorff zum 70. Geburtstag, Berlin u.a. 1990, S. 79–112.

*Koppensteiner, Hans-Georg*, Konzerne und Abhängigkeitslagen jenseits des Gesellschaftsrechts, Unternehmen, Markt und Verantwortung, Festschrift für Klaus J. Hopt zum 70. Geburtstag, Berlin u.a. 2010, S. 959–982.

*Krieger, Gerd*, Vorwirkende Abhängigkeit?, Festschrift für Johannes Semler zum 70. Geburtstag, Berlin 1993, S. 503–515 (zit. *Krieger*, in: FS Semler).

*Kropff, Bruno*, Aktiengesetz 1965, Textausgabe und Begründung RegE Textausgabe (zit. *Kropff*, Aktiengesetz 1965).

*Kropff, Bruno*, Die Konzernleitungspflicht, Rezension, ZGR 1984, S. 112–133.

*Küting, Peter*, Nachhaltige Präsenzmehrheiten als hinreichendes Kriterium zur Begründung eines Konzerntatbestands, DB 2009, S. 73–78.

*Kuhlmann, Jens / Ahnis, Erik*, Konzern- und Umwandlungsrecht, Lehrbuch, 3. Auflage, Heidelberg 2010 (zit. *Kuhlmann/Ahnis*, in: Konzern- und Umwandlungsrecht).

*Larenz, Karl / Canaris, Claus-Wilhelm*, Methodenlehre der Rechtswissenschaft, Lehrbuch, 3. Auflage, Berlin u.a. 1995 (zit. *Larenz/Canaris*, Methodenlehre).

*Larisch, Tobias / Bunz, Thomas*, Der Entherrschungsvertrag als Mittel der Konzernvermeidung bei faktischen Hauptversammlungsmehrheiten, NZG 2013, S. 1274–1251.

*Loewenheim, Ulrich / Meessen, Karl / Riesenkampff, Alexander*, Kommentar zum Kartellrecht, 3. Auflage, München 2016 (zit. *Bearbeiter*, in: Loewenheim/Meessen/Riesenkampff Kartellrecht).

*Lübbert, Hartmut*, Abstimmungsvereinbarungen in den Aktien- und GmbH-Rechten der EWG-Staaten, der Schweiz und Großbritanniens, Baden-Baden 1971 (zit. *Lübbert*, in: Abstimmungsvereinbarungen).

*Lutter, Marcus*, Vermögensveräußerungen einer abhängigen Aktiengesellschaft, Festschrift für Ernst Steindorff zum 70. Geburtstag, Berlin u.a. 1990, S. 125–150.

*Lutter, Marcus / Hommelhoff, Peter*, Kommentar zum GmbHG, 19. Auflage, Köln 2016 (zit. *Bearbeiter*, in: Lutter/Hommelhoff GmbHG).

*Lutter, Marcus / Hommelhoff, Peter*, Kommentar zur SE, 2. Auflage, Köln 2015 (zit. *Bearbeiter*, in: Lutter/Hommelhoff SE-Kommentar).

*Lutter, Marcus / Krieger, Gerd*, Rechte und Pflichten des Aufsichtsrates, 6. Auflage, Köln 2014 (zit. *Lutter/Krieger*, in: Rechte und Pflichten des Aufsichtsrates).

*Manz, Gerhard*, Europäische Aktiengesellschaft SE, hrsg. von Gerhard Manz, 2. Auflage, Baden-Baden 2010 (zit. *Bearbeiter*, in: NomosKomm SE).

*Martens, Klaus-Peter*, Die Entscheidungsautonomie des Vorstands und die „Basisdemokratie" in der Aktiengesellschaft, ZHR 147 (1983), S. 377–428.

*Medicus, Dieter*, Allgemeiner Teil des BGB, Lehrbuch, 11. Auflage, Heidelberg u.a. 2016 (zit. *Medicus*, Allgemeiner Teil des BGB).

Mehr Wettbewerb ist möglich: Hauptgutachten I Monopolkommission 1973/1975, 1. Auflage, Baden-Baden 1976 (zit. Monopolkommission, Hauptgutachten I).

*Meierjohann, Anne*, Konzentrationswirkungen des Aktienrechts in der Bundesrepublik Deutschland, Tübingen 1974 (zit. *Meierjohann*, Konzentrationswirkungen des Aktienrechts).

*Meilicke, Heinz / Meilicke, Weinand*, Mitbestimmung im Konzern, BB 1978, S. 406–412.

*Mertens, Hans-Joachim*, Zur Berücksichtigung von Treuhandverhältnissen und Stimmbindungsverträgen bei der Feststellung von Mehrheitsbeteiligung und Abhängigkeit, Festschrift für Karl Beusch zum 68. Geburtstag, Berlin u.a. 1993, S. 583–591 (zit. *Mertens*, in: FS Beusch).

*Mestmäcker, Ernst-Joachim*, Medienkonzentration und Meinungsvielfalt, Baden-Baden 1978, (zit. *Mestmäcker*, Medienkonzentration und Meinungsvielfalt).

*Michalski, Lutz*, Kommentar zum Gesetz betreffend die Gesellschaften mit beschränkter Haftung (GmbHG), Band I (§§ 1–34), 2. Auflage, München 2010, Band II (§§ 35–85), 2. Auflage, München 2010 (zit. *Bearbeiter*, in: Michalski GmbHG).

*Möhring, Philipp*, Vertraglicher Ausschluss von Abhängigkeit und Konzernvermutung, Festschrift für Harry Westermann zum 65. Geburtstag, Karlsruhe 1974, S. 427–441 (zit. *Möhring*, in: FS Westermann).

*Mülbert, Peter*, Shareholder Value aus rechtlicher Sicht, ZGR 1997, S. 129–172.

Münchener Handbuch des Gesellschaftsrechts, hrsg. von Michael Hoffmann-Becking, Band 3 (Gesellschaft mit beschränkter Haftung), 4. Auflage 2012, Band 4 (Aktiengesellschaft), 4. Auflage, München 2015 (zit. *Bearbeiter*, in: MünchHdb.).

Münchener Kommentar zum Aktiengesetz, hrsg. von Wulf Goette und Mathias Habersack, Band 1 (§§ 1–75), 4. Auflage, München 2016, Band 2 (§§ 76–117), 4. Auflage, München 2014, Band 4 (§§ 179–277), 4. Auflage, München 2016, Band 5 (§§ 278–328), 4. Auflage, München 2015, Band 7 (Europäisches Aktienrecht, SE-VO, SEBG, Europäische Niederlassungsfreiheit), 3. Auflage, München 2012 (zit. *Bearbeiter*, in: MünchKomm AktG).

Münchener Kommentar zum Bürgerlichen Gesetzbuch, hrsg. von Franz Jürgen Säcker und Roland Rixecker, Band 1, (§§ 1–240, AGG), 7. Auflage, München 2015, Band 2 (§§ 241–432), 7. Auflage, München 2016, Band 4 (§§ 611–704), 6. Auflage, München 2012, Band 5 (§§ 705–853), 6. Auflage, München 2013 (zit. *Bearbeiter*, in: MünchKomm BGB).

Münchener Kommentar zum GmbHG, hrsg. von Holger Fleischer und Wulf Goette, Band 1 (§§ 1–34), 2. Auflage, München 2015, Band 2 (§§ 35–52), 2. Auflage, München 2016 (zit. *Bearbeiter*, in: MünchKomm GmbHG).

Münchener Kommentar zum Handelsgesetzbuch, hrsg. von Karsten Schmidt, Band 2 (§§ 105–160), 4. Auflage, München 2016, Band 3 (§§ 161–237), 3. Auflage, München 2012 (zit. *Bearbeiter*, in: MünchKomm HGB).

Münchener Kommentar zur Zivilprozessordnung, hrsg. von Thomas Rauscher und Peter Wax, Band 2 (§§ 355–1024), 5. Auflage, München 2016 (zit. *Bearbeiter*, in: MünchKomm ZPO).

Münchener Vertragshandbuch, hrsg. von Martin Heidenhain, Band 1 (Gesellschaftsrecht), 7. Auflage, München 2011 (zit. *Bearbeiter*, in: Münchener Vertragshandbuch Bd. I).

*Musielak, Hans-Joachim*, Kommentar zur Zivilprozessordnung, 13. Auflage, München 2016 (zit. *Bearbeiter*, in: Musielak ZPO).

*Noack, Ulrich*, Gesellschaftervereinbarungen bei Kapitalgesellschaften, Tübingen 1993 (zit. *Noack*, Gesellschaftervereinbarungen bei Kapitalgesellschaften).

*Otto, Hans-Jochen*, Gebunde Aktien: Vertragliche Beschränkung der Ausübung und Übertragbarkeit von Mitgliedschaftsrechten, AG 1991, S. 369–380.

*Palandt, Otto*, Bürgerliches Gesetzbuch, 75. Auflage, München 2016 (zit. *Bearbeiter*, in: Palandt).

*Paefgen, Walter*, „Holzmüller“ und der Rechtsschutz des Aktionärs gegen das Verwaltungshandeln im Rechtsvergleich, ZHR 172 (2008), S. 42–80.

Praxishandbuch der GmbH-Geschäftsführung, hrsg. von Frank Oppenländer und Thomas Trölitzsch, 2. Auflage, München 2011 (zit. *Bearbeiter*, in: Oppenländer/Trölitzsch GmbH-Geschäftsführung).

Praxishandbuch Handels- und Gesellschaftsrecht, hrsg. Ingo Saenger, 2. Auflage, Baden-Baden 2011, (zit. *Bearbeiter*, in: Praxishandbuch Handels- und Gesellschaftsrecht).

*Priester, Hans-Joachim*, Eine Lanze für die Kernbereichslehre, NZG 2015, S. 529–531.

*Priester, Hans-Joachim*, Stimmverbot des GmbH-Gesellschafters bei Entlastungsbeschlüssen, Festschrift für Heinz Rowedder zum 75. Geburtstag, München 1994, S. 369–385 (zit. *Priester*, in: FS Rowedder).

*Raiser, Thomas / Veil, Rüdiger*, Recht der Kapitalgesellschaften, 6. Auflage, München 2015 (zit. *Raiser/Veil*, in: Recht der Kapitalgesellschaften).

*Rehbinder, Eckard*, Die Konzernleitungspflicht (Hommelhoff), Rezension, ZHR 147 (1983), S. 464–473.

*Reich, Norbert / Lewerenz, Karl-Jochen*, Das neue Mitbestimmungsgesetz, AuR 1976, S. 261–275.

*Reichert, Jochem / Harbarth, Stephan*, Stimmrechtsvollmacht, Legitimationszession und Stimmrechtsausschlussvertrag in der AG, AG 2001, S. 447–455.

*Reuter, Dieter / Körnig, Jürgen*, Mitbestimmung und gesellschaftsrechtliche Gestaltungsfreiheit, ZHR 140 (1976), S. 494–519.

*Richter, Bernd*, Umgehung der Konzernvorschriften des MitbestG 1976 durch Widerlegung der Abhängigkeitsvermutung, AG 1982, S. 261–268.

*Rittner, Fritz*, Die Beteiligung als Grund der Abhängigkeit einer Aktiengesellschaft (I), DB 1976, S. 1465–1470.

*Roth, Günther / Altmeppen, Holger*, Kommentar zum Gesetz betreffend die Gesellschaft mit beschränkter Haftung (GmbHG), 8. Auflage, München 2015 (zit. *Bearbeiter*, in: Roth/Altmeppen GmbHG).

*Rowedder, Heinz / Schmidt-Leithoff, Christian*, Kommentar zum Gesetz betreffend die Gesellschaft mit beschränkter Haftung (GmbHG), 5. Auflage, München 2013 (zit. *Bearbeiter*, in: Rowedder/Schmidt-Leithoff GmbHG).

*Säcker, Jürgen*, Zur Problematik von Mehrfachfunktionen im Konzern, ZHR 155 (1987), S. 59–71.

*Schäfer, Carsten*, Offene Fragen der Haftung des BGB-Gesellschafters, ZIP 2003, S. 1225–1234.

*Schäfer, Carsten*, Die Lehre vom fehlerhaften Verband, Heidelberg 2002 (zit. *Schäfer*, Die Lehre vom fehlerhaften Verband).

*Schäfer, Dietrich*, Aktuelle Probleme des Aktienrechts, BB 1966, S. 229–233.

*Schilling, Wolf Ulrich*, Shareholder Value und Aktiengesetz, BB 1997, S. 373–380.

*Schlegelberger, Franz / Quaffowski, Leo*, Aktiengesetz von 1937, hrsg. von Franz Schlegelberger, Leo Quaffowski, Gustav Herbig, Ernst Geßler und Wolfgang Hefermehl, 3. Auflage, Berlin 1939 (zit. *Bearbeiter*, in: Schlegelberger/Quaffowski AktG).

*Schmidt, Karsten*, Entherrschungsvertrag und faktische Entherrschung im Aktienkonzern, Festschrift für Peter Hommelhoff zum 70. Geburtstag, Köln 2012, S. 985–1000 (zit. *Karsten Schmidt*, in: FS Hommelhoff).

*Schmidt, Karsten*, Gesellschaftsrecht, Lehrbuch, 4. Auflage, Köln u.a. 2004 (zit. *Karsten Schmidt*, in: Gesellschaftsrecht).

*Schmidt, Karsten / Lutter, Marcus*, Kommentar zum Aktiengesetz, hrsg. von Karsten Schmidt und Marcus Lutter Band I (§§ 1–149), 3. Auflage, Köln 2015, Band II (§§ 150–410), 3. Auflage, Köln 2015 (zit. *Bearbeiter*, in: Schmidt/Lutter AktG).

*Schneider, Uwe H.*, Die Personengesellschaft als herrschendes Unternehmen im Konzern, ZHR 143 (1979), S. 485–521.

*Schneider, Uwe H.*, Konzernbildung, Konzernleitung und Verlustausgleich im Konzernrecht der Personengesellschaft, ZGR 144 (1980), S. 511–547.

*Scholz, Franz*, Kommentar zum GmbHG, I. Band (§§ 1–34), 11. Auflage, Köln 2012, II. Band (§§ 35–52), 11. Auflage, Köln 2014 (zit. *Bearbeiter*, in: Scholz GmbHG).

*Schubert, Werner / Küting, Karlheinz*, Unternehmenszusammenschlüsse, München 1981 (zit. *Schubert/Küting*, Unternehmenszusammenschlüsse).

*Schulze, Reiner*, Handkommentar zum Bürgerlichen Gesetzbuch, 8. Auflage, Baden-Baden 2014 (zit. *Bearbeiter*, in: NomosKomm BGB).

*Sina, Peter*, Zur Abhängigkeit im GmbH-Konzern, GmbHR 1993, S. 643–645.

*Sonderausschuss Neues Aktienrecht*, Stellungnahme: Zur Widerlegung der Abhängigkeitsvermutung nach § 17 Abs. 2 AktG, WpG 1968, S. 262–263.

*Spindler, Gerald / Stilz Eberhard*, Kommentar zum Aktiengesetz, Band 1 (§§ 1–149), 3. Auflage, München 2015, Band 2 (§§ 150–410), 3. Auflage, München 2015 (zit. *Bearbeiter*, in: Spindler/Stilz AktG).

*Staudinger, Julius von*, Kommentar zum Bürgerlichen Gesetzbuch, Einleitung zum Schuldrecht, §§ 241–243, Neubearbeitung 2015, §§ 620–630, Neubearbeitung 2012 (zit. *Bearbeiter*, in: Staudinger BGB).

*Teichmann, Christoph*, Die Einführung der Europäischen Aktiengesellschaft, ZGR 2002, S. 382–464.

*Theisen, René Manuel*, Der Konzern – Betriebswirtschaftliche und rechtliche Grundlagen der Konzernunternehmung, 2. Auflage, Stuttgart 2000 (zit. *Theisen*, Der Konzern).

*Thomas, Heinz / Putzo, Hans*, Zivilprozessordnung: ZPO Kommentar, 37. Auflage, München 2016 (zit. *Bearbeiter*, in: Thomas/Putzo ZPO).

*Timm, Wolfram*, Urteilsanmerkung zu OLG Köln, Urteil vom 24.11.1992, 22 U 72/92 (ZIP 1993, S. 114–118).

*Ulmer, Peter*, Aktienrecht im Wandel – Entwicklungslinien und Diskussionsschwerpunkte, ACP 202 (2002), S. 143–178.

*Ulmer, Peter*, Mehrheitsbeschlüsse in Personengesellschaften: definitiver Abschied vom Bestimmtheitsgrundsatz, ZIP 2015, S. 657–662.

*Ulmer, Peter*, Verletzung schuldrechtlicher Nebenabreden als Anfechtungsgrund im GmbH-Recht?, NJW 1987, S. 1849–1855.

*v. Falkenhausen, Kurt Freiherr*, Konzernabschlüsse – ungeklärte Rechtsfragen?, NJW 1973, S. 487–491.

*Veil, Rüdiger*, Unternehmensverträge, Tübingen 2003 (zit. *Veil*, Unternehmensverträge).

*Vollmer, Lothar*, Die mitbestimmte GmbH – Gesetzliches Normalstatut, mitbestimmungsrechtliche Satzungsgestaltungen und gesellschaftsrechtlicher Minderheitenschutz –, ZGR 1979, S. 133–172.

*Wachter, Thomas*, Kommentar zum Aktiengesetz, 2. Auflage, München 2014 (zit. *Bearbeiter*, in: Wachter AktG).

*Wapnewski, Peter*, Walther von der Vogelweide, Gedichte (Taschenbuch), 26. Auflage, Frankfurt 2006 (zit. *Wapnewski*, Gedichte).

*Werner, Horst S.*, Der aktienrechtliche Abhängigkeitstatbestand, Göttingen 1979 (zit. *Werner*).

*Werner, Winfried*, Probleme des neuen Konzernrechts, NB 1967, Heft 4, S. 1–4.

*Werner, Winfried*, Zuständigkeitsverlagerungen in der Aktiengesellschaft durch Richterrecht?, ZHR 147 (1983), S. 429–453.

*Westermann, Harm-Peter*, Die rechtsfähige BGB-Gesellschaft – ein Zwischenbericht, Festschrift für Horst Konzen zum 70. Geburtstag, Tübingen 2006, S. 957–976 (zit. *Westermann*, in FS Konzen).

*Wilhelm, Hermann*, Die Beendigung des Beherrschungs- und Gewinnabführungsvertrags, Bochum 1975 (zit. *Wilhelm*, Die Beendigung des Beherrschungs- und Gewinnabführungsvertrags).

*Windbichler, Christine*, Unternehmensverträge und Zusammenschlusskontrolle, München 1976 (zit. *Windbichler*, Unternehmensverträge und Zusammenschlusskontrolle).

*Windbichler, Christine*, Gesellschaftsrecht, Studienbuch / Lehrbuch, 23. Auflage, München 2013 (zit. *Windbichler*, Gesellschaftsrecht).

*Wirtschaftsausschuss*, Zur Entstehungsgeschichte des Aktiengesetzes von 1965, Kurzprotokolle des Wirtschaftsausschusses, 1961 (zit. Kurzprotokolle des Wirtschaftsausschusses).

*Zilias, Manfred*, Treuhandverhältnisse und Unternehmensverbindungen, WPg 1967, S. 465–471.

*Zöller, Richard*, Zivilprozessordnung: ZPO, 31. Auflage 2016 (zit. *Bearbeiter*, in: Zöller ZPO).

*Zöllner, Wolfgang*, Zu Schranken und Wirkung von Stimmbindungsverträgen, insbesondere bei der GmbH, ZHR 155 (1991), S. 168–189.

*Zöllner, Wolfgang*, Die sogenannten Gesellschafterklagen im Kapitalgesellschaftsrecht, ZGR 1988, S. 392–440.

www.ingramcontent.com/pod-product-compliance
Ingram Content Group UK Ltd.
Pitfield, Milton Keynes, MK11 3LW, UK
UKHW022102051026
15623UKWH00003B/629

9 783631 721421